“十三五”国家重点出版物出版规划项目

诺贝尔经济学奖获得者丛书
Library of Nobel Laureates in Economic Sciences

空间经济学
城市、区域与国际贸易

The Spatial Economy
Cities, Regions and International Trade

藤田昌久（Masahisa Fujita）
保罗·R·克鲁格曼（Paul R. Krugman） 著
安东尼·J·维纳布尔斯（Anthony J. Venables）
梁琦 主译

中国人民大学出版社
·北京·

空间经济学：过去、现在与未来*
（代译者序）

几年前，当国内经济学界对"空间集聚"一词还非常陌生时，经济活动的空间区位对经济发展和国际经济关系的重要作用在国际学术界已异乎寻常地引起人们的高度重视，空间经济学已成为当代经济学中最激动人心的领域之一，空间经济理论被视为不完全竞争与收益递增革命的第四次浪潮。我们也注意到，这些年来空间经济理论亦成了国内经济学研究的一大热门，它可为人们研究理论和解释现实经济现象提供新的视角和新的方法，故而使人兴趣盎然。

当人们穿越时光隧道，透视空间经济学的历史、现状与未来时，一座座里程碑赫然入目，而 20 世纪 90 年代的那座丰碑则是 *The Spatial Economy*。它对过去 10 余年来空间经济学的发展和成就做了精炼的概述和及时的总结。这本书于 1999 年由麻省理工学院出版，它是世界著名经济学大家的合作之结晶：三位作者分别是日本京都大学的藤田昌久（Masahisa Fujita）、美国麻省理工学院的保罗·克鲁格曼（Paul Krugman）[1]和英国伦敦大学经济和政策学院的安东尼·J·维纳布尔斯（Anthony J. Venables）。正是由于这本书，三位作者于 2001 年获得了亚洲最具影响力的日经奖（Nikkei Prize[2]）；而前两位又于 2002 年双双获得国际区域经济科学协会（RSAI）所设立的第一届阿隆索奖（Alonso Prize[3]）。这本书的日文版已在 2000 年出版，同时也被译成了西班牙文和葡萄牙文。无疑，任何想在空间经济学这一乐园流连或耕耘者，不得不了解这部经典巨著。然而，正如作者们所说的，这本书是写

---

* 原文发表于《经济学季刊》，第 4 卷，2005（4）。

给博士生读的[4]，有一定的难度，以至于即使在出版国外经济学著作方面有丰富经验的中国人民大学出版社，只因“在一年半时间中遍寻中国找不到合适的译者”，一而再地恳请我担纲主译。译完此书后，我也感到这本书对中国的经济学、管理学博士们来说会很困难，甚至可以说有点艰深难懂。我在南京大学商学院为博士们开设“空间经济学”一课用这本书作为辅助教材，学生们对此深有感触。本文则帮助人们理解空间经济学和阅读这部巨著。

一、空间经济学渊远流长

关于空间经济学的渊源我们应该追溯到德国传统的古典区位理论。18 世纪末至 19 世纪初，德国仍然是一个封建割据的农业国，英法等国却已走上工业化道路。英国工业化前后，农产品价格上涨，一些目光敏捷的德国农场主通过与英国的农产品贸易而获利，于是尽量多买土地，扩大生产规模，德国农业开始向大型化、商品化过渡。为了研究德国农业经营模式和产业化问题，约翰·冯·杜能潜心经营农庄十载，收集了极为详细的资料，于 1826 年撰写了巨著《孤立国同农业和国民经济的关系》(简称为《孤立国》)。书中对于地租和土地利用的分析使人耳目一新，而对于孤立国（城市）的描述，成了城市经济学的发源[5]。

到 19 世纪末，德国已完成了第一次产业革命，并迅速成为第二次产业革命的策源地之一，产业的大发展使得产业迁徙和工业布局问题为学者们所重视。韦伯于 1909 年撰写了《工业区位论》。在这部名著中，韦伯系统地建立了一系列概念、原理和规则，严谨地表述了一般的区位理论，并发展为空间经济学的另一流派。

新古典区位理论代表人物则是沃尔特·克里斯塔勒（Walter Christaller）和奥古斯特·勒施（August Losch）。前者于 1933 年出版了《德国南部的中心地区》一书，提出了中心—地方理论（central place theory）；后者于 1939 年出版了《区位经济学》(原名为《空间体系经济学》，于 1954 年在美国以 *The Economics of Location* 为名翻译出版)，以最概括性的描述将一般均衡理论应用于空间研究。

1956 年，沃尔特·伊萨德（W. Isard）出版了《*Location and Space-Economy*》一书，将冯·杜能、韦伯、克里斯塔勒、勒施等人的模型整合为一个统一的易驾驭的框架，把区位问题重新表述为一个标准的替代问题：厂商可以被看作在权衡运输成本与生产成本，正如它们作出其他任何成本最小化或利润最大化的决策一样。这是一种开创性的贡献。“但是，他在他的这部巨著中给自己定下的目标——将空间问题带入经济理论的核心，却从未实现……事实上，伊萨德从未提出一个一般区位均衡的例子；这并非偶然，因为不论是他还是那个时代的任何人都不知道怎样做这件事……伊萨德并没有对理论进行深入的研究，相反，他开创了一个折中的应用领域——区域科学。”[6]

阿朗索（W. Alonso）于1964年出版了《区位和土地利用》（*Location and Land Use*）一书，用经常在城市与农村来回穿梭的“通勤者”（commuters）替代农民，用中央商业区（central business district，CBD）替代城市，建立了一个“单中心城市模型”，描绘了一幅比冯·杜能的模型更令人满意的图景。

将区位理论与国际贸易密切联系起来的是贝蒂尔·俄林（B. G. Ohlin），当他获得1977年诺贝尔经济学奖时，其名著《区际贸易与国际贸易》（*Interregional and International Trade*，1933）被提名为他的主要贡献。在这本书的修订版（1966）中，俄林增加了一篇新的论文《对当代国际贸易理论的看法》作为附录，他指出：“如上所述，国际贸易理论是一个‘多边市场理论’，其他多边市场理论可以从价格差异理论和地租理论中看到。然而，尤其重要的是，国际贸易理论是接近区位理论的……区位理论比国际贸易理论更为广泛，贸易理论的一大部分可以看作是区位理论的一小部分。”[7]可以说，俄林开拓了贸易与区位理论之关系的新领域。也有经济学家认为[8]，再追溯到大卫·李嘉图之前的国际贸易理论，空间因素是得到优先考虑的，通过将环境差异弱化为土地生产力的差异，李嘉图有效地将对空间的考虑从他的分析体系中剔除了。他用比较成本替代了空间因素，并使比较成本成为至关重要的因素。正是因为李嘉图模型和比较成本的重大影响，几乎将空间因素从主流理论中剔除出去，从那之后相当长的时期里，空间因素即使被研究过，也是在英国古典经济学的主流演绎模型之外处理的。从这个意义上说，大卫·李嘉图的经济学在空间经济的历史上形成了一个消极的分水岭。萨缪尔森（Samuelson）于1983年在“Thunen两百年”中这样说：“李嘉图的贸易理论传统上假设要素流动的可能性为零，而商品在国家或地区间流动的可能性为100%。冯·杜能的模型与其背道而驰，在一个不能移动的土地上，劳动力可以自由流动，商品的流动要花成本。对于劳动力将在哪里定位的问题贸易理论没有考虑，可是冯·杜能考虑了"[9]。区位理论与贸易理论的关系也由此可见一斑。

空间经济学研究的是关于资源在空间的配置和经济活动的空间区位问题，尽管区位理论拥有长久的历史，但是，与时间不同，空间长久以来没有能够成功地被纳入经济学主流。那么为什么区位问题一直是主流经济学的一个盲点呢？这并不是历史偶然：由于空间经济学本身的某些特征，使得它从本质上就成为主流经济学家掌握的那种建模技术无法处理的领域，而这种特征指的就是存在收益递增时的市场结构问题。克鲁格曼认为主流经济学之所以对空间问题置之不理，并不是因为区位问题在我们的生活中不重要；相反，它很重要，只是因为经济学家没有掌握必要的研究工具。他说，"在空间经济学中，如果你不找到某种方法来处理规模经济和寡头厂商的问题，那么你事实上根本无从入手……正如地理学家因为知道手中没有可以解释山脉成因的模型，所以不会认真研究山脉的位置那样，经济学家也因为知道无法把空间因素模型化，而不去研究经济的空间方面的问题。"[10]

如何才能将规模经济和不完全竞争这种常态纳入经济模型中去呢？事实上这不仅是区位理论研究的盲点，也是其他一些经济理论研究的瓶颈。至今仍然有许多经济理论假设规模报酬不变，这使得我们很难理解为什么经济不是以"后院资本主义"（backyard capitalism）为特征的。1977 年，迪克西特（Avinash Dixit）和斯蒂格利茨（Joseph Stiglitz）在《美国经济评论》上发表了一篇著名的文章，建立了一个非常精巧和独特的迪克西特-斯蒂格利茨垄断竞争模型。这个模型为很多经济领域的研究提供了崭新的工具，扫除了前进道路上的技术障碍，从此，掀起了经济学研究中收益递增和不完全竞争的革命。[11]这场革命有四波：第一波是产业组织理论，第二波是新贸易理论，第三波是新增长理论，第四波则是空间经济理论。

保罗·克鲁格曼是这场革命的弄潮儿。20 世纪 80 年代他对新贸易理论的贡献众所周知，而在 80 年代后期，他关注着欧洲经济不断融合的发展趋势，开始思考这个问题。他起初认为有关收益递增的有趣现象要从国际贸易的角度来进行阐述。当他潜心研究时，却发现自己的分析越来越偏离过去所熟悉的国际经济学。在国际经济学里，要素不能流动，而商品可以贸易且运输成本为零，这是进行国际贸易研究的基础。而现实是生产要素可以流动且运输成本也为正，他觉得自己越来越转向另一类模型，它们更接近区位理论而不是国际贸易理论。于是，克鲁格曼从中发现了另一番天地——新经济地理学，并雄心勃勃地想把它发展成为主流经济学的一个分支。“区位理论是经济地理学这个更加广阔领域的一部分”，克鲁格曼定义的经济地理，是指“生产的空间区位”[12]，它研究经济活动发生在何处且为什么发生在此处。为什么研究这种经济地理是非常重要的？克鲁格曼解释说有三个重要的理由：首先，国家内部经济活动的区位本身就是一个重要的主题，对于美国这样的大国来说，生产的区位是和国际贸易一样重要的问题；其次，在一些重要的情形中，国际经济学和区域经济学之间的界限变得越来越模糊了，譬如用标准的国际贸易范式来谈欧盟成员国之间的关系就越来越没有意义了；第三，这是最重要的原因，20 世纪 80 年代的新贸易理论和新增长理论告诉人们一个新的经济学世界观，却很难从贸易、增长和商业周期中找出令人信服的证据，来说明这就是世界经济的实际运行方式，但研究国际、国内经济活动的区位时，这样的证据就不难找到，因此，经济地理为新贸易理论、新增长理论等提供了一个思想和实证的实验室。

二、空间经济学的建模策略

那么究竟什么是新经济地理？新经济地理的基本问题也是空间经济的核心问题，即解释地理空间中经济活动的集聚现象。集聚出现在很多地理空间层面上，种类繁多。例如，小型的商店或饭店集中在临近地区，集聚就发生了。从居民小区、商业区到工业区，都是不同层面上的集聚。城市本身就是集聚的结果，区域经济一体化也是集聚的一种形式，集聚的极端则是全球经济的中心—外围结构，即国际经济学家密切关注的南北两极分化问题。而所有不同层面、不同种类的集聚都处于一个更大的经济中，共同形成一个复杂的体系。在经济学家眼里，这就需要一个一般均衡理论来解释这些现象。新经济地理的目标就是发明一种建模方法，一个讲述故事的机制，以便人们很方便地谈论使经济活动集聚的向心力和使经济活动分散的离心力，很清楚地理解经济活动的地理结构和空间分布是怎样在这两股力量的相互作用下形成的。新经济地理与传统的区位理论和经济地理的区别也正在于此。诚然，前人也试图这样做过，但总是因为一些技术上的问题而却步[13]。新经济地理则找到了一条捷径，其建模策略可以归于四个口号：D-S 模型、冰山成本、动态演化和计算机。

“D-S 模型”即前面提到过的迪克西特和斯蒂格利茨的工作，他们的文章将英国剑桥大学的J. 罗宾逊（J. Robinson）和美国哈佛大学的爱德华·张伯伦（Edward Chamberlin）于1933年提出的垄断竞争思想赋予了严谨而漂亮的模型表述。空间经济学中的区域模型[14]是将D-S模型应用于空间分析中，我们几乎可以视之为D-S模型的空间版本。“冰山成本”则是保罗·萨缪尔森（Paul Samuelson，1952）的创造，本来在传统的贸易理论中是不考虑运输成本的，但现实贸易中运输成本是客观存在的，萨缪尔森并不特别描述运用资金和劳动力提供运输服务的行业，相反，他建议人们想像货物在运输途中“融化”了一些，最终只有一部分能到达目的地，损失的那一部分便是运输成本。空间经济学中所考虑的运输成本都采用这种聪明的形式。“毫不夸张地说，规模报酬递增和运输成本之间的权衡关系是空间经济理论的基础”[15]。

谈到空间经济学中的动态演化方法时我要先介绍一个词：“Ad hoc dynamics”，这个词很多经济学人不太熟悉，至今为止仍然没有确切的译法。虽然在数学界，在运筹学或优化论专家们那里，Ad hoc是个再熟悉不过的词，但有趣的是，专家们讲到这个词时从来都是直读英文，听者也从来都是心领神会，不需要任何中文翻译，它也的确没有适当的词来翻译。如果硬译，就译成“特别动态”，其实它是指rough and ready ideas without very much theoretical background。克鲁格曼等人正是用了这种方法。空间经济的“演化”指的是经济究竟是如何从一些（或许多）可能的地理结构中选择其一的。的确，经济的地理结构是有多种均衡的可能性的，假如20多年前中国改革开放的总设计师邓小平同志不是在“南海边”而是在“东海边”或者中国版图的其他某个点“划了一个圈”，那么那个被圈着的“点”今天便会是另一番图景。显然这意味着历史和偶然决定了在那些经济地理各种各样可能的均衡结构中最终哪一种会脱颖而出。经济地理的演化就反映这种历史和偶然。而空间经济学中分析这种演化过程的基本方法[16]就类似于Ad hoc dynamics。最近见到国内有人批评空间经济学时说“在新经济地理学的模型中，真实的空间只是‘虚拟’的几何空间的陪衬，显得本末倒置”，我想这样的批评是对Ad hoc dynamics方法不太熟悉而造成的误解。我个人认为，在模拟历史和偶然性时应用Ad hoc dynamics方法是恰到好处的。再以上面的例子来说，为什么当年小平同志是在南海边划了一个圈而不是在其他地方呢？人们可以说出方方面面的原因，地理学家有地理学的解释，政治家有政治学的解释，社会学家有社会学的解释，经济学家有经济学的解释，历史学家有历史学的解释，军事家或许还可以从军事方面考虑，等等，方方面面的原因都有其道理；偶然性中蕴涵必然性，这就是辩证法，但最终事实只有一个：那就是历史选择了深圳而不是任何其他地方。

克鲁格曼等人在这本书中建立的所有模型，都是借助数值方法来解决的。人们可以发现，出于某种原因，即便是最简单的阐述，单纯运用解析法是不可能的，想给那些均衡方程组找到一个解析解是极其困难的。那么，使用数值方法肯定离不开计算机，需要计算机模拟。于是还得提到数学家阿兰图灵（Alan Turing，1952），他在研究生物学中的形态起源时，第一次运用计算机模拟求解数学模型，这给予人们新的启迪，本书作者在研究中心体系的自组织形成时，用的就是图灵机器方法。这里还要介绍一件趣事：克鲁格曼在 1991 年连续发表了三篇重要论文并在麻省理工学院出版了《地理与贸易》一书，之后便受到各地访学和做讲座的邀请，1992 年 4 月 16 日他受藤田先生的邀请去宾夕法尼亚大学做讲座（那一天民主党的总统候选人克林顿也正好来宾夕法尼亚大学做竞选宣传）。在从机场到宾夕法尼亚大学的出租汽车里，克鲁格曼兴致勃勃地拿出他的笔记本电脑，开始模拟起他在波士顿机场候机时完成的“跑道经济”模型。顺便说一下，书中原文是“the racetrack economy”，翻译成“跑道经济”更合理，但我的学生们却特别偏好“轨道经济”一词，我一时心软便也依了他们。其实这里的“跑道经济”是有渊源的。霍特林（Hotelling，1929）建立了一个线性城市选址模型，萨洛普（Salop，1979）则建立了一个圆形城市选址模型，若干个企业进行价格竞争，它们在圆环上等距离选址，空间差异化外生给定；波尔（Pal，1998）证明不论是伯川德竞争（Bertrand）还是古诺竞争（Cournot），2 个企业最终会定位在圆周直径的两端；Matsushima（2001）则证明了进一步推论，假设有 n 个企业进行这种类似的两阶段竞争，结果是一半企业集聚在一点，而另一半企业集聚在圆环上与之对称的另一点。在这本书中，最初的跑道模型是一个有 12 个地区的圆周，就像一面钟，商品必须沿圆周运输。不管经济活动最初如何分布，最后制造业企业几乎总是集中到两个地区，并且具有一定的对称性，当地区数目越多时，这种规律越明显。这种跑道经济的试验，就是通过计算机模拟而实现的。

三、空间经济学中的基本模型

空间经济学中有三种模型：区域模型、城市体系模型和国际模型。

乍一看来，这应该是区域经济学、城市经济学和国际经济学三个不同领域的不同问题，但正如我们前文追溯空间经济的渊源时所知，区域经济学、城市经济学和国际贸易学均可以看作区位理论的一部分。事实上，区域经济学和城市经济学的界限一直都很模糊；而这本书的三位作者中，藤田教授是城市与区域经济学家，克鲁格曼教授和维纳布尔斯教授则是国际经济学家。

1. 区域模型：中心—外围模式

中心—外围模型（core periphery model）考虑的是一个只有农业和制造业两个部门的经济，农业是完全竞争的，生产单一的同质产品，而制造业部门是垄断竞争的，供给大量的差异化产品，具有收益递增的特征；两个部门分别仅使用一种资源：劳动力；农业雇佣劳动力要素不可流动，而制造业工人可以自由流动；农产品无运输成本，而制造品则存在“冰山成本”。经济的演化将可能导致中心—外围格局：制造业“中心”和农业“外围”，条件有三个：当运输成本足够低时；当制造业的差异产品种类足够多时；当制造业份额足够大时。较大的制造业份额意味着较大的前向关联和后向关联，它们是最大的集聚力（克鲁格曼特别强调这种金融外部性是集聚的驱动力）。关键系数的微小变化会使经济发生波动，原先两个互相对称的地区发生转变，起初某个地区的微弱优势不断积累，最终该地区变成产业集聚中心，另一个地区变成非产业化的外围。也就是说，经济演化使得对称均衡在分岔点上瓦解，区域性质发生突变。

将两地区的例子推广至多个地区与连续空间，克鲁格曼用 Turing 方法证明了中心—外围模型中的结论仍然有意义，集聚因素将使得在多个地区和连续空间中会产生数量更少、规模更大的集中。而即便放松农业运输成本为零这一非现实假设，基本结论也不会有多少改变。当然，中心—外围模式能够发生并不表示必然发生，即便发生，是否可维持也是有条件的。在一定的条件下，一个地区形成的产业集聚可以自我维持，但在同等条件下，产业在两个地区分布也是稳定的。[17]同时这也表明，真实世界中的空间地理结构要比想象中的复杂得多。

譬如，考虑中国制造业的空间布局，在 20 世纪 80 年代至 90 年代初，中国已有珠三角这个制造业中心，其他地区是否还可以建成珠三角似的制造业中心？中心—外围理论告诉我们，有时多中心和单中心的地理都是稳定的——如果过去已有制造业中心，自然它会得到维持；但是如果起初没有，则未必会形成中心。事实上，长三角的制造业中心地位得以维持，而东北或中西部至今也没有形成新的制造业中心。当然，东北和中部地区一些省份也有很好的工业基础，强化这些基础重振旗鼓，也有望成为次级中心。在中国如此广袤的大地上，多中心地理应该是一种稳定均衡结构。中国实施开发大西部、振兴东北老工业基地等战略部署，如果成功，这种多中心地理稳定均衡将会实现。

2. 城市模型：城市层级体系的演化

为什么在地球的苍茫大地上，有那么些地方形成了称之为“城市”的经济体？城市究竟是如何出现的？为什么在人口和企业不断流动的情况下，城市仍然持久不衰？为什么城市会形成不同层级？经济究竟是如何从单一中心地理向多城市地理发展的？形成城市层级体系的自组织结构是如何演化的？一个优化的经济体中，城市规模应该有多大又该如何分布？这都是空间经济学中城市模型所探讨的问题。

城市模型[18]以冯·杜能的“孤立国”为起点，定义城市为制造业的集聚地，四周被农业腹地包围。然后逐渐增加经济的人口，农业腹地的边缘与中心的距离逐渐增加，当达到一定程度时，某些制造业会向城市外迁移，导致新城市形成。人口的进一步增长又会生成更多的城市，然后继续向外发展。一旦城市的数量足够多，城市的规模和城市间的距离在离心力和向心力的相对强度下将在某一固定水平上稳定下来。如果经济中有大量规模各异和运输成本不同的行业，经济将形成层级结构。这种城市结构的未来趋势取决于“市场潜力”参数。经济演化的过程可看作是市场潜力与经济区位共同作用的结果，市场潜力决定了经济活动的区位，而区位的变化进而重新描绘了市场潜力。随意瞥一眼经济活动在真实世界中的地理，纽约之所以成为纽约，就因为一条运河的作用，尽管这条运河在最近150年里已没有什么经济价值；硅谷之所以成为硅谷，起源于大约60年前斯坦福大学决策者的先见之明。当然，自然地理对经济地理的作用不容忽视，譬如，河流和港口的作用。绝大多数拥有200年历史的美国城市（钢铁城市匹兹堡除外）都分布在大西洋沿岸或可以通航的河流的北边。试想如果没有长江没有上海港，就没有当年的大上海和如今的长三角中心；同样没有珠江没有黄埔港，就没有两千年历史的五羊城和如今的珠三角。区位优势有催化作用：当一个新的中心出现时，一般情况下会在这个地区而不是在其他地区形成，而一旦中心形成，它通过自我强化不断发展形成扩大规模，起初的区位优势与集聚的自我维持优势相比就显得不那么重要了，这就是空间经济的自组织作用。

借用空间经济学的思维方式，我们可以考虑在中国960万平方公里大地上，为什么是在这个地方而不是在那个地方形成了诸如叫做广州或上海或北京的经济体？为什么上海周边还会有诸如杭州、南京之类的次级城市？在中国广袤的大地上应该有多少个类似于珠三角或长三角之类的城市层级体系？随着人口的增长和变迁，经济如何从单中心地理演化成多中心地理？新城市终究在什么时候、什么地点出现？城市规模的分布可否预测？自组织结构如何决定城市空间体系的演化过程？市场潜力曲线如何决定城市空间体系的演化路径？空间经济学将会大大拓展我国城市经济学与区域经济学（两门学科之间的界线一直都很模糊）的研究领域、研究思路和研究方法。

3. 国际模型：产业集聚与国际贸易

国际模型主要讨论国际专业化与贸易、产业集聚、可贸易的中间产品和贸易自由化趋势对一国内部经济地理的影响。贸易和经济地理（区位理论）应该融为一体，这一点细读俄林在国际贸易方面的开山之作《区际贸易和国际贸易》[19]就能理解。然而在过去的170年里，这两个学科分支几乎没有什么联系。空间经济学则想填平这一深壑。在前面两个中心—外围模型和城市体系模型中，要素流动在集聚形成中都起着关键的作用。但是在现实生活中，生产要素的流动会受到种种限制。在世界范围内考虑要素流动，“国界”是不可避免的影响因素。之所以有国际贸易理论存在，就是因为有国界存在。国际贸易壁垒和要素流动障碍都是国界惹的祸（即便没有正式的贸易壁垒，国界仍然会产生大量实际的贸易壁垒）。正是因为国界，在中心—外围模型中起关键作用的产业关联效应，并不能导致世界人口向有限的几个国家集聚，却能产生一种专业化过程，使特定产业向若干个国家集聚。那么关联效应、贸易成本（涉及运输成本和贸易壁垒）和国际不平等或世界经济的“俱乐部收敛”之间有什么关系？对外贸易如何影响内部地理？随着世界经济一体化的进程加快，不同产业区域的专业化模式和贸易模式将如何改变？一个忽略国界的“无缝”的世界（更完美的一体化世界）将是什么样子？空间经济学力图回答这些问题。

而对一国内部来说，开放对外贸易是提升了还是抑制了国内的区域专业化水平？国际贸易的传统理论考虑的是国际间专业化分工与贸易所得，将空间经济理论应用到国际贸易传统问题上，更强调了外部经济在贸易中的作用，即行业层面上（与单个厂商层面上相比）的收益递增会导致在其他方面相似的国家专业化生产不同商品。对于世界经济的一体化趋势，本书的模型表明，虽然从总体上看，贸易自由化会使一个国家的工业在空间上显得更加分散，但是对某些工业而言，贸易自由化却可能带来空间集聚。这隐喻着由于存在这些效应，使得对外开放所带来的国民福利的增进，比通常讲的贸易所带来的福利要多得多。一般认为，国际贸易所得来自消费者所得和生产者所得，其中后者是通过发挥比较优势，从而改变产业结构所带来的。但空间经济地理的分析表明，贸易可以导致内部经济地理的重新组织，它既在总体上促使制造业活动变得更加分散，同时又促使某些产业发生集聚。当一个产业为了适应贸易方式的变化而重新组织生产时，意味着贸易也许会通过更深一层的作用机制来改变一国经济的福利水平。

四、空间经济学研究的未来方向

空间经济学至少有三个可供未来研究的重要方向：扩展理论菜单、寻求实证研究以及探讨空间经济的福利与政策含义。[20]

集聚的向心力和离心力是空间经济学研究的主要内容，它们各自有三个来源。向心力来自关联效应、厚实的市场、知识溢出和其他外部经济。离心力来自不可流动的生产要素、土地租金/运输成本、拥塞和其他外部不经济。当然还可以考虑这些集聚力和离散力的其他来源，扩大这一理论菜单。藤田认为[21]，在考虑向心力的其他来源之前，迫在眉睫的是发展一个基于商品和服务的生产和交易关联上的、更一般的垄断竞争模型。空间经济学的进一步发展，在很大程度上取决于经济学界能否建立起囊括空间的不完全竞争市场的一系列更为一般的一般均衡模型。最近的文献表明，这方面的工作正在进行，如 Ottaviano，Tabuchi 和 Thisse（2002）。

集聚的向心力作用会形成中心—外围模式，基本的 CP（core-periphery）模型源于克鲁格曼（1991），这个模型中有很多与实际不太相符的假定，放松这些假定，会得到新的扩展和发展。克鲁格曼和他的同伴们也在做这方面的工作，譬如，基本的 CP 模型中假设农业部门是完全竞争的，生产单一的同质产品，而且不承担运输成本，而本书第 7 章则放松了农产品同质的假定，允许不同的地区生产差别化的农产品，并存在农产品贸易成本，得到了更进一步完善的 CP 模型。最近的文献表明，其他经济学家也在这方面做了许多的工作。这里举几个例子。

1. 基本的 CP 模型中，制造业工人的移民行为是集聚产生和强化的关键，但假设制造业工人只依赖当前的工资差异情况做出选择，而鲍德温（Baldwin，2001）则在 CP 模型的基础上，放松了关于工人移民行为的假定，引入了工人的前瞻预期（forward-looking expectation），即认为制造业工人依赖他们对于未来工资情况的预期做出移民决定。为此，Baldwin 在模型中加入了现实贴现率以及移民成本，更细致地从微观角度讨论了历史与预期谁对集聚更重要。此外，Ottaviano 和 Puga（1998）也利用贴现率对于历史对预期的作用进行了归纳，发现在移民成本低且工人具有耐心的情况下，预期可以推翻历史上形成的空间经济结构。

2. 基本的 CP 模型主要建立在静态的框架之上，其中有一个隐含的假定，即模型中不存在长期的增长。Baldwin 和 Forslid（2000）扩展了该模型，引入了资金因素和罗默（Romer）的产品创新因素，得到了一个长期增长以及工业选址都是内生的模型，表明了长期增长对于经济活动空间分布的影响。除此以外，两位研究者还敏锐地观察到了当今社会地区之间融合的不断加强的趋势。通过以揭示地区融合过程中所表现出的一些新的趋势为基础，他们对于经济融合进行了重新的定义和分类，并讨论了不同类型的融合对于经济活动空间分布的影响，从而讨论了产业选址、长期增长以及经济融合三者的关系。

3. 基本的 CP 模型中只存在两个部门，即制造业和农业。而事实上我们可以发现，政府行为对于厂商的选址决定有重要的影响。举例来说，在中国经济特区的崛起过程中，政府所制定的优惠政策和提供的高质量服务在吸引经济活动方面功不可没。因此可知，不考虑政府部门的影响，只是一个方便分析的简化假定。充分认识到各地区不同的税收结构在公司和消费者的选址决定过程中扮演的重要角色，L. F. Nalaspa，F. Pueyo 和 F. Sanz（2001）在基本的 CP 模型之中加入了一个新的经济机构——公共部门的作用，从而引入了税收负担水平以及公共管理效率的作用，讨论了政府行为对于经济活动空间分布的影响。

4. 基本的 CP 模型是基于连续时段的长期模型，也就是说，其中的很多因素从长期来看都是稳定的。基于连续时段的情况进行讨论，贸易成本的上升增强了经济活动空间分布模式的稳定性。而 Currie 和 Kubin

（2003）则在短期的框架中放弃了连续时间的假定，转而采取了离散时间的假定，以讨论从基本的CP模型中所得出的一些结论是否会受到离散时间假定的影响。采用短期而非长期框架这一扩展，对于模型的分析方法以及结论有很大的影响。在长期的发展中，经济活动的分布最终都收敛于两种可能的稳定均衡状态，即对称均衡和中心—外围均衡状态，而离散时间则可能导致两地区同时拥有较为发达的制造业部门的暂时现象。

关于厚实的市场，克鲁格曼（1991）提供的一个关于劳动力池的简单模型，已在Gerlach，Roende和Stahl（2001）等人的工作中得到扩展，这些文章重点讨论了公司为提高生产力进行冒险性投资的影响。还有的学者将要素在部门间流动的交易成本纳入此模型。在这些关于劳动力池的模型中，劳动力均被假设成同质的。显然，劳动力不同质的模型应该更有意义。当不同质的工人从事最合适的工作时，厂商可以在技术空间寻求工人和技术的最优匹配，通过相应的外部性获得集聚经济效应。这种劳动力匹配的模型先见于Helsley和Strange（1990），随后由Hamilton，Thisse和Zenou（2000）进行扩展。所有这些劳动力池和劳动力匹配模型，在本质上都是非空间的，更像其他学科所讨论的问题。如果能将这些类型的模型嵌入空间经济学的框架，将为人们提供一个有趣的研究方向。

关于知识溢出和其他外部经济对集聚的作用，得到了无论是经济地理学家、区域经济学家、城市经济学家，还是管理学家如波特（Porter，1998）的最为广泛的讨论。而本书事实上对此谈之甚少。克鲁格曼解释他为什么对这个主题选择沉默，并不是因为他不重视这种集聚力的重要性，而是因为他还没有发现漂亮的关于知识溢出的微观经济模型，也正因为此，他才转而发展基于关联要素的空间经济学的微观模型。由此可见，发展关于知识溢出的空间经济微观模型是如何之迫切。经济学家已经建立了很多基于马歇尔外部经济的城市和产业集聚模型，但其外部经济来源总不是很清楚，而且外部经济对单个厂商来说是外部的，对行业来说是内部的，外部经济的基本机制总是很含糊的。Fujita和Thisse（2002）很好地描述了信息和知识交流与传播的空间过程，但缺乏对信息和知识外溢这种外部性细节的阐述，譬如，交流的是什么信息以及公司是如何使用这些信息的？

而且，知识溢出在本质上是一个动态过程，因此，对知识溢出外部性的完整处理需要一个动态框架。显然，在短期内，人们的相互接近甚至面对面的交流有利于知识的传播和获得，但在长期内，同样的一群人的集聚有知识同化倾向，所以时间将削弱知识外部性。这也意味着马歇尔的外部性有利于知识的传播和积累，从而导致经济增长，这一结论在短期内成立，但在长期内，除非不断注入新的知识要素，否则未必成立。一个成熟的关于知识溢出外部性的模型应该具有一个动态框架，无论人们在短期还是长期内在不同地区的移动或迁徙，都对经济增长起着关键作用，因为不同的知识和信息得以在不同的区域间传播和维持。推动信息流动和知识溢出的微观基础的发展，在空间经济学的进一步发展中起着关键的作用，这一定是未来研究的主攻方向。

关于集聚的离心力，一些工作如 Helpman（1999）和 Tabuchi（1998）将城市土地租金纳入新经济地理模型，表明当制造业的运输成本足够低时，产业会向外围迁徙，以避开城市土地的高租金。但是，在给定空间分离的框架下，很难区分这样的行业分布代表了区域间分布还仅仅是中心区域的郊区化。如果能在连续空间内探讨这类问题，则是空间经济学模型的一种发展。这就需要新经济地理模型和传统的城市模型结合和统一起来。到目前为止，城市经济学和经济地理学在很大程度上是被当作两个不同的领域区别对待的。在我国，城市经济学和区域经济学的专业在经济学院设立，而经济地理学专业则在地理系或现在的城市规划系设立，对不同层次的广大高考学生来说，似乎是完全不同的两个学科。这并不是恰当的，这里暂不讨论学科配置的合理性。从理论上说，这些学科本质上都是处理相同的空间现象，如果将这些学科更紧密地相连，它们会发展得更快。

这里顺便介绍，关于“新经济地理学”的名称问题是颇曲折的。在克鲁格曼与藤田的对话中提到[22]，当他们用“新经济地理”（the new economic geography）一词时，“好像激怒了传统的经济地理学家，也激怒了一些区域经济学家和城市经济学家”。传统经济地理学家之所以反对，主要是情感上的反对，可能是因为“新”与“经济地理”的结合有些使人反感，因为在他们眼里，“新经济地理”实际上阐述的都是些老掉牙的事情，他们“在老早以前就这么说了”。藤田教授戏言道，如果一个人说“我发现了一个崭新的世界”，肯定会遭到业内人的反击；如果改称为“新地理经济”或“新空间经济”，就不会这样使传统地理学家恼怒了。但他认为当初命名为“新经济地理”还是很有建树性的，至少它吸引了传统地理学家的注意，使得人们发现经济学家和传统的地理学家在理解和对待地理空间上是多么不同。至于一些区域经济学家和城市经济学家为何也持反对态度，藤田教授解释其原因，是因为“乐园遭到了侵略”而一时难以接受。因为对区域经济学家和城市经济学家来说，自 20 世纪 50 年代末起，经济地理已成为他们专心对空间经济行为进行建模的乐园。不过要说到乐园被侵犯使人情感上有阻碍这一点，区域经济学家和城市经济学家应该可以释怀，因为对于最初的经济地理乐园来说，他们自己也是新的进入者（区域经济是在 20 世纪 50 年代末，城市经济是在 60 年代末），所以他们应该不反感这种友好的侵略。[23]而经济学家也倾向于取名为“地理经济学”（the geographical economics)[24]，但“经济地理”和“地理经济”从名称上就容易混淆。因此，是不是考虑到我国的国情，既然“经济地理”学科在地理系或城市规划系已经存在，既然区域科学和城市科学也已经存在，既然“地理经济”又容易被混淆，那么在我国命名为“空间经济学”应该比较适宜，这样至少从名词上没有侵犯任何乐园，又颇有新意而不拗口，可以为大家所接受。而且应该说，空间经济学的范畴比新经济地理更广，在空间经济学的旗帜下，会集聚更多学科的研究者。

五、关于《空间经济学》理论和技术风格的一些评论

克鲁格曼无疑极富经济学成就。不仅是新贸易理论，他在 1994 年对“亚洲金融危机”的预言，使他在国际经济舞台上的地位如日中天。从他多年来的学术思想和研究方法来看，他对迪克西特-斯蒂格利茨（Dixit-Stiglitz，D-S）垄断竞争模型历来情有独钟，《空间经济学》中呈现的一组模型深深扎根于他所推崇的 D-S 模型。克鲁格曼的模型是一个微观经济主体行为在总量上形成空间集聚的一般均衡分析。但是参与市场的微观经济行为是非动态的，不存在跨越时间的决策。市场参与者（企业和工人）的决策行为均是非远见的、非策略的原子状决策，而这些原子状决策的整体效应使得经济体从一种均衡向另一种均衡转变。这类静态模型尚需进一步发展，因为现今的主流理论特别强调理性预期和策略博弈。

从技术风格来看，《空间经济学》中所有模型都是借助于数值来模拟的。对于现实经济中的许多问题，建立一个数学模型并不太难，然而求出其解析解却难上加难。为此作者大量应用了图灵方法。但这对缺乏一定的计算机基础的读者产生了困难。很多章节的附录里均列出了作者

使用的特殊的参数值，但没有提供计算程序。或许是作者认为检验其结果是没有必要的。

学者们对本书风格的最显著的批评之一是，它对其他学者早期所作的非常重要的工作没有提到，甚至疏漏之处很多。举例来说，本书的一个中心观点是，当分散力受到集聚力的制衡时，空间集聚就会产生。而 Papageorgiou 和 Smith（1982）约在 20 年前对此观点的优雅处理，书中并无涉及。而任何一本开创性的著作，如果能够疏而不漏地介绍前人的思想和工作，将会使该领域的后学者们少走很多弯路。

对《空间经济学》中的基本观点也有一些批评。在国际著名刊物 *Regional Science & Urban Economics*（2001）[25]中有一篇书评，批评本书的基本观点时是针对克鲁格曼的一段话[26]：关联效应只在单个厂商存在收益递增时才发生作用，否则厂商就不会将生产集中在市场最大的地方，而是分别建立生产基地来满足各个市场。这段话的意思就是说，除非厂商拥有内部规模经济，否则市场关联不会推动集聚。而这篇书评的作者认为，其实关联和内部规模经济之间没有什么特殊关系。因为不论是否存在厂商层面上的规模经济，关联总是存在的，譬如工人重视与其他同种行业或相关行业的工人的交流，也是一种关联，而这种关联也能创造集聚。但我想说的是，这篇书评作者的批评中所说的“关联”与克鲁格曼在本书中所说的“关联”其内涵和外延是有差异的。克鲁格曼所说的关联是上下游企业之间的“垂直关联”，是产业链上的前向关联和后向关联，这样定义的“关联”效应只在存在厂商层面的规模经济时才发生作用，克鲁格曼是正确的。我认为，如果将“关联”一词拓展，厂商之间任何有形无形的交往都被称为“关联”，那么除了“垂直关联”外还可以定义“水平关联”（或横向关联）。当然，水平关联与厂商内部规模经济无关，水平关联也可以产生集聚。譬如，知识溢出就是这种所谓的水平关联，而这种水平关联可以产生集聚在马歇尔时代人们就知道了。

那么，究竟是什么推动了空间集聚？除了关联效应外，影响空间集聚的因素还有其他。我在拙著《产业集聚论》中归纳总结了八大因素，除了国际贸易理论中所强调的要素禀赋外，我将其他七大因素分为基本因素和市场因素两大类：基本因素包括运输成本、收益递增和知识溢出；市场因素包括地方市场需求、产品差异性（消费者偏好）、市场（垂直）关联和贸易成本。譬如，虽然所有的星巴克都销售同样的咖啡，咖啡本身没有差异，但区位的特殊性会形成消费者偏好，某店的一杯咖啡与另外一家店同样的咖啡是有区别的，这也就构成了产品差异性，并因此而产生集聚：星巴克越集中的地方，咖啡的消费者市场就越大；而咖啡的消费者市场越大的地方，星巴克就越集中。

所以，我对《空间经济学》的一个看法是，它清晰地表明了运输成本、收益递增和关联效应对空间集聚的重要作用，特别是，它自始至终都着重强调了关联效应的作用。至于关联效应对空间集聚的作用，我认为它的确是说了个透。至于忽略了空间集聚的其他因素，这也不能说是它的一大不足，因为任何一本书只能承载有限的信息而不能包罗万象，特别是如上所述，它之所以对其他因素譬如最引人注目的知识溢出外部性保持沉默，主要是克鲁格曼认为到目前为止，还没有寻找到有坚实微观基础的知识溢出模型，这类模型必须有动态的框架。事实上这本书关注的范围很狭小，可以说只讨论了集聚向心力中的一种：关联效应所形成的金融外部性（pecuniary eaternalities）。克鲁格曼解释说之所以本书关注范围狭小，是为了在经济理论的现代工具下，建立起新经济地理学的稳固的微观基础。但这决不表明空间经济学所关注的范围狭小。

应该注意到，在《空间经济学》所有的章节中都避免了讨论福利经济学和政治问题。克鲁格曼解释他们在空间经济的政策含义方面没有下任何工夫的原因是，本书的目的只是解释“是什么”和“为什么”，对于从事理论模型研究的经济学家来说，尽管他们的模型中所展示的经济正是政府介入的主要目标，但要让他们来推导政策含义，一般都会慎之又慎，因为要将纯理论模型变成可以预测具体政策措施的实验模型是非常困难的，在这方面克鲁格曼有过经验。回想他的新贸易理论，有着强烈的政策含义，但是长期以来，经济学家对战略性贸易政策的可行性一直争论不休。这段经历对克鲁格曼来说仍然记忆犹新，尽管新贸易理论使克鲁格曼在国际经济学界有了重要地位，但克鲁格曼还是很感慨，将不完全竞争模型应用于复杂的现实是多么的困难，而对于主要研究一般均衡而不仅仅是局部均衡的新经济地理模型，则更显得难以操纵。克鲁格曼心有余悸地说，“老实说，我们（至少对我来说）也担心类似于战略性贸易政策的历史上不太愉快的事情会重现：利益集团不顾一切地招募有名的经济学家支持有问题的干涉主义政策。诚然，新经济地理的主要的研究者都会极力抗拒这种诱惑，但我们不希望这样的情况出现。”[27]

当然，理论总是为现实服务的。既然空间地理在经济发展中非常重要，无疑会产生很强的政策效应。经济学的要点之一就是提供政策指导，《空间经济学》的作者们希望并期盼这本书的方法能引致一系列有益的政策建议，以指导与地区的、城市的、包括国际的贸易政策有关的问题。[28]作者很清楚地表明了态度，即空间集聚的福利和政策含义是空间经济学未来前进的方向之一。实际上在最近10多年空间经济学的发展中，关于空间集聚的福利和政策含义的研究颇为丰硕。在这方面，我建议读者们去读一读另外一本好书：2003年由美国普林斯顿大学出版的《经济地理与公共政策》(*Economic Geography and Public Policy*)，这本书由五位作者合著，分别是Richard Baldwin，Rikard Forslis，Philippe Martin，Gianmarco Ottaviano，Frederic Pobert-nicoud。

梁　琦

2005年5月

[注释]

[1] 保罗·克鲁格曼从斯坦福大学转麻省理工学院工作四年后，于2000年7月赴普林斯顿大学工作。

[2] Nillei是Nihon Keizai Shimbun的缩写，Nikkei Prize由Nikkei基金会颁发。以Nikkei命名的奖项范围很广，不仅涉及经济，还涉及科技、生物、文学各个方面，是亚洲最具影响力的奖项之一。

[3] 这是一个为了纪念阿朗索所做出的杰出贡献，同时表彰在区域经济科学方面写出创造性并极富影响的著作的学者，由国际区域科学经济协会（RSAI）于1999年11月11日设立的奖项。其目的是为了激发区域经济学领域的学者们秉承阿朗索的精神，勇于写出创新性学术著作（英文）。RSAI是个跨学科的国际性组织，成立于1954年，它在研究具有空间维度的社会、经济、政治和行为现象方面处于世界领先地位。

[4] 最近与台湾大学、台湾中央研究院的学者交流，发现他们正是用这本书作为博士生教材。

[5] 该书在1966年由Wartenberg译成英文版，1993年引入中国，由商务印书馆出版。在探索工业区位和厂商定位时，冯·杜能首先探询厂商不愿定位主要的城市（特别是首都和省会）的原因，即离心力（用空间经济学术语来说）。冯·杜能的论述非常全面，囊括了大城市中较高的地租和较高的食品价格对货币工资的影响。接着冯·杜能深入探讨了产业集聚的七大原因。虽然该书写于德国工业

革命初期，但要超越他所思考的对产业集聚的形成的精确描述，并不是容易的。

[6] 参见保罗·克鲁格曼．发展、地理学与经济理论．北京：北京大学出版社，中国人民大学出版社，2000，58～60。

[7] 参见贝蒂尔·俄林．地区间贸易和国际贸易．北京：商务印书馆，1986，334～335。

[8] 参见 Ekelund and Hebert（1999），转引自 Fujita，M. and Thisse，J-F.，"*Economics of Agglomeration*：*Cities*，*Industrial Location*，*and Regional Growth*"，Cambridge：Cambridge University Press，2002，pp. 18－19。

[9] Samuelson，"Thunen at Two hundred"，*Journal of Economic Literature*，1983. Vol. 21（4），pp. 1468－1488.

[10] 保罗·克鲁格曼．发展、地理学与经济理论，北京：北京大学出版社，中国人民大学出版社，2000，37～39。

[11] D-S 模型被广泛应用到很多领域的经济建模中。从 20 世纪 70 年代末起，一些理论家开始把新产业组织理论的分析工具应用到国际贸易中；几年后，同样的分析工具又被应用到技术变革和经济增长中。新贸易理论出现在 1984 年左右，新增长理论出现在 1990 年左右。这两大经典理论的整合得益于两部专著的适时问世：E. Helpman and P. Krugman，*Market Structure and Foreign Trade*，Cambridge：MIT Press，1985；G. Grossman，E. Helpman，*Innovation and Growth in the World Economy*，Cambridge：MIT Press，1991。

[12] 保罗·克鲁格曼．地理和贸易．北京：北京大学出版社，中国人民大学出版社，2000。

[13] 在克鲁格曼看来，自第二次世界大战以来，至少有两次空间经济学几乎要开创新时代了，但都功亏一篑。第一次把空间纳入经济学的重大努力发生在 20 世纪 50 年代，由著名的沃尔特·伊萨德领导，其结果是并没有实现将空间带入经济学核心的目标，却开创了区域经济学。第二次把空间纳入经济学的重大努力是指 20 世纪 60 年代末 70 年代初风光一时的"新城市经济学"，这方面的文献研究的是城市的内部空间结构。两次努力的失败在于没有给出一个同时包括收益递增、随之而来的不完全竞争、运输成本和要素流动等内容的正式框架。

[14] 参见 Masahisa Fujita，Paul Krugman，Anthony J. Venables，*The Spatial Economy*：*Cities*，*Regions*，*and International Trade*，Cambridge：The MIT Press，1999，Ch4 "The Dixit-Stig litz Model of Monopolistic Competition and Its Spatial Implications"。

[15] M. Fujita and J-F. Thisse，"*Economics of Agglomeration*：*Cities*，*Industrial Location and Regional Growth*"，Cambridge：Cambridge University Press，2002，p. 177.

[16] 参见 Masahisa Fujita，Paul Krugman，Anthony J. Venables，*The Spatial Economy*：*Cities*，*Regions*，*and International Trade*，Cambridge：The MIT Press，1999，Ch5 "Core and Periphery"。

[17] CP 模型作为空间经济学的中枢，具备以下几个主要特征：1. 本地市场效应放大。本地市场效应是指需求区位的一个外生变化使需求扩大区产生一个更大比例的产业再定位，如果把集聚定义为经济活动的空间集中将刺激进一步空间集聚力量的趋势，则本地市场效应无疑是个集聚力。2. 循环因果关系。CP 模型的集聚力是自我强化的，在 CP 模型中可区分为与需求关联的循环因果关系和与成本关联的循环因果关系。3. 内生非对称。随着贸易成本的不断降低，原先对称的两个地区最终将演化为非对称区域。4. 骤变式集聚。从一个对称结果和很高的贸易成本出发，在达至突变点之前，贸易自由度的边际增加对产业区位无影响；而在超出突变点之后，即使贸易自由度的一个很小增加也将使产业发生骤变式集聚，即完全集聚是唯一稳定的结果。5. 区位磁滞。当贸易成本使 CP 模型出现多重稳定均衡时，将产生区位磁滞，或称之为路径依赖，这时历史将起作用。假设经济始于一个中心外围结果，一个瞬时冲击如一个地区对生产的临时补贴将使经济从一个稳定均衡变为另一个稳定均衡；但随后这一冲击的消除并不能导致这一冲击结果的逆转。6. 驼峰形集聚租。在 CP 模型中当经济处于中心外围结果时，流动要素并非不在意区位的选择，集聚租可度量为当完全集聚是稳定均衡时一个工人从中心转移到外围所招致的损失。随着贸易变得更为自由，集聚租先上升后下降。7. 重叠区和自我实现预期。在 CP 模型中有一重叠区，当贸易自由度处于该范围时对称和两个中心外围结果都是局部长期稳定均衡。当工人是前瞻性的，重叠区使对称结果和中心外围结果之间的跃迁可由预期冲击所触发。——参见 Baldwin，Richard E. et al，*Eco-*

nomic Geography and Public Policy，Princeton University Press，2003，pp. 33－36。

［18］参见 Masahisa Fujita，Paul Krugman，Anthony J. Venables，*The Spatial Economy*：*Cities*，*Regions and International Trade*，Cambridge：The MIT Press，1999，Ⅲ “The Urban System”。

［19］俄林不仅是一位著名的经济学家，而且在瑞典，他是一名活跃的政治家。作为政治家的名声甚至大于作为经济学家的名声。他曾是瑞典自由青年联盟主席，接着任瑞典自由党领袖。他担任了 30 多年的瑞典国会议员，并曾出任瑞典的贸易部长。他的著述很多，在经济学中他涉足的领域也很多，诸如就业问题、货币问题以及经济危机等问题他都有很深的造诣。中国人对他的了解主要源于他的生产要素禀赋学说，即 H-O 理论，以及 1977 年他同英国的 J. E. 米德（J. E. Meade）因“对国际贸易和国际资本流动的理论做出了创造性的贡献”同时获诺贝尔奖。

［20］参见 Masahisa Fujita，Paul Krugman，Anthony J. Venables，*The Spatial Economy*：*Cities*，*Regions and International Trade*，Cambridge：The MIT Press，1999，Ch19 “The Way Forward”。在国际区域科学经济协会（RSAI）于 2002 年 11 月为纪念该学会诞生 50 周年在波多黎各的首都圣吉安举行的北美会议上，克鲁格曼又提出应该建立一个可用电脑操作的地理均衡模型。

［21］同样在 RSAI 的圣吉安北美会议上，克鲁格曼和藤田昌久有一个对话式的演讲，这个对话式的演讲后来正式发表了，见 Fujita and Krugman（2004）。

［22］在 RSAI 的圣吉安北美会议上，克鲁格曼和藤田昌久的对话式演讲，见 Fujita and Krugman（2004）。

［23］呵，我在国内也遇到同样的事情：我的一篇相关文章投向某个著名刊物，匿名审稿人没有对我的模型本身提任何意见，却指出这个问题在某某学科里是个老问题，没有超过某某某（一位先哲）的成果，故不宜发表。尽管我实际上用的是新方法，与先哲的论述完全不同。

［24］2001 年剑桥大学出版社“经济前沿理论”书系中的一本书是 *An Introduction to Geographical Economics*（顺便提到，就该书内容来说，这本书的书名翻译成《地理经济学引论》比较适宜，而不是像国内现在所翻译的《地理经济学》）。在该书前言中，三位作

者强调说他们宁愿选择“地理经济学”这个术语而不选择其他名称如“新经济地理学”，其原因“不仅是因为‘新’这个标签经过一段时间就会不可避免地过时，而且因为这些术语本身也有其缺陷——此术语暗示该理论是由经济地理学家发展而来。但其实并不是这么回事。实际上，地理经济学深深根植于国际经济学、现代国际贸易理论和经济发展理论，在这些理论基础上再加入了经济活动的地理选择。”不过该书作者们同时也认为称其为“新经济地理学”也未尝不可，他们说：“我们认为，地理经济学将区域经济学和城市经济学成熟的空间洞察力和经济学主流理论中的一般均衡框架结合了起来，故从这种意义上说，它也可以被看作是新的经济地理学”。

[25] 参见 *Regional Science & Urban Economics*，2001（31）：pp. 601－641。

[26] 参见 Masahisa Fujita，Paul Krugman，Anthony J. Venables，*The Spatial Economy*：*Cities*，*Regions and International Trade*，Cambridge：The MIT Press，1999，p. 5。

[27] 引自在 RSAI 的圣吉安北美会议上，克鲁格曼和藤田昌久的对话式演讲。

[28] 引自 Masahisa Fujita，Paul Krugman，Anthony J. Venables，*The Spatial Economy*：*Cities*，*Regions and International Trade*，Cambridge：The MIT Press，1999，pp. 349.

[参考文献]

[1] Avinash K. Dixit and Joseph E. Stiglitz，“Monopolistic Competition and Optimum Product Diversity”，*American Economic Riview*，1977，June，297－308.

[2] Baldwin，R. E.，“Core-periphery model with forward-looking expectations”，*Regional Science and Urban Economics*，2001（31），21－29.

[3] Baldwin R. E.，Forslid，R.，“The core-periphery model and endogenous growth：stabilizing and destabilizing integration”，*Economica*，2000，67，307－324.

[4] Baldwin Richard E. et al.，*Economic geography and public policy*，Princeton University Press，2003.

[5] Brakman，S.，Garretsen，H. and Marrewijk，C. V.，“*An Introduction to Geographical Economics*”，Cambridge：Cambridge University Press，2001.

[6] Currie M. and Kubin. I.，“Chaos in the core-periphery model”，University of Economics and Business Administration，Vienna，2003. http：//les. man. ac. uk/

ses/research/Discussion _ paper _ 0314. pdf.
[7] Fujita, M. and Krugman, P., "The new economic geography: Past, present and the future", *Journal of Regional Science*, 2004, 83, 139 - 164.
[8] Fujita, M., Krugman, P. and Vensbles, A. J., *The spatial Ecnomy: Cities, Regions and International trade* Cambridge: The MIT Press, 1999.
[9] Fujita, M., and J. F. Thisse, "*Economics of Agglomeration: Cities, Industrial Location and Regional Growth*", Cambridge: The MIT Press, 1999.
[10] Fujita, M. and J. F. Thisse, "Does geographical agglomeration foster economic growth? And who gains and loses from it? ", *The Japanese Economic Review*, 2003, 54 (2), 121 - 145.
[11] Gerlach, K. A., Roende, T. and Stahl, K., "Firms come and go, labor stays: Agglomeration in high-tech industries", Processed, University of Mannheim, 2001.
[12] Hamilton, J., Thisse, J. F. and Zenou, Y., "Wage Competition with Heterogeneous Workers and Firms", *Journal of Labor Economics*, 2000, 3, 453 - 472.
[13] Helpman, Elhanan, " R&D spillovers and global growth", *Journal of International Economics*, 1999, 47, 399 - 428.
[14] Helsley, Robert W. and William C. Strange, "Matching and Agglomeration Economies in a System of Cities", *Regional Science and Urban Economics*, 1990, 2, 189 - 212.
[15] Hotelling, H., "Stability in competition", *Economic Journal* 1929, 39, 41 - 57.
[16] Krugman, P., "Increasing returns, industrialization, and indeterminacy of equilibrium", *The Quarterly Journal of Economics*, May 1991, 617 - 649.
[17] Matsushima, N., "Cournot competition and spatial agglomeration revisited", *Economics Letters*, 2001, 73, 175 - 177.
[18] Nalaspa, L. F., Pueyo, F. and Sanz, F., "The public sector and core-periphery models", *Urban Studies*, 2001, 38 (10), 1639 - 1649.
[19] Ottaviano, G. I. P. and Puga, "Agglomeration in the global economy: a survey of the 'New Economic Geography' ", *The World Economy*, 1998, 21, 707 - 732.
[20] Ottaviano, G. I. P. and J. F. Thisse, "Integration, agglomeration and the political economics of factor mobility", *Journal of Public Economics*, 2002a, 83, 429 - 456.
[21] Ottaviano, G. I. P., T. Tabuchi and J. F. Thisse, "Agglomeration and trade revisited", *International Economic Review*, 2002b, 43, 409 - 435.
[22] Pal, D., "Does Cournot competition yield spatial agglomeration?", *Economics Letters*, 1998, 60, 49 - 53.
[23] Porter, M. E, "*The Competitive advantage of Nations*", New York: The Free Press, 1990.

[24] Masahisa Fujita, P. Krugman, A. J. Venables, *The Spatial Economy: Cities, Regions and International Trade*, Cambridge: The MIT Press, 1999.

[25] Salop, S., "Monopolistic Competition with Experience Goods", *Bell Journal of Economics*, 1979, 10, 141-156.

[26] Samuelson, P. A., " The transfer problem and transport costs: the terms of trade when impediments are absent", *Economic Journal*, 1952, 62, 278-304.

[27] Smith, T. R. and G. J. Papageorgiou, "Spatial Externalities and the Stability of Interacting Populations Near the Center of a Large Area", *Journal of Regional Science*, 1982, 22, 1-18.

[28] Tabuchi, T., "Urban agglomeration and dispersion: A Synthesis of Alonso and Krugman", *Journal of Urban Economics*, 1998, 44, 333-351.

[29] Turing, A., "The chemical Basis of morphogenesis", *Philosophical Transactions of the Royal Society of London*, 1952, 237, 37-72.

[30] 阿尔弗雷德·韦伯．工业区位论．北京：商务印书馆，1997.

[31] 奥古斯特·勒施．经济空间秩序——经济财货与地理间的关系．北京：商务印书馆，1998.

[32] 保罗·克鲁格曼. 发展、地理学与经济理论. 北京：北京大学出版社，中国人民大学出版社，2000.

[33] 保罗·克鲁格曼. 地理和贸易. 北京：北京大学出版社，中国人民大学出版社，2000.

[34] 贝蒂尔·俄林，地区间贸易和国际贸易，北京：商务印书馆，1986.

[35] 梁琦．产业集聚论．北京：商务印书馆，2004.

[36] 沃尔特·克里斯塔勒．德国南部中心地．北京：商务印书馆，2000.

[37] 约翰·冯·杜能．孤立国同农业和国民经济的关系．北京：商务印书馆，1993.

英文版序言

经济活动的区位涉及企业和家庭在哪里进行生产和消费决策，以及这些决策之间的相互影响。主流经济学历来极少关注这个问题。马克·布劳格（Mark Blaug）在最新版的《经济学理论回顾》（*Economic Theory in Retrospect*，1997）中提到“主流经济学对区位理论的不屑是令人费解的”，他同时断言，“这种忽视很大程度上一直延续到了今天”。

但事实表明这些评论有些过时了。大约从1990年开始，空间经济的理论和实证研究获得了新生（用“诞生”一词也许更贴切），因为这个领域几乎从未受到过重视。借助于新的理论工具，“新经济地理”迅速成为现代经济学中最令人神往的领域之一。

经验表明，在一个新的潮流产生数年后，如果能有人做出概括提炼（成果通常是一本书，该书要能够证明，许多看似迥然不同的模型不过是几个主要问题的变体，同时该书还要能创立一套基本框架，用于研究此类问题），那么人们将获益匪浅。例如，赫尔普曼与克鲁格曼（Helpman and Krugman，1985）关于不完全竞争和国际贸易的著作以及格罗斯曼与赫尔普曼（Grossman and Helpman，1991）关于内生性增长的著作，都为他们研究的新领域提供了雏形并指明了方向。我们相信，在经济地理理论上取得类似成果的时代已经来临。这本书还特别向读者演示了如何将一种立足于收益递增、运输成本和生产要素流动这三者之间的相互作用的常用方法运用到城市经济学、区域经济学以及国际经济学中以研究各类问题。

当然，并不是所有的人都想要或者需要读完全书。下面就本书的内容向大家做简要说明。第Ⅰ篇基本上是背景资料，其中回顾了研究此类经济理论的动机，以及一些早期研究中与我们的方法直接相关的问题。

第 2 章的基础——乘数模型及该章附录中对叉型模型的讨论可看成是热身，或许会对后续讨论有所帮助。第Ⅱ篇提出了一些基本方法，并应用到“区域”模型中（指一些生产要素可以在区域间自由流动的模型）。即便对那些主要兴趣放在城市经济学或国际经济学方面的人来说，阅读第 3 章和第 4 章也是十分必要的。第 3 章提出了贯穿全书的市场结构；第 4 章在提出中心—外围模型的过程中，阐明了若干概念，还得出了一系列数学结论，这些概念和结论都将反复出现。第 5 章和第 6 章为选读章节（虽然它们介绍的概念都将在第Ⅳ篇中出现，而且第 5 章还是第 16 章相关讨论的前提）。

具备了这些初步知识，读者就可以有更大的选择余地。第Ⅲ和第Ⅳ篇的阅读顺序是随意的，如果你愿意的话，可以跳过城市经济学，直接从区域经济学进入国际经济学的部分。在第Ⅲ篇中，第 7 章启发式的开场白为其后的内容提供了阅读指南；除了第 11 章的内容显得有些突兀外，以后内容的发展都是一脉相承的。在第Ⅳ篇中，第 13 章为其余章节提供了必不可少的阅读背景，此后章节则是彼此独立的。

本书的部分内容是以作者自己以及与他人合著的早期著作为基础的。这里我们要特别提到 Tomoya Mori，他作为合著者撰写的早期著作为本书第 9 章、第 10 章和第 12 章的大部分内容奠定了基础。此外，Diego Puga 和 Raul Livas-Elizondo 也分别对本书的第 14 章和第 17 章做出了类似的贡献。

本书还从很多人提出的意见中受益。部分原稿已经被麻省理工学院和伦敦经济学院用作课程讲义，研修这些课程的学生也提出了重要的意见和建议。阅读过本书草稿并提出了宝贵建议的学者有：运筹学与计量经济学中心（Center for Operations Research and Econometrics，CORE）的 Jacques Thisse、布朗大学的 J. Vernon Henderson、达夫斯大学的 Yannis Ioannides、博洛尼亚大学的 Gianmarco Ottaviano、维也纳科技大学的 Martin Wagner 以及名古屋财经大学的 Hiroyuki Koide。

此外，Hiroyuki Koide 和 Tomoya Mori 对本书的部分内容做了极为出色的编辑工作；位于伦敦经济学院、由英国经济与社会研究会资助的经济运行中心以及英国台湾文化研究所也为我们的研究提供了支持，在此一并表示感谢。

藤田昌久

保罗·R·克鲁格曼

安东尼·J·维纳布尔斯

主译简介

梁琦，女，湖南人，生于陕西。全国百篇优秀博士论文获得者，曾赴英国埃克斯特大学学习。现任中山大学管理学院教授，产业经济学专业博士生导师，中山大学产业区域发展研究中心主任。《中国区域经济》等刊物编委，《世界经济》等刊物审稿专家，全国学位与研究生教育评估专家，国家留学基金评委，“浦山世界经济学优秀论文奖”评奖专家团成员。中国世界经济学会理事。多所大学的兼职教授。自 77 级本科学士学位论文“一维变换与二维变换的等价性”独立发表于《湖南数学年刊》(No. 1，1983) 以来，在数学和经济学领域均有论述，其中部分工作被世界著名数学科学网站 MathSciNer、美国 Mathematical Review、俄罗斯 Informatika 和《中国数学文摘》、《中国社会科学文摘》、《新华文摘》、中国人民大学报刊复印资料及其它集刊转载转摘。

专著《产业集聚论》(商务印书馆，2004) 获中国国际经贸领域最高学术研究奖——第十二届“安子介国际贸易研究奖”优秀著作二等奖 (一等奖空缺)，并于 2008 年获“改革开放以来南京大学文科有重要影响的学术著作”荣誉；论文《中国对外贸易和 FDI 相互关系的研究》(《经济学 (季刊)》，NO. 3，2005) 获第十三届“安子介国际贸易研究奖”优秀论文二等奖 (一等奖空缺)；专著《分工、集聚与增长》(商务印书馆，2009) 获第十六届“安子介国际贸易研究奖”优秀著作二等奖 (一等奖空缺)；论文《产业集聚的均衡性与稳定性》(《世界经济》，No. 6，2004) 获中国世界经济学会蒲山奖；《空间经济学：多学科的融合与创新》(《光明日报》理论版，2006 - 07 - 17) 入选“2006 年中国十大学术热点”。应邀撰写的文章《2008 年度诺奖得主克鲁格曼学术成就评述》(《国际经济评论》，No.11－12，2008)、《经济学应当向数学学什么》(《新华文摘》，No.3，2007) 等也引起很好的社会反响。著作《国际结算》(高等教育出版社 2005 年第 1 版，2009 年第 2 版) 连续两届被中华人民共和国教育部评选为“普通高等教育‘十五’国家级规划教材”和“普通高等教育‘十一五’国家级规划教材”，并获南京大学教学成果一等奖，南京大学精品课程 (2005)、中山大学精品课程 (2009) 等称号。主持国家社科基金重点项目等多项课题。由中华人民共和国教育部主管、中国教育报刊社主办，我国唯一一份主要面向国外留学人员和华人学者、发行海外 70 多个国家和地区的刊物《神州学人》，在 2008 年第 11 期以“跨‘空间’的翩翩舞者”为题，向全球华人广泛介绍梁琦教授。

目 录

第Ⅳ篇 国际贸易

导　论

地理学的再发现

在英国国家歌剧院（English National Opera）旁边的拐角处就是圣马丁巷（St. Martin's Court），在这条很短的街道上遍布着二手书及印刷品的销售商。对于这些店铺来说，这个位置是十分合理的；但毫无疑问，其他地点可能也同样合适。那么，那些店主为什么要把店铺开在这里呢？他们的目的是为了能够彼此靠近。无疑，还会有很多有趣的故事告诉我们那些二手书商店及印刷品商店最初是如何聚集到一起的，但能使它们维持至今的则是一种循环的逻辑——潜在顾客之所以来到圣马丁巷，是希望在那里找到很多值得一逛的店铺；而店主之所以把店铺开在圣马丁巷，是因为他们知道那里有大批的潜在顾客。

"圣马丁巷现象"也广泛存在于经济中。集聚（agglomeration）是指经济活动的集中，它由某种循环逻辑创造并维持。集聚有许多层次，从城市中为周边居民区服务的当地购物区，到硅谷（或伦敦市区）这样为整个全球市场服务的专业化经济区，都会出现集聚。人口和经济活动在地理上的分布是极不平衡的。在发达国家，绝大多数人居住在大都市地区，而这些大都市本身也会聚集成区，例如，波士顿-华盛顿走廊（Boston-Washington corridor）。集聚无疑是一股巨大的力量，但它并不是万能的。例如，伦敦很大，但大多数英国人居住在其他地方，这种城市体系在规模和功能上存在很大的差别。

经济地理研究的对象是经济活动的区位选择及其原因。换句话说，要让经济学家相信这门学科既有趣又重要，应当不会太费劲。然而，这门学科在很大程度上一直被主流经济学所忽视，直到近几年才有所改观。即便是现在，它的各种入门教材似乎都还在描述一种没有城市和区域的空洞经济（大多数类似教材绝口不提城市化的原因或区位在经济决策中的作用等等这类问题）。

然而在过去的几年里，对经济地理的研究，也就是对经济活动的区位及其原因的研究有了戏剧性的增加。从某种程度上来说，对现实的关注激发了人们对经济地理的研究兴趣，特别是欧洲市场一体化的计划，以及人们试图通过将欧洲内部的国际经济学与美国内部的区域经济学进行比较，从而增加对这种深层次一体化运行机制的理解，都极大地推动了对该领域的研究。一直以来，经济地理都是一门重要的学科。如果经济学家对它视而不见，那么并不是因为他们对该学科不感兴趣，而是它实在太难以驾驭了。经济学家如今愿意研究经济地理，就是因为他们认为新的研究工具，特别是用于分析产业组织、国际贸易和经济增长的建模技巧，已经消除了关键的技术障碍，把原本令人望而生畏的领域变成了理论家的乐土。

从事经济地理的理论研究始终有一个基本问题，那就是区域和城市发展的任何理论都取决于规模报酬递增的作用。如今仍有许多经济理论假设规模报酬不变，但如果我们真的生活在这样的世界中，那么就很难理解为什么经济不是以“后院资本主义”（backyard capitalism）为特征的。因为在那种环境中，每个家庭或小团体都生产自己所需要的大部分产品。无可否认，由于自然环境的差异，各地区间会存在人口密度不均匀以及少量贸易的情况。土地肥沃程度的不同以及土壤、气候和资源的差异都意味着，即使在规模报酬不变的情况下，也没有一个地区能够生产所有的产品。然而，现实经济中存在着显著的空间不平衡，如人口稠密的制造业带和人口稀疏的农业带之间有差距，拥挤的城市和荒凉的农村之间也有差别。特定产业集聚在硅谷和好莱坞是个引人注目的现象，这当然不是地区间内在差异的结果，而是某种积累过程的结果，同时这一过程必然涉及某种形式的规模报酬递增，由此地理集中是自我强化的。

不幸的是，规模报酬递增常常给经济理论学家带来麻烦。除个别极其特殊的情况外，规模报酬递增都会导致完全竞争市场的分崩离析；即使这一问题可以通过某种技巧解决，但还是会影响到均衡的存在性和唯一性。不过，对于那些决心要在了解经济活动的区位方面取得一些进展的理论家来说，这些困难并不是无法克服的。例如，研究者可以像许多城市经济学家那样，先简单地假定城市（或城市中的中央商业区）的存在是已知的，再研究地租和土地使用的后果，比如，著名的冯·杜能模型（von Thünen model）就以这个假设为基础，产生了丰富而翔实的文献。研究者也可以像以亨德森（Henderson，1974，1980，1988）为代表的城市体系理论家那样，用某种黑箱方式，把规模报酬递增当作局部的生产外部性来处理。这种方法虽然回避了一些重要的问题，却打开了深入研究其他问题的大门。尽管如此，这些努力直到几年前还游离在主流经济理论的外围。

近几年来，“新经济地理学”（new economic geography）开始崭露头角，这是经济学中规模报酬递增革命的第四次浪潮。这场革命开始于 20 世纪 70 年代的产业组织领域。当时，理论家们首次在规模报酬递增的情况下着手建立容易处理的竞争模型；特别是迪克西特和斯蒂格利茨（Dixit and Stiglitz，1977）将张伯伦（Chamberlin）的垄断竞争概念形式化。无可否认，这仅是一个特例，但它却被广泛应用于很多领域的理论建模。从 20 世纪 70 年代末开始，一些理论家开始把新产业组织理论的分析工具应用到国际贸易中；几年后，同样的分析工具又被应用到技术变革和经济增长上。当然，仅把迪克西特-斯蒂格利茨模型（Dixit-Stiglitz model）机械地运用到现有学科中是远远不够的，理论家们必须提出新的概念，从而使最初看似不一致的模型和方法不断扩展，其中的每个作者看起来都在创造他们自己的语言和符号。总有那么一天，每个学科都会产生一套有用的核心观点。如果回顾一下，我们就会真切地感受到“新贸易理论”（new trade）和“新增长理论”（new growth）是那么和谐，又是那么经典。

我们觉得新经济地理学现在的处境与 1984 年前后的新贸易理论以及 1990 年前后的新增长理论十分相似。也就是说，一个生机勃勃且令人振奋的理论已发展到了“只见树木，不见森林”的阶段，但如果仔细探寻，你就会发现许多（如果不是全部的话）分析都有很强的共性。我们相信，新贸易理论和新增长理论的整合在很大程度上得益于以下专著的适时问世：赫尔普曼与克鲁格曼的《市场结构和对外贸易》（*Market Structure and Foreign Trade*，Helpman and Krugman，1985）、格罗斯曼与赫尔普曼的《世界经济中的创新和增长》（*Inno-*

vation and Growth in the world Economy, Grossman and Helpman, 1991)。这些专著都致力于把各个领域合成一个连贯的整体，当然，本书也试图对新经济地理如法炮制。

在本章的其余部分，我们将会阐述这个新领域的统一主题、方法和问题，并列出全书的安排。

关联与因果循环

我们认为，经济地理的定义就是要解释人口与经济活动的集中现象，包括制造业带和农业带的差别、城市的存在以及产业集群的作用。从广义上讲，这些集中的形成和延续都源于某种形式的集聚经济。在这种集聚经济中，空间集中本身创造了有利的经济环境，从而支撑了进一步或持续的集中。与本书第1章介绍的有关城市体系的文献一样，在某些场合中，仅仅假定这种集聚经济的存在就已经足够了。但是，新经济地理文献的核心就是要进入那个特定的黑箱，并通过更基本的考虑来获得空间集中自我强化的特征。问题的要点并不仅在于此，假定集聚经济看起来有点像是在假定结论。正如一位物理学家在听完一个关于规模报酬递增的报告后挖苦道："这么说，你在告诉我们集聚的形成是由于集聚经济的存在。"更重要的问题在于，通过把规模报酬递增的源泉模型化并应用于空间集中，我们可以了解这些收益发生变化的时间和方式，从而研究经济行为将如何随之改变。

如何建立空间集中收益的模型呢？一个多世纪以前，马歇尔曾提出一个三重分类法（Alfred Marshall，1920）。用现代术语来说，马歇尔认为工业区源于知识溢出（"商业秘密虽已不再是秘密，但仍像从前那样悬而未定"）、为专业技能创造固定市场的优势以及与巨大的本地市场相关的前后向关联。虽然马歇尔所说的三种力量在现实世界的存在是有目共睹的，但是新地理模型往往只对前两者进行轻描淡写而已，根本的原因是很难把它们清晰地加以模型化；相反，它们非常强调关联的作用。

如果有人愿意对细节睁一只眼闭一只眼的话，关联问题还是很容易说清楚的。生产者希望选择接近大市场，并能很方便地得到他们和工人所需的产品的区位。然而，一个不管由于何种原因已经存在的生产者集中地，往往拥有大的需求市场（源于生产需求和工人们产生的消费需求）和大的生产资料及消费品的供给市场（由当地现有的生产者提供）。

这两点优势与发展理论的前后向关联完全对应。正是由于这些关联的存在，生产的空间集中一旦形成就很容易延续下去。如果两个地区除了最初的经济规模有微小差别外，其他方面完全相同，那么这种差别也会在这些关联的作用下随着时间的推移而不断增大。

多年来，与上述理论相类似，基于关联的空间集中的讨论从未间断，区域科学家们已耳熟能详。在本书第 2 章中，我们着重阐述了两个理论，与普雷德（Pred，1966）的模型大体相同的基础—乘数模型的动态扩展，以及由哈里斯等人提出的应用广泛的市场潜力概念（Harris，1954）。如果愿意在战略上藐视细节，那么我们就有可能从这些故事直接上升到模型。这些模型富有启发性，既能够在关于现实世界的吃力不讨好的机智讨论中派上用场，又可以指导我们更为精细地建模。我们相信，逻辑松散、不够严谨的模型在经济学中是不被认可的，我们尽量公平地对待它们。

尽管如此，对关联和经济地理的传统讨论并没有提出一些在讨论比较复杂的问题时会显得至关重要的问题，其中最重要的是竞争的本质。关联效应只会在单个厂商的规模报酬递增的情况下起作用，否则厂商就不会将生产集中在市场最大的地方，而是分别建立工厂来满足各个市场。但是如果存在规模报酬递增，那么竞争必定是不完全的。在这种情况下，厂商又如何竞争与定价？基础—乘数模型在预算约束方面也是大而化之，人们既不清楚资金从哪里来，也不知道要到哪里去。任何一个模型只要有运输成本在其中起关键作用（运输成本必须在关于区位的迪克西特-斯蒂格利茨关联理论中起关键作用，不然的话，区位还有什么意义呢?）就必须考虑如何合理安排运输中使用的资源。

启动新经济地理研究的关键技术是发展一套始终如一的基本方法来解决这些问题，同时还要找到一个切入点以使理论家能够深入研究这些乍看起来复杂而棘手的分析难题。

建模技巧：迪克西特-斯蒂格利茨模型、冰山成本、动态演化及计算机运用

我们相信，经济学家过去之所以不愿意涉及经济地理问题，主要是因为他们觉得无法逾越技术上的障碍。因此，我们主要的分析基础也许

称为建模技巧最合适，这让我们略有歉意。我们的假定并不能完全反映真实世界的运行状况，这样做只是为了在不过分伤害分析的实用性的情况下，为地理问题分析的可操作性提供一个判断的标准。

与有关新贸易理论和新增长理论的文献一样，我们的分析很大程度上依赖于迪克西特与斯蒂格利茨的垄断竞争模型，这是最关键的技巧。如果对经济建模的紧迫性一无所知，可能就无法理解迪克西特-斯蒂格利茨模型的流行。虽然从消费者的角度来看，许多产品都是截然不同的，但该模型假定这些产品与需求完全对应。此外，它还假定个人效用函数采用一种实际上完全不可能的特殊形式。即便如此，迪克西特-斯蒂格利茨模型还是国际贸易、经济增长以及如今的经济地理领域中大量经济理论的基础。虽然我们偶尔会偏离迪克西特-斯蒂格利茨模型（尤其是在探索性更强的讨论中），但是该模型的假定仍然贯穿全书。

我们意识到这会让我们的分析有些不切实际，有时《不变替代弹性生产函数的游戏》（*Games You Can Play with CES Functions*）似乎更像本书的书名。不过，我们认为，迪克西特-斯蒂格利茨模型的长处对于我们的研究目的来说具有无法抵抗的吸引力。事实上，这个模型能够使我们在不会深陷其中的情况下考虑厂商层面的规模报酬递增效应。通过假定服从规模报酬递增规律的经济部门也同样满足迪克西特-斯蒂格利茨模型的特殊假设，我们可以保证用一种内在一致的方式描绘市场结构，而不是仅仅重复寡头垄断模型的分类法。同时，迪克西特-斯蒂格利茨模型恰好适用于一般均衡分析，它并没有遗留资金的来源和用途等问题。由于迪克西特-斯蒂格利茨模型中的市场里有大量厂商，而且它们常常被看成是连续的统一体，所以我们可以把两个看似不相容的目标调和到一起：一方面，承认在规模报酬递增的情况下个体决策的整数特性（即每种产品通常只在一个地方生产）；另一方面，用连续变量（如一个特定地点的生产份额）来表示这类决策的集合。简言之，迪克西特-斯蒂格利茨模型让我们既能把研究的问题化整为零，又能聚沙成塔。

即使运用了迪克西特-斯蒂格利茨模型，建立一个多区位的经济模型仍然需要做更多假设，这些假设有趣而实用，使新经济地理（相对于新贸易理论或新增长理论）与众不同。该假设有一个关键的简化，即假定运输成本采用萨缪尔森的“冰山”形式，即产品的一部分在运输过程中“融化”或“蒸发”了，而不是对独立的运输环节进行建模。冰山运输成本的假设和迪克西特-斯蒂格利茨模型结合到一起可以化解很多潜在的技术难题，从这个意义上讲，两者的结合有巨大的协同作用。

与新贸易理论和新增长理论文献更不同的是，我们反复使用某种动态演化来解释静态模型。新经济地理学的研究几乎不可避免地要运用到这种方法。说起空间集中不断自我强化的**积累过程**（cumulative process），人们的脑海中就会浮现出这样一幅清晰的画面——城市或区域集中随时间的推移如滚雪球般不断壮大。但是，如果坚持认为经济地理模型能够通过基于理性预期的跨时决策对厂商和家庭建立起清晰的模型，就会使原本已经十分困难的问题变得更为复杂。因此，我们就不禁要选择捷径，首先将静态模型写下来，然后把动态方法运用到模型中。譬如说，假设工人只是逐步地迁移到工资较高的地区，再用这个特别假设对均衡进行分类，其中一部分均衡是稳定的，而其他的均衡则是不稳定的。在本书中，我们系统性地选择了这条捷径。

可能还需要更进一步地讨论这个问题。近 25 年来，特别动态方法（Ad hoc dynamic）在经济学中几乎已经过时了。人们假定经济的动态演化来自个人理性行为的最优决策。但是，如果一个模型预测到多重均衡的存在（这在经济地理模型中经常出现），人们又该如何选择呢？博弈论学者也一直在思考这个问题，他们提出了一系列“精炼”均衡的方法。近年来，他们越来越接受这样一种观点，假定策略的成效决定其被接受程度的高低，同样地，在自然选择的压力下，参与人也面临着优胜劣汰；这样的假定至少能够帮助我们考察均衡的稳定性。有趣的是，现代“演化博弈论”（evolutionary game theory）与已经过时的特别动态方法看起来极为相似。事实的确如此，我们的第一个模型（见本书第 4 章）用到的基本动态分析法就与“复制动态”（replicator dynamics）完全相同，后者如今已得到了经济学中博弈论学者的广泛认可（当然，生物学领域的博弈论学者将短视性的策略演化的假设视为一种规律，而不是一条靠不住的捷径）。简言之，虽然这些模型并没有为任何决策过程中的动态演化找到依据，但是我们仍然坚信，采用简单的动态演化方法对均衡分类是正确的。

最后，即使将经济地理模型建立在我们阐述的所有特定假设之上，着手分析仍将非常烦琐。不过，如果用特定数字代替各个参数，那么电脑处理起来就会很方便。与新贸易理论和新增长理论相比，新经济地理的标志是，它愿意在适当的时候借助电脑进行辅助分析，也就是运用高科技的数字示例来指导和补充我们的分析结果。

在这本书的写作过程中，我们发现，人们从实践中学到的东西远比他们最初想象的要多。结果证明，数字示例和数值模拟为分析模型开了一个好头，但是人们最终会发现，这些数值结果所表明的解决方案很大程度上可以通过分析得到。本书虽然使用计算机模拟作为分析工具，但我们并不为此而感到不好意思。与我们的预期相比，本书对纯粹的数值结果的依赖性要少，分析基础也更强。

两个有用的问题

有人可能会就经济地理提出很多问题，本书正涉及许多这样的问题。我们把每个模型都归类到一个或两个并不完全相同的相关问题之下，以此来强调许多不同模型的共通之处。

- **经济活动的空间集中何时得以维持？**无论这种集中存在的原因如何，它创造出的优势得以维持的充分条件是什么？
- **在不存在空间集中的情况下，对称均衡何时会变得不稳定？**在什么条件下，区位间的微小差别会随着时间的流逝如滚雪球般变成巨大的差别，以至于完全相同的区位间的对称被自发地打破？

或者换句话说，第一个问题问的是除了后院资本主义以外，经济是否还有其他形式，后院资本主义是不是必然结果；第二个问题问的是后院资本主义是否会自动瓦解，它是不是一种可能的结果。

这两个问题的答案都取决于**向心力**（centripetal forces）和**离心力**（centrifugal forces）之间的平衡。其中，向心力指的是促进经济活动空间集中的力量，离心力指的是与这种集中背道而驰的力量。然而，这两个问题在本质上并不完全相同，因为第一个问题问的是一种情况是否均衡，而第二个问题问的则是一种均衡是否稳定。以本书第 4 章中分析的两地区模型为例，第一个问题问的是如果我们简单假定所有的制造业都集中在一个地区，那么工人迁移到另一个地区是否会提高他的实际工资。如果答案是肯定的，那么制造业的集中就不是一个均衡。第二个问题问的是如果以制造业在两地区平均分布的均衡状态为起点，那么少量工人从一个地区向另一个地区的迁移是否会使目的地的相对工资提高或降低？如果目的地的相对工资提高了，那么就表明最初的对称均衡只要受到很小的扰动就会变得不稳定。

在本书的写作过程中，我们对这两个问题有两个重要的（至少对于我们来说也是令人吃惊的）发现：首先，虽然新经济地理模型的全球行为通常很难分析，必须借助电脑进行研究，但是这两个问题的答案却常常可以简化为闭合表达式，即我们可以用明确的公式来表示“支撑点”

（sustain point；在此处，集聚经济得以产生）和“突变点”（break point；在此处，非集聚经济是不稳定的）。（要想得到支撑点的表达式，我们通常要在均衡处作出猜测并验证该猜测；对于突变点来说，则要在对称均衡附近将模型线性化并求出它的解。）这些表达式清楚地揭示了前后向关联在创造并维持空间集中的过程中的作用。

其次，如果对变量进行恰如其分的重新定义，我们就能从一系列看似迥然不同的模型中导出支撑点和突变点的相同表达式（这在支撑点的情况中特别令人欣慰，因为方程虽然可解但极为烦琐，所以当我们发现这样的工作只需做一次的时候，无疑得到了极大的解脱）。从这种意义上说，我们可以宣布已建立了一个比任何特定模型都更有包容性的空间集中理论，它使我们可以把很多不同的模型都看成是一个更一般理论的特例。

实际上，这两个问题并不总需要同时提出。一方面，有些模型并没有支撑点，虽然对称均衡确实被打破了，但是最终的结果并不是所有的活动都集中到一个地区。另一方面，在第Ⅲ篇的城市模型中，经济逻辑使对称均衡被打破的问题变得索然无味。我们发现，假定一个或更多城市的初始存在将更有意义，随后经济的变化将使最初的空间模式无法维持下去，新城市从而得以产生。尽管如此，在这两个问题中，提出至少一个总是有帮助的，同时提出两个也往往是有益的，所以我们把这两个问题当作本书的统一主题之一。

本书的安排

本书的其余章节共分为 4 篇。第Ⅰ篇是经过精挑细选的分析性文献回顾。我们主要关注的是经济地理悠久的分析传统，这个传统虽然受到了主流经济理论的忽视，却一直处在积累性发展过程中。我们对该传统的两个部分做了某种人为的区分。我们所说的“城市经济学”（urban economics；在本书第 1 章中对其进行了考察）主要有两个组成部分：一是冯·杜能模型，它尝试借助于黑箱式的集聚经济来解释城市；二是这些概念在城市体系理论中的综合运用，该理论虽然与本书的许多研究不同，却是对后者的有益补充。我们所说的“区域科学”（regional science；折中了各种非严谨建模方法后的统称）与本书一般理论的实质较为接近，二者都试图从规模经济、运输成本和要素流动之间的相互作用中导出空间集中。在本书第 2 章中，我们将把注意力集中到中心地区理论、动态的基础—乘数模型和市场潜力概念上。

本书第Ⅱ篇把我们的基本方法引入“区域”模型。这些模型有一个基本的农业部门，它在地区间是不可移动的。还有一个服从规模报酬递增规律的制造业部门，它在地区间可以移动。本书第 3 章以迪克西特-斯蒂格利茨模型的形式介绍了必要的技术工具。第 4 章将这些工具运用到一个最简单的模型中，我们可以从这个模型中看到两地区经济是如何分化为制造业中心和农业外围的。该章还第一次相对简单地阐释了如何把数字方法与对支撑点和突变点的分析结合在一起来理解经济的动态性。第 5 章将相同的基本方法运用于多地区经济中，特别是我们所说的“轨道经济”(racetrack economy)，这是一种大量地区排列在圆周上的程式化经济。令人惊讶的是，运用阿兰·图灵（Alan Turing，1952）原本用于分析生物学中形态变化的方法来研究这种多地区经济，我们可以得到条理分明的结果。同样令人吃惊的是，图灵的分析事实上与我们在两地区模型中采用的对称均衡被打破时的分析依赖于同一种方法。最后，第 4 章和第 5 章都基于一个经过简化的很不现实的假设，即农产品的运输成本为零。这个假设的影响很大，第 6 章就研究了农产品运输成本很高时的结果。

第Ⅲ篇研究的是所有要素（包括农业）都可以移动的世界中城市的区位，这似乎是一个完全不同的问题。本书第 7 章延续了第 2 章中区域科学的讨论，用一种启发式的方法引入这个问题，从而为得出修正式的结果提供了指南。第 8 章建立了一个模型，这个模型把冯·杜能模型中处理地租的方法与制造业集中的关联解释相结合，说明了在人口不是很多的情况下，农业腹地包围单个城市的空间模式是如何自我维持的。如果人口确实过多，那么少数工人为自身着想就会迁移到其他地方，因此，利用稳定性标准，我们就有可能创建一个用于研究新城市的形成乃至多城市结构的模型，这正是第 9 章的任务。第 10 章告诉我们，如果接下来假定事实上有多个制造业中心，那么由于存在不同的运输成本和/或规模经济，城市形成的过程中就会产生不同类型和规模的城市层级。第 11 章暂时偏离了争论的主线，转而讨论真实城市层级具有的实证规律特征，这些规律既引人注目又让人费解。第 12 章又回到了主题上，说明港口、河流等自然地形的变化如何对城市区位产生影响。

最后，本书第 4 篇转向了对国际贸易的分析，这里假定劳动力在地区间是不可移动的。然而，这里我们还假定制造业厂商使用他人的产出作为中间投入品。本书第 13 章说明这种安排产生的前后向关联能够打破对称均衡，其方式与中心—外围模型中的劳动力迁移完全相同。但在这种情况下，打破均衡与恢复均衡会导致国际间工资的不平等。该模型表明，运输成本的长期下降不仅可以解释世界上工业区和非工业区的最初分化，还能够解释制造业最近向新兴工业化经济扩散的现象。第 14 章转而关注市场增长的效应，从而为上述扩散提供了另一种解释。第 15 章研究了制造业部门内国际专业化的起因，并说明了产业集群是如何形成并瓦解的。第 16 章与第 5 章相对应，分析了无国家情况下的国际贸易，也就是在连续空间的无国界世界中专业化区域的兴起。最后，第 17 章研究了国际贸易和国家内部的城市化进程之间可能存在的相互作用。第 18 章指明了未来发展的方向。

综上所述，对于能够使用相同的基本模型结构来分析看似迥然不同的领域中的诸多问题，我们感到十分欣慰。但是，我们要明确指出的是，这些领域并不是毫不相干的。无论是城市经济学、区位理论还是国际贸易，它们研究的都是经济活动的区位及其原因。

第 I 篇

若干知识背景

第1章　文献回顾Ⅰ：城市经济学

尽管经济学界历来极少关注经济地理，但它的一个分支——城市经济学却迫不得已，不得不重视空间问题。相对于经济学界关心的中心问题，城市经济只是一个边缘问题，但事实上它却有着悠久的历史和深厚的底蕴。对城市经济学传统的全面考察已经超出了本书的范围。本章仅限于对我们分析中所要用到的以下几点做简要的概述。冯·杜能（Von Thünen）的土地利用模型，这个模型直到今天仍在城市经济学中起着核心作用，并在本书的第Ⅲ篇中扮演了关键角色；外部经济作为城市集中的解释的这种普遍观点；J. V. 亨德森（J. V. Henderson）及其追随者在城市体系模型方面所做的开创性工作，为本书提出的部分问题提供了选择的余地和必要的补充。

冯·杜能模型

关于经济体如何安排空间利用的问题，经济学家通常是怎样处理的呢？答案很简单，他们一般根本就不涉及这个问题。如果需要，他们一般会求助于冯·杜能（1826）于19世纪早期首创的一个模型。

冯·杜能设想了一个孤立的城市，城市的供应品由周围乡村的农民提供。他假设各种农作物的亩产量和运费都不相同，并且考虑到每种农作物都可以有多种不同的种植密度。冯·杜能提出了两个看似截然不同的问题：(1) 如果向城市供给一定数量的食品，怎样分配周围的土地才能使生产和运输的总成本最小？(2) 如果农民和土地拥有者之间存在着自发的竞争，且各方都是自利的，那么城市周围的土地实际上会怎样分配？

冯·杜能指出，农民间的竞争将会使地租呈梯度状分布，地租以城市为中心向外围逐次递减，城市的地租最高，距离城市最远的耕地地租为零。每个农民都将面临地租和运费之间的权衡取舍。由于各种农作物的运费和亩产量都不同，所以农民权衡取舍的结果是形成同心圆形式的生产布局。在均衡状态下，地租梯度肯定会导致每种农作物的种植量刚好能满足需求，这一条件加上距离城市最远的农民地租为零的条件足以决定最后的结局。

图 1—1 阐述了冯·杜能模型的典型结论。图的上半部分是达到均衡时 3 种农作物的竞租曲线，表示在距离城市的任一距离上，农民愿意支付的地租。实线是指图中所示 3 条竞租曲线的包络线，它决定了地租的梯度。沿着 3 段实线中的任一段，该种农作物的种植者都愿意比其他种植者付出更高的地租。这样，农产品的生产布局就呈同心圆的形式，图的下半部分给出了该同心圆的 1/4。

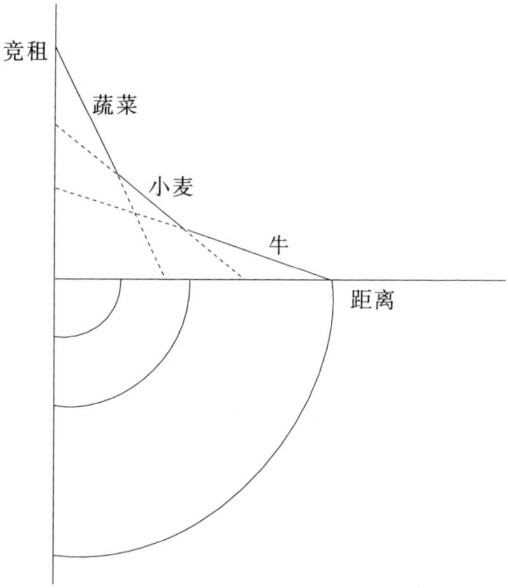

图 1—1　竞租曲线与土地利用

现在看来，冯·杜能模型非常浅显，但事实上，这个模型的分析巧妙而深刻。经济建模的威力在于可以产生一些意想不到的结论，在这方面，冯·杜能模型给人们留下了深刻的印象。毕竟，要确定一种作物应该在何处种植并不是一件轻而易举的事，当把城市附近的一亩地分配给某种农作物时，你就间接地影响了其他作物的运输费用，因为你迫使它们只能在更远的地方生长。除非土地的种植密度不可能变化，否则要在一个自发的市场上决定该做什么或什么将会发生绝不是无足轻重的。冯·杜能的分析已对“什么将会发生”这个问题有了一个明确的答案——农作物的生产布局将以同心圆的形式自发出现。事实上，即使没有一个农民知道其他农民在种植什么，也就是说没有人意识到同心圆的存在，同心圆仍然会形成。除此之外，冯·杜能的分析还把经济学一直训练我们应期待的东西告诉了我们，但对大多数非经济学者来说，结论仍然是令人吃惊的（也是不合情理的）：自发的结果是有效的。实际上，它和最优计划一样有效率。说得更具体些，自发的竞争是通过使农作物的生产和运输总成本最小（不包括地租）来为农作物配置土地的。毫无疑问，这是能够想到的能凸显“看不见的手”的作用的范例。每个农民都试图使其收入最大化，因而格外关心地租，但他们的集体行动却使（不包括租金的）函数值最小化。

20世纪60年代，冯·杜能模型重新焕发了生机。当时，阿朗索（Alonso，1964）用通勤者（commuters）代替农民、用中央商业区代替孤立的城市对该模型做了重新解释。这个“单中心城市模型”又一次产生了土地利用的同心圆结果，该模型直到今天仍是大量理论和实证文献的基础。[1]

然而，冯·杜能模型及其同类的模型有一个严重的缺陷，虽然该类模型对城市周围土地的利用（或大城市内中央商业区周围土地的利用）给出了一个条理清晰的解释，但它们都简单地假设城市或商业区本身是预先存在的。这样得到的模型当然不能算错，却有很大的局限性。如果你的问题并不仅仅是在已经存在城市的前提下如何决定土地的使用，而是在一个或几个城市的区位（确切地说，城市的数量与规模）本身是内生的情况下如何决定土地的使用，冯·杜能模型就无效了。当然，城市经济学家已经意识到了这个缺陷，所以在实践中，他们总是用一个以外部经济为基础的、稍显粗略的集聚理论作为对冯·杜能模型的补充。

对城市的解释：外部经济

外部经济（external economies）的概念是马歇尔讨论制造商在工业

区内（例如，谢菲尔德餐具工业区）生产的有利条件时首次提出并进行阐述的。换句话说，外部经济的概念从一开始就与空间集聚的现实紧密相连。至少从胡佛（Hoover，1948）的工作开始，外部经济就在城市理论中唱起了主角。

正如我们在本书导论中指出的，马歇尔给出了3个原因，用以解释生产商为什么会觉得位于同行业的生产商附近是有利的：（1）地理集中的产业能培育专业化供应商；（2）同行业厂商的集聚有利于创造出一个劳动力蓄水池，这样一来，如果劳动者所在的企业经营状况很糟糕，他失业的可能性也不大，同时，经营状况良好的厂商也更容易雇到劳动者；（3）地理上的接近有利于信息的传播。

事实证明，用任何正式的方法将马歇尔外部经济的3个方面进行模型化都是很困难的。马歇尔外部收益的第一个来源是指市场规模或市场准入效应，此时厂商受到运输费用和规模报酬递增的制约。本书所采用的方法实际上就是对这种效应的公式化。但对其他2个方面，我们没有耗费精力去公式化。然而，马歇尔的观点使城市经济学家相信，他们确实（至少是粗略地）理解了为什么城市和中央商业区会存在。由于经济学家并不明了外部经济的本质（从地理学上讲，这对我们的目标而言是一个致命的缺陷），所以他们把外部经济加入模型这种做法有“暗箱操作”之嫌，但他们仍然提出了富有启发性的分析，即将整个经济视为城市体系来对待。

城市体系

亨德森（1974）提出了一个模型，将整个经济看成是一个城市体系（即城市的集合）。这个模型被人们广泛用来研究市区规模和类型的实际分布（特别提醒参考他后来的工作；1980，1988）。

亨德森的基本观点极其简单，正如米尔斯（Mills，1967）等学者所强调的，在外部经济与不经济之间存在一股合力，前者与一个城市内产业的地理集中存在相关，后者与大城市联系在一起（如往返费用等）。合力的净效应反映在图1—2中，就是城市规模与一个典型居民的效用之间呈倒U形关系。

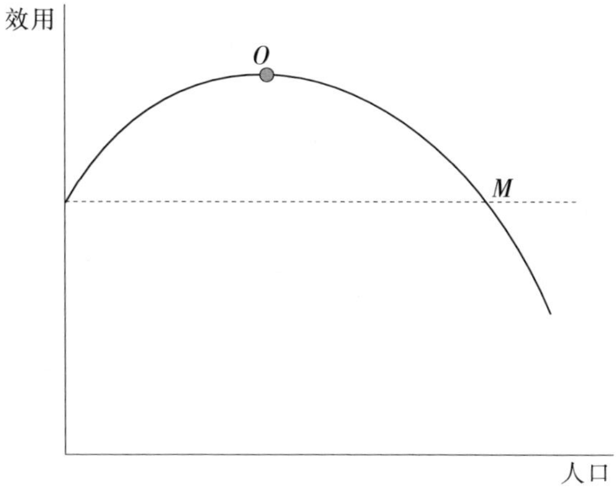

图 1—2　城市规模与效用

如果要在城市规模与福利之间取得平衡，那么所有的城市都将在图中 O 点达到最佳规模，这一点似乎是显而易见的。事实上这也正是亨德森的观点，不过，他也承认事情并没有那么简单。他论证城市实际上将会趋于理想规模，以及修改模型从而得到多种规模城市的方法正是他工作的与众不同之处。

暂时假设城市极少，因此作为代表的城市将很大，也就是说，它将位于图中弧线 OM 的某一点。[2]这样我们就可以直观地看到，单个城市居民不会有任何迁往新地方的动机，因为任何现有城市的福利水平都要高于他孤身前往的新地区。这似乎暗示不仅存在城市规模过大的可能性，城市区位及规模分布也存在多种均衡的可能性。然而，亨德森认为现实被大型机构的前瞻性行为简化了。在只有极少数城市的任何情况下，人们都会有获利的机会。任何人只要能够组建起“城市公司”，将大量人口迁移到最佳规模的新城市，他就能获利（可能是通过土地价格）。在美国，事实确实如此，规模惊人的开发商在城市发展的过程中起了重要的作用。所以，亨德森认为现实中的城市规模能近似地达到理想状态。

那么，城市的规模为什么如此不同？亨德森的论证过程是这样的，外部经济往往在特定的产业发生，不经济则往往是由于整个城市的规模，而不论该城市生产什么。这种不对称产生了两种影响：（1）由于城市规模具有不经济性，因此把不存在相互溢出的产业放到同一个城市是毫无意义的，例如，如果钢铁生产和书籍出版之间几乎产生不了外部经济，那么钢铁厂和出版社应位于不同的城市，这样它们既不会彼此造成拥堵，也不会抬高地租，所以，每个城市都要专攻一个或几个可以产生外部经济的行业（至少在出口行业）；（2）行业间外部经济的差异可能会很大，例如，一个纺织城或许不必建太多的纺织厂，但一个金融中心如果几乎囊括了该国所有金融机构的话，它可能做得最好，所以，一个城市的最佳规模取决于它的功能。

亨德森所做分析的最后一步是要论证相对价格将会调整，直到各个城市（不论属于何种类型）代表性居民的福利处于同一水平。如图1—3所示，各类城市都有一个最佳规模，达到最佳规模时，各类城市都会产生相同的效用，当然，理想规模将因城市种类的不同而变化。

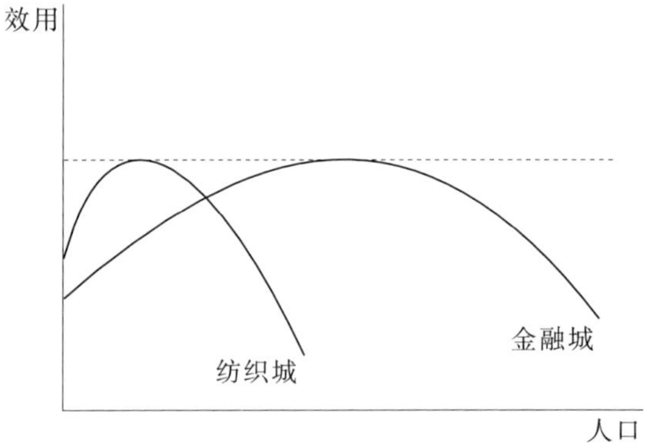

图 1—3　城市专业化

亨德森的分析非常有条理。不过，他的分析确实也有两个地方让人感到有点困惑。

亨德森模型及其同类模型的一个难点是它们依赖于假想的“城市公司”来约束城市的实际数量和规模。当然，开发商通常确实会将集聚的外部性内部化，在这方面亨德森模型无疑是对的。虽然“边缘城市”[该术语由乔尔·加罗（Joel Garreau，1991）提出，用于描述当今挑战美国的商业区甚至使其相形见绌的郊区大型购物中心和写字楼群]的形成有时是自发的，但在大多数情况下却是大型房地产机构有意识地大规模规划的结果。然而，如果谈到经济中真正重要的空间问题（所有大都市、地区乃至国家的出现与增长），人们还是更喜欢强调不受控制的、“看不见的手”的作用。

亨德森这类模型的另一个让人迷惑不解的缺陷在于，虽然它们处理的实质是空间问题，但模型本身却是非空间的。从总体上看，它们甚至没有将城市的内部结构进行模型化。通过假设产生外部性的活动都必须集中在中央商业区，这个问题就迎刃而解了。它们当然没法回答相对于彼此或相对于其他地区，城市位于何处。对于要研究的众多问题来说，这或许没什么大不了的，但如果我们的目的是要把空间问题重新纳入经济学的视野，那么解释城市位于何处及其原因所在就成为大家关注的焦点。

多个次中心

上面提到的边缘城市引出了一个问题，它常使城市经济学家难以应付，却又是某些有趣的经济研究的主题。如上所述，城市经济学主要的空间传统来自冯·杜能，经典的单中心城市模型或多或少是对冯·杜能模型的直接替代，即用通勤者代替农民，用中央商业区代替孤立的城市。城市经济学家利用某些形式的外部经济为中心区、城镇或商业区的形成提供了合理的解释。

不幸的是，现代的大都市并不是单中心的，单中心的大都市已越来越少。即使有些大城市仍然拥有至关重要的传统中心区，它们也通常拥有一些可与中心地区在就业方面展开竞争的次中心。从这个意义来看，这些大都市更像一个有着多个相互竞争的大型城市的国家，而不像冯·杜能模型中的孤立国度。这当然就意味着，要想把现代化的大都市加以模型化，即使在该地区既定的情况下，也需要以某种方式来思考它的就业分布是如何决定的。

为此，我们必须到外部经济的黑箱中看上一眼，以了解外部经济达到了何种程度。这就是说，那种假设外部经济同等地适用于中央商业区内所有生产者但不适用于区外生产者的简单做法已行不通了。

为了一睹外部经济的真容，藤田和小川（Fujita and Ogawa，1982）作出了尝试，他们假设生产商之间的外部经济随距离增加而减少。外部经济形成了一股向心力，将就业引向集中的商业区。另一方面，他们保留了工人由于需要生存空间而必须往返于这些商业区的结构。因此，在任何既定的就业分布下，往返费用与地租间都存在着类似冯·杜能的取舍，从而形成了一股离心力，因为远离现有集聚地、位于地租较低地区的商业机构能以较低的工资招到工人。藤田和小川发现，这个模型与单中心模型相比能更准确地描述现代大都市的多中心城市结构。他们同时也发现，即便是刻画该类模型中一个简单可能的均衡特征，也会让人气馁。正如我们在本书中一再看到的，需要找到一种方法来缩小空间分析中所考虑的均衡集合，这一点至关重要（我们通常的回答是一个“假想的历史故事”，尽管经济如何随着时间演变的历史是一个相当多种甚至是无穷多种可能性的集合，但我们仅能从中观察到它的一个有限子集）。

传统城市经济学的用途与局限

对于传统城市经济学这个丰富而有价值的领域，我们所做的考察是走马观花式的。该领域对城市内和城市周围土地的利用以及城市存在的原因所提出的理论很有见地，把经济视为一个城市体系的观点也令人信服。我们不指望本书所采用的方法能够取代城市经济学的传统甚至与其展开竞争；相反，我们希望这两种方法能够互为补充。

当然，传统城市经济学也有明显的局限性。就它提供了空间经济理论这个意义来说，传统城市经济学是关于经济活动为什么和怎样在离心力（向心力根本就没有得到相应的关注）的作用下扩散出去的理论。（可能有人会说，城市经济学家有点像板块构造学出现之前的地理学家，他们对于使山脉崩塌的力量有着非常深入的研究，却提不出一个像样的模型来解释山脉为什么会出现在最初的地方。）虽然城市经济学家提出一些看似合理的集聚理论，但不过是对他们模型的非正式补充。最主要的就是，由于集聚理论缺乏空间维度（因为他们没有解释这些影响是如何随距离的增加而下降的），传统城市经济学的离心力与向心力之间缺少与距离有关的合力，而这种合力正是我们试图建立空间经济理论的核心所在。

还有一个迥然不同的知识传统也试图理解这种合力。我们将在下一章中对它进行介绍。

[注释]

[1] 该文献的大部分内容是围绕竞租曲线与土地的利用形式展开的，条件是在提供房屋和其他服务时，可以用劳动力和资本来代替土地。同时还对拥挤的实质、公路对土地的占用及其他问题进行了大量的调查研究。关于这些问题的详细研究可参考藤田 1989 年的著作。我们仅仅关注与本书的研究主线直接相关的文献。

[2] 显而易见，当城市过多时，作为代表的城市就会过小，这种状态是不稳定的，因为其中一些城市将会完全消失。

第2章 文献回顾Ⅱ：区域科学

我们在文献回顾上安排了 2 章，本书第 1 章讲城市经济学，本章讲区域科学，这看起来似乎有点异乎寻常。难道它们不属于同一学科吗？实际上，经济地理建模是沿着两条几乎互不相干的轨迹进行的。[1] 一方面，第 1 章所考察的城市经济学是作为主流经济学的一部分演变而来的，它的主要优点是模型构造精确、思路清晰，但是也容易忽略某些问题，其中最主要的就是城市在哪里形成以及城市之间的空间关系问题；另一方面，另外一个传统至少部分地提出了城市经济学所忽略的问题，这个传统主要发源于德国，并通过沃尔特·伊萨德（Walter Isard，1956）具有开创性的著作传入英语国家，成为区域科学这一新领域的基石。

不论是古老的德国传统还是现代的区域科学，都在推理上显得不够严谨，不仅在市场结构的分析方面往往语焉不详，而且预算约束也常常模糊不清，有时还会把设计方案与市场结果混为一谈。区域科学的贡献之所以不能得到广泛的承认，甚至不被经济学家所知，在很大程度上是由于这些缺陷造成的。虽然区域科学历经沧桑，其精髓却保留了下来，从而为建立更严谨的模型贡献出宝贵的启示。的确，一旦严谨明确的模型证实了这些启示，人们就会发现松散、随意的模型往往也有用武之地。它们可以作为“模型的模型”，帮助人们培养一种直觉，从而避免那些我们若要去严格论证就必然会产生的复杂的代数问题。

在本章中，我们从区位理论和区域科学里精心挑选了几个与本书提出的问题直接相关的概念加以评述：（1）用于解释城市规模和分布模式的“中心地区理论”（central-place theory），这个理论很有名，但尚不完善；（2）用于分析区域增长的“基础—乘数”（base-multiplier）模型，这个分析工具虽然粗糙但非常有用；（3）不够正式却对分析很有帮助的“市场潜力”（market potential）概念。

中心地区理论

我们知道，经济学的传统虽然不完全是盎格鲁-撒克逊（Anglo-Saxon）的，但在很大程度上是这样。然而，区位理论长期以来就是德国传统的，它包括至少 3 条支流：（1）源自冯·杜能关于地租和土地利用的分析，这在本书第 2 章中已讨论过；（2）由阿尔弗雷德·韦伯（Alfred Weber）及其追随者提出的工厂最佳区位的问题，这方面的文献在我们的讨论中无足轻重；（3）克里斯塔勒与勒施（Christaller，1933；and Lösch，1940）的中心地区理论，乍一看，该理论似乎回答了规模经济和运输成本如何相互作用从而形成空间经济的问题。

中心地区理论的基本思想似乎非常直观，假设在一片普通的平原上均匀地居住着一群农民，而为他们服务的一些活动如制造业、行政管理等，由于受到规模经济的约束而不能均匀分布。那么很显然，规模经济和运输成本之间的权衡会产生一个中心地区点阵，该点阵中的每个中心地区都为周围的农民服务。

改进后的中心地区理论虽然没有原来那么一目了然，但在直观上仍是令人信服的。克里斯塔勒认为中心地区形成一个层级，他还提供证据来支持自己的观点，例如，有很多集镇都围绕在一个较大的行政中心周围（该中心本身也是一个集镇）等等。勒施指出，如果一个点阵要在一个给定密度的中心地区使运输成本最小，那么市场区域必定是六边形的。因此，每本有关区位理论的教科书都描绘了一个理想化的中心地区体系，在这个体系中，中心地区层级在空间上形成了一组嵌套的六边形。

中心地区理论最初适用于为农村市场服务的城镇，但也同样适用于大都市的商业区。小型的社区购物点散布在拥有更多专业化商店的大区周围，最终所有的专业化商店以及大百货商店和高端精品店都集中在市中心。用等级来描述这类情况实在是太恰如其分了。

不幸的是，一旦我们开始深究中心地区理论，就会发现它并没有整合成一个经济模型。在经济建模中，我们试图表明一种现象是如何从家庭或厂商决策的相互作用（那些词中的一个又出现了）中产生的。给定决策者的微观动机，如果模型推导出来的结论出人意料却又合乎情理地解释了某种现象，那么这样的模型是最让人满意的。令人深感失望的是，中心地区理论和这个标准根本就不沾边。勒施虽然指出六边形点阵的效率很高，但他并没有描述可能从该点阵中产生的分散化过程。克里斯塔勒虽然认为层级结构似乎是可能的，但他没有说明个体行为是如何导致这种层级出现的（甚至连这种层级出现后如何维持也没有说明）。

那么，中心地区理论是什么呢？它并不是一个表明因果关系的模型。我们最好把它理解为一种分类纲要，一种可以把我们的思想和数据组织起来的方法。它充其量是对经济空间结构的描述，而不是解释。

基础—乘数分析

当我们观察一个城市或一个地区的经济时，很自然地会把该地区的经济活动分成两种类型：一种是满足来自区域外部需求的经济活动，即该地区的“出口基础”（export base）；另一种是主要为当地居民提供商品和服务的经济活动。因此，作为大都市的洛杉矶，一方面有满足美国及世界市场的电影制片厂、军火制造商等；另一方面也有只满足当地需求的饭店、超市和牙科医生等。

基础—乘数分析的基本思想是这样的：一方面，出口活动实际上是一个地区经济存在的理由，或者说是它的“经济基础”（economic base）；另一方面，“非基础”（non base）活动源于经济基础，并且根据经济基础的表现增长或萎缩。举例来说，据加利福尼亚经济跟踪研究中心（Center for Continuing Study of the California Economy）估计，加州的出口部门仅仅雇用了该州劳动力的 25%左右，但当该中心分析 1990—1993 年加利福尼亚州所经历的严重经济衰退时，仍把注意力放在加利福尼亚州出口部门就业萎缩的原因上（主要原因是随着“冷战”的结束和世界飞机制造业的不景气，国防开支日渐减少），而将该州经济中其他产业的衰退看成是派生结果。

基础—乘数分析通常给出一个具体的线性表达式，它给人的感觉是规范的凯恩斯主义。我们假设一个地区出口部门的收入为 X，并把该收入当作外生变量。同时假定收入的固定份额 a 用于消费本地非基础部门的产品。于是，出口部门的直接收入 X 将由于部分收入在当地支出而导致第二轮收入 aX 的实现，aX 中又会有一部分在当地支出，从而导

致第三轮收入 a^2X 的产生，如此反复。考虑所有的乘数效应，我们发现地区收入（Y）为：

$$Y=\frac{1}{1-a}X \tag{2.1}$$

到目前为止，这作为一种近似地预测中短期收入的方法很有用，但与我们在本书中要回答的问题几乎没有什么关系。然而，如果我们采纳与普雷德（Pred，1966）的一部力著密切相关的观点，即收入中用于当地支出的份额并不是固定不变的，而是取决于当地市场的规模，那么基础—乘数分析就会妙趣横生。

普雷德和其他人指出，随着一个地区经济的增长，市场会大到足以支撑一个高效的规模企业，从而使得本地提供更大范围的商品和服务变得有利可图（普雷德还提出了其他一些原因来解释为什么地区经济增长有助于扩大生产，但是在本书中我们暂时只关注这一个原因）。普雷德进而认为，这种关系会启动区域经济增长的积累过程，随着地区经济的扩张，a 变大。这意味着乘数更大，因而 Y 会进一步增长，如此反复。

然而非常奇怪的是，不论是普雷德还是引用其著作的众多地理学家以及区域科学家，都没有把基础—乘数模型的扩展加以公式化。即便在如此简单的例子中，其基本观点的简单代数表达式也蕴涵着一些意想不到的玄机。

现在来看看基础—乘数模型如下的简单扩展，我们假定 a 是前期 Y 的增函数（我们引入这一时期的目的是对模型赋予某些初始状态）。特别地，我们假定 a_t 与 Y_{t-1} 成比例，直至达到某个极大值 $\bar{a}$，即：

$$a_t=\min[\alpha Y_{t-1},\bar{a}] \tag{2.2}$$

当 $\bar{a}>0.5$ 时，情况比较有意思，所以我们就假定确实如此。此时 X 和 Y 之间的均衡关系如图 2—1 所示。

在图 2—1 中，粗实线代表稳定均衡，粗虚线代表不稳定均衡（图形是根据 $\alpha=0.1$，$\bar{a}=0.8$ 计算的）。为了得到这个图，我们需要做两个过渡性的分析，然后再对其进行修正。

首先，暂时不考虑 a 的上限，于是 X 和 Y 的均衡关系就由下式决定：

$$Y=\frac{X}{1-\alpha Y} \tag{2.3}$$

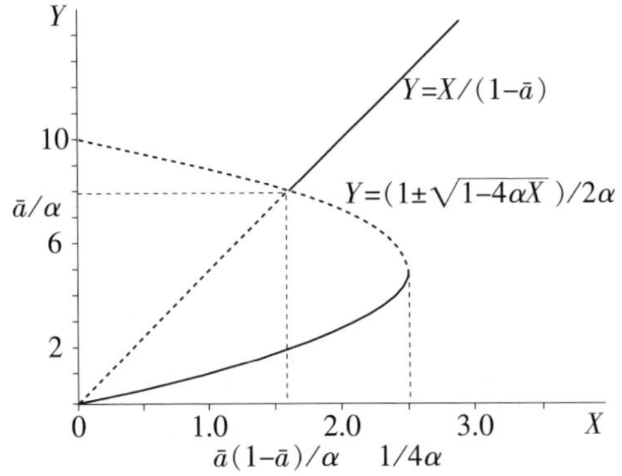

图 2—1 基础—乘数模型的均衡

其均衡值为：

$$Y=\frac{1\pm\sqrt{1-4\alpha X}}{2\alpha} \tag{2.4}$$

这个等式定义了 $X=1/4\alpha$ 时 Y 的高均衡值和低均衡值。然而，若 $a>\overline{a}$，那么高均衡值就没有意义了。如果我们应用方程（2.2）给出的动态关系，那么高均衡值也是不稳定的，因为与 Y_t 相比，Y_{t-1} 上升一个单位引起的增长幅度要更大。

其次，暂时不考虑 a 对 Y 的依赖。只要 a 取到最大值，我们就有：

$$Y=\frac{X}{1-\overline{a}} \tag{2.5}$$

请注意，方程（2.4）中的 Y 值只有在小于方程（2.5）中的 Y 值时才有意义。然而方程（2.5）本身所描述的均衡成立的条件是 $\alpha Y>\overline{a}$，即：

$$X>\frac{\overline{a}(1-\overline{a})}{\alpha} \tag{2.6}$$

现在我们已分析了所有的情况。当 $X<\overline{a}(1-\overline{a})/\alpha$ 时，存在唯一的均衡：

$$Y=\frac{1-\sqrt{1-4\alpha X}}{2\alpha} \tag{2.7}$$

当 $\overline{a}(1-\overline{a})/\alpha<X<1/4\alpha$ 时，Y 有三个均衡值，对应于方程（2.7）

有一个稳定均衡，对应于方程（2.5）有一个较高的稳定均衡，介于它们之间有一个不稳定均衡，它对应于方程（2.4）的另一个解。最后，当 $X>1/4\alpha$ 时，方程（2.5）决定了唯一的均衡。

要理解这幅图的重要经济意义，我们先要考虑两个虚构的经济演进过程：一个是出口部门的规模从一个很低的水平逐渐增长；另一个是从很高的水平逐渐下降。在第一种情况下，我们可以设想 X 正沿着图2—1中较低的实线逐步上移。在出口部门的收入上升和当地支出所占的份额上升这两种情况下，地区总收入都会上升，并且前者的影响要超过后者。然而，当$X>1/4\alpha$时，这一过程发生了质的变化，普雷德的积累过程现在开始起作用了。在这一过程中，地区收入的增长导致乘数的增大，乘数的增大又导致地区收入更多的增长。在如图 2—1 所示的情况中，X 在 2.5 附近的微小上升致使 Y 从 5 上升到 12.5。

相反的，假设 X 逐渐下降。当 X 沿着较高的实线下滑时，地区收入一开始成比例下降，但当 X 降至 $\overline{a}(1-\overline{a})/\alpha$ 以下时，下降的积累过程就开始起作用了，在这一过程中，地区收入的下降导致乘数的降低。在该图中，X 在 1.6 附近的微小下降使 Y 从 8 减少到 2。

这个扩展的基础—乘数模型在很多方面都不尽如人意。就建模策略来讲，它本身就是一个先天不足的模型，尤其是对竞争本质的描述含糊不清。就现实意义而言，该模型也存在一些严重的缺陷，特别是在以下方面：

- 凭经验，市场规模对当地支出份额的影响确实存在，但似乎不可能大到足以产生图 2—1 中那种有趣的动态变化。问题不在于大地区的当地支出份额过低，正如上面所指出的那样，加利福尼亚州的非基础部门大约雇用了当地劳动力总数的 75%。相反，即使当地的经济规模很小，当地的支出份额也可能会惊人的高。亨德森（1980）利用单一产业的城镇举例说明，即便是在很小的城市里，非基础部门的就业也超过了总数的一半。要弥补积累增长思想的缺陷，人们必须设想一个经济规模较大的地区可以提供其他利益，比如，中间产品供给所产生的前向关联。实际上，普雷德也强调了这种关联性，但是它们却大大削弱了基本思想的简洁性。
- 有个假定与该难题联系在一起，就是把出口的基础收入 X 当作外生变量来处理，这也显然不能令人满意。有许多著名的积累性集聚过程的案例（比如，硅谷的崛起）并不是从进口替代中产生的，而是从出口部门自我强化的增长中产生的。

- 最后，当人们试图将基础—乘数理论运用于整个经济体，而不是一个孤立的地区时，它的声望就受到了巨大的挑战。如果把整个世界看成一个整体，那么所有的商品都是在当地销售的，所有收入也都是在当地产生的。也就是说，方程（2.1）变成了 0/0，而这个结果没有太大的意义。

有鉴于此，我们有必要超越基础—乘数模型，在本书的其余部分建立更具备一致性的模型。当然，基础—乘数模型还是为我们提供了 4 点有用的启示：

1. 规模经济和内生性市场规模之间的相互作用会产生集聚的积累过程。
2. 不仅研究静态均衡重要，（至少是初步地）研究动态均衡也很重要，因为动态过程起到关键的简化作用，限制了可能出现的结果的数目。
3. 在动态经济中，规模经济和市场规模是相互作用的，它的典型特征是存在变化不连续的可能性，当基本参数越过某个临界值后，积累过程就开始了。
4. 最后更为微妙的是，朝一个方向变化的临界值往往不同于朝相反方向变化的临界值。例如在图 2—1 中，地区经济只有在 $X>2.5$ 时才“向外聚爆”（explode），在$X<1.6$ 时才“向内聚爆”（implode）。

对于最后一点我们还要再强调一下。在本书以后将讨论的许多模型中，我们需要区分一下有关集聚的两个判别标准。一方面，我们会问一个不存在集聚的均匀的空间经济何时会自发地开始人口集中和/或产业集中，我们把对称均衡瓦解时的临界值称为**突变点**。另一方面，集聚一旦形成，即使是在一开始无法形成集聚的条件下，它也会继续存在，我们把已形成的集聚不能再维持下去的临界值称为**支撑点**。

市场潜力分析

在其他情况相同的条件下，厂商显然偏好接近消费者的地方。但是，如何衡量这种地方的市场准入呢？在下面的章节中我们将会发现，用一个界定明确的模型结构来精确地定义市场准入是有可能的。然而，多年来，地理学家普遍使用市场潜力法来刻画不同地区接近的优势以及预测实际选址的趋势，这种方法虽然不正式但多少有一定的合理因素。

典型的**市场潜力函数***（market potential function）用所有其他地区 s 的购买力的加权平均数来衡量某地 r 的市场潜力，其中，权数是距离的减函数。在一个简单且广泛使用的市场潜力函数中，购买力与距离呈反向变化，于是 r 的市场潜力为：

$$M_r = \sum_s \frac{1}{D_{rs}} P_s \tag{2.8}$$

其中，D_{rs} 是 r 到 s 的距离，P_s 是 s 的购买力。

经典的市场潜力研究是哈里斯（Harris，1954）的工作，他试图用市场潜力来解释美国制造业的区位。哈里斯用了多个方法来衡量市场潜力：一种就如上面的方程（2.8）所示；还有一种是用市场与消费者的平均距离来衡量的。他的研究结果表明，美国高度工业化的地区往往也是市场潜力特别高的地区，这不足为奇。确切地说，是因为美国的大部分人口和生产都集中在制造业带，位于制造业带的地区比美国的其他地区更接近市场。但是这个简单的发现使哈里斯得出了这样一个结论：生产集聚是自我强化的。这个结论与我们在基础—乘数模型中看到的规模经济的影响实质上是一样的，都极其令人兴奋；一方面，厂商集中在接近市场的地区生产；另一方面，在许多厂商集中的地区，其市场准入性也更好。

与基础—乘数分析一样，市场潜力分析表面上看起来非常合理。它还避免了基础—乘数分析造成的一些问题，如不用区分基础活动和非基础活动，所以当人们试图把经济地理作为一个整体考察其演变时，就不会产生什么疑义。但是，市场潜力分析也留下了一个悬念，那就是如何使它不仅适用于预先划定的地区，而且适用于连续的空间。

区域科学的局限性

区域科学从未胜任过伊萨德所设想的角色。区域科学模型既不够正式，又残缺不全，往往给人一种不严谨的感觉，这些都使它无法成为主

* potential function 即数学中的“势函数”，但在本书中我们认为将 market potential function 译为“市场潜力函数”更好，以下同。——译者注

流经济学体系的一部分。实际上，区域科学甚至从来没有融入传统的城市经济学。

确切地说，区域科学是一个实务分析的工具箱，一套供全世界的区域规划者和交通部门等用于指导政策制定的方法。即使没有严格的框架作为基础，决策也必须制定，所以一个虽然不够严谨但至少可以提出正确问题的启发性分析，要比一个虽然严谨但却把要考虑的问题放在假定之列的分析好。

事实表明，中心地区理论、基础—乘数分析以及市场潜力分析给予我们的关键启示理应得到更中肯的评价。虽然这些模型在建立时不够严谨（严谨的建模有许多决定性的因素），但所得到的启示是富有教益的。我们的工作在很大的程度上是伊萨德研究的延续，甚至可以说是对他的研究的确认。

附录：分岔点简介

本章的基础—乘数模型给出了两个**分岔点**（bifurcations），即经济的动态变化发生质变时参数的临界值。这样的分岔点是我们在本书中所建立模型的普遍特征。出现分岔点是因为我们的许多模型中存在向心力和离心力之间的合力，其中，向心力促进集聚，离心力破坏集聚。我们的模型中诸如运输成本等外生变量的变化，改变了向心力和离心力之间的平衡。在这一转变引起经济动态过程发生质变的地方，通常存在临界点也就是分岔点的情形。

尽管数学家们研究了类型庞大的分岔点，但是只有两种基本形式反复出现在经济地理学的简单模型中。这里我们对这两个有代表性的分岔点进行通俗的介绍。

我们首先介绍一种一般的地理模型。假想这样一个场景：某些东西，特别是制成品生产或劳动，必须在两个地区间分配。假设 λ 是其中一个地区的制造业份额，则 $1-\lambda$ 是另一个地区的制造业份额。我们假定 λ 的变化取决于制造业份额的水平，同时假设两地区间没有内在区别，所以曲线 $d\lambda/dt$ 在 $\lambda=1/2$ 附近是对称的，且在 $\lambda=1/2$ 时通过 0 点。

现在我们首先能够想到的是，类似图 2A—1 所示的图形可以充分代表模型的基本动态。要么离心力强于向心力，此时 $d\lambda/dt$ 随着 λ 的增长而下降，经济收敛于对称均衡。要么向心力强于离心力，对称均衡变得不稳定，经济活动倾向于集中在这个或那个地区。因此，人们只需要关注斜率由负值转变为正值的临界点。不幸的是，事情往往没有那么简单，因为 $d\lambda/dt$ 和 λ 之间的关系通常并不显示为一条直线；相反，它是一条在 $\lambda=1/2$ 附近对称的曲线，如图 2A—2 或图 2A—5 所示。

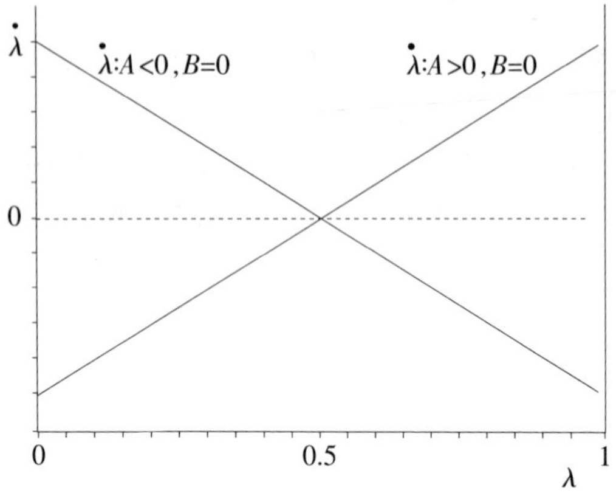

图 2A—1　B=0

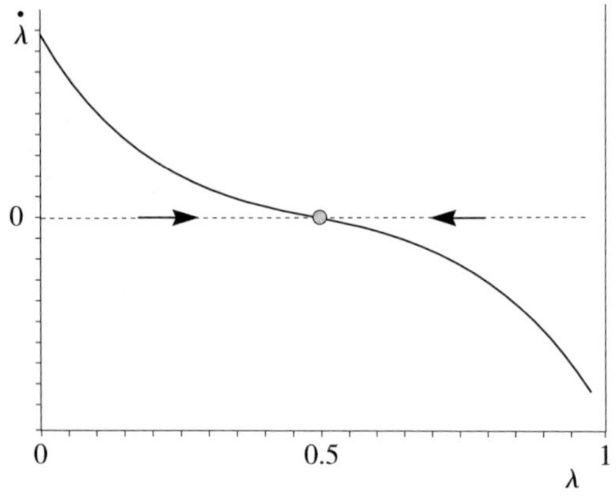

图 2A—2　A<0，B<0

在我们后面构造的模型中，曲线的实际表达式复杂得让人望而却步，我们总是采用数值示例而不是数学分析的方法（尽管也可能得出一些数学分析的结果）。然而，通过考虑产生这种对称曲线的最简单的公式，我们也许可以了解这些模型是如何起作用的：

$$\dot{\lambda}=A(\lambda-0.5)+B(\lambda-0.5)^3 \tag{2A.1}$$

其中，$0\leqslant\lambda\leqslant1$（这里没有显示 λ^2 这一项，因为如果有 λ^2，将与曲

线在$\lambda=0.5$附近对称这一点不一致）。

从方程（2A.1）可以立即得出两个结论：首先，$\lambda=0.5$总是一个均衡点；其次，只要$A<0(A>0)$，对称均衡就是稳定的（不稳定的）。所以如果我们认为向心力和离心力之间的均衡决定了A值，那么确实存在这样一个临界点使A由负转正。

至于结果出现哪种临界点，这要取决于描述λ及其变化率的曲线的曲率。就式（2A.1）来说，取决于B的符号：

1. $B<0$：让我们先来看看$B<0$的情况。此时，当$A<0$时，结果就如图 2A—2 所示，曲线由凸变凹。对称均衡既稳定又唯一。方程（2A.1）还有另外两个根，即：

$$\lambda=0.5\pm\sqrt{-\frac{A}{B}} \tag{2A.2}$$

但它们是复数根，没有经济意义。

当A为正值时，结果就如图 2A—3 所示。对称均衡变得不稳定，但两侧存在由方程（2A.2）的根所决定的两个稳定均衡。从图形和公式都可以看出，这些均衡在$A=0$时重合，然后随着A的增大而加速分离。

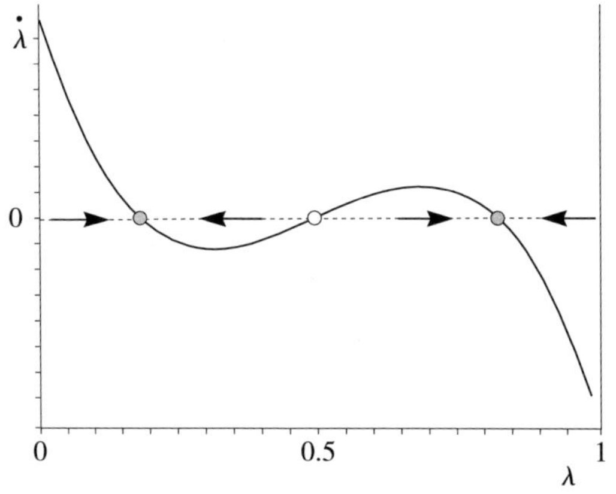

图 2A—3　$A>0$，$B<0$

因此，我们可以用叉形图 2A—4 来总结经济的动态变化过程。在这个图中，我们把λ的均衡值表示成A的函数，其中实线代表稳定均衡，虚线代表不稳定均衡。当A为负值时，存在一个唯一、稳定的对称均衡。随着A的增加，稳定均衡分裂成两个越来越不对称的均衡。图 2A—4 描述了著名的**叉形分歧**（pitchfork bifurcation）。

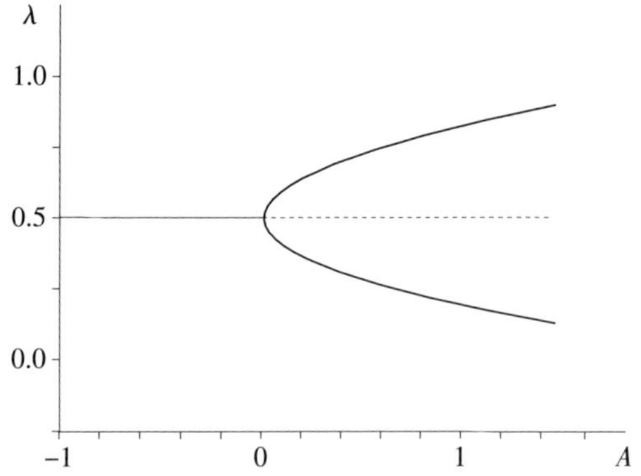

图 2A—4　$B<0$：叉形分岐

要弄明白图 2A—4 的经济意义，我们也许要设想一个虚拟的情形，在此过程中，A 随着时间的流逝逐渐增大。当均衡向着有利于向心力的方向转变时，一个偶然事件都可以引起一个地区比另一个地区吸引略多一点的制造业。随着 A 继续上升，这种优势变得明显起来，地区间也变得更加不对称。

2. $B>0$：尽管标准形式的叉形分岐出现在我们的一些模型中，但我们还是会经常发现某些不同的情形［严格地说是一个派生的“次临界叉形分岐”（variant-subcritical-form of pitchfork bifurcation）］。我们可以通过$B>0$ 时的方程（2A.1）来理解这种叉形模型。

当 $A\ll0$ 时，我们就会得到如图 2A—5 所示的图形。尽管该图是由凹变凸的，但看起来与图 2A—2 差别不大。然而，考察方程（2A.2）可以发现，方程的两个不对称根现在是实数了。我们看到图 2A—5 只有一个均衡，仅仅是因为这些根不在有经济意义的范围 $0\leqslant\lambda\leqslant1$ 之内。

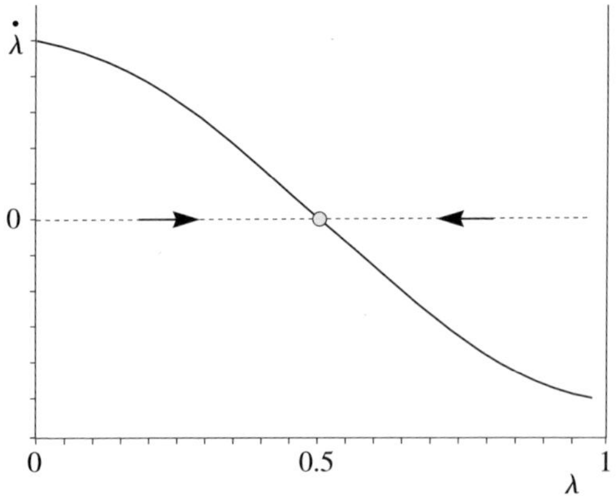

图 2A—5　$A\ll0$，$B>0$

现在假设 $A<0$，那么就变成了如图 2A—6 所示。对称均衡仍然稳定，但它的两侧现在有两个不稳定的均衡。如果 λ 一开始就在引力能够作用的中心范围之外，那么所有的经济活动最终都会集中于其中的一个地区，要么在 $\lambda=0$（且 $d\lambda/dt<0$）处达到均衡，要么在 $\lambda=1$（且 $d\lambda/dt>0$）处达到均衡。

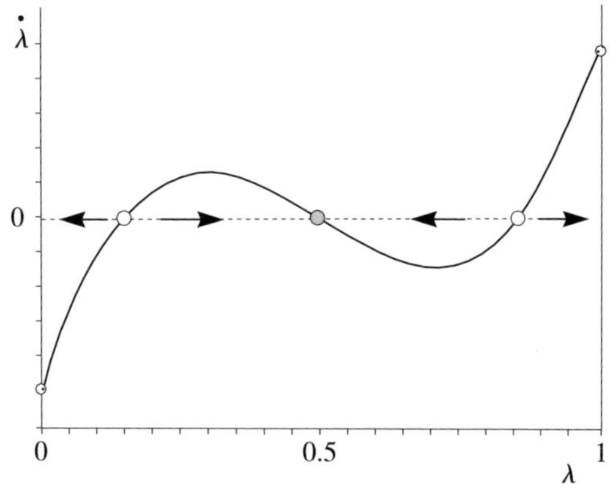

图 2A—6　$A<0$，$B>0$

从这个图形和方程（2A.2）都可以看出，当 A 上升时，两个不稳定的均衡显然会内移向中心，最终当 A 变为正值时就消失了，此时的图形如图 2A—7 所示。

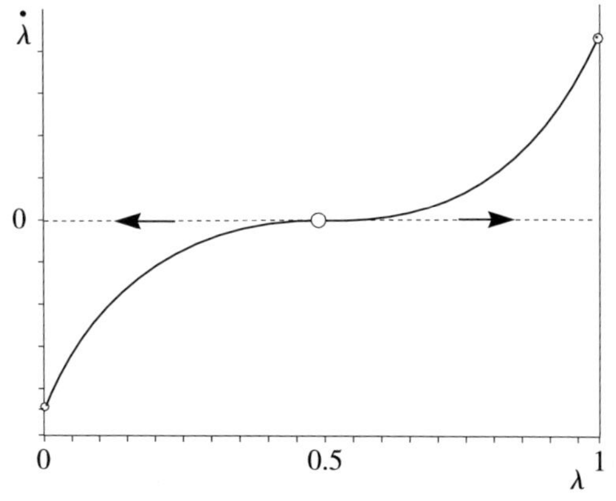

图 2A—7　$A=0$，$B>0$

$B>0$ 时的总体动态过程如图 2A—8 所示。对于一个足够小的负值 A 来说，存在唯一、稳定的对称均衡。当 A 越过某个临界点后，出现了两个稳定的集聚均衡（$\lambda=0$ 或 $\lambda=1$），但是最初的对称均衡依然保持稳定。只有当 A 变为正值时，纯粹的集聚均衡才是唯一的结果。我们把图 2A—8 所示的动态类型叫做**战斧形分岔**（tomahawk bifurcation）。[2]

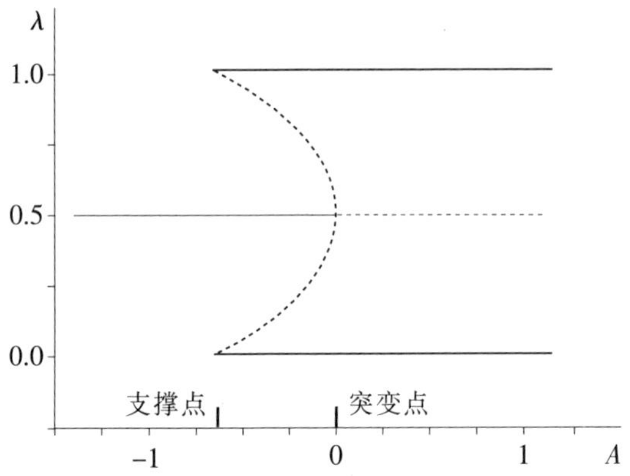

图 2A—8　*B*>*0*：战斧形分岔

当经济呈战斧形分岔时，在向心力和离心力的平衡过程中会出现两个临界点，正如我们在本书第 1 章和基础—乘数模型的具体例子中所看到的那样，一个是我们之前提到的突变点，在该点处，对称均衡是不稳定的，因而必定会被打破；另一个是我们所称的支撑点，集聚一旦形成就可以自我维持下去直至该点［即方程（2A.2）的根在具有经济意义的范围之内时所代表的点］。当经济呈战斧形分岔时，打破对称均衡所需要的向心力比维持不对称均衡所需要的向心力更强，即支撑点先于突变点出现。

这里包含着更深一层的意义，如果我们设想一个过程是从对称经济开始的，然后均衡逐渐向有利于集聚的方向转变，那么外生变量的连续变化就会使实际结果产生不连续的变化，当经济越过突变点后就会发生巨变。

最后让我们耿耿于怀的一点是，我们的模型所揭示的动态过程永远不能像方程（2A.1）那样简单。好在通常通过数值示例就可以判断出模型蕴涵的战斧形动态。有了这条思路，一般就有可能建立突变点和支撑点的解析表达式，这些表达式无一例外都有一目了然的经济含义。

[注释]

[1] 在本书中，我们忽略了一些重要的分析，这些分析主要受到了韦伯（1909）尤其是霍特林（Hotelling，1929）经典思想的启发，把问题的重点放在公司选址决策之间的战略互动上。实质上，我们可以说，霍特林的分析把需求和资源的地理分布看成是外生的，而详细分析了厂商战略的相互影响，但本书利用迪克西特-斯蒂格利茨模型详细分析了需求和资源的内生分布的含义，而放弃了这种战略问题。区位理论参考贝克曼和蒂斯（Beckmann and Thisse，1986）。

[2] 起这个名字的原因在后面几章的图形（比如，图 6—6）中是显而易见的。从技术上来讲，这些分岔都是草叉形的。第一种情况（$B<0$）是一个超临界叉形，第二种情况（$B>0$）是一个次临界叉形。格兰蒙特（Grandmont，1988）从技术上发展了分歧理论（bifurcation theory）。

第Ⅱ篇

劳动力流动性与区域发展

第3章　迪克西特-斯蒂格利茨垄断竞争模型及其空间含义

在任何一个规模报酬递增起关键作用的模型中，你无论如何都必须解决市场结构的问题。传统城市模型处理这个问题的做法是，假定对厂商而言，规模报酬递增是完全外生的，因而建模者能够继续使用完全竞争的假设。不过本书所采用的方法避免了对外部经济的任何直接假定，以单个厂商水平上的规模经济为基础，厂商们在市场上相互影响的结果就会产生外部性。因此我们必须设法把一个不完全竞争的市场结构模型化。这类模型中最常用的当然是迪克西特和斯蒂格利茨的垄断竞争模型(Dixit and Stiglitz，1977)。迪克西特-斯蒂格利茨垄断竞争模型是很不现实的，不过它易于处理而且很灵活。正如我们下面将看到的，它导出了一些非常特殊但极具启发性的结论。

本章建立了一个空间的迪克西特-斯蒂格利茨模型，它涉及多个区位，这些区位间存在运输成本。在以后的几乎每个问题中，空间的迪克西特-斯蒂格利茨模型都扮演了至关重要的角色。

我们考虑一个只有农业和制造业两个部门的经济体。农业部门是完全竞争的，生产单一的同质产品，而制造业部门则供给大量的差异化产品。当然，我们没必要拘泥于“农业”的字面含义。制造业部门是不完全竞争的，而且具有收益递增的特征。因此，我们可以把农业部门看成是从事制造业之外生产活动的完全竞争部门。

假定存在大量潜在的工业制成品，因此可以把整个生产空间看成是连续的，这样我们就能够避开产品数量必须是整数的限制。尽管所有的生产和消费活动都发生在特定的地点，但在此，我们只研究经济活动，不考虑地点因素。

消费者行为

对于这两类产品来说，所有的消费者都具有相同的偏好，效用由柯布-道格拉斯（Cobb-Douglas）函数形式表示：

$$U = M^{\mu} A^{1-\mu} \tag{3.1}$$

其中，M 代表制成品消费量的综合指数；A 是农产品的消费量；μ 是常数，表示制成品的支出份额。数量指数 M 是定义在制成品种类的连续空间上的子效用函数；$m(i)$ 表示每种可得制成品的消费量；n 表示制成品种类的范围，通常为可得制成品种类的数目。假定 M 符合不变替代弹性函数（CES）：

$$M = \left[\int_0^n m(i)^{\rho} \mathrm{d}i\right]^{1/\rho}, \quad 0 < \rho < 1 \tag{3.2}$$

在该表达式中，参数 ρ 表示消费者对制成品多样性的偏好程度。当 ρ 趋近于 1 时，差异化产品几乎是完全替代的；当 ρ 趋近于 0 时，消费更多种类差异化产品的愿望越来越强。令 $\sigma \equiv 1/(1-\rho)$，则 σ 表示任意两种制成品之间的替代弹性。

给定收入 Y 和一组价格：p^A 是农产品的价格，$p(i)$ 是每种制成品的价格，那么消费者的问题就是在下面的预算约束条件下使其效用最大化：$p^A A + \int_0^n p(i) m(i) \mathrm{d}i = Y$ 。

我们分两步来解决这个问题[1]：第一步，不论制成品集合 M 是多少，我们都需要选定每一个 $m(i)$ ，使获得制成品组合 M 的成本最低。这也就意味着要解决下面方程的最小化问题：

$$\min \int_0^n p(i) m(i) \mathrm{d}i \quad \text{s.t.} \quad \left[\int_0^n m(i)^{\rho} \mathrm{d}i\right]^{1/\rho} = M \tag{3.3}$$

解决这个支出最小化问题的一阶条件是边际替代率等于价格比率，即：

$$\frac{m(i)^{\rho-1}}{m(j)^{\rho-1}} = \frac{p(i)}{p(j)} \tag{3.4}$$

对任意一组 i 和 j，都有 $m(i) = m(j)(p(j)/p(i))^{1/(1-\rho)}$ 。将其代

入最小化问题的约束条件：$\left[\int_0^n m(i)^\rho \mathrm{d}i\right]^{1/\rho} = M$。

并将公共项 $m(j)p(j)^{1/(1-\rho)}$ 放到定积分符号的外面，我们得到：

$$m(j) = \frac{p(j)^{1/(\rho-1)}}{\left[\int_0^n p(i)^{\rho/(\rho-1)} \mathrm{d}i\right]^{1/\rho}} M \tag{3.5}$$

方程（3.5）仅表示第 j 种制成品的补偿需求函数（compensated demand function）。

据此还可以推导出获得制成品集合 M 的最低成本的表达式。第 j 种产品的支出是 $p(j)m(j)$，利用方程（3.5）对 j 求定积分，即：

$$\int_0^n p(j)m(j)\mathrm{d}j = \left[\int_0^n p(i)^{\rho/(\rho-1)} \mathrm{d}i\right]^{(\rho-1)/\rho} M \tag{3.6}$$

现在可以把（3.6）式右边与 M 相乘的那一项定义为价格指数，从而价格指数与数量组合相乘就等于支出。将制成品的价格指数记为 G，得到：

$$G \equiv \left[\int_0^n p(i)^{\rho/(\rho-1)} \mathrm{d}i\right]^{(\rho-1)/\rho} = \left[\int_0^n p(i)^{1-\sigma} \mathrm{d}i\right]^{1/(1-\sigma)} \tag{3.7}$$

其中，$\rho \equiv (\sigma-1)/\sigma$ 或者 $\sigma = 1/(1-\rho)$。价格指数 G 是购买 1 单位制成品组合的最小成本，正如我们前面把 M 看成是效用函数一样，这里我们也可以把 G 看成是支出函数。将（3.7）式代入方程（3.5），可以把 $m(i)$ 的表达式写得更紧凑些：*

$$m(j) = \left(\frac{p(j)}{G}\right)^{1/(\rho-1)} M = \left(\frac{p(j)}{G}\right)^{-\sigma} M \tag{3.8}$$

消费者需要解决的下一个问题是如何把总收入在农产品和制成品之间进行分配，也就是说选择 A 和 M，使：

$$\max U = M^\mu A^{1-\mu} \quad \text{s.t.} \quad GM + p^A A = Y \tag{3.9}$$

计算出的结果我们似曾相识：$M = \mu Y/G$ 且 $A = (1-\mu)Y/p^A$。将上面两步合起来可得到下面的非补偿消费需求函数（uncompensated consumer demand functions），

对农产品有：

---

* 为 $m(j)$ 的表达式。——译者注

$$A=(1-\mu)Y/p^A \tag{3.10}$$

对每种制成品有：

$$m(j)=\mu Y\frac{p(j)^{-\sigma}}{G^{-(\sigma-1)}},\quad j\in[0,n] \tag{3.11}$$

我们注意到，保持 G 为常数，则每种可得种类制成品的需求价格弹性也是常数且等于 σ。

现在，我们可以把最大化效用看成是收入、农产品价格以及制成品价格指数的函数，由此得到间接效用函数（indirect utility function）：

$$U=\mu^{\mu}(1-\mu)^{1-\mu}YG^{-\mu}(p^A)^{-(1-\mu)} \tag{3.12}$$

其中，$G^{-\mu}(p^A)^{-(1-\mu)}$ 是该经济体的生活费用指数（cost-of-living index）。

到目前为止，我们的工作都是对需求理论的直接运用。迪克西特-斯蒂格利茨模型的与众不同（而且在我们的分析中起关键作用）之处是出售的制成品种类 n 是一个内生变量。这就意味着我们有必要了解制成品种类 n 的变化对消费者的影响。

随着出售的制成品种类的增加，制成品价格指数随之下降（因为消费者注重多样化的消费），获得给定效用水平的成本也随之降低。为了弄清这个问题，我们假定所有可得到的制成品价格都是 p^M。价格指数（3.7）式就可以简化为：

$$G=\left[\int_0^n p(i)^{1-\sigma}\mathrm{d}i\right]^{1/(1-\sigma)}=p^M n^{1/(1-\sigma)} \tag{3.13}$$

价格指数对可得制成品数目的敏感度取决于不同种类制成品之间的替代弹性 σ，我们看到，σ 越低（即各种产品间的差异性越大），产品种类增加引起价格指数下降的幅度就越大。它对消费者福利的影响由间接效用函数（3.12）式给出。

从方程（3.11）的单一产品的需求曲线可以看出，改变可得制成品的种类会使现有产品的需求曲线发生移动。因为 n 增加引起 G 下降，从而使每种产品的需求曲线向下移动。当我们确定生产出的制成品的均衡数目时，这一影响起着重要的作用。随着制成品种类的增加，产品市场竞争更加激烈，使得现有产品的需求曲线向下移动，并使这些产品的销售量下降。

多个地区与运输成本

根据所要建立模型的需要，为方便起见，我们有时候可以把整个经济看成是由有限区域（地区或国家）组成的，有时候也可以把它看成是分布在连续空间中的。然而，目前我们只需假设存在 R 个独立区位就可以了。我们暂时假设每种产品只在一个地区生产，而且所有特定地区生产的产品都是对称的，有相同的生产技术和相同的价格。我们用 n_r 表示地区 r 生产的产品种类数，用 p_r^M 表示各类产品的出厂价或离岸价（F. O. B.）。

农产品和制成品可以在不同地区间运输，可能会产生运输成本。为了避免为一个单独的运输业建模，我们假定运输成本采用冯·杜能和萨缪尔森引进的“冰山”形式。[2]具体来讲，如果把 1 单位农产品（或任何一种制成品）从地区 r 运到地区 s，那么只有其中的一部分［即 $1/T_{rs}^A(1/T_{rs}^M)$］能够到达，其余的都在运输途中损耗掉了。因此要使得有 1 单位农产品（或制成品）能运送到目的地，在生产地必须装运 $T_{rs}^A(T_{rs}^M)$ 单位的该产品。

冰山运输技术是指如果某种制成品在生产地 r 的售价是 p_r^M，那么这种制成品在消费地 s 的交货价或到岸价（C. I. F.）p_{rs}^M就是：

$$p_{rs}^M = p_r^M T_{rs}^M \tag{3.14}$$

各个地区制成品的价格指数可能都有所区别，我们把地区 s 的价格指数记为 G_s 来表示这种区别。冰山运输成本和特定地区所有制成品价格相同的假定意味着，我们可以利用（3.7）式把价格指数写为：

$$G_s = \left[\sum_{r=1}^{R} n_r (p_r^M T_{rs}^M)^{1-\sigma} \right]^{1/(1-\sigma)}, \quad s = 1, \cdots, R \tag{3.15}$$

现在，根据（3.11）式可以知道地区 s 对地区 r 生产的一种产品的消费需求为：

$$\mu Y_s (p_r^M T_{rs}^M)^{-\sigma} G_s^{(\sigma-1)} \tag{3.16}$$

其中，Y_s 是地区 s 的收入，上式给出了地区 s 的消费量，但是为了达到这样的消费水平，在地区 r 装运的产品数量必须是它的 T_{rs}^M倍。把这种产品在各地区的消费量相加，就可得到地区 r 此种产品的总销售量：

$$q_r^M = \mu \sum_{s=1}^{R} Y_s (p_r^M T_{rs}^M)^{-\sigma} G_s^{\sigma-1} T_{rs}^M \tag{3.17}$$

从（3.17）式可以看出，销售量取决于各地区的收入、价格指数、运输成本以及出厂价。请注意，由于所有地区同种产品的交货价与出厂价成比例变化，而且消费者对每种产品的需求都存在一个不变的价格弹性 σ，所以每种产品相对于出厂价的总需求价格弹性也是 σ，与消费者的空间分布无关。

生产者行为

下面我们转向经济的生产方面，假设农产品是完全竞争的，并且采用收益不变的技术进行生产。而工业制成品的生产存在规模经济。我们假设规模经济只在产品种类水平上存在，不考虑范围经济（economies of scope）与协作经济（economies of multiplant operation）。假设所有地区所有工业制成品的生产技术都相同，固定投入为 F，边际投入为 c^M。暂且假定生产中只有一种要素投入即劳动，在给定地区生产数量为 q^M 的任何产品需要的劳动投入为 l^M，即：

$$l^M = F + c^M q^M \tag{3.18}$$

由于规模经济、消费者对差异产品的偏好以及存在无限种潜在差异产品的原因，没有一家厂商会选择与别的厂商生产同类产品，这就意味着每种产品只在一个地区由一个专业化厂商生产，所以现有厂商的数目与可获得的差异产品的种类数相同。

利润最大化

下面考虑一家位于地区 r 的厂商生产一种特定产品，该特定厂商支付给制造业工人的工资率是给定的 w_r^M，产品的出厂价为 p_r^M，则利润可表示为：

$$\pi_r = p_r^M q_r^M - w_r^M (F + c^M q_r^M) \tag{3.19}$$

其中，q_r^M 由需求函数（3.17）式确定。在价格指数 G_s 给定的情况下，假定所有厂商都选定各自的产品价格。因此需求弹性就是 σ，根据利润最大化原则可知对于所有地区 r 生产的产品种类有：

$$p_r^M(1-1/\sigma)=c^M w_r^M \quad 或 \quad p_r^M=c^M w_r^M/\rho \tag{3.20}$$

我们假设厂商盈利或亏损时可以自由进入或退出。如果定价原则是给定的，那么地区 r 的厂商的利润为：

$$\pi_r=w_r^M\left[\frac{q_r^M c^M}{\sigma-1}-F\right] \tag{3.21}$$

所以，零利润条件意味着任何自由厂商的均衡产出为：

$$q^* \equiv F(\sigma-1)/c^M \tag{3.22}$$

相应的均衡劳动力投入为：

$$l^* \equiv F+c^M q^* = F\sigma \tag{3.23}$$

在该经济体中，所有自由厂商的 q^* 与 l^* 都是相同的常数。因此，如果 L_r^M 表示地区 r 的制造业工人数量，n_r 表示地区 r 的制造业厂商数目（恒等于制造业的产品种类数），那么：

$$n_r=L_r^M/l^* = L_r^M/F\sigma \tag{3.24}$$

方程（3.20）和方程（3.22）的结果有点出人意料，但是在整个分析过程中却是至关重要的。这表明，**市场规模既不影响边际成本加成定价，也不影响单一产品的生产规模，因此所有的规模效应都是通过产品种类的变化发生作用的**。显然，这个结论非常怪异。我们一般认为，市场越大，竞争也就越激烈，而经济体利用市场优势的途径之一是扩大生产规模。然而迪克西特-斯蒂格利茨模型却声称，所有的市场规模效应都是通过产品种类的变化起作用的。

我们在前面假设厂商解决利润最大化问题时把价格指数 G_s 看成是常数，这是一种非策略性行为，再加上需求弹性不变的假设，两者共同作用的典型结果就是上面的结论。如果我们放松非策略性行为的假设，即所有厂商都意识到自己的选择可能会影响价格指数，这种对市场权力的认识往往使厂商降低产量，提高边际价格成本（price-cost margin）。如果我们采用一种特定的合作寡头垄断形式，比如，古诺竞争或伯川德竞争（Cournot or Bertrand competition），那么我们就能得到具体的定价表达式，而且在这两种情况下，边际价格成本是每个厂商市场份额的递减函数。[3]在这些假定条件下，市场规模的扩大会产生促进竞争的效应。这会引起更多的厂商进入，从而降低了边际价格成本，使得厂商必须以更大的规模（更低的平均成本）进行生产以保持收支相抵。我们在本章“消费者行为”一节中已经看到，种类效应是如何在市场规模与价格指数之间建立起一种负向关系；而促进竞争效应是加强这一负向关系的又一力量。

纵观前面的分析，我们却忽略了促进竞争效应。假设成本加成定价和厂商规模保持不变大大简化了分析过程，才使得我们能够干净利索地建立模型来处理用其他方法难以解决的问题。

制造业工资方程

我们已经知道，厂商零利润的条件也就是它们的产出为 q^* 的条件。根据需求函数（3.17）式可知，如果下列方程得到满足，那么地区 r 的厂商的产出就能够达到该水平：

$$q^* = \mu \sum_{s=1}^{R} Y_s (p_r^M)^{-\sigma} (T_{rs}^M)^{1-\sigma} G_s^{\sigma-1} \tag{3.25}$$

对上面的方程变形后可知，自由厂商的定价当且仅当满足下面的条件时才能达到收支平衡：

$$(p_r^M)^{\sigma} = \frac{\mu}{q^*} \sum_{s=1}^{R} Y_s (T_{rs}^M)^{1-\sigma} G_s^{\sigma-1} \tag{3.26}$$

利用方程（3.20）的定价法则可以把方程（3.26）表示为：

$$w_r^M = \left(\frac{\sigma-1}{\sigma c^M}\right) \left[\frac{\mu}{q^*} \sum_{s=1}^{R} Y_s (T_{rs}^M)^{1-\sigma} G_s^{\sigma-1}\right]^{1/\sigma} \tag{3.27}$$

我们把上式叫作**工资方程**（wage equation），今后经常会用到它。如果给定所有地区的收入水平、价格指数以及运输成本，那么就可以计算出各个地区制造业厂商收支相抵时的工资水平。从工资方程可知，厂商所在市场的居民收入水平越高，厂商进入市场越容易（T_{rs}^M越低），厂商在这些市场面临的竞争越少，那么工资水平就越高（前面我们讲过，价格指数是所售产品种类数的递减函数）。

关于工资方程我们需要注意两点：（1）我们假定自由厂商**总是**不赚钱的，因此，这个方程中的 w_r^M 表示的是厂商数目不为零的任何地区制造业现行的工资，从长期来看，这个工资水平也就是制造业劳动力的供给价格，但是从短期来看，两者可能不相等，只要两者有出入，就会产生动态调整，我们将在后面的章节中研究这个问题，事实上，我们一直假定厂商的自由进出是瞬间完成的，所以利润总是零，但是劳动力在部门或地区之间的再分配却较为缓慢，我们会建立动态模型对此进行阐述；（2）方程（3.27）决定的制造业工资也适用于不存在制造业的地区。它可以用来衡量这些地区的潜在进入厂商所愿意支付的最高工资。

实际工资

各个地区的实际收入与名义收入成比例，可以由名义收入除以生活费用指数 $G_r^{\mu}(p_r^A)^{1-\mu}$ 得到。也就是说，地区 r 的制造业工人的实际工资 ω_r^M 为：

$$\omega_r^M = w_r^M G_r^{-\mu}(p_r^A)^{-(1-\mu)} \tag{3.28}$$

若干标准化

制造业价格指数和工资方程贯穿于本书始终。幸运的是，我们可以选择合适的计量单位对它们加以简化。请注意，首先我们可以自由选择产出的计量单位（1 单位、10 单位、1 千克或 1 吨）。我们选择的单位要使边际劳动需求满足下面的方程：

$$c^M = \frac{\sigma-1}{\sigma}(=\rho) \tag{3.29}$$

这一标准化使定价方程（3.20）变为：

$$p_r^M = w_r^M \tag{3.30}$$

同时产量方程变为 $q^* = l^*$。

其次，正如我们已经知道的，厂商的数目仅是实轴上的一个区间 $[0,n]$，在不失一般性的前提下，我们可以为这一范围选择合适的计量单位。在本书的第Ⅱ篇和第Ⅲ篇中，我们选择合适的计量单位，使固定投入需求 F 满足下列方程：

$$F = \mu/\sigma \tag{3.31}$$

根据方程（3.24）可知，各个地区的厂商数目与该地制造业劳动力的规模有关，此时方程（3.24）变为：

$$n_r = \frac{L_r^M}{\mu} \tag{3.32}$$

这些单位的选择也决定了厂商的规模。厂商零利润［参见方程(3.22)］时的产出水平变为：

$$q^* = l^* = \mu \tag{3.33}$$

运用这些标准化方法，我们如今就可以把价格指数与工资方程写得更为简洁。其中，价格指数变为：

$$\begin{aligned} G_r &= \left[\sum_{s=1}^{R} n_s (p_s^M T_{sr}^M)^{(1-\sigma)}\right]^{1/(1-\sigma)} \\ &= \left[\frac{1}{\mu}\sum_{s=1}^{R} L_s^M (w_s^M T_{sr}^M)^{(1-\sigma)}\right]^{1/(1-\sigma)} \end{aligned} \tag{3.34}$$

工资方程变为：

$$\begin{aligned} w_r^M &= \left(\frac{\sigma-1}{\sigma c^M}\right)\left[\frac{\mu}{q^*}\sum_{s=1}^{R} Y_s (T_{rs}^M)^{1-\sigma} G_s^{\sigma-1}\right]^{1/\sigma} \\ &= \left[\sum_{s=1}^{R} Y_s (T_{rs}^M)^{1-\sigma} G_s^{\sigma-1}\right]^{1/\sigma} \end{aligned} \tag{3.35}$$

我们反复地使用这两个方程来说明均衡的特征并研究其稳定性。实际上，在选择了合适的计量单位后，我们的注意力就从制造业厂商的数目与产品的价格转移到了制造业工人的数目及其工资率上面。

价格指数效应与国内市场效应

价格指数方程（3.34）以及工资方程（3.35）并不能界定一个完整的经济模型，但是它们却包含几个重要的关系，我们可以从这些关系中推导出结论，为了找到它们有必要进行详细的研究。

下面我们只考虑一个两区位模型下的价格指数方程和工资方程。完整的价格指数方程为：

$$G_1^{1-\sigma} = \frac{1}{\mu}\left[L_1 w_1^{1-\sigma} + L_2 (w_2 T)^{1-\sigma}\right];$$

$$G_2^{1-\sigma}=\frac{1}{\mu}[L_1(w_1T)^{1-\sigma}+L_2w_2^{1-\sigma}] \tag{3.36}$$

完整的工资方程为：

$$w_1^\sigma=Y_1G_1^{\sigma-1}+Y_2G_2^{\sigma-1}T^{1-\sigma};$$
$$w_2^\sigma=Y_1G_1^{\sigma-1}T^{1-\sigma}+Y_2G_2^{\sigma-1} \tag{3.37}$$

在上面的方程中，我们没有把上标 M 写出来有 3 个原因：（1）我们现在只研究制造业；（2）我们已经将区位之间的运输成本记为 T；（3）我们自始至终都假设同一地区内不存在运输成本。这两组方程是对称的，因此存在一组对称解。也就是说，如果 $L_1=L_2$ 且 $Y_1=Y_2$，那么就有 $G_1=G_2$ 且 $w_1=w_2$。通过检验，我们很容易发现这些对称的均衡值满足下列关系：

$$1+T^{1-\sigma}=\frac{\mu}{L}\left(\frac{G}{w}\right)^{1-\sigma}=\frac{w}{Y}\left(\frac{G}{w}\right)^{1-\sigma} \tag{3.38}$$

也正因为均衡值是对称的，所以在这个方程里没有标出下标。

把价格指数方程和工资方程在均衡点附近线性化，我们就可以揭示其中所包含的关系。在这个点附近，一个地区某个变量的增长总是会引起另外一个地区同一变量大小相等但方向相反的变化。所以，可令 $\mathrm{d}G=\mathrm{d}G_1=-\mathrm{d}G_2,\cdots$，并分别对两个方程求微分：

$$(1-\sigma)\frac{\mathrm{d}G}{G}=\frac{L}{\mu}\left(\frac{G}{w}\right)^{\sigma-1}(1-T^{1-\sigma})\left[\frac{\mathrm{d}L}{L}+(1-\sigma)\frac{\mathrm{d}w}{w}\right] \tag{3.39}$$

$$\sigma\frac{\mathrm{d}w}{w}=\frac{Y}{w}\left(\frac{G}{w}\right)^{\sigma-1}(1-T^{1-\sigma})\left[\frac{\mathrm{d}Y}{Y}+(\sigma-1)\frac{\mathrm{d}G}{G}\right]^{*} \tag{3.40}$$

从方程（3.39）中我们可以看出制造业地区分布的变化对制成品价格指数的直接影响。假定制造业劳动力供给具有完全弹性，则 $\mathrm{d}w=0$。记住，$1-\sigma<0$ 且 $T>1$，从方程（3.39）可知，制造业就业的变化 $\mathrm{d}L/L$ 对价格指数产生了负效应，即 $\mathrm{d}G/G$ 是个负数。我们称之为**价格指数效应**（price index effect）。价格指数效应意味着，如果一个地区的制造业部门较大，那么制成品价格指数也较低，理由很简单，即该地区全部制造业的消费中只有较小部分承担了运输成本。

接下来，我们考虑相对需求是如何影响制造业地区分布的。为方便起见，引入一个新的变量：

$$Z \equiv \frac{1-T^{1-\sigma}}{1+T^{1-\sigma}} \tag{3.41}$$

Z 是取值介于 0～1 之间的贸易成本指数。如果贸易完全没有成本，即 $T=1$，那么 $Z=0$；如果贸易是不可能的，那么 $Z=1$。利用 Z 的定义，并且消去方程（3.39）和方程（3.40）中的 $\mathrm{d}G/G$，可得：

$$\left[\frac{\sigma}{Z}+Z(1-\sigma)\right]\frac{\mathrm{d}w}{w}+Z\frac{\mathrm{d}L}{L}=\frac{\mathrm{d}Y}{Y} \tag{3.42}$$

我们可以从这个方程中得出以下结论：

第一，若将我们的经济模型放宽，假设制造业劳动力的供给具有完全弹性，即 $\mathrm{d}w=0$，那么就会产生**国内市场效应**（home market effect）。制成品的需求变化（$\mathrm{d}Y/Y$）为 1%，制造业的就业（乃至制造业的产量）变化（$\mathrm{d}L/L$）就会达到 $1/Z\%(>1)$。也就是说，在其他条件相同的情况下，一个地区的制造业部门增长速度要快于国内市场的增长速度，因而国内市场大的地区出口工业制成品。[4]

第二，尽管我们已经分析了劳动力供给具有完全弹性条件下的国内市场效应，但是实际情况并非如此；如果劳动力供给曲线向上方倾斜，那么国内市场的部分优势就会转化为高工资而非出口。因此，**一个地区对制成品的需求较大，其名义工资可能也较高**。[5]

但请注意，在其他条件相同的情况下，随着 L 的增长，G 逐渐下降。由此可见，如果某个地区的收入 Y 比较高，那么它的实际工资也会较高，因为该地区的名义工资高而物价指数低。所以，**在其他条件相同的情况下，对制成品需求较大的地区其制造业工人的实际工资也较高。**

当然，其他条件不一定相同，但我们刚才已经概述了累积因果关系的几个要素。在我们的模型中，这种因果关系往往会导致集聚。由于存在价格指数效应，在制造业部门较大的地区，工业制成品的价格指数较低。由于存在国内市场效应，在制成品需求较大的地区，制造业部门的增长速度要快于国内市场的增长速度。如果我们再考虑一种关系，即制造业工人本身对制成品也有需求，因此制造业集中的地区对制成品的需求往往也较大，那么我们很快就可以得出最终结论了。这一点我们会在本书第 4 章中加以详细说明。

“非黑洞”条件

我们已经知道，扩大制造业部门的规模会引起实际收入的增加。然而，我们还希望为该效应的作用设置一个上限。这种情况只有在封闭经济（当 $Z=1$ 时）下才能得到最好的解释。

考虑一个制造业工人的实际收入［参见方程（3.28）］。假定农产品的价格不变，那么对（3.28）求全微分可得：

$$\frac{d\omega}{\omega}=\frac{dw}{w}-\mu\frac{dG}{G} \tag{3.43}$$

这里我们再次忽略了上标 M 和表示区位的下标，因为我们研究的是单一经济。现在综合方程（3.39）、方程（3.40）与 $Z=1$，我们得到：

$$\begin{aligned}\frac{d\omega}{\omega}&=(1-\mu)\frac{dY}{Y}+\left[\frac{\mu\sigma}{\sigma-1}-1\right]\frac{dL}{L}\\&=(1-\mu)\frac{dY}{Y}+\left[\frac{\mu-\rho}{\rho}\right]\frac{dL}{L}\end{aligned} \tag{3.44}$$

从这个方程可以得出以下结论，保持整个行业的支出不变（$dY=0$），从而名义收入也不变。那么增加一个封闭经济制造业部门的劳动力供给，会对制造业工人的实际工资造成什么影响呢？显然，制成品的支出不变，工资支出也不变，这就意味着 L 的增加使工人工资 w 同比例下降。然而，制造业就业的上升会增加制成品的种类，从而降低 G，并往往会提高实际收入。在以上两种效应中，后者的影响无疑会超过前者，因此，工人数量的增加实际上提高了他们的实际工资。

我们一般对规模报酬递增特别明显的经济不感兴趣，这只是因为，正如我们将要看到的，集聚力在这种经济中占据了绝对优势，经济体最终会塌陷为一个点。为了避开这种“黑洞区位”（black-hole location）理论，我们通常加上了一个所谓的**非黑洞假设**（assumption of no black holes）：

$$\frac{\sigma-1}{\sigma}=\rho>\mu \tag{3.45}$$

现在，我们已经为研究方法奠定了基础，接下来可以开始考察地理问题了。

[注释]

[1] 由于对农产品和制成品的偏好是可以分离的，而且制成品的子效用函数 M 在 $m(i)$ 方面是位似的，因此可以运用一个两阶段的预算约束处理步骤。见迪顿和缪尔鲍尔（Deaton and Muellbauer，1980）对两阶段的预算模型适用条件的讨论。

[2] “冰山”运输技术是由萨缪尔森（1952）正式提出的，不过冯·杜能假设谷物运输成本主要是由拉车的马在路上消耗的谷物构成的（1826，第 4 章）。因此，也可以把冯·杜能模型看成是冰山运输技术的先驱。

[3] 见史密斯和维纳布尔斯（Smith and Venables，1988）对这些表达式的推导。

[4] 不论集聚的累积过程是否起作用，国内市场效应都应该适用。事实上，这个效应最初是由克鲁格曼于 1980 年在一个相对市场规模完全是外生的模型中提出的。戴维斯和维恩斯坦（Davis and Weinstein，1977）近来所做的工作就是试图用实证的方法衡量国内市场效应在国际贸易模式中的重要性，他们已经发现前者对后者具有惊人的强大影响。

[5] 因为 $0 \leqslant Z \leqslant 1$，所以 dw/w 的系数为正。

第4章　中心与外围

在上一章中，我们给出了一套基本工具，用于将垄断竞争经济模型化。这些工具其实是一套理论方法，据此可以假定在单个厂商层面上存在收益递增现象，并且研究由该假定引出的市场结构问题。现在我们就运用这个工具来构造第一个经济地理模型。

以下的分析并不切合实际情况。除了迪克西特-斯蒂格利茨垄断竞争模型有一些基本假定（对于本书的几乎所有模型来说，人为假定都是必要的组成部分）外，我们在本章中做的另外一些假定也与事实不符。当然，在以后的章节中我们会放弃这些假定或对其进行修改。我们的目的是要尽可能简单明了地说明厂商层面的收益递增、运输成本和要素流动三者之间的相互作用是如何引起空间经济结构的形成和变化的。结果表明，运用这种方法得出的一些结论对于假定的变化很敏感。我们暂时只需要学习这个模型，与假定有关的讨论可以稍后进行。

假　定

我们来考虑本书第 3 章中所阐述的经济体。该类经济体由两个部门组成，垄断竞争的制造业部门 M 和完全竞争的农业部门 A。这两个部门分别仅使用一种劳动力资源，即工人和农民。此外，我们还假定各部门的要素供给量不变。

资源的地理分布由外生因素和内生因素共同决定。假设地区数为 R，世界上的农民数量为 L^A，且每个地区的资源禀赋即农业劳动力份额是外生变量且既定的，记为 ϕ_r。与此相对应，制造业的劳动力是随时间变化的。我们用 L^M 表示全世界的工人数，并且用 λ_r 来表示地区 r 在任何时点上的制造业劳动力份额。适当地选择单位[1]可使得 $L^M=\mu$，$L^A=1-\mu$。

各地区间运输成本的表现形式很特别。我们采用本书第 3 章引入的“冰山”形式来表示工业制成品的运输成本，即如果 1 单位的工业制成品由地区 r 运往地区 s，那么只有 $1/T_{rs}$ 单位的产品可以运抵目的地。与之相对应，我们假定农产品的运输是无成本的。这一假定是很不切合实际的，因为在现实世界中，价值 1 美元原材料的运输成本通常要高于价值 1 美元产成品的运输成本。暂时假定农产品的运输成本为零，会使我们现在的模型简单得多。我们会在本书第 6 章中放弃这一假定并研究其后果。

由于农产品的运输是免费的且规模报酬不变，所以各地区农民的工资率相同。我们以此工资率为计量单位，即 $w_r^A=1$。然而，各地区制造业工人的名义工资和实际工资都可能会有所不同。我们将 w_r 和 ω_r 分别定义为地区 r 制造业工人的名义工资和实际工资。

哪些因素决定了地区间工人的流动呢？我们没有试图构建一套复杂的动态理论，只是简单地假定工人会流向实际工资高的地区，而离开实际工资低于平均水平的地区。特别地，我们将平均实际工资定义为：

$$\bar{\omega}=\sum_r \lambda_r \omega_r \tag{4.1}$$

同时假定特别动态方程为[2]：

$$\dot{\lambda}_r=\gamma(\omega_r-\bar{\omega})\lambda_r \tag{4.2}$$

（请注意：λ_r 的增量必须能够保证所有地区份额变化的总和为零。）

在我们的模型中，各地区间制造业的分布在任一时点上都是给定的，但随着时间的流逝，这种分布会因地区间实际工资的差别而变化；另一方面，地区实际工资本身也依赖于制造业的分布。因此，我们下面就来研究这种依赖关系。

瞬时均衡

有很多不同的方法用于描述瞬间均衡状态。我们发现，用同时满足

4R 方程的解来描述这种均衡是一种非常有效的方法。这组方程决定了各地区的收入、各地区消费的工业制成品的价格指数、该地区工人的工资率以及该地区的实际工资率。

收入

收入方程很简单。由于农产品的运输不需要成本，因此各地区农民的工资相同，我们将其设为度量单位，即为 1。我们之前曾选择单位使得制造业的工人和农民数分别为 μ 和 $1-\mu$，（回想一下，）则地区 r 的收入为：

$$Y_r = \mu\lambda_r w_r + (1-\mu)\phi_r \tag{4.3}$$

价格指数

第二个要素是各地工业制成品的价格指数。我们已在本书第 3 章中做了阐述，并由方程（3.34）给出。由于地区 s 的制造业工人数为 $L_s^M = \mu\lambda_s$，因此价格指数为：

$$G_r = \left[\sum_s \lambda_s (w_s T_{sr})^{1-\sigma}\right]^{1/1-\sigma} \tag{4.4}$$

方程（4.4）显示的价格指数效应我们曾在本书第 3 章中见到过。如果假定各地区的工资都相同，那么从该方程不难看出，与地区 r 保持低运输成本的那些地区制造业的份额越高，地区 r 的价格指数将会越低。尤其是在仅有两个地区的情况下，如果其他条件相同，那么制造业从一个地区转移到另一个地区将会降低后者的价格指数，从而使得该地区对于制造业工人具有更强的吸引力。这是我们曾在本书第 2 章中做过简要讨论的前向关联的翻版，也是可能产生经济地理结构的力量之一。

名义工资

我们在第 3 章中看到，可能存在一定的工资水平使地区 r 的制造业收支相抵。该工资水平由方程（3.35）给出，我们在此重述如下：

$$w_r = \left[\sum_s Y_s T_{rs}^{1-\sigma} G_s^{\sigma-1}\right]^{1/\sigma} \tag{4.5}$$

与表示价格指数的方程一样，这个方程也值得花些时间研究一下。假设所有地区的价格指数都相似，则根据方程（4.5）可知，如果与地区 r 之间运输成本较低的那些地区的收入较高，那么地区 r 的名义工资将会更高。理由很简单：如果厂商能够接近较大的市场，那么它们就有能力支付较高的工资。我们曾在本书第 2 章中简要介绍了基础—乘数模型，本章模型所体现的后向关联则促成了基础—乘数模型的形成，从而强化了上文描述的前向关联。

实际工资

最后，我们可以直截了当地定义工人的实际工资（ω_r）：由于工业制成品在工人支出中所占的份额是 μ，由此可得：

$$\omega_r = w_r G_r^{-\mu} \tag{4.6}$$

各地农产品价格均为单位价格，因此，如方程（3.28）所示，生活消费指数会导致名义工资下降。

均衡的确定

我们可以认为此模型的瞬时均衡由能够同时满足 4R 方程的解来确定。4R 方程包括收入方程（4.3）、价格指数方程（4.4）、工资方程（4.5）和实际工资方程（4.6）。[3]很显然，我们很难找到这些方程的一般解。然而，我们可以通过考察一个显而易见的特例来深入理解这个问题。该特例是一个仅有两个地区的经济体，农业在两地区之间平均分布。这就产生了一个问题，制造业是在两地区间平均分布，还是集中在一个地区？也就是说，该经济体是否会分化为制造业“中心”和农业“外围”。这个特例因此被称为**中心—外围模型**（core-periphery model）。下面我们就来看看这个模型是如何运作的。

中心—外围模型：说明与数值示例

中心—外围模型仅包括两个地区，而且农业在两个地区间平均分布，它是我们前面所描述模型的一个特例。这意味着我们不必明确写出各地区的农业份额，因为它们都是 1/2。此外，我们还可以对符号稍做简化，令 T 为两地之间的运输成本，无下标的 λ 为地区 1 的制造业份额（$1-\lambda$ 代表地区 2 的制造业份额）。则下面的 8 个方程可以描述瞬时均衡：

$$Y_1 = \mu\lambda w_1 + \frac{1-\mu}{2} \tag{4.7}$$

$$Y_2 = \mu(1-\lambda)w_2 + \frac{1-\mu}{2} \tag{4.8}$$

$$G_1 = [\lambda w_1^{1-\sigma} + (1-\lambda)(w_2 T)^{1-\sigma}]^{1/1-\sigma} \tag{4.9}$$

$$G_2 = [\lambda(w_1 T)^{1-\sigma} + (1-\lambda)w_2^{1-\sigma}]^{1/1-\sigma} \tag{4.10}$$

$$w_1 = [Y_1 G_1^{\sigma-1} + Y_2 G_2^{\sigma-1} T^{1-\sigma}]^{1/\sigma} \tag{4.11}$$

$$w_2 = [Y_1 G_1^{\sigma-1} T^{1-\sigma} + Y_2 G_2^{\sigma-1}]^{1/\sigma} \tag{4.12}$$

$$\omega_1 = w_1 G_1^{-\mu} \tag{4.13}$$

$$\omega_2 = w_2 G_2^{-\mu} \tag{4.14}$$

该模型共有 8 个联立的非线性方程，因此看上去仍然不太容易处理。但我们马上就会看到，如果一定要解出这个中心—外围模型明确的解，也的确可以得到。然而，首先还是来看一些数值示例，这对于寻找我们所需要的结论很有帮助。

图 4—1、图 4—2 和图 4—3 绘出了$\omega_1-\omega_2$ 与 λ 的坐标图，其中，$\omega_1-\omega_2$是两地区制造业的实际工资率差额，λ 是地区 1 的制造业份额。这 3 个图形都是按照 $\sigma=5$，$\mu=0.4$ 计算出的。但各图中的运输成本 T 各不相同：图 4—1 中的运输成本较高，$T=2.1$；图 4—2 中的运输成本较低，$T=1.5$；图 4—3 中的运输成本中等，$T=1.7$。

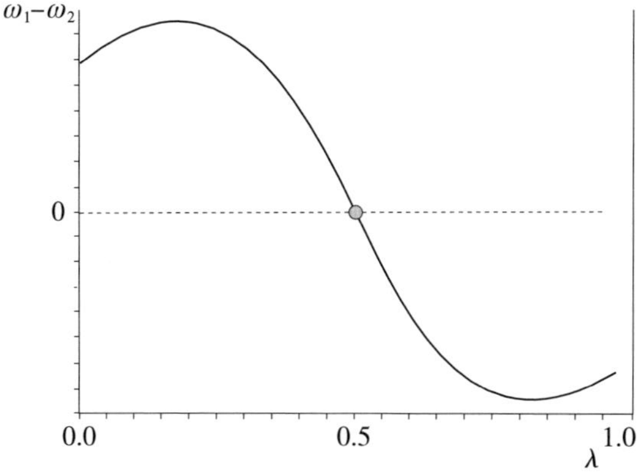

图 4—1　实际工资差额，*T*=2.1

在图 4—1 中，当 λ 小于 1/2 时，工资差额为正；反之则为负。这说明如果一个地区拥有超过半数的制造业劳动力，那么该地区对工人的

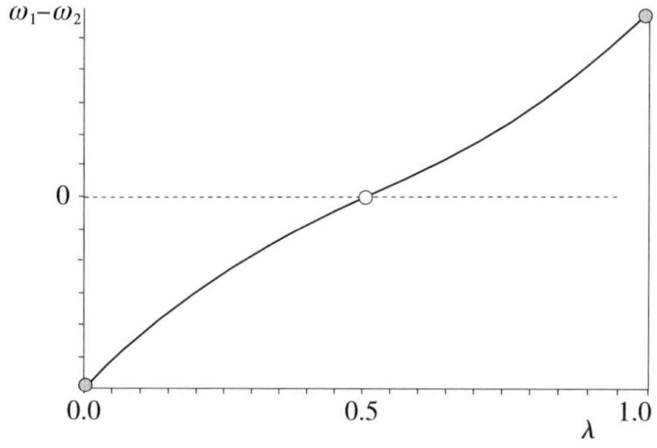

图 4—2　实际工资差额，*T*=1.5

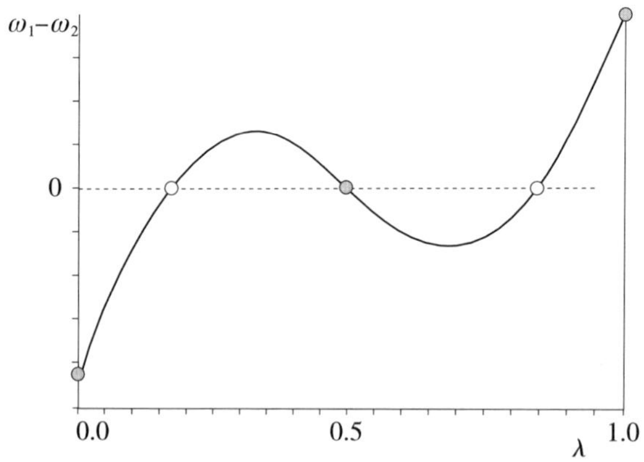

图 4—3　实际工资差额，*T*=1.7

吸引力就比不上另一个地区。在这种情况下，经济很明显将收敛于长期对称均衡，此时制造业在两地区间平均分布。

与图 4—1 相比，图 4—2 中的工资差额则严格随着 λ 单调上升。也就是说，其中一个地区的制造业份额越大，该地区就越有吸引力。当然，曲线单调上升的结果是由本章“瞬时均衡”一节中所讨论的两种关联效应造成的。在其他条件都相同的情况下，如果一个地区的制造业劳动力较多，那么，一方面，较大的当地市场会使得名义工资较高（后向关联）；另一方面，当地生产的较多种类的产品可以降低价格指数（前向关联），从而增强该地区的吸引力。这里就产生了一个重要的问题，虽然制造业在两地之间的平均分布依然是一种均衡状态，但它是不稳定的。也就是说，即使一个地区制造业部门的规模比另一地区哪怕大一点，其制造业部门也会随着时间的流逝不断扩大，而另一地区的制造业部门会不断萎缩，从而最终形成所有制造业都集中在一个地区的中心—外围模式。

最后，对于中等水平的运输成本，图 4—3 给出了更为复杂的情况。与图 4—1 中相同，对称均衡是局部稳定的。然而，如今在其两侧分别出现了一个不稳定均衡，如果 λ 的初始值足够高或者足够低，那么该经济就不会收敛于对称均衡；相反，所有的制造业都会集中于一个地区，从而形成中心—外围模式。因此，图中存在五个均衡：三个稳定均衡（对称均衡和制造业集中于任何一个地区的均衡）和两个不稳定均衡。

有以上三个实例做基础，我们很容易就可以看懂图 4—4，该图表明各类均衡是如何随运输成本的变化而变化的。与图 2—1 相同，实线表示稳定均衡，虚线表示不稳定均衡。如果运输成本足够高，那么存在唯一的稳定均衡，此时制造业在两地区间平均分布。如果运输成本下降到某一临界水平之下，制造业就会集中于一个地区，从而产生新的均衡。如果运输成本继续下降至另一临界水平之下，那么对称均衡就会成为不稳定均衡。

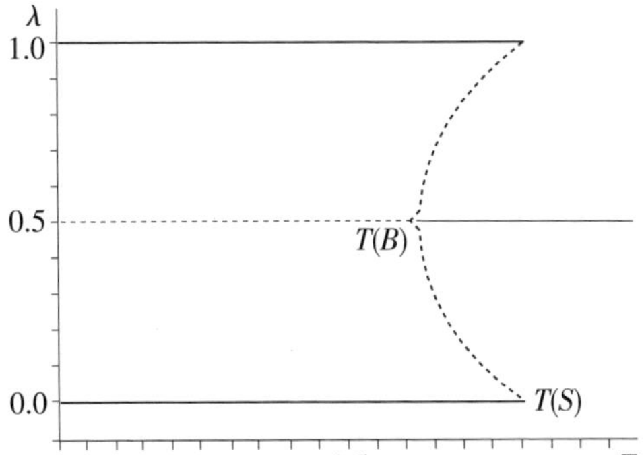

图 4—4　中心—外围分岔

此处给出的模型与基础—乘数模型的相似之处是很明显的。需要特别指出的是，它们都有两个临界点，即支撑点［在图 4—4 中用 $T(S)$ 表示］和突变点［在图 4—4 中用 $T(B)$ 表示］。在前一个临界点上，中心—外围模式一旦确立就能够维持下去。而在后一个临界点上，两地区间的对称均衡是不稳定的，因此一定会被打破。

现在就来看看如何用分析的方法来处理我们的模型。我们希望确定中心—外围模式得以存在的条件（即支撑点）和必然导致中心—外围模式的条件（即突变点）。

中心—外围模式如何得以维持？

我们假定，开始时所有制造业都集中于一个地区（比方说地区 1）。为了确定这种情况是否达到了均衡，我们需要考虑以下的问题，如果有一小批工人从地区 1 迁往地区 2，那么比起留下的工人，他们是否可以得到更高的实际工资？如果答案是肯定的，那么中心—外围的地理分布就不是一种均衡，因为制造业会不断向外围地区转移。反之，中心—外围模式就是一种均衡，因为制造业的集中可以自我维持。

简言之，为了考察中心—外围模式是否可以维持下去，我们需要假定一种情况，使 $\lambda=1$，并在此条件下比较 ω_1 和 ω_2 的大小。如果 $\omega_1 \geqslant \omega_2$，那么中心—外围模式就是可以维持的，因为此时制造业工人不会迁离地区 1。[4]

我们令 $\lambda = 1$，同时简单地假定 $w_1 = 1$，则：

$$
\begin{aligned}
Y_1 &= \frac{(1+\mu)}{2};\\
Y_2 &= \frac{(1-\mu)}{2};\\
G_1 &= 1;\\
G_2 &= T
\end{aligned}
\tag{4.15}
$$

我们通过方程（4.11）可以确定 $w_1=1$ 确实是一个均衡值。请注意，此时地区 1 的收入高于地区 2，这是由于前者还得到了制造业就业所产生的所有收入。我们还要注意一点，地区 2 的价格指数高于地区 1，这是因为地区 2 需要的所有工业制成品都必须进口。这两点事实是后向关联和前向关联的基础，而这两种关联又支撑了中心—外围模式。

由于 $w_1=1$ 且 $G_1=1$，所以同样有 $\omega_1=1$。我们现在只需要确定 ω_2 的值，看它是否大于 1。代入名义工资方程（4.12）和实际工资方程（4.14），我们得到：

$$
\omega_2 = T^{-\mu}\left[\frac{1+\mu}{2}T^{1-\sigma}+\frac{1-\mu}{2}T^{\sigma-1}\right]^{1/\sigma}
\tag{4.16}
$$

虽然方程（4.16）形式复杂，却是前向关联和后向关联的很好注解。方程中的第一项 $T^{-\mu}$ 代表前向关联：由于地区2必须进口制成品，所以地区2的价格指数是地区1的 T 倍。因此这一项的值小于1，原因如下：地区2必须进口工业制成品，使得该地区的工业制成品较贵，因而无法吸引制造业的工人到此定居。

第二项代表一定的名义工资，在此工资水平上，位于地区2的厂商收支平衡。地区1的收入水平用 $T^{1-\sigma}$ 衡量，它也小于1。这是由于地区2的厂商在向地区1供应产品时，面临运输成本方面的劣势。与此对称，我们用 $T^{\sigma-1}$ 表示地区2的收入水平。由于地区1的厂商在向地区2供应产品时，也面临运输成本方面的劣势，所以 $T^{\sigma-1}$ 大于1。尽管这些效应是对称出现的，但它们意味着，打算到地区2选址的厂商在规模较小的市场中经营良好，但在规模较大的市场中的表现则不尽如人意。因此，在生产集中导致的需求和厂商能够支付的名义工资率之间存在着后向关联。

关于中心外围结构的稳定性，方程（4.16）究竟给了我们哪些启示呢？我们首先来考察运输成本的作用，为此需要将方程（4.16）改写如下：

$$\omega_2^\sigma = \frac{1+\mu}{2}T^{1-\sigma-\mu\sigma} + \frac{1-\mu}{2}T^{\sigma-1-\mu\sigma} \tag{4.17}$$

很显然，当 $T=1$（不存在运输成本）时，$\omega_2=1$，即实际工资与地区无关。假设运输成本从该点起略有上升，我们通过对方程（4.17）求全微分，并对 $T=1$，$\omega_2=1$ 处的微分估值可知：

$$\frac{\mathrm{d}\omega_2}{\mathrm{d}T} = \frac{\mu(1-2\sigma)}{\sigma} < 0 \tag{4.18}$$

由于 $\omega_2 < 1 = \omega_1$，所以在较低的运输成本水平上，集聚必然是稳定的。

让我们再来考虑 T 值很大的情况。此时，方程（4.17）中的第一项显然可以任意小。而第二项则存在两种可能性，如果 $(\sigma-1)-\mu\sigma<0$，那么此项也为任意小，因此 ω_2 趋向于0。回想一下我们在本书第3章中的讨论，可知 $(\sigma-1)/\sigma>\mu$ 正是非黑洞条件。我们现在就可以轻而易举地解释另一种情况，即如果 $(\sigma-1)/\sigma<\mu$，那么集聚力量就会足够强大，从而使得中心—外围模式始终是一种均衡。

如果非黑洞条件仍然成立，即 $(\sigma-1)-\mu\sigma>0$，那么方程（4.17）中的第二项就为任意大。图4—5描述了此条件下发生的情况。图中的

曲线把 ω_2 定义为 T 的函数，在 $T=1$ 附近，曲线先向下倾斜，既而向上倾斜。曲线与 $\omega_2=1$ 这条水平线的交点界定了支撑点 $T(S)$ 的值：当 T 小于该值时，中心—外围结构是一种均衡；反之则不是。

支撑点 $T(S)$ 的值是如何依赖于各参数的呢？如果 σ（以及 ρ）的取值较小，那么图 4—5 中的曲线就会向右边伸展，使中心—外围结构得以维持下去的 T 的取值区间会因此增大。反之，当 σ（以及 ρ）的取值很大时，支撑点处的 T 值就会接近于 1。当运输成本非常低时，贸易就会中止，因此为了满足当地的需求，制造业就必须在两个地区同时进行。

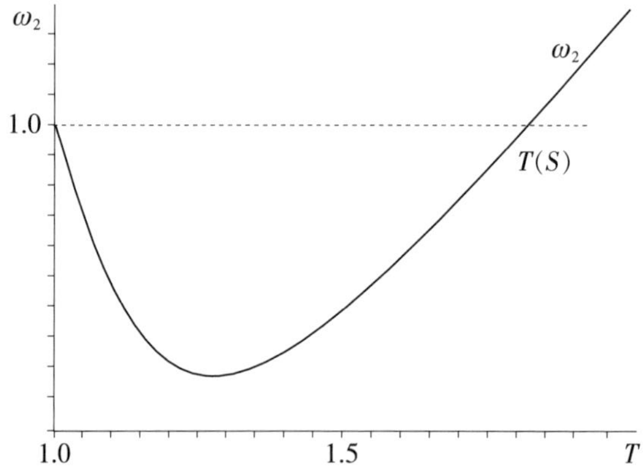

图 4—5 支撑点

从图 4—5 中还容易看出，$\omega_2<1$ 的可能性（此时存在中心—外围均衡）取决于制造业在经济中所起的作用是否足够大。若 $\mu=0$，方程（4.16）就可以简化为 $[(T^{1-\sigma}+T^{\sigma-1})/2]^{1/\sigma}$。假如 $T>1$，由于上式的取值始终大于 1，所以不会形成中心—外围模式。考虑更一般的情况，当 μ 取值较小时，图 4—5 中的曲线就会向上旋转，从而减小了使中心—外围结构得以维持下去的 T 的取值区间。如果制造业部门较大，则供给和需求可以分别产生显著的前向关联和后向关联，由此形成的向心力就足以在较大范围的运输成本水平上维持集中均衡。

对称均衡何以瓦解？

从图 4—1～图 4—4 中，我们可以发现，当运输成本足够高时，对称均衡是稳定的；反之，对称均衡就不稳定。这些图还告诉我们如何找到突变点。如果我们在模型中设定参数使 $\omega_1-\omega_2$ 曲线在对称均衡状态下是水平的，那么就会出现突变点。为了找到突变点，我们需要对均衡［由方程(4.7)～方程(4.14)给出］求 λ 的全微分，即均衡微分 $d(\omega_1-\omega_2)/d\lambda$。

这项工作看似艰难，但事实并非如此。因为我们是就对称均衡进行微分的（就像我们在本书第 3 章中“价格指数效应与国内市场效应”一节所做的那样）。在此均衡状态下，我们知道模型中所有内生变量的值。它们是：

$$\lambda = 1/2;$$
$$Y_1 = Y_2 = \frac{1}{2};$$
$$w_1 = w_2 = 1;$$
$$G_1^{1-\sigma} = G_2^{1-\sigma} = \left[\frac{1+T^{1-\sigma}}{2}\right] \tag{4.19}$$

我们可以用以下方法检验上述各值，首先，$\lambda=1/2$ 是对称均衡的定义；然后将这些值代入方程（4.7)～方程（4.12)，我们看到这些方程都得到了满足；在接下来的讨论中，我们省去表示地区的下标，并用 G、Y 等符号表示对称均衡时各变量的取值。

由于我们是就对称均衡求微分，所以可以做进一步的简化。地区 1 的任何一个内生变量发生变化，地区 2 的对应变量也会作出相应的变化，二者大小相同，但符号相反。这就意味着我们不必分别表示两地的变量，而只需将其记为 $dY\equiv dY_1=-dY_2$。我们可以用类似的方法表示其他变量的变化。

为了了解这种方法是如何运用的，我们来考察收入方程（4.7）和方程（4.8）的全微分。具体形式如下：

$$dY_1 = \mu w_1 d\lambda + \mu\lambda dw_1;$$
$$dY_2 = -\mu w_2 d\lambda + \mu(1-\lambda) dw_2 \tag{4.20}$$

但在对称均衡附近，以上两个等式可以简化为一个方程：

$$dY = \mu d\lambda + \frac{\mu}{2} dw \tag{4.21}$$

类似的，价格指数方程（4.9）和方程（4.10）的全微分为：

$$(1-\sigma)\frac{dG}{G} = G^{\sigma-1}(1-T^{1-\sigma})\left[d\lambda + \frac{(1-\sigma)dw}{2}\right] \tag{4.22}$$

其中，$1-T^{1-\sigma}$反复出现，这是由于该项既反映了一个地区某一变量上升造成的影响，又反映了另一地区相应变量下降引起的后果。我们可以通过定义一个变量 Z 来做如下简化：

$$Z \equiv \frac{[1-T^{1-\sigma}]}{[1+T^{1-\sigma}]} = \frac{[1-T^{1-\sigma}]}{2G^{1-\sigma}} \tag{4.23}$$

其中，第二个等式是由 G 在方程（4.19）中对称均衡处的取值推导出的。Z 在本书第 3 章中已经出现过了，它是一个表示贸易壁垒的指数。当不存在运输成本（$T=1$）和存在禁止性运输成本（$T\to\infty$）时，该指数的值分别为 0 和 1。将 Z 代入，则方程（4.22）简化为：

$$\frac{\mathrm{d}G}{G} = \frac{2Z}{1-\sigma}\mathrm{d}\lambda + Z\mathrm{d}w \tag{4.24}$$

运用相同的方法，我们可以得到名义工资方程（4.11）和方程（4.12），以及实际工资方程（4.13）和方程（4.14）的全微分，即：

$$\sigma\mathrm{d}w = 2Z\mathrm{d}Y + (\sigma-1)Z\frac{\mathrm{d}G}{G} \tag{4.25}$$

$$G^{\mu}\mathrm{d}\omega = \mathrm{d}w - \mu\frac{\mathrm{d}G}{G} \tag{4.26}$$

我们希望得到 $\mathrm{d}\omega/\mathrm{d}\lambda$，为此需要将 $\mathrm{d}G/G$，$\mathrm{d}w$ 和 $\mathrm{d}Y$ 从方程（4.21）、方程（4.24）、方程（4.25）以及方程（4.26）中消去。替代过程虽长却一目了然，我们在附录中给出了详细的替代过程。以下表达式是必不可少的，它给出了工人迁移所引起的真实工资的变化：

$$\frac{\mathrm{d}\omega}{\mathrm{d}\lambda} = 2ZG^{-\mu}\left(\frac{1-\rho}{\rho}\right)\left[\frac{\mu(1+\rho)-Z(\mu^2+\rho)}{1-\mu Z(1-\rho)-\rho Z^2}\right] \tag{4.27}$$

上式是用 ρ 替代 σ 得到的，其中 $\rho=(\sigma-1)/\sigma$（这样表达式就可以显得简洁一些）。当 $\mathrm{d}\omega/\mathrm{d}\lambda$ 为负时，对称均衡就是稳定的；反之，就是不稳定的。由于 Z 的取值位于 0（自由贸易）和 1（自给自足）之间，并且 μ 和 ρ 均小于 1，因此易知分母为正值。可见，该表达式的符号取决于方括号中分子项的符号。当 Z 接近于 0 时（运输成本很低），此表达式的符号显然为正，对称均衡当然是不稳定的。当 Z 值上升时，分子变小。若 $Z=1$（即运输成本无穷大），即当 $\rho<\mu$ 时，分子项为正，反之为负。这正是我们在关于突变点的讨论中得出的两种情况，如果非黑洞条件得不到满足，即 $\rho<\mu$ 时，对称均衡就始终不稳定；反之，当运输成本足够高时，对称均衡就是稳定的。

在图 4—6 中，我们把 $\mathrm{d}\omega/\mathrm{d}\lambda$ 看成是 T 的函数，此时满足非黑洞条件（即 $\rho>\mu$）。在自由贸易条件（$T=1$，$Z=0$）下，工人的重新分布（$\mathrm{d}\lambda$）对地区实际工资的微分（$\mathrm{d}\omega$）没有影响。这主要是因为当不存在运输成本时，两地区在经济上没有差别。当 T 的取值适中时，与工人重新选址相关的前向关联和后向关联抬高了迁入地的真实工资。因此，$\mathrm{d}\omega/\mathrm{d}\lambda>0$，对称均衡是不稳定的。当 $T\to\infty$（自给自足）时，如果某地区的产业工人增多，那么该地区的实际工资就会下降，因为该地区制成品的供给上升了，这部分制成品如今却无法出口。突变点位于点 $T(B)$，$\mathrm{d}\omega/\mathrm{d}\lambda$ 的符号在该点改变。

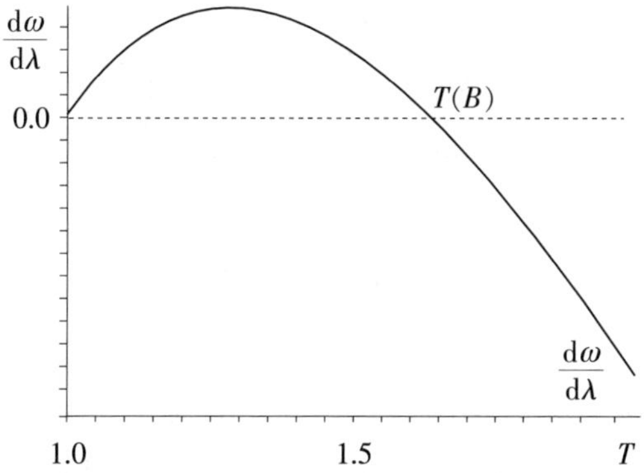

图 4—6　突变点

我们可以从方程（4.27）中得出突变点的 T 值的一个明确的表达式。令方括号中的分子项为 0，并代入 Z，可知：

$$\text{如果 } T^{\rho/(1-\rho)}=\frac{(\rho+\mu)(1+\mu)}{(\rho-\mu)(1-\mu)}\text{，则}\frac{\mathrm{d}\omega}{\mathrm{d}\lambda}=0 \tag{4.28}$$

利用满足此方程的参数值，我们可以界定使对称均衡变得不稳定的突变点的值。我们对这些值有何了解呢？首先，突变点处的 T 值是唯一的，如果我们保持非黑洞条件不变，则当贸易成本为正，即 $T>1$ 时，突变点就会出现；其次，突变点处的 T 值随 μ 的增加而上升，也就是说，一个地区的制造业工人份额越大，则导致不稳定对称均衡的 T 的取值范围也就越大；此外，突变点处的 T 值还随 ρ 的上升而下降（因此对于 σ 来说也是如此）。如果产品的差别化程度较高，产品价格的上涨幅度也较大，那么 ρ 相应就较低，并产生强大的前向和后向关联。

通过一些数值示例，我们可以言简意赅地总结出突变点和支撑点对参数的依赖性。表 4—1 中所记录的数字，依次给出了突变点和支撑点在 μ 和 σ 取不同值时的值。由于这两个临界值都随 μ 的增加而上升，随 σ 的增加而下降，因此，产生中心—外围结构的运输成本的范围越大，则经济中制造业的份额越大，厂商产品价格的上涨幅度也就越大。请注意，如图 4—4 所示，由于分岔呈战斧状，所以支撑点处的 T 值总是大于突变点处的 T 值。

表 4—1　　T 的临界值：突变点 $T(B)$ 和支撑点 $T(S)$

	$\mu=0.2$		$\mu=0.4$		$\mu=0.6$	
	T (B)	T (S)	T (B)	T (S)	T (B)	T (S)
$\sigma=3$ ($\rho=0.67$)	1.67	1.72	3.05	4.47	8.72	3 124.7
$\sigma=5$ ($\rho=0.8$)	1.26	1.27	1.63	1.81	2.30	5.00
$\sigma=7$ ($\rho=0.86$)	1.158	1.164	1.36	1.44	1.68	2.44

启示与结论

可以说，本章所给出的动态空间模型尤其是两地区的中心—外围模型在我们研究经济地理的过程中所起的作用，与2×2×2模型在规模报酬不变贸易理论中的作用大同小异。也就是说，虽然这个模型形式简单，非常便于分析，却能够得出许多富有启发性的有趣结论。从这个模型中，我们知道集聚经济是如何从个体生产者水平上的规模经济、运输成本和要素流动这三者间的互动中产生的。此外，我们还对向心力与离心力之间的合力，以及随之产生的不连续变化的可能性都有了清楚的认识。最后，我们还初步了解了如何将动态分析作为有力的简化工具，从而进行分类整理，并最终减少静态分析所得出的可能情况。

虽然中心—外围模型具有所有这些优点，但它可能并没有那么诱人，就如同贸易领域的 2×2×2 模型一样。模型中的一些结论对假定条件很敏感，这些假定又是人们不愿意为之辩护的。因此，在接下来的两章中，我们会放宽模型的限制条件：首先，我们会考虑多地区的情况；然后我们会引入更切合实际的运输成本结构。

附录：对称均衡瓦解

我们希望了解变化量 dλ 对于对称均衡的影响。下面我们就来求均衡在对称点附近的全微分，可得：

$$\mathrm{d}Y = \mu \mathrm{d}\lambda + \frac{\mu}{2}\mathrm{d}w \tag{4.21}$$

$$\frac{\mathrm{d}G}{G} = \frac{2Z}{1-\sigma}\mathrm{d}\lambda + Z\mathrm{d}w \tag{4.24}$$

$$\sigma \mathrm{d}w = 2Z\mathrm{d}Y + (\sigma-1)Z\frac{\mathrm{d}G}{G} \tag{4.25}$$

$$G^{\mu}\mathrm{d}\omega = \mathrm{d}w - \mu\frac{\mathrm{d}G}{G} \tag{4.26}$$

将方程（4.21）代入方程（4.25）可消去 dY，并且改写方程（4.24）和方程（4.25）如下：

$$\begin{bmatrix} 1 & -Z \\ Z & \dfrac{\sigma-\mu Z}{1-\sigma} \end{bmatrix}\begin{bmatrix} \dfrac{\mathrm{d}G}{G} \\ \mathrm{d}w \end{bmatrix} = \begin{bmatrix} \dfrac{2Z}{1-\sigma}\mathrm{d}\lambda \\ \dfrac{2Z\mu}{1-\sigma}\mathrm{d}\lambda \end{bmatrix} \tag{4A.1}$$

由此可得：

$$\frac{\mathrm{d}G}{G} = \frac{\mathrm{d}\lambda}{\Delta}\frac{2\sigma Z}{(1-\sigma)^2}[1-\mu Z] \tag{4A.2}$$

$$\mathrm{d}w = \frac{\mathrm{d}\lambda}{\Delta}\frac{2Z}{(1-\sigma)}[\mu - Z] \tag{4A.3}$$

其中行列 Δ 式的表达式如下：

$$\Delta = \frac{Z^2(1-\sigma) - Z\mu + \sigma}{1-\sigma} \tag{4A.4}$$

将它们代入方程（4.26）中可得：

$$\frac{\mathrm{d}\omega}{\mathrm{d}\lambda} = \frac{2ZG^{-\mu}}{\sigma-1}\left[\frac{\mu(2\sigma-1) - Z(\sigma(1+\mu^2)-1)}{\sigma-\mu Z - Z^2(\sigma-1)}\right] \tag{4A.5}$$

用 $1/(1-\rho)$ 替代 σ，并利用 Z 的定义（4.23）式，我们就可以推导出文中的（4.27）式。

[注释]

[1] 除了本书第3章中选定的用于表示产出和厂商的单位外，我们还可以选择单位用以分别量度两种不同类型的劳动。

[2] 虽然我们没有对这个公式进行深入的论证，但是这些动态模型等价于演化博弈论中常用的“复制动态”。事实上，如果读者愿意，可以将我们的模型视为一个演化博弈（参见 Weibull，1995)。

[3] 利用数值示例处理时，我们需要解这个方程组。虽然简单的反复代入未必是效率最高的方法，但它的确奏效。也就是说，我们可以给 w_r 赋值，其中，r 分别等于 1，2，…，R；依次计算隐性向量 Y 和 G 的值；再计算出 w 的新值；重复上述过程直到收敛。

[4] 当然，我们也可以研究对称的情况，即令 $\lambda=0$，看是否有 $\omega_1\leqslant\omega_2$。

第5章　多个地区与连续空间

本书第 4 章开篇就在一个经济体中建立了区位模型，该经济体的地区数是任意的。然而，当我们着手研究这个模型的时候，却直接转向了两地区的特例。两地区使问题得到了大大的简化，因而它的优点是有目共睹的（即使是两地区的情况也有难以捉摸的地方，也会给我们带来意想不到的难题）。尽管如此，由于种种原因，经济地理的理论分析必须努力超越这种两区位的特例：首先，经济研究的模型虽然都与现实有很大距离，我们却希望它们能反映现实，用两地区的特例来分析现实世界的地理问题基本上是一厢情愿的事；其次，区位理论传统上有相当部分是空间研究，也就是说，它强调经济活动在不同地区的选址问题（而且常常是在连续空间中不同地区间的选址问题），虽然我们并不一定要拘泥于传统，然而我们仍想看看有多少传统问题能够运用新模型重新进行研究；再次，我们将上一章的基本方法运用到多地区的情况，得出了一些引人注目的新结论，而这一点可能是最重要的原因。我们还有一个特别的发现，运用阿兰·图灵在理论生物学研究中使用的方法来分析一些看似难以解决的问题，可以得到一些意想不到的简单结论。下面，我们把两地区情况做一个最简单的推广，开始研究三地区情况。

三地区情况

按照本书第 4 章中的两地区模型如法炮制出一个三地区模型是轻而易举的。只要想象有三个地区分别位于一个等边三角形的三个角上，每两个地区之间的运输成本都为 T；同时，假定每个地区都有规模为 $(1-\mu)/3$［而非 $(1-\mu)/2$］的农业部门。这些方程简单明了，就不必再一一罗列了。

要得出三地区情况的解析解是比较困难的。然而，我们可以用简单的方法得到这个模型的数值解，然后把这些解用图形表示出来。结果表明，三地区模型的定性特征与两地区模型十分类似。

作为三角形中的一个点，三地区中任何制造业的位置安排都可以在两维空间中表示出来，这使得三地区模型更为直观。在这样的点上，地区 r 的工人份额为 λ_r，各个地区的工人份额总和为单位 1。接着，我们可以通过绘制一个“向量场”（vector field）来了解模型的动态：首先，我们计算出三角形中一系列点（λ_1，λ_2，λ_3）的地区实际工资；然后根据那些实际工资［利用方程（4.2）］计算出地区制造业份额的变化率（$\dot{\lambda}_1$，$\dot{\lambda}_2$，$\dot{\lambda}_3$）；最后，用与该向量大小成比例的箭头表示这些变化率。由此，我们只需要跟随箭头指引的方向就可以了解模型的动态变化。

图 5—1、图 5—2 及图 5—3 说明了一个三地区模型的典型向量场，其中 $\mu=0.4$，$\sigma=5$。它们与图 4—1、图 4—2 及图 4—3 极为相似。图 5—1 表示的是运输成本较高时的情况，此时，$T=2.5$。很明显，这时存在唯一的稳定均衡，制造业在各个地区平均分布。图 5—2 表示的是运输成本较低时的情况，此时，$T=1.5$。在这种情况下，当制造业在各个地区平均分布时，均衡状态显然是不稳定的；最终，制造业总会集中到一个地区。究竟集中到哪个地区，这要取决于初始条件。显而易见，三角形被划分为三个“引力盆地”（basin of attraction），每个引力

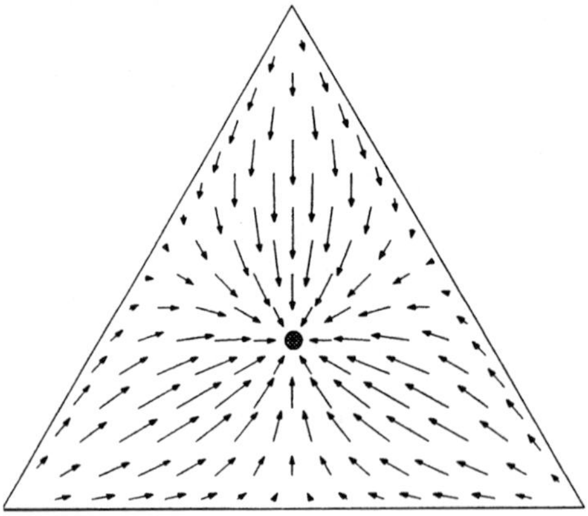

图 5—1　三地区动态，T=2.5

盆地都会流向三角形的一个角，也就是说，制造业最终会集中到其中的一个地区。最后，图 5—3 表示的是一种更为复杂的情况，即运输成本适中的情况，此时 $T=1.9$。在这种情况下，有四个引力盆地，包括一个促使制造业最终在各个地区平均分布的中心盆地（对应于一个相当平均的初始分布），以及三个导致制造业在其中一个地区集中的盆地。在这四个稳定均衡状态之间存在着三种不稳定的情况。

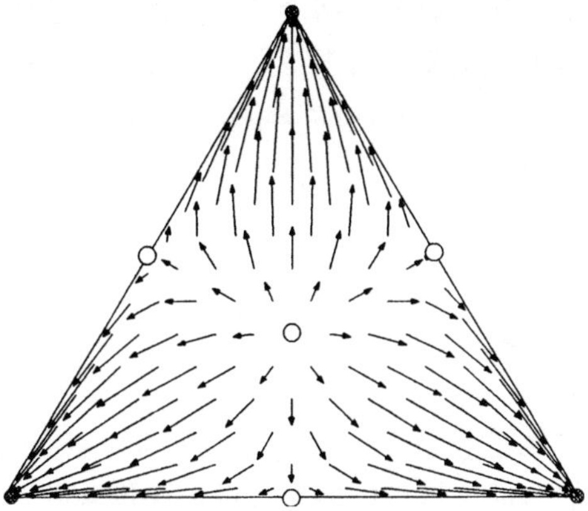

图 5—2　三地区动态，$T=1.5$

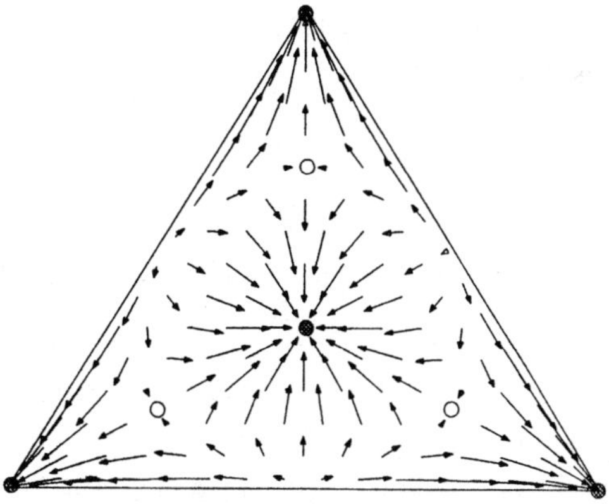

图 5—3　三地区动态，$T=1.9$

在定性特征上，这些结果与我们在两地区情况中发现的结果明显相似。推测起来，用三维分岔图来总结整个序列还是有可能的，但这已经超出了我们的能力。

这样，我们就可以照方抓药，继续研究有四个距离相等地区的经济体，接着研究有五个距离相等地区的经济体……运用图形分析开始越来越困难，很快就行不通了；不过我们可以从中得出一些结论。然而，这些扩展研究似乎并不能给我们多少启示。并且，用三角形表示的三地区情况有一些直观意义，用四面体表示的四地区情况则很难形象化，而我们主要研究的是有实际意义的经济体。

另一方面，如果有多个地区的一般模型是用任意形式表示的，我们似乎并不能从中得出什么简单的结论。如果要说对多地区情况的研究有什么进展的话，也主要是通过假定一个虽不现实却很实用的独特图景来达到的。在这个图景中，一些地区分布在一个圆上，它们之间的运输只能沿着圆的边缘进行。

轨道经济

我们称之为“轨道经济”（racetrack economy）的特例不仅囊括了本书第 4 章介绍的多地区模型的所有假设，还包含以下若干特殊简化形式：R 个地区均匀分布在一个圆周上，其中地区$r+1$与地区 r 相邻，地区 R 与地区 1 相邻；农业平均分布在各个地区；运输必须沿着圆周进行，1 单位工业制成品每运输 1 单位距离就会有常数部分 τ 消失。最简单的表达方式就是把地区 r 和地区 s 之间的运输成本定义为：

$$T_{rs} = e^{\tau|r-s|} \tag{5.1}$$

其中，$|r-s|$ 是圆周上从地区 r 到地区 s 的（较短的）距离。（想象一个钟面：从 3 点到 10 点的距离是 5 而不是 7，因为按逆时针方向计算比按顺时针方向更容易从 3 点到达 10 点。）将距离标准化是很方便的，这样圆周长就是 2π，任何两个相邻地区之间的距离为 $2\pi/R$。因此，该经济体中最远距离的运输成本为 $T_{max} = e^{\tau\pi}$。

正如两地区和三地区的情况一样，利用数值示例来着手分析这个模型会十分有效。然而，当超出三地区时，我们就不能将初始情况表述为一维空间或二维空间中的点，当然也无法将模型动态用一张简单的图形总结出来。因此，我们必须转而尝试通过试验的方式来了解模型的情况，也就是用不同的初始条件来测试不同的参数值，然后观察发生了什么。

我们从最简单的随机分布着手。图 5—4 表示的就是这种典型分析的结果，这是一种有 12 个地区的情况，其中，$\mu=0.4$，$\sigma=5$，$T_{\max}=4$（12 个地区的例子常常是很能说明问题的，因为虽然 12 是个相当小的数字，但它却有很多因子）。柱状图的实心部分表示初始时制造业在各地区的随机分布。柱状图的阴影部分表示经济运行一段时间后各地区的制造业份额。在这种情况下，我们看到所有制造业都集中到两个地区；而且，制造业在这两个地区的分布是完全相同的，这两个地区间隔的距离也相同：记住，由于地区 12 与地区 1 相邻，所以集聚恰好位于跑道的相对位置上，两者之间各相隔 5 个农业地区。

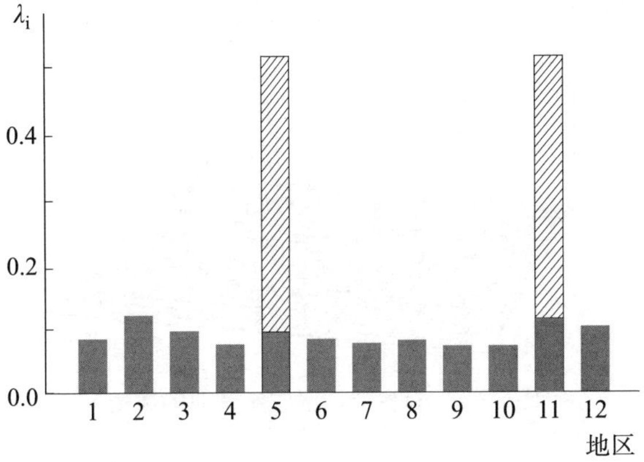

图 5—4　有 12 个地区的制造业的演变

在图 5—4 中，各地区制造业的劳动力一开始是随机分布的。当为相同的参数设定不同的初始值来重复上面的实验时，我们发现制造业最后几乎总是集中到两个地区。虽然它们并不总是恰好处于对称的位置上，规模也并不总是相同的，却有很明显的规律性。

我们可以用一种有些令人吃惊的方式使这种规律更加显著。我们不是将制造业的初始分布设为随机的，而是让它对一致性有一个较小的随机偏差，也就是说，制造业的初始分布无规律可循。对一个已知的均衡来说，这个初始状态可能会被看成是一个小干扰。毕竟，在假定了所有地区的对称性之后，制造业在各地区均匀分布的位置［“平地”（flat earth)］也必定是各地区实际工资相同的位置。但是，平地并不稳定，集中的循环逻辑甚至使一个受到更小扰动的平地把制造业自发地集中到一个或一个以上的地方。图 5—5［在一个研讨会上，美国西北大学的罗伯特·戈登（Robert Gordon）即兴为它起了个“59 号凯迪拉克图”（59 Cadillac diagram）的绰号］阐述了这一过程。现在地区数有 100 个而不是 12 个，它们排列在水平面上；纵轴表示每个地区制造业劳动力的份额。这幅图描绘了经济体随时间演变的全过程。除了有一个随机扰动外，制造业的初始分布几乎是均匀的，以此为起点，最终又回到所有制造业都集中在两个地区的结构。在这个例子中，两个“获胜”地区的位置又恰好是对称的；我们还发现，只要制造业的初始分布足够均匀，这种规律性就是有保证的。

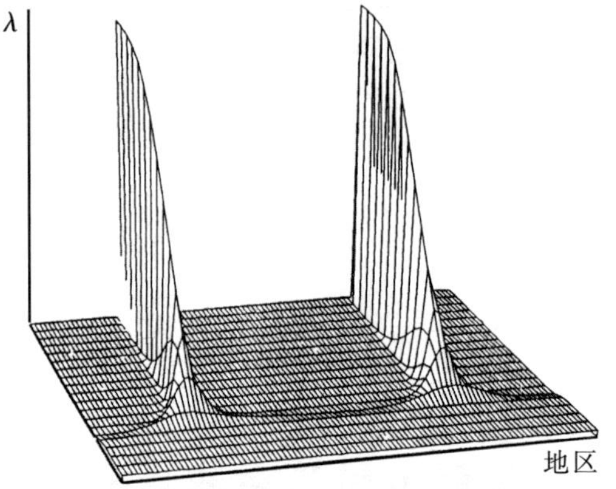

图 5—5　有多个地区的制造业的演变

因此，轨道经济的试验为新兴的结构提供了鲜明的例子。从随机状态开始，逐渐产生了规律；这种规律越能预见，初始状态就越无章可循。那么又该如何解释这种规律性呢？

图灵方法

在图 5—5 所说明的情景中，随着时间的推移，一个几乎均匀分布的制造业逐渐演化成一个非常不均匀但是很有规律的结构。这与图灵（1952）在一篇理论生物学的经典论文中提出的以下问题十分相似，对于一组由几乎完全相同的细胞组成的胚胎来说，它是如何自我组织成迥然不同的有机体的呢？事实上，图灵的中心分析模型是关于一个由细胞环组成的简化胚胎的，这与轨道经济的结构基本上完全相同。因此，在这里我们可以直接借用图灵的巧妙方法。

尽管图灵用数量虽多却有限的细胞来阐述他的分析，但事实上，用连续空间来表述会更简单。所以在本章的剩余部分，我们将从对分散地区的分析转移到对连续空间的分析上来。现在，$\lambda(r)$ 表示圆环上地区 r 的制造业密度。

应用图灵方法的第一步是找准问题的焦点。我们会很自然地认为，要么像图 5—5 中那样把经济体的整个演变过程模型化，要么像图 5—4 中那样至少要了解动态过程最后止于何处。然而，图灵提出把着眼点放在差别化过程的起点（即细胞间初始的对称状态被破坏的时候）是一种有效的方法。在我们的研究中，这就意味着把着眼点放在图 5—5 中所示过程的早期阶段，此时经济体开始偏离**平地均衡状态**（flat earth equilibrium）。

这样做的好处是我们可以将模型线性化。我们现在就来看该模型的一般简化形式，至于细节问题留待以后再谈。在一种情况中，任何一个地区制造业部门的变化率都取决于制造业在所有地区的分布。有这样一种均衡状态，其中所有地区的产业水平都相同，我们称之为平地水平 λ。我们还假定存在许多地区，因而实际上可以把空间看成是连续的。在平地附近，我们的模型动态的简化形式为：

$$\dot{\lambda}(r) = \int_{-\pi}^{\pi} k(\theta)[\lambda(r+\theta) - \lambda]\mathrm{d}\theta \tag{5.2}$$

也就是说，地区 r 的制造业的变化率取决于其他所有地区制造业的份额；同时，由函数 $k(\theta)$ 可知，另一个地区 $r+\theta$ 的制造业对地区 r 造成的影响取决于这两个地区之间的距离 θ。于是，欲分析平地附近的动态，我们只要研究一个如方程（5.2）这样的线性系统，而不是模型在一般情况下所呈现的那种高度非线性系统。

现在来看图灵分析的第二步，要领悟到这样一个事实，即线性系统（5.2）的动态特性简单得让人吃惊。我们暂且假定制造业对平地水平值的实际偏差可以被描述为一个简单的正弦波动[1]：

$$\lambda(r) - \lambda = \delta\cos(vr) \tag{5.3}$$

其中，v 是一个整数（即围绕圆环的波动次数为整数），可以测量出波动的频率。我们可以将上式代入方程（5.2），得到：

$$\dot{\lambda}(r) = \delta\int_{-\pi}^{\pi} k(\theta)\cos(vr + v\theta)\mathrm{d}\theta \tag{5.4}$$

但上式也是能够简化的。首先，由于 $\cos(r+x) = \cos(r)\cos(x) - \sin(r)\sin(x)$，这样就可以把方程（5.4）写成：

$$\dot{\lambda}(r) = \delta\cos(vr)\int_{-\pi}^{\pi} k(\theta)\cos(v\theta)\mathrm{d}\theta - \delta\sin(vr)\int_{-\pi}^{\pi} k(\theta)\sin(v\theta)\mathrm{d}\theta \tag{5.5}$$

其次，由于一个制造业的集中份额仅仅取决于距离而不是方向，所以 $k(x)=k(-x)$。同时，又由于 $\sin(-x)+\sin(x)=0$，所以方程（5.5）中的第 2 个积分为 0。将（5.3）式代入方程（5.5）可得：

$$\dot{\lambda}(r) = (\lambda(r)-\lambda)\int_{-\pi}^{\pi} k(\theta)\cos(v\theta)\mathrm{d}\theta \tag{5.6}$$

该式中的积分为常数，与 r 无关，也与 θ 无关。然而，它却取决于正弦偏差的频率 v。我们把上式中右边的积分项记为 γ_v，即：

$$\gamma_v \equiv \int_{-\pi}^{\pi} k(\theta)\cos(v\theta)\mathrm{d}\theta \tag{5.7}$$

虽然我们没有理由假定制造业的实际空间分布和方程（5.3）所示的一样，但是我们已经说明方程（5.3）定义了动态体系的一个特征函数，即特征向量的连续形式。方程（5.6）是用特征函数（5.3）式来表示体现在微分方程（5.2）中的动态体系的，其中，特征值由 γ_v 给出。事实上，任何正弦波动都是一个特征函数，其中包含了一个取决于其频率 v 的特征值（即增长率）。

当然，通过把变量的初始向量分解为特征向量的加权和（其中每个特征向量按照其自身的特有速率增长，该速率等于相关的特征值），我们就可以对线性动态系统进行分析。接着，我们只需要把平地密度附近的制造业分布分解为规则的正弦波动。这个程序是大家所熟知的，它实际上就是把分布表示为**傅里叶级数**（Fourier series）。

现在我们来看图灵方法的最后一步。每个频率 v 都有自己的特征值，该特征值由方程（5.7）给出。对于一些频率而言，特征值可能为负；在这些频率上，对平地均衡的偏差就消失了。如果所有频率的特征值均为负，那么所有偏差都会消失，从而表明平地均衡是稳定的。然而，如果任何频率的特征值均为正，那么在该频率上偏差的振幅就会随时间逐渐增大，平地均衡就是不稳定的。而且，如果起始点十分接近平地水平，那么等到经济体与该处的偏离足够大的时候，频率的特征值最大且为正的波动（最不稳定的频率）就会支配其他所有的波动，从而决定了孕育于经济体中的集聚模式。

当然，这一推理的基础是经济体在平地附近的局部特性，我们并不能确定它也同样能预测该体系在远离平地均衡时的特性。但这看起来似乎是可能的。回顾一下，图 5—5 是从随机扰动开始建立的，我们同时还允许经济不断演变。从随机状态开始，一个极为规则的结构逐渐建立起来；我们现在知道，这是由于该经济体在频率 $v=2$ 时的特征值最大。

下一步我们将把决定经济体动态的特征值与偏好、技术和运输这些更为基本的参数联系起来。

波动的增长率

为了把图灵方法应用到轨道经济中，我们需要建立一个表达式以确定波动的频率是如何影响波动的增长率的；这里的波动指的是方程（5.3）所描述的那种制造业分布中对一致性的正弦偏差。为此，我们只需要研究与制造业就业中的偏差相关的实际工资模式。因为我们已经在方程（4.2）中假定，一个地区制造业的增长率与实际工资对平均值的偏差是成比例的。因此，哪个频率波动与单位实际工资的振幅的最大变化相关，它就是增长速度最快的频率，即“首选频率”（preferred frequency）。

为了找到这一频率，我们在连续空间中对轨道模型重新进行阐述。现在我们假定经济体是一个周长为 $2\pi D$ 的圆环，其中，D 为经济规模，同时，$T_{\max}\equiv e^{\tau\pi D}$（至于为什么没有把经济规模标准化为 2π，原因在下文中将会不言自明）。我们选择计量单位使农业劳动力等于 $(1-\mu)\pi D$，制造业劳动力等于 $\mu\pi D$。这意味着单位空间的农业劳动力密度为 $(1-\mu)/2$，同时平地处的制造业劳动力密度为 $\mu/2$。我们定义 $\lambda(r)$，单位空间的制造业劳动力密度就是 $\mu\lambda(r)$；处于平地水平时，$\lambda=0.5$。

在该经济体中，瞬时均衡的方程式可写为：

$$Y(r)=\mu\lambda(r)w(r)+\frac{1-\mu}{2};$$

$$G(r)=\left[\int_{-\pi D}^{\pi D}\lambda(s)w(s)^{1-\sigma}e^{-\tau(\sigma-1)|r-s|}\,\mathrm{d}s\right]^{1/1-\sigma};$$

$$w(r)=\left[\int_{-\pi D}^{\pi D}Y(s)G(s)^{\sigma-1}e^{-\tau(\sigma-1)|r-s|}\,\mathrm{d}s\right]^{1/\sigma};$$

$$\omega(r)=w(r)G(r)^{-\mu} \tag{5.8}$$

这些不过是方程（4.3）～方程(4.6) 在连续空间上的类推 。它们虽然不直观，但是我们照例可以迅速确定平地均衡 。当在任何地方都有 $\lambda=0.5$ 时 ，就有 $w=1$，$Y=0.5$ ；价格指数的平地值为：

$$G=\left[\int_0^{\pi D}e^{-\tau(\sigma-1)s}\mathrm{d}s\right]^{1/1-\sigma}=\left[\frac{1-e^{\tau(\sigma-1)D\pi}}{\tau(\sigma-1)}\right]^{1/1-\sigma} \tag{5.9}$$

下一步就是在平地均衡附近把模型线性化，这一过程与本书第 4 章“中心—外围模式如何得以维持?”一节中对称被打破的相关分析十分相似。我们用符号“′”来表示一个变量对平地均衡的偏离。对方程（5.8）求全微分，我们得到：

$$Y'(r)=\mu\lambda'(r)+\frac{\mu}{2}w'(r);$$

$$\frac{G'(r)}{G}=-\frac{G^{\sigma-1}}{\sigma-1}\int_{-\pi D}^{\pi D}\lambda'(r+s)e^{-\tau(\sigma-1)|s|}\mathrm{d}s+\frac{G^{\sigma-1}}{2}\int_{-\pi D}^{\pi D}w'(r+s)e^{-\tau(\sigma-1)|s|}\mathrm{d}s;$$

$$w'(r)=\frac{G^{\sigma-1}}{\sigma}\int_{-\pi D}^{\pi D}Y'(r+s)e^{-\tau(\sigma-1)|s|}\mathrm{d}s+\frac{\sigma-1}{2\sigma}G^{\sigma-1}\int_{-\pi D}^{\pi D}[G'(r+s)/G]e^{-\tau(\sigma-1)|s|}\mathrm{d}s;$$

$$\omega'(r)=[w'(r)-\mu G'(r)/G]G^{-\mu} \tag{5.10}$$

这个方程组看起来相当棘手。但我们现在假定方程（5.3）始终成立，即 $\lambda(r)$ 是平地均衡附近的正弦波动，其形式为：

$$\lambda'(r)=\delta_\lambda\cos(vr) \tag{5.11}$$

其他内生变量也同样会产生正弦波动，它们的形式为：

$$Y'(r)=\delta_r\cos(vr);$$

$$\frac{G'(r)}{G}=\delta_G\cos(vr);$$

$$w'(r)=\delta_w\cos(vr);$$

$$\omega'(r)=\delta_\omega\cos(vr) \tag{5.12}$$

系数 δ_r、δ_G、δ_w 及 δ_ω 是通过把（5.11）式和（5.12）式代入方程组（5.10）得到的。在引入一个新的变量 Z 之后，上述方程组被大大简化了，这与两地区对称被打破时的情况一样，令：

$$Z\equiv\frac{G^{\sigma-1}}{2}\int_{-\pi D}^{\pi D}\cos(vs)e^{-\tau(\sigma-1)|s|}\mathrm{d}s \tag{5.13}$$

或者［参阅形如 $\cos(x)e^{-x}$ 函数的积分规则］：

$$Z=\frac{\tau^2(\sigma-1)^2}{\tau^2(\sigma-1)^2+v^2}\left[\frac{1-\cos(v\pi D)e^{-\tau D(\sigma-1)\pi}}{1-e^{-\tau D(\sigma-1)\pi}}\right] \tag{5.14}$$

现在方程组（5.10）就简化为如下的简单形式：[2]

$$\begin{aligned}&\delta_Y=\mu\delta_\lambda+\frac{\mu}{2}\delta_w;\\&\delta_G=\frac{2Z}{1-\sigma}\delta_\lambda+Z\delta_w;\\&\sigma\,\delta_w=2Z\delta_Y+(\sigma-1)Z\delta_G;\\&G^\mu\delta_\omega=\delta_w-\mu\delta_G\end{aligned} \tag{5.15}$$

该方程组与两地区情况中对称被打破时的方程组［即方程（4.21）、方程（4.24）、方程（4.25）和方程（4.26）］是完全相同的。与在本书第 4 章中一样，我们可以从该方程组得到如下的表达式：

$$\frac{\delta_\omega}{\delta_\lambda}=2ZG^{-\mu}\left(\frac{1-\rho}{\rho}\right)\left[\frac{\mu(1+\rho)-Z(\mu^2+\rho)}{1-\mu Z(1-\rho)-\rho Z^2}\right] \tag{5.16}$$

令 $\omega'(r)/\lambda'(r)=\delta_\omega/\delta_\lambda$，则正如我们把方程组（5.12）中的最后一个等式代入方程（5.11）时看到的那样，比率 $\delta_\omega/\delta_\lambda$ 衡量的是制造业中就业的微小正弦扰动对实际工资的影响。

我们现在就可以完成分析。在方程（4.2）中，微分方程 $\dot\lambda(r)=\gamma[\omega(r)-\overline{\omega}]\lambda(r)$ 给出了制造业就业的变化。在平地处，平均实际工资 $\overline{\omega}$ 为单位 1，且 $\lambda=0.5$，所以线性化结果为：

$$\dot\lambda'(r)=\gamma\omega'(r)\lambda(r)=\gamma\frac{\omega'(r)}{2} \tag{5.17}$$

由于 $\omega'(r)/\lambda'(r)=\delta_\omega/\delta_\lambda$，因此上式变为：

$$\dot\lambda'(r)=\gamma\frac{\delta_\omega}{2}\cos(vr)=\gamma\frac{\delta_\omega}{2\delta_\lambda}\lambda'(r) \tag{5.18}$$

这就是说，正弦偏差 $\lambda'(r)=\delta_\lambda\cos(vr)$ 是一个特征函数，特征值 $\gamma_v=\gamma\delta_\omega/2\delta_\lambda$，其中，$\delta_\omega/\delta_\lambda$ 由方程（5.16）中给出。从方程（5.14）和方程（5.16）中可以清楚地看出，特征值取决于模型的参数 μ、ρ（或 σ）和 τ，以及波动频率 v。现在我们需要研究这些参数是如何决定特征值的符号及大小的，同时还要找出首选频率，即给出最大正特征值的 v 值。

确定首选频率：大型经济

如果我们把着眼点放在一个范围广阔的经济（即 D 很大的情况）上，那么就有可能得到一些相对清晰的结果。如此一来，我们的问题就变得更简单了，这表现在两个方面。首先，Z 的表达式变得更简单了，由于方程（5.14）中的第二项趋向于 1，因此有：

$$Z=\frac{\tau^2(\sigma-1)^2}{\tau^2(\sigma-1)^2+v^2} \tag{5.19}$$

Z 随 v 单调递减。其次，如果经济规模较大，那么我们会猜测首选频率对应的波长仅为 $2\pi D$ 的一小部分。这意味着对可能频率的整数约束（要求沿圆环的波动次数为整数）就变得不那么明显了，我们于是可以把 v 和 Z 近似地看成连续变量。

接下来，假设我们把 Z 视为一个连续变量，只能在 0（v 极大的时候）和 1（v 接近 0 的时候）之间变化，那么我们可以从方程（5.16）中了解到什么呢（该方程把 Z 和波动的增长率联系在一起）？首先，我们马上注意到，当 $Z=0$ 时，$\delta_\omega/\delta_\lambda$ 也等于 0；其次，当 Z 为较小的正数时，$\delta_\omega/\delta_\lambda$ 严格为正，也就是说，高频率、短波长的波动往往随时间而增长；再次，我们发现当 Z 接近 1 时（对应于波长非常长的波动），$\delta_\omega/\delta_\lambda$ 的符号与 $\mu(1+\rho)-(\mu^2+\rho)$ 的符号相同。后者经过重新整理后变为 $(\mu-\rho)(1-\mu)$，倘若 $\mu<\rho$，其值为负。该条件在本书第 3 章和第 4 章中已经出现过，我们应该对它相当熟悉了。它就是非黑洞条件，说的是不论运输成本如何，整体经济水平的收益递增效应都不足以强到使制造业产生集聚。将这些结论总结起来，我们可以肯定，当频率下降的时候，特征值首先从 0 增加为一个正值，然后又转而减少为一个负值。这意味着存在一个使平地均衡不稳定的频率范围，以及一个使特征值为最大正值的内在频率。

图 5—6 说明了频率和特征值之间的关系，其中，横轴为频率 v，纵轴为 $\delta_\omega/\delta_\lambda$ [计算依据是方程（5.14）给出的 Z，而不是作为我们讨论基础的近似值，即方程（5.19）]。这证实了我们的讨论，说明存在一个使平地均衡不稳定的频率范围，以及一个使特征值取得最大值的内在频率。

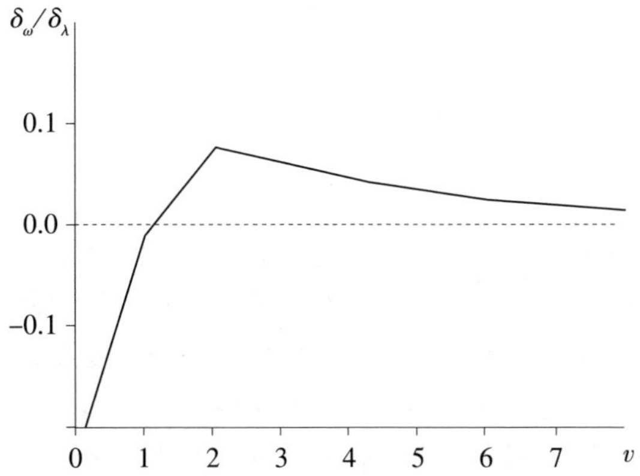

图 5—6　作为频率函数的特征值

我们曾讨论过，起支配作用的频率具有最大的正特征值，也就是图 5—6中频率为 2 的情况。数值示例最好地说明了该频率是如何取决于模型参数的。表 5—1 给出的首选频率是 μ、σ 和 $T_{\max}$的函数。我们看到，运输成本越高，首选频率就越高。这个结果是十分自然的，它是说当运输成本较高的时候，制造业活动就会出现数量相对多但规模相对小的集中。如果没有出现这种集中现象，那么向农业地区供给制成品的成本会高得让人望而却步。出于类似的原因，一个较高的 σ 值会有相同的效果。当 σ 值较高时，作为距离函数的贸易量迅速下降，从而促成了相对较多的集聚。

表 5—1　　首选频率

	$\sigma=5$			$\sigma=10$		
	$\mu=0.2$	$\mu=0.4$	$\mu=0.6$	$\mu=0.2$	$\mu=0.4$	$\mu=0.6$
$T_{\max}=2$	2	1	1	4	2	2
$T_{\max}=4$	3	2	1	7	5	3
$T_{\max}=8$	5	3	2	11	7	4

经济体中工业的份额 μ 较高时，它产生的影响是降低首选频率；这意味着（从平地均衡开始）存在一些规模较大的集聚，而不是很多较小的集聚。这是因为由产业集中产生的前后向关联越强大，生活费用指数中的工业份额（前向关联）就越大，同时人口（可流动的）份额（从而

收入和需求的份额）也就越大（后向关联）。

从局部到整体

本章从“图灵方法”到“确定首选频率：大型经济”这三节中的图灵分析是局部的，也就是说，它是基于对模型在平地均衡附近的线性近似。这就提出了两个问题：(1) 当经济体系不断演变以致偏离平地均衡时，会发生什么情况？(2) 如果经济位于除平地均衡之外的某点之后又经历了参数的变化，那么会发生什么情况？对于这两个问题中的任何一个，我们目前都没有分析工具来作出回答，但是参数模拟却似乎给出了有说服力的答案。

通过比较图 5—6 和图 5—5（两者都是根据相同的参数值绘出的），我们会看到当偏离平地均衡时会发生什么事情。从图 5—6 中，我们看到首选频率为 2。打量一下图 5—5，我们看到出现了两个集聚，同时，这两个新兴集聚产生的优势是随着过程的继续不断累积的，从而向我们展示了图 5—6 中的整体图景。到目前为止，我们还没有发现图灵分析所预测的初始优势被推翻的案例。

第二个问题要更难一些。假定已建立了某种集聚模式，接着参数就会发生变化，比如，贸易成本不断减少，那么集聚会有何变化呢？现有结构对间隔较大的参数变化的反应十分有力，但是之后就会经历脱胎换骨的变化，因为参数取到某些值时，经济会重组为不同的结构。这个问题我们留到本书第 16 章中再充分阐述。

结　论

本章一开始我们就提出了这样一个问题，本书第 4 章建立的直觉对两地区模型的运用依赖过多，一旦我们转而研究多个地区时，情况可能就不同了。因此，我们干脆完全抛弃地区概念转而研究连续空间。我们是这样论证以上问题的，多地区模型确实包括了两地区情况中没有的可能性，所以需要新的分析工具。特别地，我们不得不把着眼点从“集聚是否会发生”转移到“形成了多少集聚及它们的相对位置如何”上来。然而，我们也看到中心—外围模型中的很多内容仍然保存了下来。该模型中的促进经济活动集中的因素在多个地区或连续空间模型中同样也会产生数量更少、规模更大的集中。我们还在两地区模型和连续空间模型之间发现了意想不到的相似之处：当我们用图灵方法分析空间差异的时候，需要求解的方程组与在中心—外围分析中计算突变点时的方程组是同构的。

遗憾的是，地理或生活中的美并不真实。我们发现，在放松了“只有两个地区”的不现实假设之后，从中心—外围模型中得到的大多数结论都仍然成立。但是，在放松了“农产品的运输成本为零”这个不现实的假设之后，它们是否仍然成立呢？

附录：模拟参数

在所有的图中，都有 $\sigma=5$ 且 $\mu=0.4$；在图 5—1、图 5—2 和图 5—3 中，分别有 $T=2.5$，$T=1.5$，$T=1.9$；在图 5—4、图 5—5 和图 5—6 中，都有 $T_{max}=4$。

[注释]

[1] 我们称该波动为余弦波。然而，只需重新标识原点，就可以把任何波动定义为正弦波。

[2] 我们再一次运用本章“图灵方法”一节曾讨论过的 $\cos(vr+vs)$ 的特性。

第6章　农业运输成本

在前面各章中，我们的分析是围绕贸易成本展开的，由于要把制成品出售到遥远的地方，所以存在贸易成本，但我们又假定另一个部门（农业）不用承担此类成本。虽然这一假定使问题得到了简化，但显然是不真实的。如果两个部门的产品都存在贸易成本，那么情况又有何不同呢？凭直觉，农业贸易成本明显不利于集聚。这是因为制造业集中的地区不得不进口农产品，运输成本则抬高了农产品的价格，从而增加了当地的生活费用，移民就不再是一件轻而易举的事了。那么农业运输成本是否可以推翻我们前面各章的分析呢？

在本章中，我们逐一考察了这些问题，并说明了农业运输成本是如何缩小引发集聚的参数取值范围的。但我们也发现农业运输成本下降能促使中心—外围地理的形成，这和本书第4章中所提到的制造业运输成本下降的影响是一样的。这为集聚的原因提供了另一种解释，而且比起制造业运输成本的单独变化，农业运输成本的变化与历史上的一些集聚现象可能联系得更为紧密。

贸易成本：现实情况

由于运输成本是我们研究方法的核心，所以我们必须了解它的真实水平。要解决这个问题，我们主要有两种方法：（1）直接衡量运输成本；（2）观察贸易量，看它随距离的增加而下降的速度有多快。

前一种方法要对运输成本进行大量的估算，劳赫（Rauch，1996）为该方法的运用提供了一个范例。劳赫把商品分为两类，即同质产品和差别化产品。把可以得到报价的商品归入前一类（之所以能够得到报价，要么是由于此类产品的买卖是在有组织的交易场所内进行的，要么是由于它们有参考价格）。而有些产业的产品具有差别化特性，如果没有深入到个体供应商层面进行调查，是无法得出报价的。劳赫把这些产品归入第二类，他还以美日贸易为例，对运输成本（包括保险费和运费）进行了估算。结果显示，同质产品的运输成本约占产品价值的 13%，差别化产品的相应比例为 6%。

这个方法是有缺陷的，我们模型中的运输成本只是象征性的。事实上，我们对在地理空间内进行交易所发生的所有成本都感兴趣。为此，我们需要一种衡量全部成本的方法，全部成本包括远距离交易产生的所有成本（缺乏面对面的联系，信息的收集和交流既昂贵又复杂，还可能存在语言文化、法律制度和产品标准等方面的差异）。虽然以上因素都难以直接衡量，但是可以通过贸易数据反映出来：如果两地之间的贸易量随着距离的扩大而不断下降，那么推测起来可能是交易的全部成本上升的缘故。

利用引力模型这个标准方法，我们能够对贸易量与距离之间的关系进行估算（模型概述参见 Leamer and Levinsohn，1996）。对于贸易量而言，距离始终是一个非常重要的决定因素，典型的贸易距离弹性大约介于－1.0～－0.6 之间。

引力模型是否可以衡量不同部门之间贸易成本的差别呢？由于部门间的需求弹性可能会不同，所以一个既定的贸易成本对贸易量会产生不同的影响，这显然为我们的分析带来了困难。劳赫（1996）曾经试图区分这些影响，他发现差别化产品和同质产品的距离系数相似。至于原因，劳赫认为差别化产品的信息收集工作非常复杂，因此抵消了此类产品较低的运输成本。

以上的简要评述说明，除了差别化产品的制造以外，其他部门至少承担了和差别化产品一样多的贸易成本，这是相当可观的。在我们的研究框架中，制造业以外的这些部门都被归类为“农业”，下面我们就来分析此类成本的影响。

贸易成本模型

和上一章一样，我们首先假设农产品是同质的，且 1 单位的农业劳动力可以生产 1 单位的农产品。两个地区各占农业劳动力总量的一半，我们用 w_r^A 来表示地区 r 农业劳动力的工资。农业工资也就等于农产品价格，但是由于农产品也要按比率 T^A 支付“冰山”运输成本，所以两地间农业工资以及农产品价格不再相等。两地区间农业工资的差额取决于该地区是农产品的出口方还是进口方。如果农产品的供给是既定的，那么一个地区是农产品的出口方还是进口方就依赖于需求，从而最终由两地各自的收入决定。图 6—1 简要地演示了各种可能的情况。横轴表示各地区的收入份额，而实线则把地区 1 与地区 2 之间的相对工资 w_1^A/w_2^A 表示为收入份额的函数。

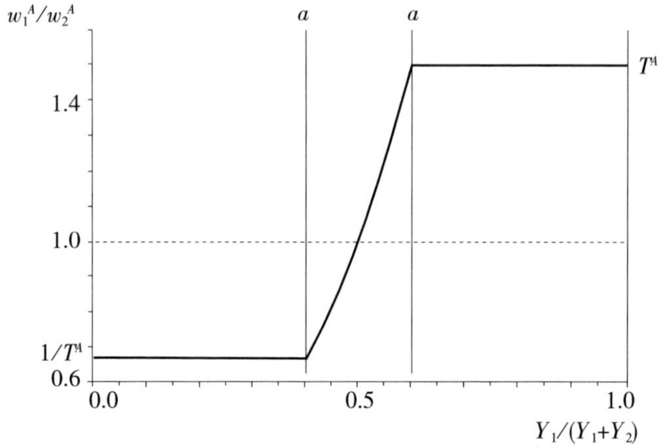

图 6—1　农业工资与农产品价格

假设地区 1 的收入占世界收入的份额较大（如果该地区包含制造业部门，这种情况就会出现），那么该点位于图的右侧，此时 $w_1^A/w_2^A=T^A$。这是因为只要地区 1 进口农产品，那么地区 1 的价格就是地区 2 价格的 T^A 倍。现在我们来看该图的中心部分。如果两地区的收入相等，那么就不存在农产品贸易，同时两个地区的农业工资也相等。那么，在中心点附近的 aa 带状区域内又会出现怎样的情况呢？从对称均衡开始向右边移动，则地区 1 对农产品的需求增加，从而提高了地区 1 相对于地区 2 的价格。然而，只有当 w_1^A/w_2^A 达到 T^A 时，两地才开始有贸易往来，在 aa 带状区域内不存在农产品贸易。

在了解了农产品价格和农业工资后，我们现在就来看农业运输成本的影响。我们采用第 4 章“中心—外围模型：说明与数值示例”一节中的模型，但用上标 M 和 A 来区分变量的制造业和农业属性。用 w_r^M 和

w_r^A 分别表示制造业部门和农业部门的工资，那么两地区的收入形式分别为：

$$Y_1 = \mu\lambda w_1^M + \frac{1-\mu}{2} w_1^A \tag{6.1}$$

$$Y_2 = (1-\lambda)\mu w_2^M + \frac{1-\mu}{2} w_2^A \tag{6.2}$$

制造业部门的情况和第 4 章“中心—外围模型：说明与数值示例”一节中的表述完全相同。用 M 作为制造业变量的上标，我们就可以分别得出两地区的物价指数方程和工资方程：

$$G_1^M = [\lambda(w_1^M)^{1-\sigma} + (1-\lambda)(w_2^M T^M)^{1-\sigma}]^{1/1-\sigma} \tag{6.3}$$

$$G_2^M = [\lambda(w_1^M T^M)^{1-\sigma} + (1-\lambda)(w_2^M)^{1-\sigma}]^{1/1-\sigma} \tag{6.4}$$

$$w_1^M = [Y_1(G_1^M)^{\sigma-1} + Y_2(G_2^M)^{\sigma-1}(T^M)^{1-\sigma}]^{1/\sigma} \tag{6.5}$$

$$w_2^M = [Y_1(G_1^M)^{\sigma-1}(T^M)^{1-\sigma} + Y_2(G_2^M)^{\sigma-1}]^{1/\sigma} \tag{6.6}$$

我们只需要再做一处修改，即允许两地生活费用中的农产品价格有所区别，则制造业工人的实际工资变为：

$$\omega_1 = w_1^M(G_1^M)^{-\mu}(w_1^A)^{\mu-1} \tag{6.7}$$

$$\omega_2 = w_2^M(G_2^M)^{-\mu}(w_2^A)^{\mu-1} \tag{6.8}$$

中心—外围结构抑或对称均衡？

农业运输成本是如何改变均衡结构的呢？与从前一样，我们分两个部分来分析这个问题：(1) 中心—外围结构是否可以维持？(2) 对称均衡是否稳定？为了研究中心—外围结构的稳定性，我们首先假定该结构已经存在，然后再检验它是否达到了均衡。[1]

假定所有的制造业都集中于地区 1，即 $\lambda=1$。地区 1 就必须进口农产品，如果以地区 2 的农业劳动作为计量单位，那么就有 $w_2^A=1$，$w_1^A=T^A>1$。

为了得到地区 1 的制造业工资，我们需要将方程 (6.1) 和方程 (6.2) 相加得到总收入：

$$Y_1 + Y_2 = \mu w_1^M + \frac{1-\mu}{2}(T^A + 1) \tag{6.9}$$

制造业部门的产出 μw_1^M 等于对制成品的需求 $\mu(Y_1+Y_2)$，因而：

$$w_1^M=\frac{1+T^A}{2} \tag{6.10}$$

因此，两地的收入水平分别为：

$$Y_1=\frac{T^A+\mu}{2}$$

$$Y_2=\frac{1-\mu}{2} \tag{6.11}$$

如果把地区 2 的农业产出看成 1 单位，则农业贸易成本会增加地区 1 的名义收入及制造业工资。

地区 2 的制造业工资已由工资方程给出。$\lambda=1$ 暗示两地区的物价指数分别为 $G_1^M=w_1^M$，$G_2^M=w_1^M T^M$。同时，把方程（6.11）中的收入代入方程（6.6），可得：

$$\left(\frac{w_2^M}{w_1^M}\right)=\left[\frac{T^A+\mu}{1+T^A}(T^M)^{1-\sigma}+\frac{1-\mu}{1+T^A}(T^M)^{\sigma-1}\right]^{1/\sigma} \tag{6.12}$$

地区 2 和地区 1 的生活费用指数的差别就在于因式 $(T^M)^{\mu}(T^A)^{\mu-1}$，因为与地区 1 相比，地区 2 的农产品价格较低，制成品的价格则较高。因此，制造业的实际工资比率为：

$$\frac{\omega_2}{\omega_1}=(T^M)^{-\mu}(T^A)^{1-\mu}\left[\frac{\mu+T^A}{1+T^A}(T^M)^{1-\sigma}+\frac{1-\mu}{1+T^A}(T^M)^{\sigma-1}\right]^{1/\sigma} \tag{6.13}$$

如果上式的值小于 1，中心—外围结构就是均衡的，制造业劳动力就没有由地区 1 迁往地区 2 的动机。

当 $T^A=1$ 时，即是对本书第 4 章中导出的支撑点条件的归纳。农业贸易成本的影响体现在两个截然不同的方面。先看当 $T^A>1$ 时，上式中方括号内的值下降，中心—外围结构因而比较容易维持。这就是后向关联效应，由于地区 1 的农业工资较高，所以名义收入和需求也较高，该地区对于制造业来说就更有吸引力。而第二种效应则来自 $(T^A)^{1-\mu}$ 这一项，该项体现了较高的农产品价格对生活费用指数的影响。第二种效应使表达式的值变大，从而增加了集聚维持下去的难度。这是由于，如果一个地区拥有制造业，那么它的农产品价格就较高，该地区劳动力的外迁动机就较强，难以继续留在此地。

对于进口农产品的地区来说，后一种效应的作用必定会超过前一种效应，表现为 ω_2/ω_1 曲线向上移动。图 6—2 选择了 3 个不同的 T^A 值，将ω_2/ω_1 描述为 T^M 的函数。其中，当 T^A 取最小值 1 时，曲线和图 4—5 完全相同。此时，对于任何小于 t_1 的 T^M 值，中心—外围结构都是可以维持的。

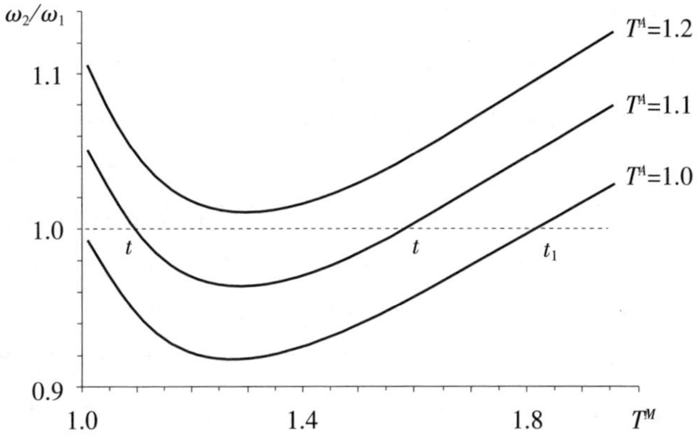

图 6—2　支撑曲线

第二条曲线对应的是取值适中的 T^A。我们现在看到，只有在 tt 区间内，中心—外围结构才得以维持。这是因为当 T^M 取值较小时，靠近地区 1 制造业工人市场的那些厂商获得的收益相对较少，而地区 2 所供应的产品只需要承担较低的运输成本。但是地区 1 的制造业工人必须为进口农产品支付较高的价格，因此他们可以通过移民到地区 2 来获利。

最上方的曲线对应的 T^A 值很大，足以使得中心—外围结构在任何情况下都无法维持。

这些曲线的确切位置取决于维持条件中的其他参数。μ 取值较大时，曲线就向下移动（如果 $T^A=1$，曲线就从起始位置顺时针旋转），因为一个地区的劳动力流动性较高，后向关联就会得到加强，从而支持中心—外围结构。如果 σ 取值较小，那么也有类似的影响，即同样扩大了使集聚得以维持的 T^M 的取值范围。

下面，我们来研究对称均衡稳定与否的问题，并作出简要的回答。在本书第 4 章中，我们是这样解决这个问题的，在对称点附近对均衡进行微分，并估算微分形式 $d(\omega_1-\omega_2)/d\lambda$ 的值。如果该式的值为正，那么对称均衡就是不稳定的，因为地区 1 的制造业工人增加会抬高该地区的实际工资。对方程（6.1）～方程（6.8）进行同样的分析，过程与第

4 章“中心—外围模式如何得以维持?”一节相似*，但是现在多了一个内生变量 dw^A（$\equiv dw_1^A=-dw_2^A$）。不过我们可以求出这个变量的表达式，还可以通过观察图 6—1 找出该变量的来源。在对称均衡附近，不存在农产品贸易，因此农产品价格随两个地区各自的供求作出调整。地区 1 的农产品供给价值为$(1-\mu)w_1^A/2$，而该地区用于农产品的支出为$(1-\mu)Y_1$，因此，$dw^A=2dY$。

关于 $d(\omega_1-\omega_2)/d\lambda$ 的推导过程将在本章的附录 1 中给出（附录 1 计算了一般情况，包括本章“差别化农产品”一节中的内容）。事实证明，如果 $\rho>\mu$（非黑洞条件），那么对于 $T^M>1$ 的任意 T^M，农业贸易成本都足以保证 $d(\omega_1-\omega_2)/d\lambda<0$，**因此对称均衡在任何一点都不会被打破**。也就是说，如果制成品的贸易成本开始就很高而使得中心—外围结构无法维持，那么随着贸易成本的不断下降，经济体有可能形成中心—外围结构。但由于不存在突变点，对称均衡始终保持稳定，并且在我们简单的动态模型中，也没有诱因会导致其形成中心—外围结构。从直觉上判断，在一个地区增加一名制造业工人，就会提高该地区的农产品价格，价格上涨的幅度足以防止移民引起实际工资的上升。

总而言之，均衡结构的形式如下：

如果不存在农产品运输成本，即 $T^A=1$，那么情况与第 4 章中的分析相同。此时支撑点和突变点都出现在 $T^M>1$ 的条件下，均衡状态如图 4—4 所示。

如果 $T^A>1$ 但取值不太大，那么制造业贸易成本就存在一个取值范围（即图 6—2 中的区间 tt），使集聚能够维持下去，但是此时不存在突变点。均衡的具体分布如图 6—3 所示。在区间 tt 中，集聚和对称均衡都是稳定的均衡。在稳定的均衡之间必然存在不稳定的均衡，这在图 6—3中用虚线表示。但是对称均衡始终是稳定的，因此，如果假设在一个经济体中，T^M 随时间推移不断下降（由外生因素造成），那么我们就没有理由相信会形成中心—外围结构。

最后，如果 $T^A>1$ 且取值相当大，那么对于任何 T^M 值，集聚都无法维持下去。在任何的制造业运输成本水平上，对称均衡都是唯一的。

---

* 原文有误，此处应为第 4 章“对称均衡何以瓦解?”——译者注

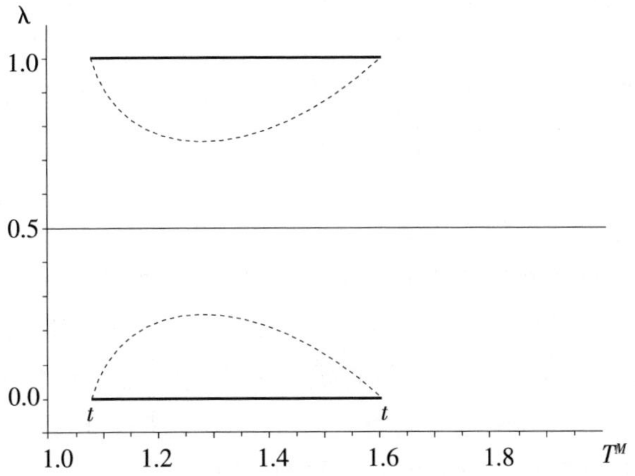

图 6—3　同质农产品的分岔，$T^A=1.1$

差别化农产品

迄今为止，我们在假设农业部门在生产单一种类的同质产品的基础上分析了农业部门承担运输成本所带来的后果。关于同质农产品的假定是最简单的，也是顺理成章的，但是在实证分析中却无法让人满意，因为不同的地区通常种植不同的农作物。

除了实证分析结果不尽如人意外，同质农产品的假定还具有以下奇特的影响，即使运输成本无限小，也会对经济的性质产生重大的影响。因为在引入农业运输成本后，不论这些成本多么小，都意味着对称均衡始终是稳定的。这样明显的结论当然不是主观臆断的，它是我们通过用一个无穷小的偏差 dλ 对均衡的稳定性进行检验得到的。无论图 6—1 中的带状区域 aa 有多窄，dλ 引起的波动总落在此区域内。因此，只要 $T^A>1$ 而无论 T^A 如何变化，dλ 对于农产品价格和农业工资的影响都不变。

解决这个问题的一种方案就是看制造业工人（比方说 $\Delta\lambda$）的协同行动。它可以导致一个超出带状区域 aa 的变动，减小 $\mathrm{d}w^A/\mathrm{d}Y$ 这一项的值，从而使对称均衡变得不稳定。工人的协同行动有可能改变均衡的性质，这样的观点才更具有普遍意义。正如我们在本书第 1 章中提到的，这种协同行动是亨德森类型城市体系理论的根本特征。然而，本书的宗旨却是探索微观行为的影响，因此，这种解决方案的吸引力并不大。

另一种方案是允许各地区生产略有差别的农产品，以去除图 6—1 中相对工资曲线上的结点。我们保留农业部门完全竞争以及规模收益不变的假定，但允许不同的地区生产差别化的农产品，如一个地区生产葡萄，另一个地区生产谷物。[2]这样一来，在对称均衡处就存在农产品贸易，并且各地区需求的变化会引起贸易量和农产品价格的平稳变化。

在对第二种方案详细建模之前，我们先来考察它是如何使农产品价格对需求变化的反应发生改变的，这会对我们的分析有所帮助。图6—4 与图 6—1 类似，但是包括三条曲线。保持农业运输成本 T^A 不变，对于三个不同的 η 值（两地区间农产品的替代弹性），这些曲线分别给出了农产品价格和农业工资对收入差额的反应。

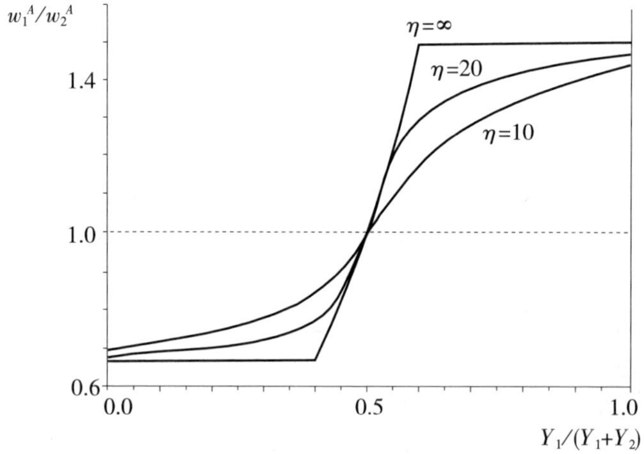

图 6—4　农产品价格和农业部门的工资

当 $\eta=\infty$时，农业部门生产单一的同质产品，曲线如图 6—1 所示。位置较低的两条曲线对应较低的替代弹性，分别为 $\eta=20$ 和 $\eta=10$。我们引入了差别化的农产品，并且用较低的替代弹性表示。对于其影响，我们需要指出两点：首先，不论世界收入如何分配，农业工资的地区差距都会缩小；其次，在对称均衡附近，农业工资的地区差距也会缩小。因为消费者对于两类农产品都有需求，并且我们假定两条需求曲线的斜率均为负且连续。[3]

图 6—4 表明，农产品差别化可以缩小地区间的农业工资和农产品价格差距，从而增加一定的农产品运输成本导致中心—外围结构形成的

可能性。下面我们对农产品的差别化正式建模，看情况是否真的如此。

假定两地农产品之间的替代弹性不变，那么各产品的需求以及相应的支出函数或价格指数就可以从不变替代弹性偏好函数［参见方程(3.2)］中导出。我们用 G_r^A 来表示地区 r 的农产品价格指数，同时借用以前描述制成品需求的方法，可得：

$$G_1^A = \left[\frac{1}{2}((w_1^A)^{1-\eta} + (w_2^A T^A)^{1-\eta})\right]^{1/1-\eta} \tag{6.14}$$

$$G_2^A = \left[\frac{1}{2}((w_1^A T^A)^{1-\eta} + (w_2^A)^{1-\eta})\right]^{1/1-\eta} \tag{6.15}$$

农产品的供给市场是完全竞争的，并且地区 r 的农业产出在当地和其他地区的价格分别为 w_r^A 和 $w_r^A T^A$。两地所生产的产品种类是外生变量且既定的[4]，我们用一个常数 1/2 来替代描述制成品种类分布的变量 λ，从而使得两地所生产的农产品种类相等。

农产品价格和农业工资是由供求决定的。各类农产品的供给为 $(1-\mu)/2$（农业劳动力的数量），对地区 r 生产的该类农产品的需求为：$\frac{1-\mu}{2}(w_r^A)^{-\eta}[Y_r(G_r^A)^{\eta-1} + Y_s(G_s^A)^{\eta-1}(T^A)^{1-\eta}]$，令供给与需求相等便得到农业工资方程，它与制造业工资方程类似：

$$w_1^A = [Y_1(G_1^A)^{\eta-1} + Y_2(G_2^A)^{\eta-1}(T^A)^{1-\eta}]^{1/\eta} \tag{6.16}$$

$$w_2^A = [Y_1(G_1^A)^{\eta-1}(T^A)^{1-\eta} + Y_2(G_2^A)^{\eta-1}]^{1/\eta} \tag{6.17}$$

我们还需要做进一步的推导。如今，各地的生活费用指数取决于农产品的价格指数，因此制造业工人的实际工资方程（6.7）和方程（6.8）分别化为以下形式：

$$\omega_1 = w_1^M(G_1^M)^{-\mu}(G_1^A)^{\mu-1} \tag{6.18}$$

$$\omega_2 = w_2^M(G_2^M)^{-\mu}(G_2^A)^{\mu-1} \tag{6.19}$$

利用方程（6.14）～方程（6.19）这 6 个方程，以及与收入和制造业相关的方程（6.1）～方程（6.6），我们就可以确定均衡。

这个模型支持何种结构的均衡呢？我们可以采用通常的方法来解答这个问题：(1) 看模型中使中心—外围均衡得以维持的参数范围；(2) 看使对称均衡变得不稳定的参数值。我们首先从模拟分析着手，所得的结论如图 6—5 所示。[5]图中的横轴和纵轴分别表示运输成本 T^M 和 T^A，标有 SS 和 BB 的曲线则给出了支撑点和突变点对应的运输成本值。中心—外围结构在 SS 曲线下方是可维持的，在其上方则无法维持下去。同时，对称均衡在 BB 曲线上方是稳定的，在其下方则是不稳定的。

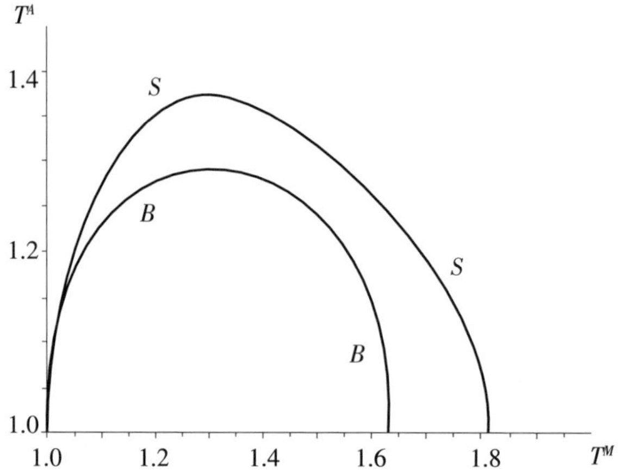

图 6—5　突变点和支撑点

对于不同运输成本水平上的各种均衡，图 6—5 都给出了完整的描述。针对不同水平的 T^A，我们可以考虑改变 T^M 的值所产生的影响，这是一种极为简单的理解方法。

如果 T^A 水平很高（位于 SS 曲线最高点的上方），那么只存在唯一的均衡，此时经济活动在两地之间平均分布。由于过高的农业贸易成本使中心—外围结构难以维持，所以 T^M 的下降不会引起集聚。

如果 T^A 水平适中（位于 SS 曲线最高点的下方，但位于 BB 曲线最高点的上方），那么均衡结构的性质会发生如图 6—3 所示的变化。此时 T^M 存在一个取值范围使中心—外围结构得以维持，而对称均衡也始终不会瓦解。

如果 T^A 的取值位于 BB 曲线最高点的下方，那么均衡结构（是 T^M 的函数）如图 6—6 所示。此时 T^M 也存在一个取值范围，使中心—外围结构得以维持，但存在两个突变点，对称均衡在这两点之间是不稳定的，所以必然形成集聚。随着 T^M 的不断下降，均衡数目发生“1—5—3—5—1”的变化，变化同时，中心—外围结构在适中水平的 T^M 出现。形成这一均衡结构的原因在于，如果 T^M 很大，那么和往常一样，不流动的农业劳动力确保了对称均衡的形成。如果 T^M 很小，那么制造业部门内的前向关联和后向关联都非常弱，农业运输成本的影响也就超过了它们。只有当 T^M 水平适中时，后向关联与前向关联才会强大到足以使对称均衡失去稳定性。

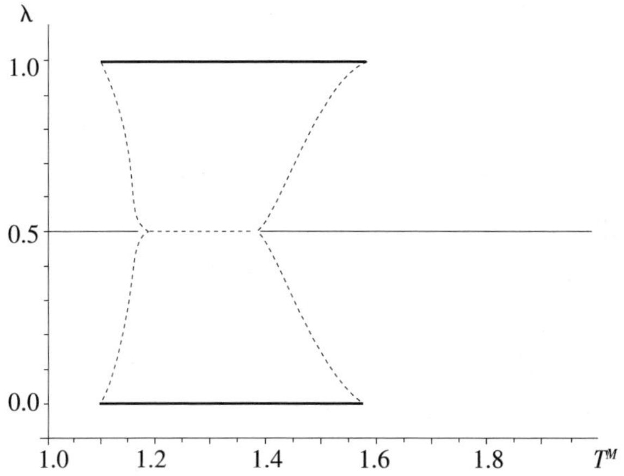

图 6—6　差别化农产品基础上的分岔，$T^A=1.27$

上文中说明的均衡模式的普遍性如何呢？本章附录 1 研究了模型的突变点，证实 $d\omega/d\lambda$ 是 T^M 的二次函数。当 $T^A=1$ 时，$d\omega/d\lambda=0$ 有两个根，其中一个根在 $T^M=1$ 时出现；另一个根在 $T^M>1$ 时出现，这与本书第 4 章的分析完全相同（见图 4—6）。然而，如果 T^A 略大于 1，那么当 $T^M>1$ 时就有两个根。因此，BB 曲线的基本形状具有一般性。这就意味着当 T^A 较小时，对称均衡在 T^M 很高和很低时都是稳定的。

如图 6—5 所示的结构是对第 4 章中的模型的大体归纳。该图表明，农业和制造业贸易成本的下降都可以促使中心—外围结构的形成。我们来考虑一种更一般的情况，随着农产品和制成品的运输成本以不同的速率下降，经济先后穿过 SS 曲线和 BB 曲线，从而使得对称均衡不再稳定，并导致了中心—外围结构的出现。也就是说，农产品运输成本是集聚的不利因素，所以减少农产品运输成本可以引发集聚。

图 6—5 还表明，制成品运输成本下降可能先引发中心—外围结构的形成，随后又将其打破。从根本上讲，贯穿本书的集聚力在制造业运输成本适中时是最强的。如果贸易成本较高，那么消费者的不可流动性将形成离心力，这种来自需求方的离心力将超过集聚力，制造业因而分散。然而，如果贸易成本较低，那么农产品的进口需求将形成离心力，这种来自供给方的离心力也可能超过集聚力。图 6—6 演示了贸易成本对集聚模式的非单调性影响，这种影响将会在本书以后各章中反复出现。

结　论

我们为本书第 4 章的模型放松假定引入农业运输成本，这看上去只是一个较小的扩展。的确，一些基本的东西也没有改变（并且如同以往，一般的建模方法在本章中也非常有用）。然而，加入农产品运输成本却使得我们的故事更加丰富，研究方法也因此而更具有普遍意义。一旦农产品运输没有成本，那么所有的作用力（包括向心力和离心力）都源于制造业部门。因此，唯一的问题就是该部门所产生的力的方向——散居的消费者所产生的扩散力与前向关联和后向关联相比，孰强孰弱？但是在加入另一种离心力后，我们所关心的就不仅仅是制造业部门所产生的力的方向了，还包括强度问题。此外，即使制造业部门产生的合力有利于集聚，它是否足以促使集聚的形成？我们知道，对于适当的运输成本，这是肯定的。

在以前的文献中，人们认为农产品运输成本在城市的发展中起到了制动器的作用［拜罗奇（Bairoch，1988）称之为“距离的暴政”（tyranny of distance)］。把农业运输成本纳入我们的模型，这样就可以了解它的影响。通过扩展模型，我们还可以论证农业运输成本的下降是如何导致集聚形成的，就像制造业运输成本的下降一样。在模型中引入农业运输成本，一方面提醒我们这些成本本身在空间经济结构的形成过程中可能扮演了重要的角色，另一方面也引导我们得出这样的结论，距离逐渐消失（运输成本不断下降）所产生的影响并不一定是单调的，运输成本最初的下降可能有助于经济活动的集中，如果运输成本继续下降，则可能会使刚形成的集中土崩瓦解。我们将会在第Ⅲ篇中看到，有了这个结论，我们就可以对全球经济作一些妙趣横生的分析。

附录 1：对称均衡瓦解

我们希望知道变化量 $d\lambda$ 对于对称均衡的影响。为此，我们计算了差别化农产品模型，并且还专门考虑了同质农产品的情况。

采用与本书第 4 章相类似的方法，我们在对称点附近对均衡求全微分：

由方程（6.1）可得：

$$dY=\mu d\lambda+\frac{\mu}{2}dw^{M}+\frac{1-\mu}{2}dw^{A} \tag{6A.1}$$

由方程（6.3）可得：

$$\frac{dG^{M}}{G^{M}}=\frac{2Z}{1-\sigma}d\lambda+Zdw^{M} \tag{6A.2}$$

由方程（6.5）可得：

$$\sigma dw^{M}=2ZdY+(\sigma-1)Z\frac{dG^{M}}{G^{M}} \tag{6A.3}$$

现在来看农业部门，和 Z 的定义相似，我们把 ζ 定义为：

$$\zeta\equiv\frac{1-(T^{A})^{1-\eta}}{2(G^{A})^{1-\eta}}=\frac{1-(T^{A})^{1-\eta}}{1+(T^{A})^{1-\eta}} \tag{6A.4}$$

（上式也确定了对称均衡处的 G^{A} 值。）变量 ζ 的取值范围为 [0，1]。如果 $T^{A}=1$，则 $\zeta=0$；如果 $T^{A}\to\infty$ 或者 $\eta\to\infty$，则 $\zeta=1$。

由方程（6.14）可得：

$$\frac{dG^{A}}{G^{A}}=\zeta dw^{A} \tag{6A.5}$$

由方程（6.16）可得：

$$\eta dw^{A}=2\zeta dY+(\eta-1)\zeta\frac{dG^{A}}{G^{A}} \tag{6A.6}$$

以上方程隐含地给出了用外生变量 $d\lambda$ 来表示 5 个内生变量 dY、dG^{M}、dw^{M}、dG^{A} 和 dw^{A} 的表达式。为了求出这些方程的解，我们使用了一连串的替换：

首先，我们利用方程（6A.5）将 dG^{A}/G^{A} 从方程（6A.6）中消去，得：

$$\frac{dw^{A}}{dY}=\frac{2(1-b)}{1-\mu} \tag{6A.7}$$

为方便起见，我们在此引入常量 b，b 的定义如下：

$$b\equiv1-\frac{(1-\mu)\zeta}{\eta-\zeta^{2}(\eta-1)} \tag{6A.8}$$

注意 b 的取值位于 1（当 $\zeta=0$ 时）和 μ（当 $\zeta=1$ 时）之间。和第 6 章“中心—外围结构抑或对称均衡?”一节中的分析一样，由于当 $\eta\to\infty$ 时会出现农业部门生产同质产品的情况，所以，$\zeta\to 1$，$b\to\mu$，且 $\mathrm{d}w^A/\mathrm{d}Y=2$。

现在我们可以解出与制造业相关的变量了。将（6A.7）式代入方程（6A.1），可得：

$$b\mathrm{d}Y=\mu\mathrm{d}\lambda+\frac{\mu}{2}\mathrm{d}w^M \tag{6A.9}$$

将 $\mathrm{d}Y$ 从方程（6A.3）中消去，得：

$$\mathrm{d}w\left[\sigma-\frac{Z\mu}{b}\right]+(1-\sigma)Z\frac{\mathrm{d}G^M}{G^M}=\frac{2Z\mu}{b}\mathrm{d}\lambda^{*} \tag{6A.10}$$

方程（6A.2）和方程（6A.10）可写成如下形式：

$$\begin{bmatrix}1 & -Z\\ Z & \dfrac{\sigma-Z\mu/b}{1-\sigma}\end{bmatrix}\begin{bmatrix}\dfrac{\mathrm{d}G^M}{G^M}\\ \mathrm{d}w^M\end{bmatrix}=\begin{bmatrix}\dfrac{2Z}{1-\sigma}\mathrm{d}\lambda\\ \dfrac{2Z\mu}{b(1-\sigma)}\mathrm{d}\lambda\end{bmatrix} \tag{6A.11}$$

进而有：

$$\frac{\mathrm{d}G^M}{G^M}=\frac{\mathrm{d}\lambda}{\Delta}\frac{2\sigma Z}{(1-\sigma)^2}\left[1-\frac{Z\mu}{b}\right] \tag{6A.12}$$

$$\mathrm{d}w^M=\frac{\mathrm{d}\lambda}{\Delta}\frac{2Z}{(1-\sigma)}\left[\frac{\mu}{b}-Z\right] \tag{6A.13}$$

行列式 Δ 由下式给出：

$$\Delta=\frac{1}{1-\sigma}\left(Z^2(1-\sigma)-\frac{Z\mu}{b}+\sigma\right)\leqslant 0, \tag{6A.14}$$

对于 $Z\in[0,1]$，$b\geqslant\mu$，$\Delta\leqslant 0$。

我们将其代入方程（6A.9），得到：

$$\mathrm{d}Y=\frac{\mathrm{d}\lambda}{\Delta}\frac{\mu}{b}\frac{\sigma(1-Z^2)}{1-\sigma} \tag{6A.15}$$

因此，由方程（6A.7）可得：

---

* 原文有误，该式应为 $\mathrm{d}w^M\left[\sigma-\frac{Z\mu}{b}\right]+(1-\sigma)Z\frac{\mathrm{d}G^M}{G^M}=\frac{2Z\mu}{b}\mathrm{d}\lambda$ 。——译者注

$$\mathrm{d}w^{A}=\frac{\mathrm{d}\lambda}{\Delta}\frac{\mu(1-b)}{b(1-\mu)}\frac{2\sigma(1-Z^{2})}{1-\sigma} \tag{6A.16}$$

由（6A.5）可得：

$$\frac{\mathrm{d}G^{A}}{G^{A}}=\frac{\mathrm{d}\lambda}{\Delta}\frac{\zeta\mu(1-b)}{b(1-\mu)}\frac{2\sigma(1-Z^{2})}{1-\sigma} \tag{6A.17}$$

以上方程显性地给出了变量 $\mathrm{d}\lambda$ 引起内生变量变化的表达式。请注意，当 $T^{A}=1$ 从而 $b=1$ 时，以上方程简化后，与本书第 4 章附录中的表达式一致。

同质农产品（参阅第 6 章"中心—外围结构抑或对称均衡?"一节）

对实际工资方程（6.7）和方程（6.8）进行微分，得：

$$(G^{M})^{\mu}\mathrm{d}\omega=\mathrm{d}w^{M}-\mu\frac{\mathrm{d}G^{M}}{G^{M}}-(1-\mu)\mathrm{d}w^{A} \tag{6A.18}$$

由于 $\eta\rightarrow\infty$，$b\rightarrow\mu$，我们可以替换方程（6A.18）中的各项，得：

$$\Delta(G^{M})^{\mu}\frac{\mathrm{d}\omega}{\mathrm{d}\lambda}=\frac{2(1-Z)}{(1-\sigma)^{2}}\times[Z(1-\sigma)-\mu\sigma Z-(1-\mu)\sigma(1-\sigma)(1+Z)] \tag{6A.19}$$

用 $\sigma=1/(1-\rho)$ 代替 σ，则上式可化为：

$$\Delta(G^{M})^{\mu}\frac{\mathrm{d}\omega}{\mathrm{d}\lambda}=\frac{2(1-Z)}{\rho^{2}}(Z+\rho)(\rho-\mu) \tag{6A.20}$$

由于 $\Delta<0$，因此条件 $\rho>\mu$ 可以保证对于有经济意义的相关区间中的所有 Z 值，$Z\in(0,1)$，都有 $\mathrm{d}\omega/\mathrm{d}\lambda\leqslant0$，对称均衡始终不会被打破。

差别化农产品（参阅第 6 章"差别化农产品"一节）：

由实际工资方程（6.18）可得：

$$(G^{M})^{\mu}(G^{A})^{1-\mu}\mathrm{d}\omega=\mathrm{d}w^{M}-\mu\frac{\mathrm{d}G^{M}}{G^{M}}-(1-\mu)\frac{\mathrm{d}G^{A}}{G^{A}} \tag{6A.21}$$

进一步替换得：

$$\Delta(G^{M})^{\mu}(G^{A})^{1-\mu}\frac{\mathrm{d}\omega}{\mathrm{d}\lambda}=\frac{2}{(\sigma-1)^{2}}\times\left\{B-Z\left(\frac{\mu}{b}[\sigma(1+b)-1]+2B\right)\right.$$

$$+Z^2\left[\sigma\left(1+\frac{\mu^2}{b}\right)-1-B\right]\Bigg\} \qquad (6A.22)$$

$$B\equiv\zeta\mu\sigma(\sigma-1)(1-b)/b\geqslant 0 \qquad (6A.23)$$

如果 $\zeta>0$，则当 $Z=0$ 和 $Z=1$ 时，$d\omega/d\lambda<0$（因为 $\Delta<0$ 且 $b>\mu$）。

为了找到突变点，我们令 $d\omega/d\lambda=0$。方程（6A.22）的等号右边是 Z 的二次项。如果 $\zeta=0$（因此 $b=1$ 且 $B=0$），则当 $Z\geqslant 0$ 时有根。如果 $\zeta>0$ 但是取值较小，则存在两个正的实根。图 6—5 中的 BB 曲线给出了与特定参数值对应的根的情况。

附录 2：模拟参数

在以下的所有图形中，都有 $\mu=0.4$，$\sigma=5$。

图 6—1：$T^A=1.5$。

图 6—3：$T^A=1.1$。

图 6—4：$T^A=1.5$。

图 6—5：$\eta=10$。

图 6—6：$\eta=10$，$T^A=1.275$。

[注释]

[1] 在模拟基础上对该问题进行的研究见 Calmette 和 Le-Pottier (1995)。

[2] 这是应用在很多可计算的均衡贸易模型中的阿明顿假定（Armington，1969）。

[3] 当替代弹性为单位弹性时，各种产品在世界收入中的份额都相同。因此，两种产品的相对需求及相对价格都不变，图 6—4 中相应的曲线是高度为 1 的水平线。

[4] 我们可以认为两地各生产一种产品，或者更准确地说两地分别生产固定种类的产品。

[5] 这里利用了非黑洞条件（$\rho>\mu$）。

第Ⅲ篇

城市体系

第7章　城市体系的空间模型：启发式的介绍

区域经济学与城市经济学之间的界限一直都很模糊。然而，本书的第Ⅱ篇所运用的分析方法更像是区域经济学而不是城市经济学。首先，在第Ⅱ篇中我们集中考虑的是由少数几个不连续的区域构成的经济，而不是城市经济学家通常假设的连续空间。同时，分析还忽略了很多城市经济学特别关注的问题，例如，新的城市是如何形成的？为什么规模各异的城市能够共存？自发或人为的运输费用的变化会对城市分布产生怎样的影响？当然，我们也忽略了城市经济学家一直以来都很关注的一个问题，即地租梯度在地区决策中的作用。

在这一篇中，我们用一个分析框架来研究一系列模型。这一分析框架与第Ⅱ篇的非常相似，只是在细节上有所不同。而这些细节上的差异使得该分析框架能更好地处理城市经济学所关注的问题。特别地，我们主要在连续空间中进行分析，同时引入对农业更为现实的处理方法，即认为地租梯度在地区决策中起着至关重要的作用。

这种注意力的转变，为我们提供了一个新颖而又富有价值的视角。这一视角有助于我们理解经济在空间上是如何演进的。尤其是提出了一个令人兴奋的新思路，这对我们理解以两幅共同演进的图景表示的空间经济学很有帮助。就这两幅图景而言，一幅显示了经济活动当前的分布状况，另一幅显示的是经济活动的分布状况在市场潜力作用下的未来演变趋势。然而，深入探讨这些问题是要花费一番心血的。与区域模型相比，空间城市模型肯定要涉及更多的代数运算。

在第Ⅲ篇中，用模型来理解复杂的经济活动并不困难，难的是如何处理建模过程中出现的一些细节问题。其基本思想是非常简单的，因此在讨论细节之前有必要将模型的基本思想讲清楚。

为此，在本章中，我们运用启发式的方法来介绍城市体系的空间建模。这与本书第 2 章中的区域科学模型有异曲同工之妙，即说这种方法是启发式的，也就委婉地表明这种方法不够严谨，例如，对预算约束和市场结构的处理就经不起仔细的推敲。不过，正如我们在第 2 章中所看到的那样，一些人为的模糊自有它的用处。基础—乘数分析法虽然经不起认真的推敲，却有效地培养了我们对区域经济学的重要直觉，并成为我们实证研究的向导；它不是对已有的中心—外围模型的替代，而是一种颇有价值的补充（并有助于我们了解这种更加完善的模型是怎样运作的）。本章所采用的分析框架在方法和内容上与第 2 章的都很相似：这是一种很特别却不太严谨的方法，它既可以用来研究制造商怎样在相互依赖中选址，又可以充当随后更为完善的分析的向导。

现在让我们转入正题，将框架展开，看看运用此框架所能论述的问题。事实上，我们只是对这些问题进行初步的分析。在后面，每个问题都会得到更为完善的分析。

区位决策与需求分布

设想有这么一个经济体。在该经济体中，人口和经济活动都分布在一条线上（比起本书第 5 章中的图灵模型来，这条线是一条普通的直线而不是圆圈）。像区域模型中的假设一样，该经济体中只有两种产品，即农产品与工业品。农业是外生的，并在地理空间中均匀分布；而制造业是可以流动的。[1]同时，假设制造业部门包含很多对称的产品，没有哪种产品能在制造业部门的产出中占有重要地位。

在此我们对现实进行了简化。对于市场结构、价格决定和每种制成品所面临的需求，我们都没有在模型中明确地表达出来，只是很模糊地提一下。我们假定每种制造业商品的人均消费量为一个固定值（我们可以将其标准化为 1），在此并没有明确地考虑价格弹性。事实上，我们完全没有考虑价格的作用。我们假设每种商品都由一个垄断厂商生产。在消费的地理分布既定的情况下，垄断厂商会建立一个或几个工厂，以使生产和运输的总成本最小化。

每个制造商可以随意选择工厂的数目。但是每增加一个工厂，就会导致固定成本增加 F。生产的边际成本为常数 c，单位商品的单位距离

的运输成本为 τ。至于这些成本用何种单位度量，我们不予考虑。

最后，假定在制造业中就业的人口占总人口的比例为 μ，则每种商品所面临的需求中有 μ 来自制造业工人，而且制造业工人的地理分布与生产的地理分布是相同的。当然，这意味着制造商的选址是相互依赖的，每个制造商的一个或几个最优选址都依赖于其他制造商所选择的厂址。

必须承认，我们的假设与现实有较大的出入，而且有时也会前后不一致。不过，借助这些假设，我们可以展开一系列的分析。这些分析对随后几章所提出的问题进行了初步的探讨。

城市区位的维持与锁定

是什么使城市合成一体？为什么在人口和企业不断流动的情况下，城市仍然持久稳固？我们可以利用一种非常特别的启发式分析法来深入了解这些困扰了我们很久的问题。这种特别的启发式分析法在本书第 8 章中将会得到更为完善的发展。

假设经济体中的全部人口都分布在一条长度为 1 的直线上，并将人口总量标准化为 1（因此对每种工业品的消费也为 1）。占总人口的$1-\mu$比例的农民均匀分布在这条线上，他们对每种工业品的消费量也为$1-\mu$。同时假设固定成本 F 相对于运输成本非常大，因此每个制造商都不考虑其他制造商的位置而仅仅选择在一处设厂。这样问题就变得简单了。我们不用考虑每个制造商有多少个工厂，只要考虑它们在哪里选址就可以了。

一种可能性是，所有的企业都集聚在单一的城市地区，比如 r。其中，r 是一个大于 0 小于 1 的数。在什么样的情况下，这样的集聚是一个均衡？[2]

每个制造商都会考虑选择一个地区（比方说 s）以最小化生产与运输的总成本。就像我们前面描述的那样，不管位置选择如何，生产成本相同（固定成本既定，边际成本不变）。因此问题就简化为运输成本的最小化。

图 7—1 表明，当其他制造商都聚集在地区 r，若一个制造商将厂址定在地区 s，则应该如何计算该制造商的总运输成本。首先，该工厂西边的农民在全部农民中所占的比例为 s，他们距离该工厂的平均距离为

$s/2$。其次，所有农民的总需求为 $1-\mu$。于是，将工业品卖给这部分农民的运输成本为 $(1-\mu)\tau s^2/2$。同理，将制造业产品卖给该工厂以东的农民的运输成本为 $(1-\mu)\tau(1-s)^2/2$。最后，城市消费者距离该工厂的距离为 $|r-s|$。同时，他们的消费量为 μ。于是，将工业品卖给他们的运输成本为 $\mu\tau|r-s|$。因此，总运输成本为：

$$TC=\tau\left\{\frac{1-\mu}{2}\left[s^2+(1-s)^2\right]+\mu|r-s|\right\} \tag{7.1}$$

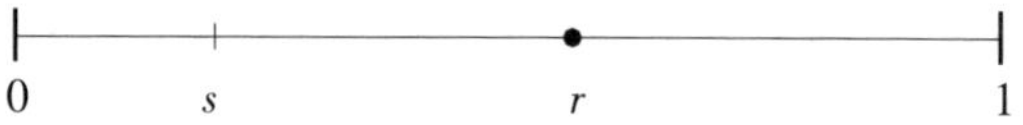

图 7—1　工厂位置

图 7—2 表示的是，在参数 $\tau=0.1$，$\mu=1/3$，$r=0.4$（也就是说，城市在该国地理中心以西）的情况下，作为 s 函数的总运输成本曲线（图中运输成本为负值，因此企业将选择位于曲线顶部而不是底部的点，这样做是为了强调运输成本函数与市场潜力函数之间的相似性，市场潜力函数将在后面的章节中导出）。显然，在这种情况下，运输成本达到最小的点，即在其他企业的位置给定的情况下，该企业的最优位置在 $s=0.4=r$ 处。也就是说，每个企业都将厂址定在其他企业的所在地。因此，对于该经济体来说，位于 $r=0.4$ 的城市是个均衡的地理位置。

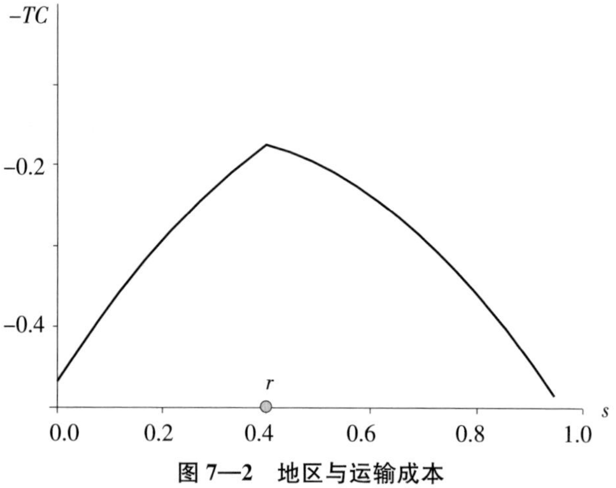

图 7—2　地区与运输成本

为什么均衡可能偏离地理中心呢？如果均衡的城市出现在 $r=0.5$ 处，那是理所当然的，因为坐落在中心使得将商品运往农业区的成本最小。其他均衡之所以是可能的，当然是因为制造业部门本身就是个市场，从而吸引每个制造商向其他制造商靠拢。在偏离中心的城市的带动下，每一个制造商的最优位置也会偏离中心。

对于经济的这种维持并使城市偏离地理中心的能力，可能仍有人感到惊讶。假定城市最初位于地理中心，然后将它向东或向西移动。制造业的最优区域不仅随城市移动而移动，而且必须自始至终紧紧跟随。有人认为，企业的最终选择将是一个折中方案。该方案所选定的位置必定位于两个位置之间：一个能使将商品运给农民的成本最小；另一个能使将商品运给城市消费者的成本最小。果真如此的话，当设想中的城市偏离中心时，企业将在地理中心与城市之间选址，因此偏离中心的城市将不会成为一个均衡。但事实上，在一定范围内，企业不会去做折中的选择，它们会将厂址设在城市所在地。

图7—3说明了这一点，参数的取值与图7—2一样。横坐标 r 表示设想中的城市集中的区位；纵坐标 s 表示单个企业的最优区位，它是通过计算（7.1）式的最小值获得的。在 $r=0.25$ 至 $r=0.75$ 这个相当大的范围内都有 $s=r$，即此时每个企业最优的位置决策就是将厂址设在城市所在地。在该范围内，城市建在任何地方都是均衡的。

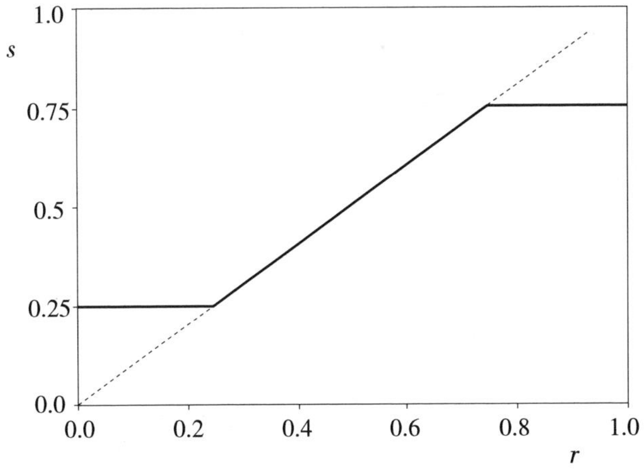

图7—3　城市位置与工厂位置

这个结果是由方程（7.1）的形式决定的。方程（7.1）表明，运输成本函数在 r 处（导函数在这一点上是不连续的）达到极值。如果将工厂逐渐向东移动，只要工厂原来位于城市的西面，那么将商品运给城市人口的成本就会不断下降。一旦到达城市并背离城市继续向东移动时，成本转而突然开始上升。使导函数变得不连续的点，进而使得将厂址选在城市所在地成为成本最小的决策。

即使在更加完善的模型中也能得到同样的结果。在下面几章建立的模型中，在利润最大化的驱使下，厂商选择的是相当复杂的市场潜力函数的最大值，而不是简单度量运输成本的方程（7.1）的最小值。然而，市场潜力函数仍然会在城市集聚处取得最大值。而且，城市集聚还会在此处得到维持。也就是说，在现存的城市范围内，市场潜力函数可取得最大值。

我们的分析也可稍微偏离一下，以便至少可以为我们分析在人口和企业不断流动的情况下城市还能保持稳固的原因提供参考。假设用一个新企业来代替城市里的任一企业。新企业的市场潜力函数与原企业稍有不同，甚至于这个企业对地理中心以东的地区有点偏爱。但是，只要该企业与现存企业的差别不是太大，新企业的市场潜力函数仍会在城市范围内达到极值。因此，城市所在地仍是该企业的最优位置。

当然，结论不是在所有的城市地区都成立。在图 7—3 中，我们看到，如果城市距离地理中心过远的话，企业就不会在那里设厂。因此，只有在一定范围内，城市才会是一个均衡。可以说，一个城市就是通过使市场潜力最大化来自我维持的。我们可以将城市的范围用数学公式表达出来。考虑总成本函数在 $s=r$ 左右两侧关于 s 的导数，即工厂由城市以西向城市以东移动时总成本的变化。它们分别为：

$$\frac{\partial TC}{\partial s}=\tau[2(1-\mu)r-1] \tag{7.2}$$

$$\frac{\partial TC}{\partial s}=\tau[2(1-\mu)r-1+2\mu] \tag{7.3}$$

如果我们想知道坐落在地理中心以西的城市地区（$r<0.5$）是否处于均衡状态，那么我们就需要确定，将工厂稍微向地理中心移动一点并不能带来什么好处。也就是说方程（7.3）的值必须为正：

$$r>\frac{1-2\mu}{2(1-\mu)} \tag{7.4}$$

若上式成立，则方程（7.3）为正。

同理，如果城市坐落在地理中心东面，我们就需要确定，将工厂稍微向西移动一点并不能带来什么好处。也就是说，方程（7.2）必须为负。

$$r < \frac{1}{2(1-\mu)} \qquad (7.5)$$

若上式成立，则方程（7.2）为负。

前面我们一直在考虑 $\mu=1/3$ 的情形。将 $\mu=1/3$ 代入（7.4）式和（7.5）式，可以得到此时城市的范围是 $0.25<r<0.75$，这也正是图 7—3 显示的结果。

现在，我们已经明白城市一旦形成后，它是怎样自我维持并稳固的了。但是，我们如何才能理解多个城市的形成过程？又怎样才能理解为什么会存在一个包含着多个城市的体系？

人口增长与城市形成

在本书第 5 章中我们看到一种考虑人口集中的形成的方法，先设想一幅制造业厂商随机或（几乎）均匀分布的画面，然后引入动态过程，再描绘出井然有序的空间结构的形成过程。运用这种方法解决问题有时比较有效。然而当我们考虑城市的形成时，从经验研究的角度看，没有必要使用这种方法，同时它也不是一种有用的理论分析方法。

而本书第 1 章所综述的城市体系文献中耳熟能详的方法却是最好的方法，想象一个经济体，其中已有一个或几个城市存在，允许人口增长。然后，使用一般的动态分析方法（它可以在一定程度上将原本非常复杂的空间均衡分类整理清楚），考虑新的城市将在何时何地出现。

为此，需要谨慎处理市场结构和一般均衡；我们将在本书第 9 章中对此展开讨论。不过，还是让我们先用启发式的分析方法来探讨一下这个问题。

假设一个经济体，其基本结构与前面相似。不同的是，我们在这里假定，代表经济体的整条线很长，农民不再均匀分布于整条线上。在不失一般性的情况下，我们假设，只有在 $-S \sim S$ 这一段，农民是均匀分布的。设农民的人口密度为 d，同时假设所有的制造业厂商都集中在地理区域的中心（即位置 0）处。

现在，我们假设人口开始增长，但是农业人口的密度保持不变，因此农业的边界将会向外扩张。随之而来将会发生什么情况呢？

为减少将工业品运往农业区腹地的成本，制造商会选择在现有城市之外的某处建立新的工厂。我们分三步来讨论这个过程：首先，如果制造商确实需要建立新工厂，那么它们会在哪里建造；其次，在什么样的情况下，建立新的工厂才是有利可图的；最后，我们转而考虑由此而得到的启示。

图 7—4 显示了新工厂是如何减少运输成本的。当新工厂不存在时，现有城市东面从 0 到 S 间的农村市场将全部由城市中现存的工厂供给。如果在 s 处建立一个新工厂，那么只有从 0 到$s/2$间的农民由原工厂供给，剩下的从 $s/2$ 到 S 间的农民将由新工厂供给。

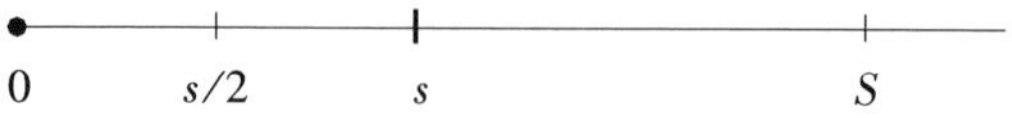

图 7—4　人口增长与城市形成

如果真要建立新工厂，应在哪里建造呢？就像前面所讨论的那样，只需考虑运输成本的最小化。对城市东面的所有农民而言，可以将他们分为三组消费者来讨论。（城市居民和城市西面的农民由原来的厂商供给。）有 $s/2$ 的农民仍由原厂商供给，他们距离原厂商的平均距离为$s/4$；另外 $s/2$ 的农民更靠近新工厂，他们距离新工厂的平均距离也为 $s/4$；在新工厂东面有$(S-s)$的农民，他们距离工厂的平均距离为 $(S-s)/2$。因此，总运输成本为：

$$TC = \tau d\left[\frac{s^2}{4} + \frac{(S-s)^2}{2}\right] \tag{7.6}$$

使总成本最小化的地区在 $s=2S/3$ 处。因此，如果要建立新工厂的话，就应建在与农业边界的距离为 $2S/3$ 的地方。

应该建立这样一个新工厂吗？如果不建立的话，中心以东至距离为 S 的农民将全部由原工厂供给，他们距离制造商的平均距离为$S/2$，因此运输成本为 $\tau dS^2/2$。如果建立的话，只有 $S/3$ 的农民由原工厂供给，他们距离原工厂的平均距离为 $S/6$，因此运输成本为 $\tau dS^2/6$。因此，运输成本减少了$\tau dS^2/3$。另一方面，建立新工厂要花费固定成本 F。所以，当二者相等时，就应该建立一个新工厂：

$$\tau dS^2/3 = F \tag{7.7}$$

或者，当 S 取得临界值时，应该建立新工厂：

$$S^* = \sqrt{3F/\tau d} \tag{7.8}$$

这一标准对所有厂商都适用。因此，当 S 的取值为 S^* 时，一个新的制造业中心就会在 $2S^*/3$ 处出现（事实上，即使企业间存在些许差异，制造业中心的出现也将会扩大市场规模，并导致很多企业蜂拥而至）。市场潜力函数会在新的制造业中心处取得最大值，从而使得该地区自我稳固。

考虑人口进一步增长的情况。只要农业的边界越过许多现存的城市抵达 S^*，制造商就又会开始建立新的工厂。随着时间的发展，最后将会形成一个城市体系。在这个城市体系里，城市与城市间的距离为 $2S^*/3$。距离的大小取决于模型中的参数。在方程（7.8）中，我们看到当 F 增加时，城市间的距离也会增加。城市间距离的大小间接地反映了固定成本的大小，从而可以用其来粗略地测量规模经济的重要性。当运输成本 τ 或农业区人口密度 d 增大时，城市之间的距离会减少。

应该注意到，这里的分析阐述了本书导论中的一个原理：在存在收益递增以及由此形成的多重均衡的情况下，动态分析方法通常是一个很简便的分析工具。在这一情形中，借助于动态分析方法，我们可以深入了解模型的基本参数与城市规模及位置之间的关系。如果只用静态分析方法来分析，将很难达到这一点。

城市层级

在本书第 2 章中我们指出，生动地描述了城市层级的中心地区理论，在空间经济学思想的发展过程中起着巨大的作用。但是直到最近，中心地区层级才开始出现在一个分散的市场过程中。我们这里所采用的方法至少对中心地区层级是如何形成的提供了借鉴性的看法。要得到城市的层级分布是相当困难的（即使采用启发式的讨论也有模糊不清的地方），人们越是悉心思考有序的中心地区层级，就越不能轻易地接受它。不过，至少我们可以了解真正的中心地区模型需要具备哪些条件。

假设现在有两类制造业，行业 1 和行业 2，雇用的劳动力分别占总人口的 μ_1 和 μ_2。两个行业的参数不同，这种差异使得行业 2 的临界值 S^*（值得建立新工厂的农业部门边界的距离）是行业 1 的好几倍。假设刚开始所有的制造业都集中在一个城市，同时允许人口增长。

可能发生的情况是，当新的城市形成时，这些城市一开始只包含“层次较低”的行业 1。随着农业的边界不断向外扩张，在行业 2 值得建立新工厂之前，会形成几个“第 1 类”（type 1）城市。

然而，当行业 2 建立新工厂后有利可图时，新工厂不仅要为农村人口提供商品，还要尽量向就业于第 1 类城市的工人靠拢。行业 2 的市场潜力函数在已经形成的第 1 类城市处取得最大值。这似乎表明（但不确定），行业 2 会在第一类企业集聚的地方建立新企业。至此，我们已经能了解其大概的进程：人口的增长会导致一系列小城市的形成，这些城市只包含行业 1；然后出现了一个既包含行业 1 又包含行业 2 的更大的城市；然后继续发展。总之，经济体中形成了一个中心地区层级。

我们没有理由将讨论只限定在两个行业中。在第 10 章中我们将讨论三个层次的中心地区层级。

港口与运输中心

即使随意一瞥也会发现，虽然城市位置具有相当大的主观性，但是世界上很多大城市都得益于其得天独厚的自然优势，主要是拥有一个好的港口或是其非常接近主要的水上通道。我们希望用一种正规的方法来解释港口和交通枢纽易于成为城市中心的原因。利用下面的分析方法，我们可以轻易地解决这个问题。

为了解释大城市很可能就是港口的原因，我们利用图 7—5 来阐述交通枢纽的作用。假设经济体就是一条直线，这条线在 b 点出现分岔。两条分支上都分布着农田并一直延续到 S 点，S 点到 0 点的距离相等。[3] 为了便于讨论，我们假设已有一个城市坐落在 0 点。那么当人口增加时，新的城市将会在哪里出现呢？

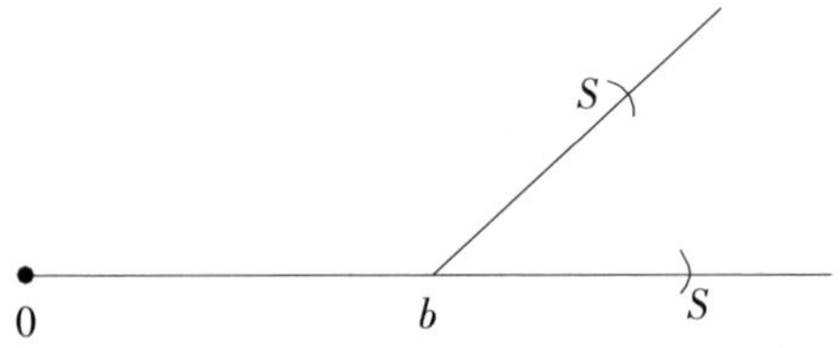

图 7—5　港口与运输中心

显然，比起其他可能的位置，分岔点 b 具有特别的优势。具体到一家已在 0 点设有一个工厂的企业，当我们将其第二个工厂由 0 点向右不断推移时，想象一下总运输成本是如何计算的。首先，当我们将该工厂从 0 点向东推移时，将商品运往 0 点西面的农民的成本将会上升，而运往 0 点东面（包括两条分支）的农民的运输成本会不断下降。但是当工厂越过 b 点向任一分支移动时，将商品运往另一分支上的农民的成本将会增加。因此，分岔点是总运输成本曲线的一个极值点。

企业的运输成本可以用下式来表示：

$$TC = \tau d\left[\frac{s^2}{4}+\frac{(S-s)^2}{2}+(S-b)\left(|b-s|+\frac{S-b}{2}\right)\right] \quad (7.9)$$

比起方程（7.6），该方程增加了将商品运往新的分支上的、数量为 $S-b$ 的农民的成本。他们与分岔点的平均距离为 $(S-b)/2$，分岔点与工厂的距离为 $|b-s|$。运输成本函数在分岔点左右两侧的导数表示如下：

$$\text{对于 } s<b, \quad \frac{\partial TC}{\partial s}=\tau d\left(\frac{3s}{2}+b-2S\right) \quad (7.10)$$

$$\text{同时,对于 } s>b, \quad \frac{\partial TC}{\partial s}=\tau d\left(\frac{3s}{2}-b\right) \quad (7.11)$$

除非分岔点位于已开发的区域的边缘，也就是说，在该点以外没有土地，否则第一个导数的值将比第二个的小，因此分岔点是个极值点。其次，因为第二个导数的值是正的（由于 $s>b$），所以将工厂建在分岔点的右侧不能使成本达到最小。对于所有小于且等于 b 的 s 来说，如果 $b<4S/5$，则第一个导数的值将为负。这意味着，如果分岔点与城市的距离少于从城市到边界的距离的 80%，那么在分岔点建立工厂将会使成本最小化。只有当这一条件不成立时，即分岔点非常接近 S 时，在其他点设厂才会使成本最小化。

现在我们看到，分岔点很可能会成为一个新城市的所在地。除非在参数非常特殊的情况下，即在参数空间内有一个测度为 0 的集合，其他点才有可能成为新城市所在地。因此，在相当大的参数范围内，交叉点都会成为城市所在地。

结　论

在本章中，我们用于分析城市存在与形成的基本方法有一些不够严谨的地方，不能完全解决最大化或均衡的问题，但它为我们理解下列问题提供了启示，为什么城市能够存在（企业将会在由其他企业集聚而形成的市场潜力函数的极值点建立工厂)？城市是怎样形成的（农业人口的不断增长导致人口向外扩张，最终使得制造商建立新的城市变得有利，并且新城市由于会成为极值点而自我稳固)？为什么城市会形成层级（运输成本及商品间规模收益的不同使得城市的层级不同)？自然优势（例如，有一个港口）是怎样促进城市的形成的［通过在市场潜力函数中形成自然极值点（natural cusps)]？下一步我们将通过阐述细节来对这些充满吸引力的问题进行更好的讨论，即首先从一个单一孤立的城市模型开始，对冯·杜能模型进行修改。

［注释］

［1］在第Ⅲ篇其他章节建立的模型中，我们允许农民迁移，因此，农业生产的地区是内生变量。不过由于本章讨论的需要，我们暂不考虑这个现实问题。

［2］我们没有考虑这样的集聚是怎样出现在最初的位置的。对于这一问题，本书第 5 章的图灵模型给出了一种解释，另一种解释以后再给出。

［3］我们同时假设 $2b>S$，这样如果在大于 b 的任意一点建立工厂，都能使商品提供给两个分支上的消费者的成本达到最小。

第8章　单中心经济体

你如果想举一个关于著名经济学家是如何用十分简洁的语言来概括事物本质的例子，那么最好要熟悉冯·杜能的经典著作《孤立国度》（*The Isolated State*）一书中开头的一段话：

> 假设存在一个大城市，其四周都是肥沃的平原，大城市位于这个平原的中心。平原上没有河流与运河。整个平原上的土地肥沃程度相同，且适于耕种。离大城市极远的地方是一片不适合耕种的荒野，它切断了整个国家与外界的所有联系。平原上也没有其他城市存在。因此，中心城市必须为其周围的农村提供所有的工业品，同时又从周围的农村获取其所需的农产品。[1]

以此为始，冯·杜能发展了一个经典模型来同时决定土地利用和土地租金。从那以后，人们就开始对这个模型不断地进行修正。[2]然而，对所有这些修正模型而言，它们都简单地假设制造业都集中在中心城市。据我们所知，以冯·杜能的模型为基础发展起来的各种理论，都没有同时推导出中心城市的存在和土地利用的模式。在本章中，我们将会弥补这个缺陷。

我们这样做有多方面的原因。当然，首要原因是我们想填补人类思想史上的空白。但是，还有其他一些原因。尽管我们的最终目标是超越单中心地理去考察城市体系，但是这种单中心的情形为我们提供了一个机会，能将我们的分析工具运用到一种相对简单的情形中去。此外，在后面几章中我们将会发现，以这个单中心的例子为基础，也可以把多城市体系看成是随着时间的推移，模型中城市不断增加这一假设条件的结果。显然，研究多城市体系的出发点必须是只有一个城市的经济体，即单中心经济。

本章中模型的基本结构与本书第Ⅱ篇所分析的模型密切相关。经济体包括两个部门，即农业部门和制造业部门。前者提供单一、同质的农产品；后者提供连续的差异化产品。同本书前几章所述一样，向心力是在规模经济、运输成本以及要素流动的相互作用中产生的。在本章中，我们主要对要素的定义进行了修改。我们假定，经济体中的所有劳动者都是同质的，并且可以自由流动，可以选择在农业或制造业部门中工作。然后再引入一种与离心力有关的不可流动的要素：用于农业生产的土地。这使得我们可以引入土地市场以表达出冯·杜能模型的基本思想。在整个第Ⅲ篇的分析过程中，我们的研究都是以连续空间为背景的。

那么我们怎样分析连续空间中的区域呢？我们将会看到，主要分析工具是市场潜力函数。虽然这个函数在某些细节方面同哈里斯（1954）及其他一些理论先驱所考虑的不一样，但其本质还是相同的。

在本章中，我们要问的主要问题是，如果所有制造业商品集中在单一城市进行生产的冯·杜能式地理是一个均衡的话，那么这个均衡在什么时候才能够达到？我们将会看到，在对模型的参数做一些常规的限定的情况下，只有在人口数小于某个临界值时，单中心地理才是稳定的，才能够持续下去。这个发现为我们在后面几章中研究多城市体系奠定了基础。[3]

模　型

我们考虑一个狭长的、延伸很远以至于可以忽略边界的经济体。换句话说，我们的研究是在一维线性空间中进行的。在这条线上，分布着同质的土地，每单位距离相当于1单位土地。经济体中有 N 个劳动者，在此模型中（不同于本书第Ⅱ篇中的模型的假定），他们可以自由选择工作的部门或地点。经济体中的消费者包括这些劳动者和地主。为了使问题简化，假设这些地主是依靠其所拥有的土地来维持生计的，亦即地租收入必须在获取租金的地方进行消费。[4]与第3章一样，我们假设所有消费者都有相同的偏好。

农产品的生产要使用两种要素，且投入比例固定，即生产1单位产品需要投入c^A单位劳动力与 1 单位土地。工业品的生产只需要投入劳动，且生产技术同第Ⅱ篇中的假设。最后，运输成本的含义同第 5 章中的定义，由于单位距离内产品的损耗比例是个常数，因此，如果 1 单位产品 $A[M]$ 的运输距离为 d，那么到达目的地时实际上就只有 $\exp(-\tau^A d)[\exp(-\tau^M d)]$ 单位的产品了。

这个模型中离心力和向心力的产生方式与本书第 4 章至 6 章中完全相同。农业生产需要土地和劳动力两种要素，所以农业生产者必须分布在这条线上。这就产生了一种使制造业也分散的动力：一方面不仅要接近农村市场，还要接近廉价的农产品市场；另一方面，制造业的地区既要接近其他制造业工人形成的需求市场（后向关联），又要接近其他制造业工人所生产的工业品的供给市场（前向关联）。在其他条件相同的情况下，最终结果是，当制造业工人彼此接近时，其实际收入会得到提高。我们的结论可以从促使集聚形成的向心力与破坏集聚的离心力两者的合力中引导出来。

我们立刻就可以猜想到，如果工业品的差异化程度非常大，同时工人总人数不是特别多，那么向心力就会超过分散的农民所带来的离心力，这使得所有工业品的生产都集中在一个单独的城市中。也就是说，经济地理是单中心的。但是，如果工业品的替代性很强，以及（或者）人口足够多（因此，单中心经济体中的农业地区将延伸到离中心城市很远的地方），那么单个生产者就有动力到离城市很远的地方设厂。此时，单中心结构将无法存续下去，并将会有其他的城市出现。为了表明这些猜测是正确的，我们的研究将分两步进行：首先，我们假定存在一个单中心地理经济体，并且推测出这样一个冯·杜能经济体中的经济活动的空间分布和各种价格；其次，再通过分析每个制造业厂商是否愿意离开假设的集聚中心来考察这个单中心地理。

在我们开始分析之前，还需要注意几点。与本书第 3 章一样，我们继续将用来衡量产出和产品数目的单位进行标准化。不过，我们没有将衡量劳动力的单位也标准化。这是因为我们要考虑任何一种情况下劳动力规模的变化所带来的影响。此外，与第 5 章一样，我们稍稍修改了标记来说明假设空间的连续性：我们不再使用下标表示区域，例如，将地区 r 的工资率记为 w_r^M，而把所有变量都看成是连续区域的函数，因此，我们将地区 r 的工资率记为 $w^M(r)$ 。其中，r 表示这条线上的某个位置。

冯·杜能经济体

考虑图 8—1 所描述的冯·杜能经济体的空间轮廓。在这个图中，假定所有工业品的生产都发生在一个城市。如果有必要的话，我们可以重新标记区域以使得城市坐落在 0 点处。农业地区从 $-f$ 延伸到 f，f 表示（内生的）农业部门的边界。城市为其周围的农村地区提供工业品，同时又从周围的农村地区购买农产品。现在，我们简单地假定经济体的空间结构就是这样的，并且利用这个假定来决定产品的均衡价格，要素的均衡价格以及均衡的土地使用量。

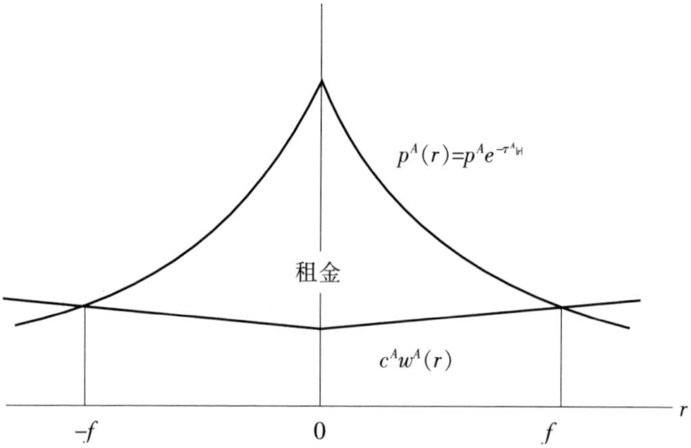

图 8—1 单中心空间结构

令 $p^A \equiv p^A(0)$ 以表示农产品在中心城市的价格。假定农业地区的每个区域只生产 1 单位农产品，并且在满足当地消费需求后将剩余产品提供给中心城市。由于存在农产品运输成本，所以离中心城市越远，农产品价格就越低，即：

$$p^A(r) = p^A e^{-\tau^A|r|} \tag{8.1}$$

令 $R(r)$ 和 $w^A(r)$ 分别表示地区 r 的地租和农业劳动力的工资率。土地租金等于每单位土地的产值减去耕种这单位土地所需的 c^A 个劳动力的总工资，即 $R(r) = p^A(r) - c^Aw^A(r) = p^Ae^{-\tau^A|r|} - c^Aw^A(r)$ 。

在可耕种土地的边界上，即与城市的距离为 f 的地方，土地租金为零。所以有：

$$w^A(f)=\frac{p^A e^{-\tau^A f}}{c^A} \tag{8.2}$$

两个部门都能带来收入。中心城市有 L^M 个制造业工人，因此，城市中的收入等于制造业工人的总工资 $w^M L^M$。在其他地区，收入等于农产出的价格 $p^A(r)$ 。

转而考察制造业，我们把中心区域的工业品价格作为参照物，这就意味着城市中制造业的工资也是 1。根据方程（3.30），有：

$$p^M(0)=w^M(0)=1 \tag{8.3}$$

由于假定制造业只发生在中心区域，因此价格指数 $G(r)$ 的表达式也变得非常简单。根据本书第 3 章中的方程（3.34）对 $G(r)$ 的定义，我们得到：

$$G(r)=\left(\frac{L^M}{\mu}\right)^{1/(1-\sigma)} e^{\tau^M |r|} \tag{8.4}$$

工业品运输成本的存在意味着，离中心区域越远，价格指数也就越高。令 $G\equiv G(0)$ 来表示中心区域的价格指数。

现在我们已获得了所需要的各种信息，下一步就要决定均衡了（再一次强调，目前只是简单地假设制造业集中在城市）。我们可以认为，均衡是由以下两个条件决定的，即农产品市场出清以及农民和工人的实际工资相等。下面我们将依次考察这两个条件：

首先，中心城市获得的收入是 $w^M L^M$，占收入 $1-\mu$ 的部分花在农产品 A 上，所以城市的食品消费量为 $D^A=(1-\mu)w^M L^M/p^A$。同时每个农业地区也将占其收入 $1-\mu$ 的部分花在食品上，留下 μ 单位提供给城市。从 s 区域出发，μ 单位中只有 $e^{-\tau^A|s|}$ 部分到达城市，所以城市中的食品总供给为 $S^A=2\mu\int_0^f e^{-\tau^A|s|}\,\mathrm{d}s$。但是，城市的劳动力等于总的劳动力减去农民的总数，即 $L^M=N-2c^A f$，而且城市中的工资水平为 1，即 $w^M=1$，因此我们可以把农产品市场出清的条件归结为农民的数目与食品价格之间的一种关系，即：

$$p^A=\frac{(1-\mu)(N-2c^A f)}{2\mu\int_0^f e^{-\tau^A|s|}\,\mathrm{d}s} \tag{8.5}$$

方程（8.2）给出了位于边界地区的农民的名义工资，他们的实际工资是：

$$\omega^A(f)=w^A(f)G(f)^{-\mu}p^A(f)^{-(1-\mu)}$$
$$=\frac{1}{c^A}(p^A)^{\mu}G^{-\mu}e^{-\mu(\tau^M+\tau^A)f} \tag{8.6}$$

而城市工人的实际工资是：

$$\omega^M=G^{-\mu}(p^A)^{\mu-1} \tag{8.7}$$

因此，要使农民和城市工人的实际工资相等就意味着：

$$p^A=c^Ae^{\mu(\tau^A+\tau^M)f} \tag{8.8}$$

图 8—2 表明市场出清的条件（8.5）式和实际工资相等的条件（8.8）式是如何同时决定农产品 A 的价格以及农业地区的规模 f 的。很明显，在其他条件相同的情况下，人口的增加会引起 p^A 的增加直至市场出清；随着 N 的增加，市场出清曲线向上移动，结果使得均衡时的边界向外移动。

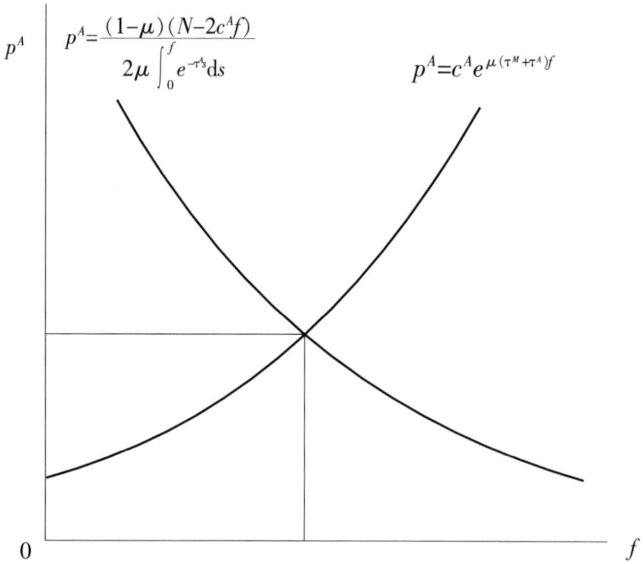

图 8—2　价格 p^A 与边界 f 的均衡值的决定

给定相对价格和劳动力在农业部门与制造业部门之间的分配情况，其他变量就可以确定了，尤其是实际工资率（均衡时所有劳动者的都相同）。通过对方程（8.7）进行连续代入，就可以把制造业工人的实际工资表示为边界距离 f 的函数，f 是人口规模 N 的单调函数，即：

$$\omega \equiv \omega^M(0) = \left[\frac{2(1-e^{-\tau^A f})}{(1-\mu)\tau^A}\right]^{\mu/(\sigma-1)} \left[c^A e^{\mu(\tau^A+\tau^M)f}\right]^{\mu\sigma/(\sigma-1)-1} \quad (8.9)$$

这一关系可以用图 8—3 来加以阐述，图中曲线是在 $\rho = [(\sigma-1)/\sigma]$ 取不同的值，同时 μ 恒等于 0.5 的情况下画出来的。可以通过将方程（8.9）对 f 进行全微分来刻画出这些曲线的主要特征：

$$\frac{\mathrm{d}\omega}{\mathrm{d}f} = C\omega\left(\frac{\mu-\rho}{1-\rho} + \frac{\tau^A}{\tau^A+\tau^M}\frac{e^{-\tau^A f}}{1-e^{-\tau^A f}}\right) \quad (8.10)$$

其中，C 是大于零的常数。

从这个方程中可以看出，如果经济不满足非黑洞条件（即 $\rho>\mu$），那么 $\mathrm{d}\omega/\mathrm{d}f$ 总是大于零的，因此实际工资总是随着人口规模的增加而增加。不过，如果我们假设经济满足非黑洞条件，那么在 f 比较小时，斜率 $\mathrm{d}\omega/\mathrm{d}f$ 肯定为正。然而，当 f 比较大时，斜率 $\mathrm{d}\omega/\mathrm{d}f$ 就变成负的了。所以人口规模和实际工资之间的关系是一个反 U 形（图 8—3 中的曲线与图 1—2 中的曲线十分相似。事实上，亨德森假定城市规模与城市居民效用之间的关系是反 U 形的，因此我们可以把这个分析看成是证明这种假定合理性的一种方法。不过，应该要注意的是，当不存在城市内部的交易成本以及土地利用时，也可以解释城市规模的界限。通常的做法都是给定城市的边界）。当人口从低水平开始增长时，较大的制

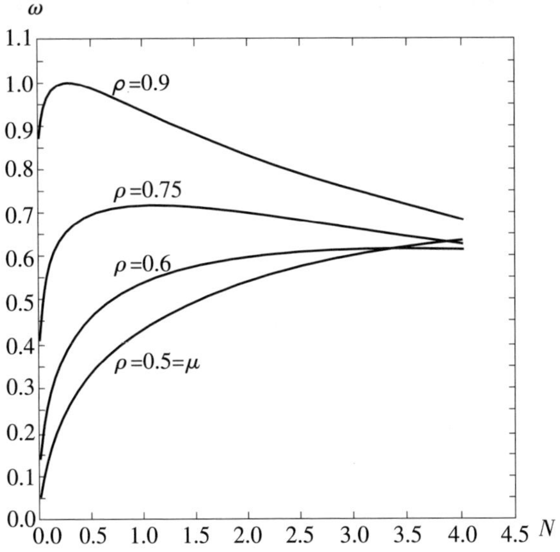

图 8—3 N 和 ρ 对实际工资 ω 的影响

造业部门所获得的利益占主导地位；但是，随着人口的持续增长，遥远的农业边界的不利因素最终会占上风。使实际工资最大化的人口规模的变化规律是：工业制成品差异化程度越大，制成品在消费中所占的份额 μ 越高，以及两个部门的运输成本越低，人口规模就越大。

我们现在已经对经典的冯·杜能模型做了解释，下一步的目标是超越经典分析，证明城市本身存在的合理性。

市场潜力函数

到目前为止，我们都是简单地假定制造业生产只发生在城市中。不过，为了说明这个单中心结构是一个均衡，我们必须要保证所有厂商都没有远离城市的动力。我们可以用一种常规的方法来对此进行讨论，即看看城市以外的其他区域的零利润厂商将会支付给制造业工人的工资是多少。如果其他任何一个区域的厂商都不会支付比城市高的工资，那么这种结构就是稳定的。事实上，将潜在的实际工资做一个单调变换就能方便地达到上述目标。我们定义制造业的（市场）潜力函数为：

$$\Omega(r) \equiv \frac{\omega^{M}(r)^{\sigma}}{\omega^{A}(r)^{\sigma}} \tag{8.11}$$

其中，$\omega^{A}(r)$ 是地区 r 代表性农业生产者的实际工资率（也是中心城市中制造业工人的实际工资率），同时 $\omega^{M}(r) \equiv w^{M}(r)G(r)^{-\mu}p^{A}(r)^{-(1-\mu)}$ 是地区 r 零利润制造厂商愿意支付的最高实际工资率。[5] 由于 $\omega^{A}(r)=\omega^{M}(0)$，所以中心城市的市场潜力为 1。单中心地理是稳定的，并且当且仅当：

$$\Omega(r) \leqslant 1, \quad \text{对所有的 } r \tag{8.12}$$

亦即，在其他地区，零利润厂商无法支付比工人现在的工资水平更高的工资。

为了推导出市场潜力函数，首先将方程（8.11）改写为：

$$\Omega(r) = \frac{\omega^{M}(r)^{\sigma}}{\omega^{A}(r)^{\sigma}} = \frac{w^{M}(r)^{\sigma}}{w^{A}(r)^{\sigma}} = w^{M}(r)^{\sigma} e^{\sigma[(1-\mu)\tau^{A}-\mu\tau^{M}]|r|} \tag{8.13}$$

由此可以看出，每个地区的实际工资之比都等于名义工资之比，并且农业部门的名义工资为 $w^{A}(r)=e^{[\mu\tau^{M}-(1-\mu)\tau^{A}]r}$。[6] 我们现在的研究方法与本书第 4 章中建立中心—外围模型的研究方法完全相同。我们需要知道制造业工人的工资方程，这个方程恰恰就是方程（3.35）在连续空间下的形式：

$$w^M(r) = [Y(0)e^{-(\sigma-1)\tau^M|r|}G(0)^{\sigma-1} + \int_{-f}^{f} Y(s)e^{-(\sigma-1)\tau^M|r-s|}G(s)^{\sigma-1}\mathrm{d}s]^{1/\sigma} \tag{8.14}$$

我们还需要制造业的价格指数以及收入的空间分布。价格指数已由方程（8.4）给出了。至于收入，城市中有 L^M 个制造业工人，所以收入也就是这些制造业工人的总工资 $w^M L^M$。其他地区的收入是农产品的价值，简单地说就是 $p^A(r)$。所以：

$$\begin{aligned}&\text{如果 } r=0\text{，则 } Y(r) = w^M(r)L^M \\ &\text{如果 } r\neq 0\text{，则 } Y(r) = p^A(r) = p^A e^{-\tau^A|r|}\end{aligned} \tag{8.15}$$

有了这些做铺垫，我们就可以推导出市场潜力函数了。

在得出市场潜力函数的精确解析式之前，我们通过数值模拟来说明它的结构。假设其他所有参数固定不变，只改变人口规模，就可以得到图8—4（我们只画出了中心城市右边的几个区域的曲线；当然，左边与右边是对称的）。[7] 我们在前面已经说明，而且从这个图中也可以看出 $\Omega(0)$ 必须等于 1。随着与城市的距离的增加，市场潜力函数刚开始是下降的，但后来又变成上升的。这反映了前向关联与后向关联之间的一

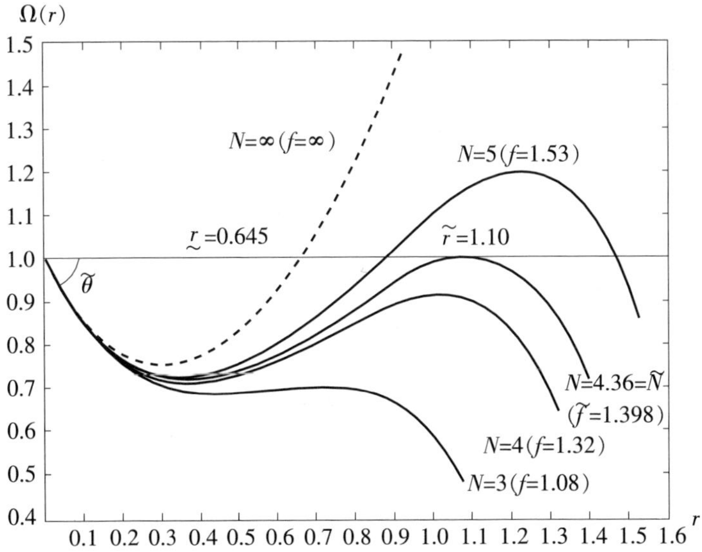

图 8—4　不同 N 值情况下单中心体系的潜力曲线

种抗衡关系：一方面，离城市较近的区域比较有吸引力；另一方面，离城市较远的地方由于距离的存在使得厂商避免了与其他厂商之间的激烈竞争，这种动力促使厂商远离中心城市。

只要 N 足够小，除城市以外的其他所有区域的市场潜力值就都小于 1。如果满足这个条件，单中心地理经济就处于均衡状态：此时没有一个区域的厂商可以达到收支相抵且支付比工人现有实际工资水平更高的工资。然而，人口的增加使得市场潜力曲线向上移动。在**人口的临界值**（critical population）$\widetilde{N}$ 处，市场潜力曲线第一次在城市以外的区域达到 1。我们称该点为 $\tilde{r}$，即制造业部门的**临界距离**（critical distance）。现在，制造业厂商打破单中心结构迁出中心城市是有利可图的。

一旦单中心结构被破坏，就会有别的结构出现。不过我们在下一章中再分析这种变化。目前，我们要更进一步仔细研究市场潜力曲线。

市场潜力函数与城市的稳定性

下面，我们进一步研究市场潜力函数。为此，我们必须求工资方程的积分。这就要求我们将积分分解为三部分，因此工资方程（8.14）就变为：

$$\begin{aligned}[w^M(r)]^\sigma = {} & Y(0)e^{-(\sigma-1)\tau^M r}G(0)^{\sigma-1} + \int_{-f}^{0} Y(s)e^{-(\sigma-1)\tau^M(r-s)}G(s)^{\sigma-1}\mathrm{d}s \\ & + \int_{0}^{r} Y(s)e^{-(\sigma-1)\tau^M(r-s)}G(s)^{\sigma-1}\mathrm{d}s \\ & + \int_{r}^{f} Y(s)e^{-(\sigma-1)\tau^M(s-r)}G(s)^{\sigma-1}\mathrm{d}s \end{aligned} \tag{8.16}$$

这个方程的每一部分都可以根据 $Y(r)$ 与 $G(r)$ 的定义［方程（8.15）和方程（8.4）］进行简化，然后利用第 8 章“冯·杜能经济体”一节*中的均衡条件消去 p^A 与 L^M。或者也可以根据经济体的对称性，只研究城市右边的区域以简化方程。将方程（8.16）右边的 4 个部分分别记为 A、B、C 和 D，我们可推导出：

$$A = \mu e^{-(\sigma-1)\tau^M r} \tag{8.17}$$

* 英文版原书中为 9.1 节，疑为印刷错误，在重新编排体例后，应为第 8 章第 2 节。——译者注

$$B=\frac{\mu p^A}{L^M}e^{-(\sigma-1)\tau^M r}\int_{-f}^{0}e^{\tau^A s}\mathrm{d}s=\frac{1-\mu}{2}e^{-(\sigma-1)\tau^M r} \tag{8.18}$$

$$\begin{aligned}C&=\frac{\mu p^A}{L^M}e^{-(\sigma-1)\tau^M r}\int_{0}^{r}e^{[-\tau^A+2(\sigma-1)\tau^M]s}\mathrm{d}s\\&=\left(\frac{1-\mu}{2}\right)\frac{e^{-(\sigma-1)\tau^M r}\int_{0}^{r}e^{[-\tau^A+2(\sigma-1)\tau^M]s}\mathrm{d}s}{\int_{0}^{f}e^{-\tau^A s}\mathrm{d}s}\end{aligned} \tag{8.19}$$

$$D=\frac{\mu p^A}{L^M}e^{(\sigma-1)\tau^M r}\int_{r}^{f}e^{-\tau^A s}\mathrm{d}s=\left(\frac{1-\mu}{2}\right)\frac{e^{(\sigma-1)\tau^M r}\int_{r}^{f}e^{-\tau^A s}\mathrm{d}s}{\int_{0}^{f}e^{-\tau^A s}\mathrm{d}s} \tag{8.20}$$

尽管每一个公式都很复杂，但我们将这些零散的公式整理后可得到：

$$\begin{aligned}[w^M(r)]^\sigma&=A+B+C+D\\&=\left(\frac{1-\mu}{2}\right)e^{(\sigma-1)\tau^M r}\psi(r,f)+\left(\frac{1+\mu}{2}\right)e^{-(\sigma-1)\tau^M r}\end{aligned} \tag{8.21}$$

其中，函数 $\psi(r,f)$ 为：

$$\psi(r,f)\equiv 1-\frac{\int_{0}^{r}e^{-\tau^A s}[1-e^{-2(\sigma-1)\tau^M(r-s)}]\mathrm{d}s}{\int_{0}^{f}e^{-\tau^A s}\mathrm{d}s} \tag{8.22}$$

由于 $r\leqslant f$，以及对于所有的 $s\leqslant r$，都有：

$$1>1-e^{-2(\sigma-1)\tau^M(r-s)}>0 \tag{8.23}$$

因此，函数 $\psi(r,f)$ 是 f 的增函数，且其取值介于 0～1 之间。

现在我们可以完整地把潜力函数（8.13）写为：

$$\Omega(r)=e^{\sigma[(1-\mu)\tau^A-\mu\tau^M]r}\left[\left(\frac{1+\mu}{2}\right)e^{-(\sigma-1)\tau^M r}+\psi(r,f)\left(\frac{1-\mu}{2}\right)e^{(\sigma-1)\tau^M r}\right] \tag{8.24}$$

这个函数与我们在前面几章［比如方程（4.16）与方程（6.13）］推导出的中心—外围地理的稳定性条件非常相似。右边第一项表明这样一个事实，即建立在地区 r 的某个企业必须补偿工人在地区 r 与城市之间的生活费用差异（较高的工业品价格与较低的农产品价格）。$(1+\mu)/2$ 是城市的收入份额 μ 与城市以西地区的收入份额 $(1-\mu)/2$ 之和。方括号里的第 1 项衡量的是位于地区 r 的某个企业在较大的中心市场上以及城市以西的市场上销售时所面临的劣势。方括号里的第 2 项表示的是厂商在城市以东的市场上的销售量，所以必须根据 r 在东部地区的位置来调整其销售量，而且这个调整是根据 $\psi(r,f)$ 进行的。

给定的这个市场潜力函数有哪些性质呢？（1）人口的增长使潜力曲线向上移动。我们已经知道 f 是 N 的增函数。变量 f 只通过 $\psi(r,f)$ 的分母对市场潜力函数产生影响。因此，$\Omega(r)$ 在每个 $r\neq0$ 的区域内都是 f 的增函数，这可以由图 8—4 中的市场潜力函数的位移加以说明。

（2）吸引所有厂商迁入的地区 r 是怎样决定市场潜力的？很容易求得市场潜力函数曲线在城市所在区域（$r=0$）的斜率。在 $r=0$ 这一点上，$\Omega(0)=\psi(0,f)=1$，因此我们进一步可以推导出：

$$\frac{\mathrm{d}\Omega(0)}{\mathrm{d}r}=\sigma[(1-\mu)\tau^{A}-(1+\rho)\mu\tau^{M}] \tag{8.25}$$

如果这个等式的值小于 0，那么在城市附近的潜力函数的斜率就如图 8—4 所示。也就是说，这个条件表明，在城市右半部分市场潜力函数曲线的斜率严格为负（在左半部分则严格为正）。因此，市场潜力函数在城市所在的区域有一个极值点（我们已经在本书第 7 章中看到了这个极值点的直观形式）。

如果该式的值大于 0，单中心结构绝对无法持续下去。离城市较近的区域能够支付较高的工资，吸引更多的企业和工人。下面两种情况不利于单中心结构的稳定，如果 μ 较小，那么集聚在中心城市的制造业工人及其收入都少；如果 ρ 较小，那么需求弹性小，因远离城市而造成的销售量的损失也相对较小；而且（或者）如果 τ^{A} 与 τ^{M} 相比较大（正如我们在本书第 6 章中看到的那样），那么农业贸易成本也不利于集聚。

这样我们就找出了单中心地理的稳定性的一个必要条件，市场潜力函数的曲线在城市所在的区域向下倾斜。当然，如果 N 非常小，那么 f 接近于 0，则它同时也是充分条件：在狭窄的农业地区有 $\Omega(r)<1$。现在，让我们先假定这个条件成立，再来看看在 N 比较大从而 f 也比较大的情况下将会发生什么。

这一点可以通过考察 N 和 f 趋向于无穷时 $\Omega(r)$ 的性质来实现。因为市场潜力 $\Omega(r)$ 随着 f 的增加而增加，这条**极限曲线**（limiting curve）给出了所有潜力函数的上限，记为 $\overline{\Omega}(r)$。通过考察 $\psi(r,\infty)$（参见本章附录 2），并且利用市场潜力函数（8.24）式，我们可以得到：

$$\overline{\Omega}(r) = Ke^{\sigma(\rho-\mu)(\tau^A+\tau^M)r} + (1-K)e^{-[(1-\mu)(\sigma-1)\tau^M-\Omega_r(0)]r} \qquad (8.26)$$

其中，K 是个常数，它由下式决定：

$$K = \frac{(1-\mu)\rho\tau^M}{(1-\mu)\rho\tau^M + (\rho-\mu)(\tau^A+\tau^M) - \Omega_r(0)/\sigma} \qquad (8.27)$$

$\Omega_r(0)$ 是由方程（8.25）确定的导函数。这个函数的值始终为正（正如市场潜力函数也必须是正的一样，尽管这样写并不能很明显地看出来），而且 $r=0$ 时函数值为 1。因为这里我们仅仅研究 $\Omega_r(0)<0$ 的情况，所以函数在原点处就是向下倾斜的。由于方程（8.26）关于这两个以 r 为变量的指数函数是线性的，所以它至多有一个拐点。这表明 $\overline{\Omega}(r)$在某个 r 处取值大于 1（当且仅当$r\to\infty$ 时其极限大于 1）。通过观察方程（8.26）就可以发现，由于第二个指数项会随着 $r\to\infty$而趋近于 0，所以第一个指数项（和非黑洞条件）决定了市场潜力函数的极大值。如果非黑洞条件得到满足，即$\rho>\mu$，那么 K 值就是正的。因此当 r 足够大时，$\overline{\Omega}(r)>1$。所以，单中心结构是不稳定的。但是，如果非黑洞条件得不到满足，那么 $\overline{\Omega}(r)$ 随着 r 增大是减小的[8]，这意味着单中心结构总是稳定的，即不论人口与农业地区有多大，制造业都不会远离现有城市这个集聚中心。

综合所有的结果，我们可以用表 8—1 来概括各种可能性。如表中左边第一栏所示，单中心结构决不会达到均衡。正如我们已知的那样，随着离城市越来越远，市场潜力函数的值在不断上升，这意味着企业肯定会迁出城市。

表 8—1　　单中心均衡的稳定性

$(1-\mu)\tau^A-(1+\rho)\mu\tau^M>0$	$(1-\mu)\tau^A-(1+\rho)\mu\tau^M<0$	
	$\mu\geqslant\rho$	$\mu<\rho$
决不	总是	对于很小的 N

在右边的两栏里，随着离城市越来越远，市场潜力函数值在不断下降，而随着 N 的增加，单中心结构的稳定性取决于非黑洞条件。如果不满足非黑洞条件，即 $\mu\geqslant\rho$，那么单中心结构总处于均衡状态。非黑洞条件已在本书中反复地出现：在不满足非黑洞条件下，即使给定固定支出，工人人数的增加也会提高他们的实际工资（见第 3 章）；不论农产品有没有运输成本，中心—外围模式必定会出现（见第 4 章和第 6

章)；轨道经济的首选频率为零* (见第 5 章)；单中心经济的实际工资是人口的严格增函数（见第 8 章第 2 节)。简言之，在黑洞条件下，集聚所带来的收益是如此大，以至于没有任何力量可以抵消它。

最后来看表格右边一栏满足非黑洞条件的有趣情况。在这种情况下，当 f（N 也是）足够小时，单中心地理是均衡的。不过，现在人口的增长最终会破坏均衡。这是因为，人口的增长使得农业边界延伸更远，此时，企业远离中心城市也是有利可图的，厂商可以为更远的农村地区服务。图 8—4 就说明了这一点。对于人口而言，有一个临界值 $\widetilde{N}$。在这一点上，市场潜力曲线第一次在别的地区而非现有城市达到 1，我们把这个区域离中心城市的距离称为临界距离，记为 $\tilde{r}$。

人口的临界值与临界距离的决定因素是什么呢？首先，只要 $(1-\mu)\tau^A-(1+\rho)\mu\tau^M<0$，在现有城市附近建立制造业企业是无利可图的，所以 $\tilde{r}>0$。也就是说，对其附近的地区而言，城市形成了一个**集聚阴影**（agglomeration shadow）：这个阴影有锁定城市区域的效应，即城市既不能向左也不能向右移动。因为向任何一边的一点移动都会对城市本身产生不利影响。其次，可以很容易地证明，农业运输成本 τ^A 越高，$\widetilde{N}$ 与 $\tilde{r}$ 就越小；正如我们在本书第 6 章中看到的那样，农业运输成本不利于经济活动的集中。

这些临界值告诉我们，何时何地在现有城市之外建立制造业生产基地是有利的。在下一章中我们将仔细研究城市形成的动态过程。

附录 1：市场潜力函数的界定

为了弄清楚市场潜力函数（8.11）式与传统的经济地理学中广泛使用的市场潜力函数概念之间的关系，我们把方程（8.11）用另一种形式写出来。即如果某个企业位于区域 r，且将出厂价定为 p，然后代入方程（3.17），并在本章的各种假定之下，可以得出此企业的销售量：

$$q(r;p)=\mu Y(0)p^{-\sigma}e^{-(\sigma-1)\tau^M|r|}G(0)^{\sigma-1}+\int_{-f}^{f}\mu Y(s)p^{-\sigma}e^{-(\sigma-1)\tau^M|r-s|}G(s)^{\sigma-1}\mathrm{d}s \qquad (8A.1)$$

---

* 原文有误，轨道经济的首选频率应为 2。——译者注

因此，就有：

$$q(r;p)p^{\sigma}=\varphi(r) \tag{8A.2}$$

$$\varphi(r)\equiv\mu Y(0)e^{-(\sigma-1)\tau^{M}|r|}G(0)^{\sigma-1}+\int_{-f}^{f}\mu Y(s)e^{-(\sigma-1)\tau^{M}|r-s|}G(s)^{\sigma-1}\mathrm{d}s \tag{8A.3}$$

企业把 $\varphi(r)$ 看成是既定的常数。应该注意到，方程（8A.2）中的关系在 p 取任何值的情况下都成立。尤其是，当企业面临的农业工资为 $w^{A}(r)$ 时，根据方程（3.30），我们有 $p=w^{A}(r)$，所以 $q[r;w^{A}(r)][w^{A}(r)]^{\sigma}=\varphi(r)$。如果企业面临的是零利润条件下的工资率 $w^{M}(r)$，即 $p=w^{M}(r)$，且根据定义有 $q[r;w^{M}(r)]=q^{*}$，因此就有 $q^{*}[w^{M}(r)]^{\sigma}=\varphi(r)$，其中，$q^{*}\equiv\mu$ 是由方程（3.33）决定的零利润企业的产出水平。所以：

$$\frac{q(r;w^{A}(r))}{q^{*}}=\frac{[w^{M}(r)]^{\sigma}}{[w^{A}(r)]^{\sigma}}=\frac{[\omega^{M}(r)]^{\sigma}}{[\omega^{A}(r)]^{\sigma}} \tag{8A.4}$$

其中，最后这个等式是根据实际工资的定义得来的。因此，根据方程（8.11）、方程（8A.2）以及方程（8A.3），我们可以得到下列关系式：

$$\begin{aligned}\Omega(r)&=\frac{\omega^{M}(r)^{\sigma}}{\omega^{A}(r)^{\sigma}}=\frac{q[r;w^{A}(r)]}{q^{*}}\\&=[w^{A}(r)]^{-\sigma}[Y(0)e^{-(\sigma-1)\tau^{M}|r|}G(0)^{\sigma-1}\\&\quad+\int_{-f}^{f}Y(s)e^{-(\sigma-1)\tau^{M}|r-s|}G(s)^{\sigma-1}\mathrm{d}s]\end{aligned} \tag{8A.5}$$

这个等式表示的是在每个区域 r 都面临相同农业工资率时，企业的总销售量（被零利润产出 q^{*} 标准化了）。

回忆一下，在传统的经济地理中，每个区域 r 的市场潜力由方程（2.8）决定。方程（8A.5）显然是方程（2.8）的一般化形式，前者考虑了企业间竞争的另外两个因素，即生产所在地的工资率的不利影响{用 $[w^{A}(r)]^{-\sigma}$ 表示}和各个市场上竞争的温和程度[用 $G(s)^{\sigma-1}$ 表示，需要注意的是，较高的 $G(s)$ 意味着市场 s 中来自其他厂商的较弱的竞争]。

附录 2：市场潜力函数的极值

为了推导出（8.26）式*，首先令（8.22）式中的 $f\to\infty$，然后求各项的积分，可以得到：

$$\psi(r,\infty)=e^{-\tau^A r}\left[\frac{2(\sigma-1)\tau^M-\tau^A e^{-[2(\sigma-1)\tau^M-\tau^A]r}}{2(\sigma-1)\tau^M-\tau^A}\right] \tag{8A.6}$$

其次，注意到，利用方程（8.25），我们可以把 $2(\sigma-1)\tau^M-\tau^A$ 表示为：

$$\begin{aligned}2(\sigma-1)\tau^M-\tau^A&=(1-\mu)(\sigma-1)\tau^M+\sigma(\rho-\mu)(\tau^A+\tau^M)-\Omega_r(0)\\&=\sigma[(1-\mu)\rho\tau^M+(\rho-\mu)(\tau^A+\tau^M)-\Omega_r(0)/\sigma]\end{aligned} \tag{8A.7}$$

再把这个式子代入方程（8.24），就得到了方程（8.26）。

[注释]

[1] 引自冯·杜能（1826）著作的英文版本，译者为沃顿伯格（Wartenberg，1966，第 7 页）。

[2] 最近，萨缪尔森（1983）、内洛夫和萨德卡（Nerlove and Sadka，1991）从一般均衡的角度发展了这一模型。

[3] 若想了解单中心经济体的比较静态分析，请参考藤田与克鲁格曼（1995）的第 5 篇，这是本章的基础。

[4] 在一个包括土地在内的一般均衡模型中，地租在哪里使用是个棘手的问题，必须用某种方法加以处理。

[5] 要了解方程（8.11）所示的函数与传统的经济地理学的市场潜力函数之间的关系，参考第 8 章附录 1。

[6] 在城市中，$w^A(0)=1$。同时，为了保证整个农业地区的实际工资相同，则名义工资必须与生活物价指数成反比。生活物价指数为 $p^A(r)$ 与 $G(r)$ 的函数，其中，$p^A(r)$ 由（8.1）式决定，$G(r)$ 由（8.4）式确定。

---

* 英文版原书中为（9.27），疑为印刷有误，特此更正。——译者注

[7] 图 8—4 是在下列一系列参数的基础上画出来的：$\rho=0.75$（即 $\sigma=4$），$\mu=0.5$，$\tau^A=0.8$，$\tau^M=1$，以及 $c^A=0.5$。

[8] 在 $\Omega_r(0)<0$ 的前提下，如果 $\rho<\mu$，那么（8.26）式中的两个指数项随着 $r\rightarrow\infty$ 而趋近于 0。这意味着对所有 r 来说，$\overline{\Omega}(r)$ 必须是递减的（否则，它的极值点就不止一个了）。如果 $\rho=\mu$，那么 $0<K<1$，而且在 $r>0$ 的时候，$\overline{\Omega}(r)=K+(1-K)\exp-[(1-\mu)(\sigma-1)\tau^M-\Omega_r(0)]r$ 是递减的。

第9章　新城市的出现

在本书第 8 章中我们看到，冯·杜能式的空间模式（即一个孤立城市被农业地区所包围）一旦形成，就可以一直维持下去而无论它是怎样形成的。但是一个城市是如何出现的，以及我们应该如何考察多城市的经济？在本章中，我们将提供一种方法来同时回答这两个问题。但看起来似乎没有必要同时回答这两个问题。也就是说，为什么分析多城市经济要与分析城市的形成过程结合在一起？但将两个问题结合起来研究的确极大地简化了我们的分析。

一方面，要研究多城市经济的结构，通常要冒一定的风险。因为一旦达到均衡状态，就有许多均衡是稳定的。于是，只有说明事实上哪种均衡最有可能实现，我们才能将分类减少至可以处理的水平，否则就可能淹没在无穷无尽的复杂分类中难见天日。另一方面，尽管可以想象，在各种各样的初始条件下讨论城市的形成（比如，本书中别的地方所提到的“平地”假设），我们还是会很自然地认为，相对于经济体中有一定历史的、已有的城市结构而言，城市是新兴的。这也就意味着，我们关于城市如何形成的讨论，必须在一个多城市的模型中进行。

于是，在本章中，我们会采用本书第 8 章中的基本方法，并增加两个方面的考虑：人口随着时间的流逝而逐渐增长，以及城市制造业区位的动态调整过程。基本思想是很简单的。在本书第 8 章中我们看到，（给定参数的某些限制）单中心经济体只有在人口少于某个临界值时才可能达到均衡。据此推测，当人口增长超过某个临界点时，新城市就会出现；当人口继续增长，超过下一个临界值时，会出现更多的新城市；依此类推。

为了考察这一过程是如何起作用的，我们首先介绍一下“城市版”一般动态调整的演进过程。然后，我们转入最简单的城市形成的情况——当单中心城市体系的人口超过其临界值时发生的转变。最后，我们描述多城市模式是如何随着人口的继续增长而出现的。

动态调整与空间体系的稳定性

我们假设一个经济体随着时间所发生的变化有两个来源：首先是由人口的稳定增长所带来的“外在”的动态过程，我们认为它是外生的；其次，工人会流向工资较高的地区，而这种行为也改变了不同地区的工资，在此基础上就产生了动态过程的第二个来源，即“内在”的动态过程。我们通常认为这两种变化的来源会同时发生作用。然而，为简便起见，我们假设经济的外在变化相对于内在的调整过程而言要缓慢得多。说得再清楚一点就是，我们认为经济体的演进是一个两阶段的过程。我们从均衡的空间布局开始，然后逐渐增加人口，并保持下去，使经济处于新的均衡，然后循环往复。

我们所采用的有关城市人口调整的动态过程与我们先前使用的相类似。假设有 K 个城市*，设特定时期 k 地区的人口为 L_k（$k=1, 2, \cdots, K$），[1]这些制造业工人（城市居民）的总数加上农业工人的总数 L^A，等于人口总数 N，即 $\sum_k L_k + L^A = N$。城市 k 的实际工资是 $\omega_k \equiv \omega_k^M$；在整个经济体中，平均工资为 $\bar{\omega} \equiv \left(L^A\omega^A + \sum_k L_k\omega_k\right)/N$，其中，$\omega^A$ 是支付给每个农业工人的实际工资。我们假设，每个城市的人口增长率与其实际工资和整个经济的平均实际工资的差额成正比，即：

$$\dot{L}_k = L_k(\omega_k - \bar{\omega}), \quad 其中, k = 1, 2, \cdots, K \tag{9.1}$$

（9.1）式给出了制造业工人迁徙的动态过程。那么，农业工人迁徙的动态过程又是怎样的呢？一般而言，我们认为，随人口增长而出现的动态区位调整过程既包括制造业工人的迁徙，也包括农业工人的流动。但是，这样做会增加数学计算的难度。我们想尽量避免这一麻烦。所以取而代之的是，我们假设农业人口能非常迅速地流动，故在一瞬间就能

* 已存在的和新的，稍后我们会讨论它们的区位。——译者注

使农业部门的实际工资均等化。农业实际工资由 ω^A 给出，即所有农业工人面对的实际工资相等。

我们需要选择把哪些假想的新城市纳入这一体系。这看起来有些武断，然而，令人感兴趣且具有发展潜力的城市历来屈指可数，所以我们无须为这一问题而感到苦恼。

要识别这些有发展潜力的新城市，我们需要求助于市场潜力函数，回到本书第 8 章的分析，市场潜力在第 8 章中被精确地定义为：

$$\Omega(r) \equiv \frac{\omega^M(r)^\sigma}{\omega^A(r)^\sigma} \tag{9.2}$$

考虑已经存在一个或更多城市的城市体系。在现有的城市中，所有农业工人的实际工资和所有制造业工人的实际工资必定是相等的。所以，如果地区 k 是一个城市，那么 $\Omega_r=1$。如果这一系统处于空间均衡的状态，那么在所有 $r\neq k$ 的其他区域，$\Omega_r\leqslant 1$。因此，对一部分工人来说，迁徙到其他地区后不可能获得更高的实际工资，因为其他地区所提供的实际工资比农业工人的实际工资少，或者说比起已存在的城市所提供的工资要少。

但是，现在我们假定，人口的增长刚好推动市场潜力曲线上升至某一点。在这一点上，某些地区的市场潜力略大于 1。那么，如果一部分工人迁入这些地区，就可以获得更高的工资。简而言之，当市场潜力曲线上移至 1 以上时，我们可以期望在那些市场潜力大于 1 的地区出现新的城市。

如果想了解这一切是怎么发生的，让我们先看一看最简单的情况，即一个单中心体系的人口增长至某一点，以至于单中心城市无法继续维持下去。此时会发生什么事情？基于一些显而易见的原因，在下面的讨论中，我们总是假定模型中的参数满足下列条件：

$$\begin{aligned}&\text{(a)}\quad (1-\mu)\tau^A-(1+\rho)\mu\tau^M<0;\\&\text{(b)}\quad \mu<\rho\end{aligned} \tag{9.3}$$

这与表 8—1 中右边一栏的条件相同。

从一个城市到三个城市

新城市的区位

回顾本书第 8 章“市场潜力函数”一节，当 N 到达 $\widetilde{N}$ 时，市场潜力曲线刚好在临界距离 $\bar{r}$ 处达到1。这意味着，即便那里没有任何集聚，它对制成品的生产也会变得与已有城市一样具有吸引力。同时，这反过来也说明，已有的城市中即便只有极少数的制造商在这一临界点建立新工厂，也会触发空间集聚的正反馈机制，从而导致一个新的城市在该点（更确切地说是两个点）形成，这是因为 $-\bar{r}$ 处的市场潜力和 $\bar{r}$ 处的是相同的。实际上，当 N 达到其临界值时，我们会很自然地想到在 $-\bar{r}$ 和 $\bar{r}$ 这两处出现两个新兴的城市。

对此需要展开一些讨论。在我们所设定的动态过程的背景下，在 $-\bar{r}$ 和 $\bar{r}$ 两处同时发展两个城市很可能是不稳定的。如果其中一个比另一个略多一点人口，它就会发展得更快，于是整个动态调整也许就是一种由单城市向两城市演化的过程。或者说更一般的情况是，**非对称演进**（asymmetric transitions）会使一个城市变为两个城市。在本章附录2*中，我们明确考察了一般意义上的三城市情况，并说明了非对称演进是完全可能的。然而，在这里我们把自己限定在这样一种由单城市向三城市转变的情况，即在原来的中心两侧出现两个相同规模的城市。

这个限定或许可以得到两个合理的解释：首先，它比一般意义的三城市模型简单得多，却还可以将基本的经济内涵表达出来；其次，尽管在我们所设定的动态过程中出现不对称的城市确实是可能的，但是它会引起农业人口的巨大流动。假设新城市只在原来城市的一边（比如说东边）出现。随着两城市的规模趋于一致，新的两城市经济体也逐渐实现均衡。但是要支撑两个城市，农业人口重心就应该迅速转移，即必须放弃西部大量的土地，转而在东部开辟大量的耕作区。但是我们设定的动态过程却把这种情况排除在外，而它看起来确实也不合理。

无论怎样，让我们暂时确定我们的问题，即随着中心两侧的新城市在 $\bar{r}$ 和 $-\bar{r}$ 出现，经济体是否能实现从单中心体系向对称的三中心体系的转变，以及这一转变何时将会发生。

动态调整与分岔

我们希望构造一个类似于图4—4的叉形图。要做到这一点，首先必须描绘出侧翼城市相对于经济体中其他地方的实际工资，并将其写成城市间劳动力分布的函数（这一过程与构造图4—1至图4—3相类似）。然后利用这些信息描述稳定与不稳定的人口分布的结构，进而画出叉

* 英文版原书中为附录9.2，疑为印刷有误，特此更正。——译者注

形图。

令 L_1 和 ω_1 分别表示中心城市的人口和实际工资，L_2 和 ω_2 表示每个侧翼城市的人口和实际工资。于是，在给定 N 的情况下，经济的动态过程可以写成：

$$\left.\begin{aligned}\dot{L}_1 &= L_1(\omega_1 - \bar{\omega})\\ \dot{L}_2 &= L_2(\omega_2 - \bar{\omega})\end{aligned}\right\} \tag{9.4}$$

其中：

$$\bar{\omega} = \frac{(L_1\omega_1 + 2L_2\omega_2 + L^A\omega^A)}{N} \tag{9.5}$$

$$L^A = N - L_1 - 2L_2 \tag{9.6}$$

然后，我们得确定在给定 L_1、L_2 和 N 时，ω_1、ω_2 和 ω^A 的值。解决这一问题的一组公式是前面的章节中提到的价格指数方程、工资方程和实际工资方程，不过现在又增加了一个给定农业地区的规模的公式。为了简便起见，我们从最简单的情况即农产品可以无成本的自由运输开始，然后转入更为一般的情况。

首先假定 $\tau^A=0$。于是，农产品的价格在整个经济中完全相同，故将其标准化为 $w_1=1$。这样，利用（3.34）式，就可以得到每个区域 s 的制成品的价格指数为：

$$\begin{aligned}G(s) = \Big[&(L_1/\mu)e^{-(\sigma-1)\tau^M|s|} + (L_2/\mu)w_2{}^{-(\sigma-1)}\\ &(e^{-(\sigma-1)\tau^M|s+\tilde{r}|} + e^{-(\sigma-1)\tau^M|s-\tilde{r}|})\Big]^{-1/(\sigma-1)}\end{aligned} \tag{9.7}$$

为方便起见，将城市所在地的价格指数分别记为 G_1 和 G_2。其中：

$$G_1 \equiv G(0)\ ,\ G_2 \equiv G(\tilde{r}) \tag{9.8}$$

每个城市所在地的收入水平记为 $Y_1=L_1$，$Y_2=w_2L_2$，位于区域 r 的每个农业区的收入记为 $Y(r) = p^A$。每个城市的制造业工人在零利润条件下的工资率［利用（3.35）式］由下式给出：

$$\begin{aligned}1 = w_1 = \Big[&L_1G_1^{\sigma-1} + 2L_2w_2e^{-(\sigma-1)\tau^M\tilde{r}}G_2^{\sigma-1}\\ &+ p^A\int_{-f}^{f}e^{-(\sigma-1)\tau^M|s|}G(s)^{\sigma-1}\mathrm{d}s\Big]^{1/\sigma}\end{aligned} \tag{9.9}$$

$$\begin{aligned}w_2 = \Big[&L_1e^{-(\sigma-1)\tau^M\tilde{r}}G_1^{\sigma-1} + L_2w_2G_2^{\sigma-1}(1 + e^{-2(\sigma-1)\tau^M\tilde{r}})\\ &+ p^A\int_{-f}^{f}e^{-(\sigma-1)\tau^M|s-\tilde{r}|}G(s)^{\sigma-1}\mathrm{d}s\Big]^{1/\sigma}\end{aligned} \tag{9.10}$$

其中，f 表示从农业区域的边缘到中心城市的距离。[2]用价格指数去除名义工资，得到每个城市的实际工资分别为：

$$\omega_1 = G_1^{-\mu}(p^A)^{-(1-\mu)} \tag{9.11}$$

$$\omega_2 = w_2 G_2^{-\mu}(p^A)^{-(1-\mu)} \tag{9.12}$$

就农业而言，边缘地区距中心城市的距离是由充分就业的农业人口所决定的，农业人口总数为 $N-L_1-2L_2$，人口密度为 c^A，因此：

$$f = (N - L_1 - 2L_2)/(2c^A) \tag{9.13}$$

在边缘地区，土地租金为 0，所以农业工人的工资满足 $w^A(f) = p^A/c^A$，进而可以得到农业工人的实际工资为：

$$\omega^A = w^A(f)G(f)^{-\mu}(p^A)^{-(1-\mu)} = G(f)^{-\mu}(p^A)^{\mu}/c^A \tag{9.14}$$

给定 N、L_1 和 L_2，联立方程（9.7）～方程（9.14）就决定了实际工资 ω_1、ω_2 和 ω^A。同时，ω_1、ω_2 和 ω^A 又会影响 L_1 和 L_2 的动态变化过程［见方程（9.4）］。这个系统太复杂了，以至于无法求出模型的解析解。但是，很容易对其做数值分析。我们用下面的一组参数来做一次数值分析：

$$\rho=0.75\ (\text{即}\ \sigma=4),\ \mu=0.3,\ \tau^A=0,$$
$$\tau^M=1,\ c^A=0.5 \tag{9.15}$$

其中，人口的临界值为 $\tilde{N}=2.57$，临界距离为 $\tilde{r}=1.14$。

图 9—1 表示的是这个系统的动态变化过程，同时它也表明了随着 N 的增长所发生的分岔的本质。为了在一个两维的图形中演示这一系统的动态变化过程，我们按以下方式设定有关数字。纵轴是 ω_2/ω_1，横轴代表侧翼城市的制造业工人在所有工人中所占的份额，即 $\lambda_2 \equiv 2L_2/(L_1+2L_2)$。[3]我们给出了 6 条曲线，每条曲线所对应的 N 的值都不相同。先将一定数量的工人 L_2 分配给每个侧翼城市，然后再调整 L_1 和农业工人的数量，直到农业部门的实际工资等于经济中的平均实际工资，即 $\omega^A=\bar{\omega}$。这样，我们就可以画出这 6 条曲线的图形。每条曲线都给出了侧翼城市和中心城市实际工资的相对值（ω_2/ω_1），λ_2 不同的取值对应于不同的 L_2 分配方案。

如果 $\omega_2/\omega_1=1$，就可以得到一个长期均衡。[4]如果 $\omega_2/\omega_1>1$，那么从微分方程（9.4）来看，L_2 和 λ_2 都是递增的；相反，当 $\omega_2/\omega_1<1$ 时，L_2 和 λ_2 都是递减的。因此，在图 9—1 中，不论位于方框的内部（$\omega_2/$

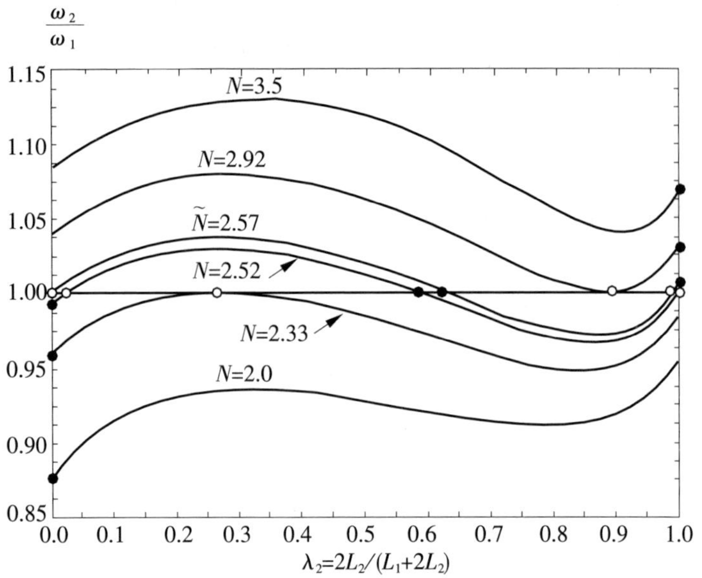

图 9—1　沿 $\omega^A=\bar{\omega}$ 轨迹的 ω_2/ω_1 曲线

$\omega_1=1$）还是处在方框的边缘的，空心的小圆圈都代表不稳定均衡，实心的小圆圈则代表稳定的均衡。

在图 9—1 中，不同的人口规模对应于不同的均衡结构。当人口为 2.0 时，只有唯一的均衡，侧翼城市没有任何工人($\lambda_2=0$)。这个单中心的地理模式是一个稳定的均衡，因为 λ_2 从 0 开始的任何增长（进而 L_2 的任何增长）都会导致 $\omega_2/\omega_1<1$，所以 λ_2 又重新回到了 0 点。当人口小于 $N=2.33$ 时，发生的情况都如出一辙。

当人口达到 $N=2.33$ 时，侧翼城市有了工人（$\lambda_2=0.26$），新的均衡出现了；N 再略大一点时，出现了三个均衡（$\lambda_2=0$，以及比 0.26 略大或略小的两个 λ_2 值）。其中，中间一个均衡是不稳定的。就目前的三城市体系而言，单中心的地理模式仍然是稳定均衡。继续增加人口，当 N 经过 $N=2.52$ 时，又出现了两个均衡。在其中的一个均衡点，所有的制造业都集中到了侧翼城市，这是一个稳定均衡。

当人口规模达到临界水平即 $\tilde{N}=2.57$ 时，原来的单中心结构不再是均衡的了。在 $\tilde{N}=2.57$ 时，单中心结构（$\lambda_2=0$）依然满足 $\omega_2/\omega_1=1$，但是 ω_2/ω_1 随着 λ_2 的增长而增长，所以企业和工人任意小地偏离中心城市而前往侧翼城市的行为，都是有利可图的，结果就形成了三城市均衡的模式。

当人口处于 $2.57<N<2.92$ 范围之内时，存在三个均衡。其中有两个均衡是稳定的，一个均衡是三城市并存，另外一个是只存在侧翼城市（$\lambda_2=1$）。最后，当 $N>2.92$ 时，存在唯一的均衡，此时，经济中只有两个侧翼城市。

我们可以利用图 9—2 这幅叉形图来总结我们的结论。图形的横轴表示总人口数 N，纵轴表示侧翼城市的人口在总人口中所占的份额 $\lambda_2\equiv 2L_2/(L_1+2L_2)$。实线代表稳定均衡，虚线则代表不稳定均衡。以低水平的 N 值为起点，此时，单中心的格局是唯一的（稳定）均衡；当 N 的值较高时，三城市的格局将成为稳定的均衡，尽管我们的动态过程并没有说明当 N 增加至 $\widetilde{N}$ 时，均衡是如何实现的。我们可以把 $\widetilde{N}$ 视为支撑点的翻版；一旦越过了这一点，所有制造业都集中在一个城市的模式就不再是一种可维持的均衡，动态过程将导致三城市结构。然而，在图 9—2 所给定的参数背景下，当人口数量达到一个较高的水平即 $N=2.92$ 时，这种均衡再也无法维持下去，此时，两城市结构就会出现。

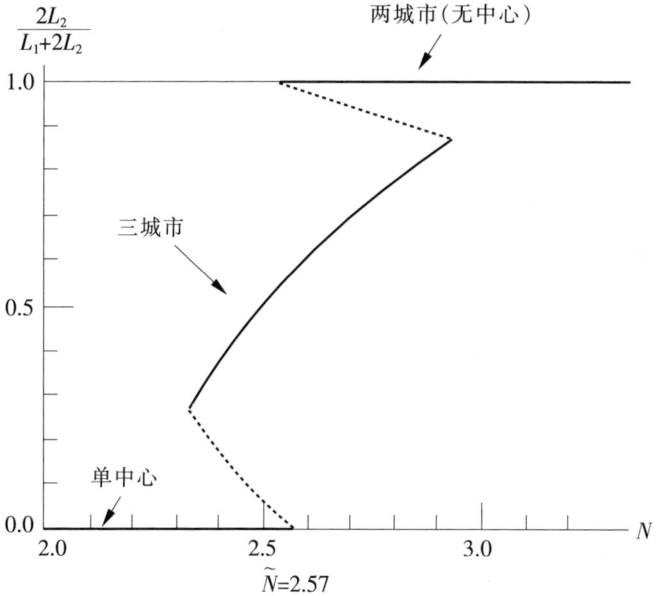

图 9—2　三城市体系的叉形图

我们这里所图解的结构具有多大的普遍性呢？首先，这幅图在某种意义上是不完整的，也许会有其他的均衡（即在 $\bar{r}$ 和 $-\bar{r}$ 以外的区域也存在城市），这在图中没有显示出来。然而，由于 $\bar{r}$ 和 $-\bar{r}$ 是市场潜力最先达到1的区位，因此可以断定，我们所设定的动态过程首先得到的是这两个城市，而不是其他的城市。在下一节，我们将会转而讨论出现更多城市的可能性。

在图9—1和图9—2中，中心城市在N值足够大时消失了，但这不具有一般性。特别值得一提的是，一旦我们允许更多的城市发展，这些新发展的城市就会限制我们在这里所描述的侧翼城市的规模，从而降低了中心城市被取而代之的可能性。[5]

至于叉形图的形状，在本章附录1中，我们得出了叉形图在$\widetilde{N}$处为战斧式（次临界的）分岔的充分条件。在图9—1中，$N=\widetilde{N}$时之所以会出现战斧式分岔，是因为当$\lambda_2=0$时，ω_2/ω_1曲线斜率为正；也就是说，在$N=\widetilde{N}$时，沿着$\omega^A=\bar{\omega}$的轨迹，有：

$$\frac{\mathrm{d}(\omega_2/\omega_1)}{\mathrm{d}\lambda_2}>0\text{，当}\lambda_2=0\text{时} \tag{9.16}$$

本章附录1解出了使该不等式成立的充分条件。即便是在考虑农业运输成本为正的情况下，这个条件也依然可以确保该不等式成立。

最后，去掉农业运输成本为0的假设会有什么区别呢？当我们考虑更为合理的情况（即$\tau^A>0$）时，我们必须决定每个地区的农产品应该运往何处，即农产品的**流动模式**（flow pattern）。因此，分析将会变得相当复杂。这里的问题是，假设两个侧翼城市很大，中心城市非常小。于是，侧翼城市以外（即$|r|>|\tilde{r}|$）的土地所产出的农产品全部被侧翼城市消费掉了。但是，在中心城市和侧翼城市之间（即$|r|<|\tilde{r}|$的地方），也还有一些农业产出。这就意味着农产品的价格不会像方程（8.1）所描述的那样，从中心城市开始以指数形式下降。也就是说，农产品的价格在每个侧翼城市都会有一个峰值。

幸运的是，这一问题并不影响分岔的本质。因为这一问题依赖于$L_2=0$附近的动态变化。在这一点，两个侧翼城市对农产品的需求非常小，这不会扰乱农产品的价格。然而，在下一节的数值模拟中，我们将农产品的运输成本规定为正值。这样我们就必须要明了农产品的流动，并构造出农产品价格的函数。

新城市终于出现

现在，在三城市的基础上扩展我们的分析，考察持续的人口增长与城市的形成之间的关系。可以看到，随着人口的增长，当市场潜力曲线在一个新的地方达到 1 时，我们所设定的动态过程就引发了新城市的产生。

很明显，在这里我们很难求出模型的解析解。然而，尽管参数值的不同设置会使结果产生微小的差异，但是参数的取值并不会对结果产生实质性的影响。因为只要满足（9.3）式中的两个条件，城市体系的长期演进过程在本质上都是一样的。所以，我们使用与本书第 8 章相同的参数设置，即：

$$\rho=0.75(\text{即}\ \sigma=4)\ ,\ \mu=0.5,\ \tau^{A}=0.8\ ,\\ \tau^{M}=1\ ,\ c^{A}=0.5 \qquad (9.17)$$

与之对应的是下列临界值：

$$\widetilde{N}=4.36\ ,\ \tilde{r}=1.10 \qquad (9.18)$$

给定这些数值，图 9—3 刻画了随着 N 的逐渐增长，空间体系是如何随着时间流逝而演化的情形。我们给出两个系列的图形：一个系列表示地租曲线，它反映了经济活动的分布；另一个系列表示市场潜力曲线，它决定经济活动分布的未来演化趋势。[6]两种曲线的同时演化描绘了在长期过程中，空间体系是如何通过一系列的分岔而变化的。首先，图 9—3（a_1）描绘了初始人口规模为 $N=3$ 时与单中心均衡相联系的市场潜力曲线，其中，$r\geqslant 0$。图 9—3（a_2）描绘了经济体中与之相关的地租曲线。因为对于所有的 $r\neq r_1\equiv 0$，都有 $\Omega(r)<1$，所以这一单中心均衡是稳定的。[7]

然而，如图 9—3（b_1）所示，当 N 达到临界值，即 $\widetilde{N}\equiv 4.36$ 时，市场潜力曲线在 $\tilde{r}\equiv 1.10$ 处达到 1（在 $-\tilde{r}\equiv -1.10$ 处同时达到），因此单中心系统变得不稳定了。所以，我们从现有城市（在 $r_1=0$ 处）向 $r_2=1.10$ 和 $r_{-2}=1.10$ 处转移任意小数量的制造业工人，就会触发（9.1）式所描述的动态调整过程。图 9—3（c_1）和图 9—3（c_2）刻画了在动态调整过程末期出现的新的（稳定的）空间体系。比较图 9—3（b_2）和图 9—3（c_2）中的两条地租曲线，就会发现空间体系在这一分岔点发生了巨变。特别是由于每个城市所在地的地租大致和城市的人口规模成比例，[8]图 9—3（c_2）表明新的边界城市 2（以及边界城市 −2）与原来的城市 1 相比，人口规模要略大一点（事实上，就在出现这种分岔以后，我们得到 $L_1=0.74$ 和 $L_2=L_{-2}=0.97$）。

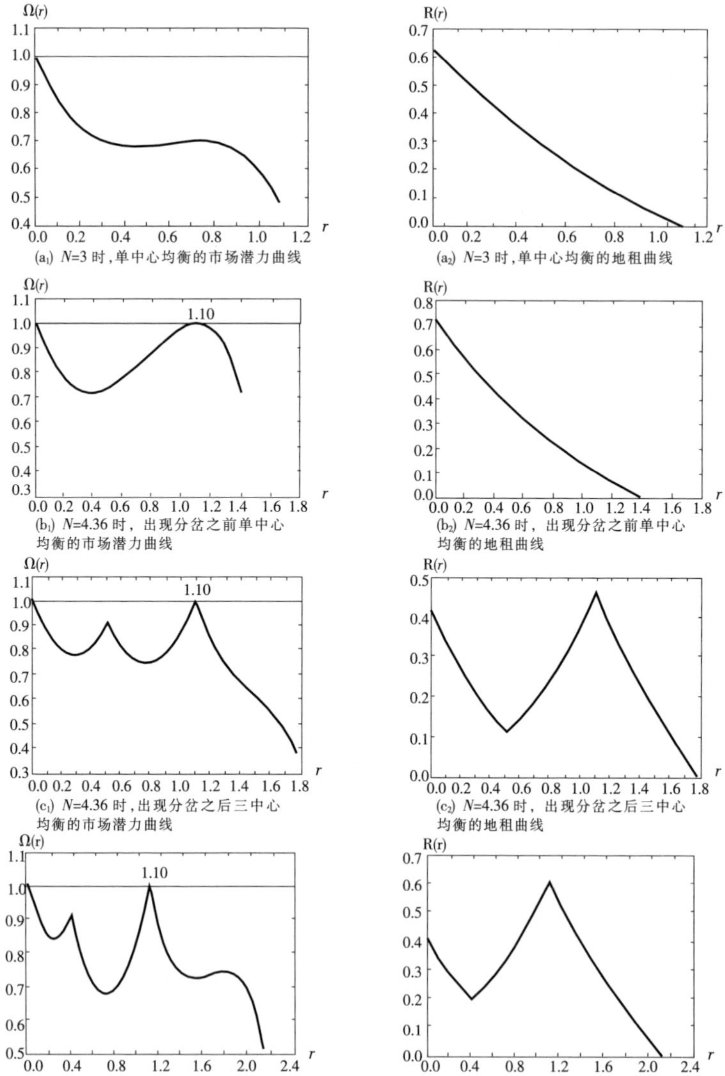

(a₁) $N=3$ 时，单中心均衡的市场潜力曲线　(a₂) $N=3$ 时，单中心均衡的地租曲线

(b₁) $N=4.36$ 时，出现分岔之前单中心均衡的市场潜力曲线　(b₂) $N=4.36$ 时，出现分岔之前单中心均衡的地租曲线

(c₁) $N=4.36$ 时，出现分岔之后三中心均衡的市场潜力曲线　(c₂) $N=4.36$ 时，出现分岔之后三中心均衡的地租曲线

(d₁) $N=6$ 时，三中心均衡的市场潜力曲线　(d₂) $N=6$ 时，三中心均衡的地租曲线

图 9—3　空间体系的演化过程

图 9—3（d_1）和图 9—3（d_2）描绘了 $N=6$ 时居于第一个分岔和第二个分岔之间的三城市体系。图 9—3（d_2）表明两个边界城市已经变得比中心城市 1 大得多了。接下来，图 9—3（e_1）说明第二个分岔发生在 $N=7.47$ 处。此时，边界城市的市场潜力曲线在 $r_2=2.11$（及 $r_{-2}=-2.11$）处恰巧达到 1，空间体系再次变得不稳定起来。如图 9—3（e_2）所示，在第二个分岔之前，每个边界城市的人口规模都比中心城

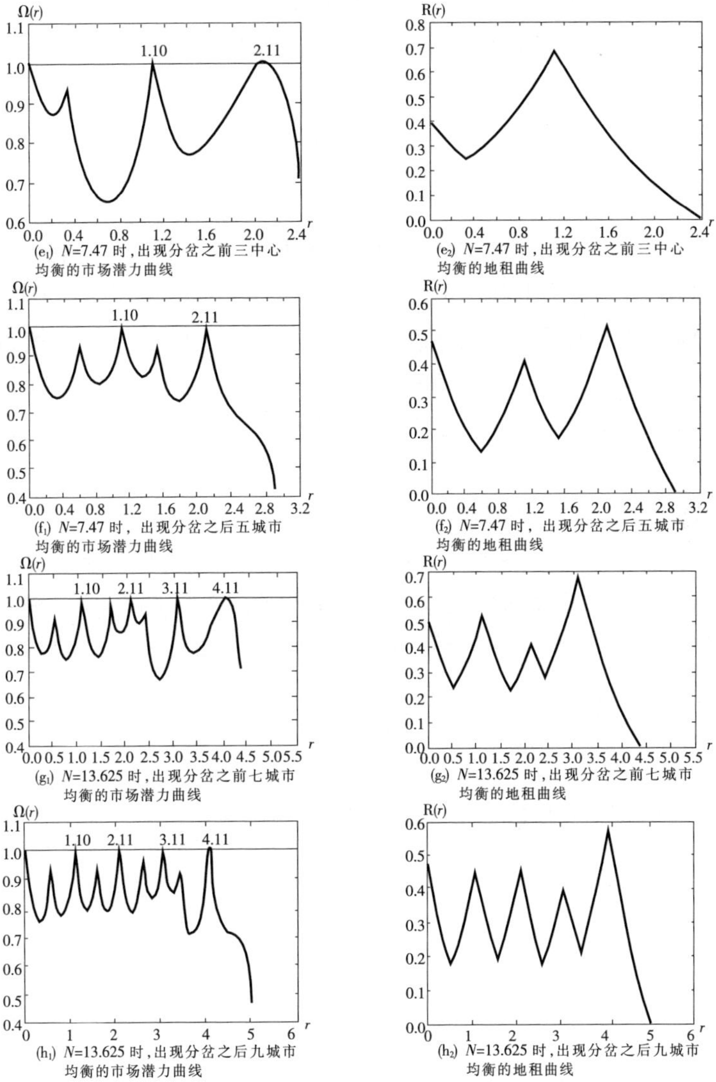

(e₁) N=7.47 时，出现分岔之前三中心均衡的市场潜力曲线

(e₂) N=7.47 时，出现分岔之前三中心均衡的地租曲线

(f₁) N=7.47 时，出现分岔之后五城市均衡的市场潜力曲线

(f₂) N=7.47 时，出现分岔之后五城市均衡的地租曲线

(g₁) N=13.625 时，出现分岔之前七城市均衡的市场潜力曲线

(g₂) N=13.625 时，出现分岔之前七城市均衡的地租曲线

(h₁) N=13.625 时，出现分岔之后九城市均衡的市场潜力曲线

(h₂) N=13.625 时，出现分岔之后九城市均衡的地租曲线

图 9—3　空间体系的演化过程（续）

市大得多（$L_2/L_1=2.10/0.63=3.08$）。图 9—3（f_1）和图 9—3（f_2）描绘了产生突变的分岔后，五城市空间体系的产生。

图 9—3 中的各个图形表明，随着城市数目的增长（因为人口 N 在增长），空间体系与一个很规则的中心地方体系非常接近。在这个很规则的中心地方体系中，所有城市的规模都大致相同。更精确地讲，如图 9—3（h_2）所示，两个边界城市的规模总是最大的（因为在它们的外侧

没有城市与之竞争)，并且与这两个边界城市相邻的城市的规模最小(反映了来自边界城市的激烈竞争)，而中间的城市规模大致相同。特别地，我们从图 9—3（h$_1$）中可以看到：

$$r_2-r_1=\tilde{r}=1.10,\ r_3-r_2=1.01,$$
$$r_4-r_3=r_5-r_4=r_6-r_5=1.00 \tag{9.19}$$

这表明每两个相邻城市之间的距离都近乎于一个常数。此外，如果我们要利用市场潜力曲线极值点两侧的斜率差［即 $\Omega'_{-}(r_k)-\Omega'_{+}(r_k)$］来衡量每个城市锁定效应的强度，就会发现对于每一个 k（代表每个城市所在地市场潜力曲线的极值点)，两侧斜率的差值（即锁定效应的强度）基本上也是相同的，且 $\Omega'_{-}(r_k)-\Omega'_{+}(r_k)=3.80$。图形分析也证实了这一点。所以，一旦某地诞生了一个新城市，它就会永远存续下去，而其邻近区域不会出现新的城市。[9]

图 9—4 描述了 $N=13.62$ 处九城市均衡时每个城市 k（$k=1,2,3,4,5$）产出的市场份额曲线。九城市均衡对应于图 9—3（h$_1$）和图 9—3（h$_2$）所描述的空间体系。在图 9—4 中，城市 k 生产的制造业商品在消费地 r 的市场份额 $MS_k(r)$（以 r 地的交付价格来衡量）可以通过下式得到［利用方程（3.16）和方程（3.30)］：

$$MS_k(r)=\frac{L_k w_k^{-(\sigma-1)}e^{-(\sigma-1)\tau^M|r-r_k|}}{\sum_j L_j w_j^{-(\sigma-1)}e^{-(\sigma-1)\tau^M|r-r_j|}} \tag{9.20}$$

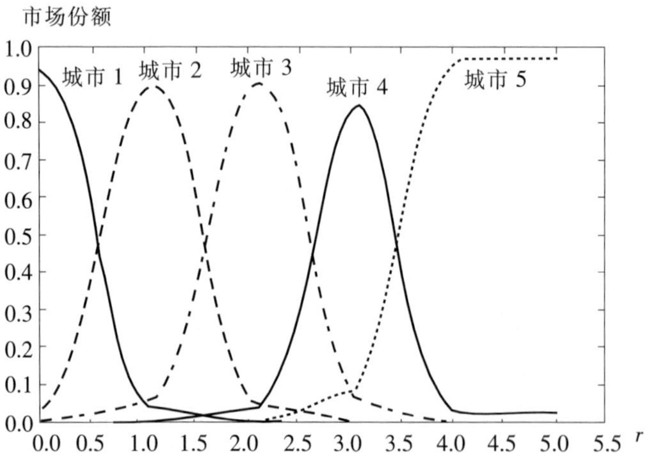

图 9—4　N=13.62 时，九城市均衡的市场份额曲线

图形表明，除了城市 4（以及城市 −4）外，每个城市从其他城市（大多是直接与自己相邻的）购买的用于消费的制造业商品都小于 10%。因为在边界城市 5 的外侧没有其他城市与之竞争，所以其规模最大，从其他城市进口的制成品相对就较少。相反，城市 4 规模最小（因为它处于边界城市 5 的阴影之下），进口的制造业商品份额也最多。应该注意，我们模型中的制成品贸易模式所实现的这些市场份额曲线与按照克里斯塔勒和勒施的经典的中心地区理论建立的市场份额曲线是不同的。在我们的模型中，市场潜力曲线呈钟形，对贸易距离也没有明显限制。而在中心地区理论中，每个城市（或中心地区）的产品都有一个明确界定的市场区域。这种差异之所以会产生，是因为在我们的模型中，每个城市生产的一系列产品都不同于其他城市，而在经典的中心地区理论中，同级别的城市生产的是无差别的同质产品。[10]

图 9—5 概括了演化的过程。图 9—5（a）描述了城市规模的分布在演化过程中的变动轨迹。我们看到，现有的空间体系出现分岔后，会周期性地导致一个新的边界城市（更精确地说是两个边界城市）的诞生，并且新的边界城市规模最大、增长最快。但是，当附近又出现一个新兴的边界城市时，它的规模就变小了。举例来说，我们可以在图 9—5（a）中看到，$N=7.47$ 时，新城市 3 作为边界城市出现，在 N 到达 10.52 之前，其规模都是最大的，增长速度也是最快的。当 $N=10.52$ 时，新兴城市 4 作为分岔的结果就出现了。图形也表明，长期中，随着城市数目的增加，大多数城市（除了边界城市及邻近城市外）的规模都近乎相同。

下面再看图 9—5（b），它描绘了在均衡状态下与此相关联的工人实际工资的循环变化。同时，它还表明实际工资首先随着时间流逝而下降。但是，当新兴边界城市周期性地诞生之后，人口增长带来的收益大于其成本时，实际工资就会不连续地反弹，并长期保持不变。对比实线与虚线表示的曲线是非常有趣的。如果经济勉强维持单中心模式，那么均衡状态下工人的实际工资就会如虚线所示。

图 9—5（c）描绘了实际总地租的循环变化。实际总地租（total real land rent，TRLR）的定义如下：

$$TRLR = 2\int_0^f R(r)G(r)^{-\mu}[p^A(r)]^{-(1-\mu)}\,\mathrm{d}r \tag{9.21}$$

显然，图 9—5（c）中的每一条 $TRLR$ 曲线（实线代表实际的空间

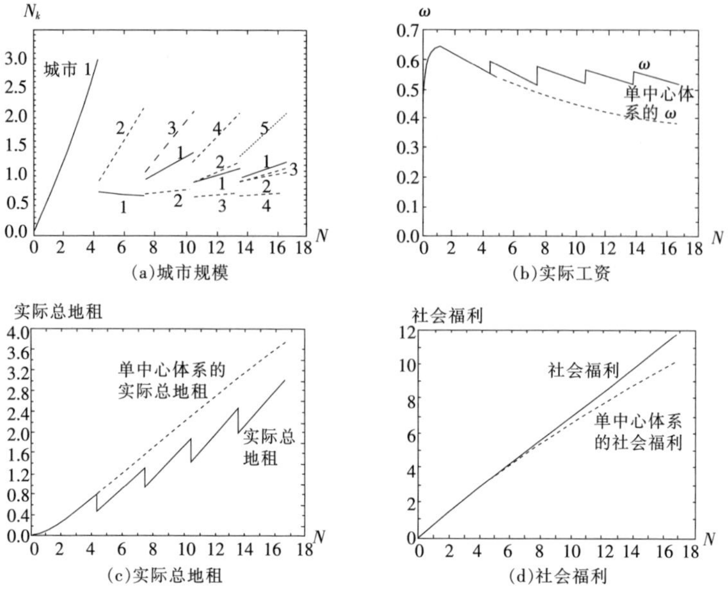

图 9—5　对演化过程的总结

体系，虚线代表单中心体系的基本情况）体现的趋势与图 9—5（b）中的对应曲线截然相反。最后，如果我们把经济中总的社会福利定义为：

$$SW \equiv N\omega + TRLR \tag{9.22}$$

那么图 9—5（d）中的实线就表明社会福利几乎与人口 N 成比例地增长。我们如果把这条曲线与同一图中的虚线表示的图形（单中心的情况）进行比较，那么就会明白，正是由于新兴边界城市的周期性诞生，才使得经济的总体表现出在长期足以维持收益不变的特性。

结　论

在这一章中，我们实际上是尝试着将冯·杜能和勒施的思想整合在一起，我们已经建立了一个分析框架，为本书第 8 章中的冯·杜能模型提供了一个微观基础，并阐明了面对不断增长的人口，该模型如何演化为中心地方体系。这一演化过程反映了一种内在联系，向心力和离心力之间的合力，其中向心力由后向关联和前向联创造，离心力则来自土地的不可流动性；这与本书第 4～6 章中对区域模型的推导是同样的逻辑。同时，我们的数值模拟表明，随着人口的增长，由向心力和离心力之间的合力所决定的城市间距离往往趋向于一个常数。

我们相信，这种多城市模型确实是冯·杜能单城市模型的重要拓展。然而，它仍然具有明显的局限性。在这一模型中，所有的城市基本上都是相同的。它们都生产同样的产品，并且一旦人口数量足够大，那么所有城市的规模也会大致相同。不论是真实的世界，还是经典的中心地区理论所假想的世界，其城市的规模都不尽相同，角色都不一而足。我们下一步就是要说明模型经过修正，确实可以导出克里斯塔勒式的城市层级。

附录 1：农产品运输成本不为 0 时的分岔

我们想证实，当 N 达到其临界值 $\tilde{N}$ 时，单中心均衡通过战斧形分岔转变为三中心体系。这一转变之所以发生，是因为在图 9—1 中，当 $N=\tilde{N}$ 时，ω_2/ω_1 曲线在 $\lambda_2=0$（即 $L_2=0$）处的斜率为正。也就是说，沿着 $\omega^A=\bar{\omega}$ 的轨迹，(9.16) 式成立。在本附录中，我们会得到能使该不等式在一般情况下成立的充分条件。也就是说，我们打算考虑农业运输成本为正的情况。因为这一分析过于复杂，我们先给出分析的主线，然后在本章附录 2 中补充计算过程。

当考虑加进农业运输成本后，首要的问题就是决定农产品 A 的流动模式。幸运的是，既定的目标是验证 $L_2=0$ 附近的动态过程，这个问题立即就迎刃而解了。换句话说，给定 $N=\tilde{N}$，只要 $L_2(=L_3)$ 足够小，两个侧翼城市（位于 $\tilde{r}$ 和 $-\tilde{r}$ 两处）对产品 A 的消费也会少得可怜。于是，处于 $(-f, -\tilde{r})$ 和 $(\tilde{r}, f)$ 范围之内的侧翼农业区（地区 A）所生产出来的部分产品 A 就会被运往中心城市。这也就意味着，每个农业区多余的产品 A 肯定会被运往中心城市；因此，产品 A 的价格曲线可以使用与 (8.1) 式相同的方程来表示。如此一来，用 $p^A(r)$ 代替 (8.1) 式中的 p^A，前面由 (9.9) 式～(9.12) 式以及 (9.14) 式所确定的均衡条件分别被修正如下：[11]

$$1 = w_1 = [L_1 G_1^{\sigma-1} + 2L_2 w_2 e^{-(\sigma-1)\tau^M \tilde{r}} G_2^{\sigma-1} + p^A \int_{-f}^{f} e^{-\tau^A |s|} e^{-(\sigma-1)\tau^M |s|} G(s)^{\sigma-1} \mathrm{d}s]^{1/\sigma} \tag{9A.1}$$

$$w_2 = [L_1 e^{-(\sigma-1)\tau^M \tilde{r}} G_1^{\sigma-1} + L_2 w_2 G_2^{\sigma-1} (1 + e^{-2(\sigma-1)\tau^M \tilde{r}})$$

$$+p^A\int_{-f}^{f}e^{-\tau^A|s|}e^{-(\sigma-1)\tau^M|s-\bar{r}|}G(s)^{\sigma-1}\mathrm{d}s]^{1/\sigma} \tag{9A.2}$$

$$\omega_1=G_1^{-\mu}(p^A)^{-(1-\mu)} \tag{9A.3}$$

$$\omega_2=w_2G_2^{-\mu}(p^Ae^{-\tau^A\bar{r}})^{-(1-\mu)} \tag{9A.4}$$

$$\omega^A=G(f)^{-\mu}(p^Ae^{-\tau^Af})^{\mu}/c^A \tag{9A.5}$$

不过，(9.7) 式、(9.8) 式和 (9.13) 式不需要进行任何改动。

在 (9.16) 式中，要沿着 $\omega^A=\bar{\omega}$ 的轨迹，考察导函数 $\mathrm{d}(\omega_2/\omega_1)/\mathrm{d}\lambda_2$ 的性质，我们先对均衡状态下的方程 (9.7)、方程 (9.11)、方程 (9.12) 以及 (9A.1) 式～(9A.5) 式进行全微分，然后令 $L_2=0$，那么，正如附录 2 (a) ～附录 2 (d) 所说明的那样，我们可以得到下式：

$$\frac{\mathrm{d}(\omega_2/\omega_1)}{\mathrm{d}\lambda_2}=\frac{\mu}{2\sigma w_2^{\sigma}}\times\left\{-\frac{D}{2}\frac{\mathrm{d}L_1}{\mathrm{d}L_2}-D+w_2\left[\frac{1+\rho}{\rho}Z+\frac{2}{\mu}w_2^{\sigma}-2w_2^{-\sigma}e^{-2(\sigma-1)\tau^M\bar{r}}-E\right]\right\} \tag{9A.6}$$

其中：

$$Z\equiv e^{(\sigma-1)\tau^M\bar{r}}-e^{-(\sigma-1)\tau^M\bar{r}},\Lambda\equiv e^{(\sigma-1)\tau^M\bar{r}}+e^{-(\sigma-1)\tau^M\bar{r}} \tag{9A.7}$$

$$D\equiv\left[\Lambda-\frac{2\mu}{1-\mu}(w_2^{\sigma}/\mu-e^{-(\sigma-1)\tau^M\bar{r}})\right]p^Ae^{-\tau^Af}/c^A \tag{9A.8}$$

$$E\equiv w_2^{-\sigma}(L_1^{-1}p^A)\int_{-f}^{f}e^{-\tau^A|s|}e^{2(\sigma-1)\tau^M(|s|-|s-\bar{r}|)}(1+e^{(\sigma-1)\tau^M(|s-\bar{r}|-|s+\bar{r}|)})\mathrm{d}s \tag{9A.9}$$

$$w_2=e^{[\mu\tau^M-(1-\mu)\tau^A]\bar{r}},p^A=c^Ae^{\mu(\tau^A+\tau^M)f} \tag{9A.10}$$

接下来，在 $L_2=0$ 处对 $\omega^A=\bar{\omega}$ 进行全微分，如本章附录 2(e) 所示，我们就能够得到：

$$\left.\frac{\mathrm{d}L_1}{\mathrm{d}L_2}\right|_{\omega^A=\bar{\omega}}=-2(1+F)\text{，当 }L_2=0\text{ 时} \tag{9A.11}$$

其中：

$$F\equiv\frac{w_2\left[1+\frac{\mu}{2(\sigma-1)}w_2^{-\sigma}Z\right]-1}{\frac{\mu}{1-\mu}+c^Ae^{\tau^Af}/p^A+\frac{\mu^2(\tau^A+\tau^M)}{(1-\mu)\tau^A}(e^{\tau^Af}-1)} \tag{9A.12}$$

将 (9A.11) 式代入 (9A.6) 式得：

$$\left.\frac{d(\omega_2/\omega_1)}{d\lambda_2}\right|_{\omega^A=\bar{\omega}}=\frac{\mu}{2\sigma w_2^{\sigma-1}}\times\left[\frac{FD}{w_2}+\frac{1+\rho}{\rho}Z+\frac{2w_2^{\sigma}}{\mu}-2w_2^{-\sigma}e^{-2(\sigma-1)\tau^M\tilde{r}}-E\right] \tag{9A.13}$$

如本章附录2(f)所示，我们有：

$$E<\left[\mu^{-1}-w_2^{-\sigma}e^{-(\sigma-1)\tau^M\tilde{r}}\right]\Lambda$$
$$=\mu^{-1}Z+2\mu^{-1}e^{-(\sigma-1)\tau^M\tilde{r}}-w_2^{-\sigma}-w_2^{-\sigma}e^{-2(\sigma-1)\tau^M\tilde{r}} \tag{9A.14}$$

于是，将上式代入（9A.13）式，我们得到下面的不等式：

$$\left.\frac{d(\omega_2/\omega_1)}{d\lambda_2}\right|_{\omega^A=\bar{\omega}}(N=\tilde{N},\lambda_2=0)>\frac{\mu}{2\sigma w_2^{\sigma-1}}$$
$$\times\left\{\frac{FD}{w_2}+\left[\frac{1+\rho}{\rho}+w_2^{-\sigma}e^{-(\sigma-1)\tau^M\tilde{r}}-\frac{1}{\mu}\right]Z+\frac{2}{\mu}\left[w_2^{\sigma}-e^{-(\sigma-1)\tau^M\tilde{r}}\right]\right\}$$
$$=\frac{\mu}{2\sigma w_2^{\sigma-1}}\times\left\{\frac{FD}{w_2}+\left[\frac{1+\rho}{\rho}+w_2^{-\sigma}e^{-(\sigma-1)\tau^M\tilde{r}}-\right.\right.$$
$$\left.\left.\frac{1}{\mu}\left(1-\frac{2(w_2^{\sigma}-e^{-(\sigma-1)\tau^M\tilde{r}})}{Z}\right)\right]Z\right\} \tag{9A.15}$$

因为D总是正的［参见本章附录2(f)］，如果F和上述中括弧内的各项的值非负的话，（9A.15）式就是非负的。所以，再回想一下（9A.12）式中的F，我们可以得出结论，即如果下面两个条件得到满足的话，那么（9.16）式中的关系恒成立：

（Ⅰ） $1+\frac{\mu}{2(\sigma-1)}w_2^{-\sigma}Z\geqslant w_2^{-1}$；

（Ⅱ） $\frac{1+\rho}{\rho}+w_2^{-\sigma}e^{-(\sigma-1)\tau^M\tilde{r}}\geqslant\frac{1}{\mu}\left[1-\frac{2(w_2^{\sigma}-e^{-(\sigma-1)\tau^M\tilde{r}})}{Z}\right]$

其中，w_2由（9A.10）式给出。特别是，如果$w_2\geqslant 1$，也就是$\mu\tau^M\geqslant(1-\mu)\tau^A$，那么条件（Ⅰ）恒成立。由于条件（Ⅱ）最后一项中的w_2并不小于1，因此，为了保证（9.16）式中的关系恒成立，就需要下面两个条件成立：

(ia) $\mu\tau^M\geqslant(1-\mu)\tau^A$；

(iia) $\frac{1+\rho}{\rho}\geqslant\frac{1}{\mu}\left[1-\frac{2(1-e^{-(\sigma-1)\tau^M\tilde{r}})}{e^{(\sigma-1)\tau^M\tilde{r}}-e^{-(\sigma-1)\tau^M\tilde{r}}}\right]$

条件（iia）得到满足的充分条件是假定：

$$\mu \geqslant \frac{\rho}{1+\rho} \tag{9A.16}$$

这确保了每个城市生产的制造业商品 M 在当地消费能带来强烈的乘数效应。[12]

只给定这些充分条件（这些充分条件一般都是能得到满足的），我们也能够得出结论：(9.16) 式中的关系在参数取值范围很大的情况下仍然能够成立（但要求 μ 和 τ^M 都不是特别小）。所以，即使考虑了农业运输成本，仍然存在大范围的参数，可以使人口的增长最终蕴涵由单中心体系向三城市均衡的巨大转变。

附录 2：对附录 1 的补充计算

下面，我们提供一系列的计算以补充本章附录 1 的分析。

(a) 当 $N=\widetilde{N}$ 且 $L_2=0$ 时，利用 (8.14) 式和 (8.16) 式，就可以从本书第 8 章的单中心均衡得到：

$$\begin{aligned} p^A &= c^A e^{\mu(\tau^A+\tau^M)f}, \quad w_2 \equiv w^M(\tilde{r}) = w^A(\tilde{r}) \\ &= e^{[\mu\tau^M-(1-\mu)\tau^A]|\tilde{r}|} \end{aligned} \tag{9A.17}$$

接下来，将 (9.7) 式和 (9.8) 式分别代入 (9A.1) 式和 (9A.2) 式，并令 $L_2=0$，我们得到下面的结果：

$$\int_{-f}^{f} e^{-\tau^A|s|}\,\mathrm{d}s = (1-\mu)\mu^{-1}(L_1/p^A) \tag{9A.18}$$

$$\int_{-f}^{f} e^{-\tau^A|s|} e^{(\sigma-1)\tau^M(|s|-|s-\tilde{r}|)}\,\mathrm{d}s = (L_1/p^A)(w_2{}^{-\sigma}/\mu - e^{-(\sigma-1)\tau^M\tilde{r}}) \tag{9A.19}$$

利用 (9A.5) 式计算 (9A.3) 式在 $L_2=0$ 处的值，我们可以得到：

$$\omega_1 = \omega_2 = \omega^A = (L_1/\mu)^{\mu/(\sigma-1)}(p^A)^{-(1-\mu)} \tag{9A.20}$$

(b) 重新将 (9.7) 式和 (9.8) 式分别代入 (9A.1) 式和 (9A.2) 式，然后求 (9A.1) 式、(9A.2) 式和 (9A.13) 式的导数。再令 $L_2=0$，解这些方程就得到 $\mathrm{d}f$、$\mathrm{d}p^A$ 和 $\mathrm{d}w_2$，然后利用 (9A.18) 式和 (9A.19) 式对它们进行简化，我们可以得到：

$$\mathrm{d}f = -(\mathrm{d}L_1 + 2\mathrm{d}L_2)/(2c^A) \tag{9A.21}$$

$$\mathrm{d}p^A=\frac{\mu}{1-\mu}(L_1/p^A)\Big[\mathrm{d}L_1\Big(\frac{1-\mu}{\mu}+p^A e^{-\tau^A f}/c^A\Big)$$

$$+2\mathrm{d}L_2\Big(\frac{1-\mu}{\mu}w_2+p^A e^{-\tau^A s}/c^A\Big)\Big] \tag{9A. 22}$$

$$\mathrm{d}w_2[(L_1/\mu)\sigma w_2^{\sigma-1}]=-\frac{D}{2}L_1+\mathrm{d}L_2\times\Big\{-D+w_2\Big[Z+\frac{2}{\mu}w_2^{\sigma}$$

$$-2w_2^{-\sigma}e^{-2(\sigma-1)\tau^M\bar{r}}-E\Big]\Big\} \tag{9A. 23}$$

其中，D、E 和 Z 分别由（9A. 8）式、（9A. 9）式和（9A. 7）式定义。

(c) 接下来，对（9A. 3）式、（9A. 4）式和（9A. 5）式分别进行全微分，然后令 $L_2=0$，我们可以得到：

$$\frac{\mathrm{d}\omega_1}{\omega_1}=\frac{\mu}{\sigma-1}(L_1/\mu)^{-1}[(\mathrm{d}L_2/\mu)+2(\mathrm{d}L_2/\mu)w_2^{-(\sigma-1)}e^{-(\sigma-1)\tau^M\bar{r}}]$$

$$-\mathrm{d}p^A(1-\mu)(p^A)^{-1} \tag{9A. 24}$$

$$\frac{\mathrm{d}\omega_2}{\omega_2}=w_2^{-1}\Big\{\mathrm{d}w_2+\frac{\mu}{\sigma-1}w_2(L_1/\mu)^{-1}[(\mathrm{d}L_1/\mu)+(\mathrm{d}L_2/\mu)w_2^{-(\sigma-1)}\Lambda]\Big\} \tag{9A. 25}$$

$$\frac{\mathrm{d}\omega^A}{\omega_A}=\mathrm{d}p^A\mu(p^A)^{-1}-\mathrm{d}f\mu\tau^A+\frac{\mu}{\sigma-1}(L_1/\mu)^{-1}$$

$$\times[(\mathrm{d}L_1/\mu)-\mathrm{d}f(\sigma-1)\tau^M(L_1/\mu)+(\mathrm{d}L_2/\mu)$$

$$w_2^{-(\sigma-1)}(e^{(\sigma-1)\tau^M\bar{r}}+e^{-(\sigma-1)\tau^M(f+\bar{r})})] \tag{9A. 26}$$

其中，Λ 由（9A. 7）式定义。

(d) 因为 $\lambda_2=2L_2/(L_1+2L_2)$。同时，当 $L_2=0$ 且 $N=\widetilde{N}$ 时，有 $\omega_1=\omega_2$，所以就得到：

$$\text{当 } L_2=0 \text{ 时，}\frac{\mathrm{d}(\omega_2/\omega_1)}{\mathrm{d}\lambda_2}=\frac{\mathrm{d}\omega_2-\mathrm{d}\omega_1}{\mathrm{d}L_2}\frac{L_1}{2\omega_1} \tag{9A. 27}$$

将（9A. 22）式和（9A. 23）式分别代入（9A. 24）式、（9A. 25）式后，再令 $\omega_1=\omega_2$，然后将结果代入（9A. 27）式，我们立即就可以得到（9A. 6）式。

(e) 因为当 $L_2=0$ 且 $N=\widetilde{N}$ 时，$\omega_1=\omega_2=\omega^A$。在均衡点求下面关系式的导数：

$$\omega^A = \bar{\omega} \equiv [L_1\omega_1 + 2L_2\omega_2 + (N - L_1 - 2L_2)\omega^A]/N \quad (9A.28)$$

可以得到：

$$\mathrm{d}\omega_1 = \mathrm{d}\omega^A \quad (9A.29)$$

于是，将（9A.24）式和（9A.26）式代入（9A.29）式，并利用（9A.21）式和（9A.22）式，我们可以很容易地推出关系式（9A.11）。

(f) 欲证明（9A.8）式所定义的 D 是正值，首先观察下式：

$$C \equiv \int_{-f}^{f} e^{-\tau^A|s|} e^{(\sigma-1)\tau^M(|s|-|s-\tilde{r}|)} \mathrm{d}s \quad (9A.30)$$

$$= e^{-(\sigma-1)\tau^M\tilde{r}} \int_{-f}^{0} e^{-\tau^A|s|} \mathrm{d}s + \int_{0}^{f} e^{-\tau^A|s|} e^{(\sigma-1)\tau^M(s-|s-\tilde{r}|)} \mathrm{d}s \quad (9A.31)$$

$$< e^{-(\sigma-1)\tau\mu\tilde{r}} \int_{-f}^{0} e^{-\tau^A|s|} \mathrm{d}s + e^{(\sigma-1)\tau^M\tilde{r}} \int_{0}^{f} e^{-\tau^A|s|} \mathrm{d}s^{*}$$

$$= \frac{1}{2}\int_{-f}^{f} e^{-\tau^A|s|} \mathrm{d}s\Lambda \quad (9A.32)$$

于是，我们有：

$$\Lambda > C\Big/\left(\frac{1}{2}\int_{-f}^{f} e^{-\tau^A|s|}\mathrm{d}s\right)$$

$$= \frac{2\mu}{1-\mu}(L_1/p^A)^{-1}C \quad [\text{根据(9A.18) 式推出}]$$

$$= \frac{2\mu}{1-\mu}[w_2^g/\mu - e^{-(\sigma-1)\tau^M\tilde{r}}]\,[\text{根据(9A.19)式和(9A.30)式推出}] \quad (9A.33)$$

这同时也就意味着，（9A.8）式所定义的 D 是正的。下面，我们来看一下（9A.14）式中的不等式是如何得来的，我们把（9A.9）式中的积分分解为两部分，如下所示：

$$B_1 \equiv \int_{-f}^{f} e^{-\tau^A|s|} e^{2(\sigma-1)\tau^M(|s|-|s-\tilde{r}|)} \mathrm{d}s$$

$$= e^{-2(\sigma-1)\tau^M\tilde{r}} \int_{-f}^{0} e^{-\tau^A|s|} \mathrm{d}s + \int_{0}^{f} e^{-\tau^A|s|} e^{2(\sigma-1)\tau^M(s-|s-\tilde{r}|)} \mathrm{d}s;$$

$$B_2 \equiv \int_{-f}^{f} e^{-\tau^A|s|} e^{(\sigma-1)\tau^M(2|s|-|s-\tilde{r}|-|s+\tilde{r}|)} \mathrm{d}s$$

$$= 2\int_{0}^{f} e^{-\tau^A|s|} e^{(\sigma-1)\tau^M(2|s|-|s-\tilde{r}|-|s+\tilde{r}|)} \mathrm{d}s$$

---

* 原文有误，应为 $< e^{-(\sigma-1)\tau^M\tilde{r}} \int_{-f}^{0} e^{-\tau^A|s|}\mathrm{d}s + e^{(\sigma-1)\tau^M\tilde{r}} \int_{0}^{f} e^{-\tau^A|s|}\mathrm{d}s$。——译者注

$$= 2e^{-(\sigma-1)\tau^M\bar{r}}\int_0^f e^{-\tau^A|s|}e^{(\sigma-1)\tau^M(s-|s-\bar{r}|)}\,ds$$

在把 B_2 分成相等的两部分后，重新整理各项，得：

$$\begin{aligned}
B &\equiv B_1 + B_2\\
&= \left\{e^{-2(\sigma-1)\tau^M\bar{r}}\int_{-f}^0 e^{-\tau^A|s|}\,ds + e^{-(\sigma-1)\tau^M\bar{r}}\int_0^f e^{-\tau^A|s|}e^{(\sigma-1)\tau^M(s-|s-\bar{r}|)}\,ds\right\}\\
&\quad + \left\{e^{-(\sigma-1)\tau^M\bar{r}}\int_0^f e^{-\tau^A|s|}e^{(\sigma-1)\tau^M(s-|s-\bar{r}|)}\,ds + \int_0^f e^{-\tau^A|s|}e^{2(\sigma-1)\tau^M(s-|s-\bar{r}|)}\,ds\right\}\\
&= e^{-(\sigma-1)\tau^M\bar{r}}C + \left\{e^{-(\sigma-1)\tau^M\bar{r}}\int_0^f e^{-\tau^A|s|}e^{(\sigma-1)\tau^M(s-|s-\bar{r}|)}\,ds\right.\\
&\quad \left. + \int_0^f e^{-\tau^A|s|}e^{2(\sigma-1)\tau^M(s-|s-\bar{r}|)}\,ds\right\}\\
&< e^{-(\sigma-1)\tau^M\bar{r}}C + e^{(\sigma-1)\tau^M\bar{r}}\left\{e^{-(\sigma-1)\tau^M\bar{r}}\int_0^f e^{-\tau^A|s|}\,ds + \int_0^f e^{-\tau^A|s|}e^{(\sigma-1)\tau^M(s-|s-\bar{r}|)}\,ds\right\}\\
&= e^{-(\sigma-1)\tau^M\bar{r}}C + e^{(\sigma-1)\tau^M\bar{r}}C\\
&= C\Lambda
\end{aligned} \tag{9A.34}$$

因此，由（9A. 9）式就可以推出：

$$\begin{aligned}
E &\equiv w_2^{-\sigma}(L_1^{-1}/p^A)(B_1 + B_2)\\
&< w_2^{-\sigma}(L_1^{-1}/p^A)C\Lambda^*\\
&= w_2^{-\sigma}(w_2^{\sigma}/\mu - e^{-(\sigma-1)\tau^M\bar{r}})\,\Lambda \quad [\text{由(9A. 19)式和(9A. 30)式推出}]\\
&= (\mu^{-1} - w_2^{-\sigma}e^{-(\sigma-1)\tau^M\bar{r}})\Lambda
\end{aligned} \tag{9A.35}$$

这就是（9A. 14）式的所要表达的关系。

附录 3：一般的三城市体系的动态调整过程

在本章“从一个城市到三个城市”一节中，我们考察了一个三城市经济的动态调整过程，其中暗含了三个城市分别位于 $-\bar{r}$、0 和 $\bar{r}$ 三个地方的假定（这里的 $\bar{r}$ 是单中心经济的市场潜力曲线首次达到 1 的临界距离）。但是，在分析过程中，我们将自己限定在两个侧翼城市的规模均相同的情况中。在本附录中，我们将摆脱这一束缚，重新审视同一个三城市经济的动态调整过程，包括非对称演进。[13]这一更具有普遍性的分

* 原文有误，这里应为 $E \equiv w_2^{-\sigma}(L_1^{-1}p^A)(B_1 + B_2) < w_2^{-\sigma}(L_1^{-1}p^A)C\Lambda$。——译者注

析将使我们更清楚地了解最初的单中心体系如何突变为一个新的结构。由于很难求出模型的解析解，所以我们只做一个数值分析。在下面的数值分析中，我们采用与（9.17）式相同的参数设置，同时还利用（9.18）式所给出的临界值。从而，可能会出现的三个城市（城市 1、城市 2 和城市－2）会分别位于：

$$r_1 = 0\,,\ r_2 = \tilde{r} = 1.10,\ r_{-2} = -\tilde{r} = -1.10 \tag{9A.36}$$

在三中心体系的上述背景下，对于每个给定的人口总数 N，我们总是令（9.1）式中的 $K=3$，然后解出每种可能的初始人口分布所对应的动态调整过程（9.1）式。可能的人口分布必须满足 $L_1+L_2+L_{-2}<N$。要将结果全部表示出来就必须用到三维空间 $L_1 \times L_2 \times L_{-2}$ 的相位图。但是，实际上基本的结果可以在两维图像中表示出来，因为对于每一个给定的 N 值，三维空间 $L_1 \times L_2 \times L_{-2}$ 包含了目前三城市体系所有可能的均衡（既有稳定的，也有不稳定的）以及调整路径的目标指向[14]，在这其中存在一个二维的稳定子集。在图 9A—1 中，这一稳定的子集由阴影平面 $M_1M_2M_{-2}$ 表示。由此可知，要研究与总人口变动相联系的三城市体系的转变，只要研究这一子集的动态调整过程如何随着 N 的变化而变化就可以了。图 9A—2 给出了几个结果。[15]

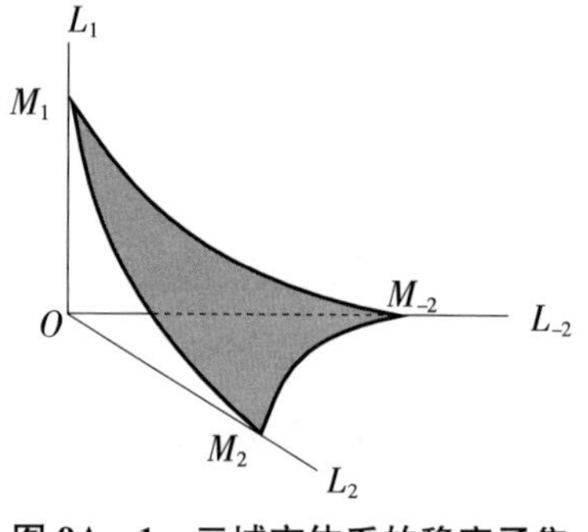

图 9A—1　三城市体系的稳定子集

在图 9A—2 中，每个相位图的实线都描绘了所有的稳定、不稳定的平面，而虚线则描绘了有代表性的动态变化轨迹；而且，每个实心圆圈都代表了稳定的均衡，空心圆圈则表示不稳定的均衡。在每一个图中，以城市 k（$k=1$，2，-2）为中心的单一均衡，记作 M_k，以与图 9A—2 中的点 M_k 对应。$M_1M_2M_{-2}$ 的每条边所对应的空间结构都是双中心结构，$M_1M_2M_{-2}$ 的内部对应的则是三中心的空间格局。我们也留意到，每个相位图都是以 M_1D_4 为对称轴对称的，这是因为城市 2 和城市－2 是关于城市 1 对称的。

图 9A—2(a) 描述了 $N<1.8$ 的情况，此时只有单中心的格局可以被称之为稳定的均衡。尽管在 D_1、D_1'和 D_4 处存在双中心均衡，以及在 T_1 点存在三中心的均衡，但是它们无一例外都是不稳定的。所以，在平面 $M_1M_2M_{-2}$上，无论从哪一点开始（除了恰恰处在双中心和三中心均衡的点），经济体最终都会实现单中心均衡。当 $N=1.8$ 时，新的双中心均衡 D_2 和 D_3 从 D_1 点裂变出来，从而使 D_1 变得稳定起来。而 D_2 和 D_3 则反映了 D_1 所固有的不稳定性。图 9A—2(b) 刻画的是 $1.8<N<2$时的情况。

接下来，如图 9A—2(c) 所示，当 $N=2$ 时，不对称的双中心均衡 D_5和 D_5'从 D_4 点裂变出来，使 D_4 趋于稳定。N 的进一步增长只有达到 $N=2.97$ 时，相位图才会发生变化。此时，在 M_1 和 T_1 之间出现了三中心均衡 T_2。随着 N 的增长，还会继续裂变为 T_2 和 T_3。这一过程如图 9A—2(d) 和图 9A—2(e) 所示。

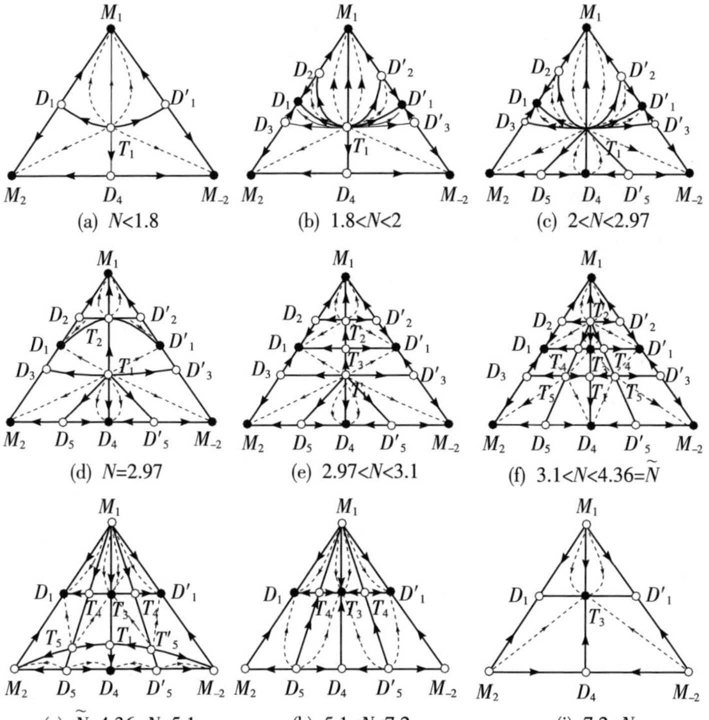

(a) $N<1.8$　(b) $1.8<N<2$　(c) $2<N<2.97$

(d) $N=2.97$　(e) $2.97<N<3.1$　(f) $3.1<N<4.36=\tilde{N}$

(g) $\tilde{N}=4.36<N<5.1$　(h) $5.1<N<7.2$　(i) $7.2<N$

图 9A—2　稳定子集中的动态调整过程的相位图

比较图 9A—2(e) 和图 9A—2(f)，我们会发现，$N=3.1$ 时，T_3 裂变为 T_4 和 T'_4，而 T_1 裂变为 T_5 和 T'_5。值得注意的是，T_4 和 T'_4的出现使 T_3 变得稳定，如图 9A—2(f) 所示。现在 N 大得足以维持一个稳定的三中心均衡 T_3。在三中心均衡 T_1、T_2 和 T_3 处，城市间的相对规模 N_2/N_1 分别为 4.99、0.02 和 0.66。在达到 $\tilde{N}=4.36$ 以前，动态过程都是由图 9A—2(f)来解释的。

当 N 达到其临界值 $\tilde{N}=4.36$ 时，相位图中最主要的变化出现了。对比图 9A—2(f) 和图 9A—2(g) 的结果就会发现，在这一人口规模的临界点上，两个不稳定的双中心均衡 D_2 和 D'_2以及另外一个三中心均衡 T_2 全部并入 M_1，与其重合；不稳定的 D_3 并入 M_2；不稳定的 D'_3并入 M_{-2}，这种变化使所有三个单中心均衡 M_1、M_2 和 M_{-2}全部变得不稳定了。举例来说，如果经济体先前一直处于图 9A—2(f) 中的位置 M_1 处，在达到临界值时，市场潜力曲线 $\Omega(r)$ 在 $r=\pm\tilde{r}$ 处刚好达到 1，如前所述，这会引起新城市在 $\tilde{r}$ 和 $-\tilde{r}$ 处同时产生，或者仅在其中一处出现。至于这个时刻究竟是出现一个新城市还是两个新城市则取决于机遇。如果碰巧在 $\tilde{r}$ 和 $-\tilde{r}$ 出现的制造业企业数目相同，那么三中心体系就形成了；否则，形成的就是双中心体系。因此历史在这里起了关键的作用。

当 $N=5.1$ 时，三中心均衡 T_1、T_5 和 T'_5分别与双中心均衡 D_4、D_5 和 D'_5重合。图 9A—2(h) 刻画了 $5.1<N<7.2$ 时的相位图。最后，比较图 9A—2(h) 和图 9A—2(i)，结果表明，当 $N>7.2$ 时，面 M_1D_5（对应的 $M_1D'_5$）与面 M_1M_2 重合（对应的 M_1M_{-2}），只有 T_3 仍然是稳定均衡。举例来说，这象征着，如果以前空间体系在 $N=\tilde{N}=4.36$ 时，从 M_1 转入双中心均衡 D_1，那么在$N=7.2$ 时，肯定要再次转变，转入三中心均衡 T_3。[16]有一点需要引起注意，图 9A—2(i) 似乎说明了对于任意的 $N>7.2$，三中心的结构 T_3 都会保持均衡，然而，这只有在没有任何其他的新兴城市诞生的情况下才能成立。事实上，就像我们在本书第 9 章“新城市终于出现”一节中所描述的那样，当 N 达到 7.47 时，市场潜力曲线在 $r=\pm2.11$ 处再次达到 1。这意味着那里可能会有新城市出现。

[注释]

[1] 在更一般的情况下，制成品不仅会在零散分布的城市生产，而且会在一个连续的区域生产，后者也就是工业带。本书中我们仅仅关注

零散分布的城市，如果要研究工业带，请参阅莫里（Mori，1997）。

[2] 通常，一个多中心的经济体可以有被非耕作区隔开的几个农业区。然而，由于我们研究的是冯·杜能的地理模式在变得不稳定以后会发生怎样的转变，所以，我们可以放心地假定农业区从 $-f$ 绵延至 f。

[3] 在图 9—1 中，横轴要么是 L_2，要么是 $\lambda_2 \equiv 2L_2/(L_1+2L_2)$。但我们为了规范起见，用 λ_2 作为横轴。请注意，因为 $\dot{\lambda}_2=2(L_1\dot{L}_2-L_2\dot{L}_1)/(L_1+2L_2)^2$，所以我们有：

(1) $\{\omega^A=\bar{\omega}$ 且 $\omega_1/\omega_2<1^*\} \rightarrow \omega_2<\bar{\omega}<\omega_1 \rightarrow \{\dot{L}_1>0$ 且 $\dot{L}_2<0\}$，由 (9.4) 式导出 $\dot{\lambda}_2<0$；*

(2) $\{\omega^A=\bar{\omega}$ 且 $\omega_2/\omega_1>1\} \rightarrow \omega_1<\bar{\omega}<\omega_2 \rightarrow \{\dot{L}_1<0$ 且 $\dot{L}_2>0\}$，由 (9.4) 式导出 $\rightarrow \dot{\lambda}_2>0$。

因此，沿着 $\omega^A=\bar{\omega}$ 的轨迹，当 $\dot{\lambda}_2 \gtreqless 0$ 时，我们有 $\dot{L}_2 \gtreqless 0$。

[4] 因为农业部门的实际工资与经济体中的平均实际工资相等，即 $\omega^A=\bar{\omega}$，所以当且仅当 $\omega_1 \gtreqless \omega_2$ 时，我们有 $\omega_1 \gtreqless \bar{\omega}$。

[5] 正如下一章所描述的那样，引进农业运输成本还降低了中心城市被取代的可能性，因为农业运输成本阻止了侧翼城市的过度膨胀。

[6] 我们可以舍弃第 10 章“19 世纪美国的城市层级体系的形成”** 一节中所有公式中的产业指数 h，以获得任意给定的 N 水平下空间经济的均衡条件。为了节省篇幅，这里不再赘述。第 9 章附录 3 以 (9A.17) 式的参数设置为背景，详细分析了一般的三城市经济的动态调整过程。

[7] 利用图 8—2 中农产品的供给曲线比需求曲线陡峭这一事实，我们可以很容易地看出，当不考虑任何新的城市形成时，单中心的均衡总是稳定的。而且即便考虑了新城市形成的可能性，图 9—3(a_1) 所描述的单中心均衡也是稳定的。这是因为对于所有 $r\neq 0$，都有 $\Omega(r)<1$。

[8] 在同样的地租曲线图中，这准确无误。但是，既然在目前的数值分析中，城市最右端的农产品价格总是被标准化为 1，那么在不同的地租曲线图中进行绝对值的比较就显得毫无意义。

---

* 原文有误，此处应为 $\omega_2/\omega_1<1$。——译者注

** 原文有误，此处应为第 10 章“模型”一节。——译者注

[9] 更精确地讲，如果农产品的运输成本 $(1-\mu)\tau^A$ 异常的高，那么在这一演化过程中现有的城市就不会消失。相反，当运输成本远远小于 $\mu\tau^M$ 时，从长远来看，部分现有的城市就会消失。这是因为当 $(1-\mu)\tau^A$ 远远小于 $\mu\tau^M$ 时，边缘的农业区就拥有比边缘城市高得多的工资率。因此，边缘城市的劳动力成本总是低于它们前方的区域，这就推迟了在其外侧出现新城市的时间。每一个现存的边缘城市的制成品都拥有无可比拟的市场，这使得边缘城市的规模较之中心城市要大得多。于是，每一个边缘城市最后都可能吞噬与其直接邻近的中心城市。

[10] 经典的中心地区理论所假设的市场区域结构，我们称之为市场区域的经济法则（LMA）。劳恩哈特（Launhardt，1885）提出了它的雏形，费特尔（Fetter，1924）在此基础上做了一定的改正。相反，(9.20）式所描述的市场区域结构与零售引力法则（LRG）相似，这一法则是赖利（Reilly，1931）作为经验性规律提出的。因而，可以把我们的模型（以差异产品的垄断竞争为基础）看成是从理论上对 LRG 进行的确认。表达式（9.20）看起来很像介绍现代 LRG 的对数模型也就不足为奇了（参阅 Anderson et al.，1992，第 3 章和第 4 章）。

[11] 尽管（9.11）式没有任何变化，但为了方便起见，我们还是把它写下来。

[12] 合并（9A.16）式和（9.3）式中的（b）式，我们可以得到 $\rho>\mu\geqslant\rho/(1+\rho)$，如果 $\rho>\mu=0.5$，则不等式恒成立。请注意，如果（ia）条件成立，则（9.3）式中的（a）式也总可以得到满足。

[13] 我们这部分的研究是建立在藤田和莫里（1997）基础之上的。

[14] 如果 $\tau^A=\tau^M=0$，那么这个子集的等式就可以由 $L_1+L_2+L_3=\mu N$ 给出。这是在所有商品都不存在运输成本的情况下的农产品市场出清条件。但是，在目前运输成本为正的背景下，这个子集是凸向原点的，所在位置与平面 $L_1+L_2+L_3=\mu N$ 相比，距离原点较远。举例来说，这反映了这样一个事实：如果制成品的生产在两个城市以相同规模进行，那么双中心经济体的农产品的平均价格相对于单中心经济体就较低，于是引起农产品的大量生产和消费，进而导致双中心经济体比单中心经济体拥有更多的农业人口。

[15] 在下面的稳定性分析中，我们采用标准的方法，也就是取动态系

统（9.1）式在均衡点的线性近似，以此来确定每个均衡点的稳定性或不稳定性。

[16] 应该要注意到，我们这里的讨论仅限于三城市体系。一般而言，D_1 也可能转换为四中心结构。

第10章　城市层级体系的演化

本书第 9 章说明了经济体如何从单中心地理发展成为多城市地理。但是，这种多城市地理仍令人感到索然无味。对所有制造商都生产同一商品（虽然种类很多）的假定，使得所有的城市从事的活动大同小异。显然，最终所有城市的规模都将趋于一致。亨德森式的模型和克里斯塔勒的中心地区理论使我们深深体会到，制成品的特征差异将使得城市体系向这种城市层级体系演化，即不同种类不同规模的城市形成明确分工。在本章中，我们所要说明的是，拥有几个不同制造业部门的经济体（运输费用或替代参数不同，或两者都不相同）是如何演化出一个城市层级体系的。也就是说，在此体系内，可以明确区分“高等级”（higher-order）城市与“低等级”（lower-order）城市：高等级城市不仅会从事低等级城市所从事的一切活动，而且还会从事其他更多的活动。

本书第 7 章解释了（不过仅在启发式的模型中）这种层级体系出现的基本机制。在包含了对市场结构的完整描述的一般均衡模型中，想清楚了解层级体系的出现要困难得多。不过，情形基本相似。从本质上说，当公司发现建立新工厂生产“高等级商品”（即运输费用较低和/或替代参数较小的商品）有利可图时，考虑到现有的低等级城市中消费者的后向关联效应，它们将趋向于在这些城市建立工厂。因此，高等级城市的形成通常是通过对现有低等级城市的升级得到的。不断重复这个过程，最终就形成了一个城市层级体系。

虽然我们的研究主要关注的不是模型的现实性，但是本章的结论依然有助于我们理解现实世界中城市体系的演化过程。特别是，第 10 章

“形成城市层级体系的自发组织”一节*所模拟的城市层级体系的演化过程，在本质上与 19 世纪美国西部开发期间的城市体系发展过程极为相似。我们首先介绍一些历史资料，以加深对现实世界的了解。

19 世纪美国的城市层级体系的形成

图 10—1 说明的是 1830—1870 年间美国的城市体系的演化过程。[1]在此期间，美国的人口增加了 3 倍，从约 1 300 万人增加到 3 900 万人。与此同时，农业区越过芝加哥和圣路易斯向大西部[2]扩张。图中显示了在 1870 年人口超过 3 万人的城市。这些城市被划分为三个**级别**（order）：最大的圆圈代表唯一的“一级”（first-order）城市纽约，它的人口超过 130 万；中等圆圈代表“二级”（second-order）城市，人口在 13 万～130 万之间；最小的圆圈代表“三级”（third-order）城市，人口在 3 万～13 万之间。[3]同时，该图还指出了从 1830—1870 年每个城市规模次序的变化，以此来说明 1870 年的城市体系是怎样由 1830 年的城市体系发展而来的。[4]带阴影的圆圈表示提高了一个或更多级别的城市；中间有一条线的圆圈表示降低了一个或更多级别的城市，但其规模仍然大于或等于三级城市的规模；空心圆圈表示跌到三级以下的城市；实心圆圈则表示级别不变的城市。

图 10—1 揭示了几个有趣的事实：（1）意料之中的是，绝大多数在 1830 年前建立的城市（钢铁城市匹兹堡除外）都分布在大西洋沿岸和可以通航的河流北边。这表明，对于美国的国内贸易以及美国与欧洲的贸易而言，水运交通都很重要。（2）由于 1830—1870 年美国的人口增加了 3 倍，这导致农业区域不断向大西部扩张。到 1870 年，美国的中西部与大西部涌现出很多新的三级城市。新城市的出现是为了满足不断扩张的农业区对日常生活用品和农用工具的需求。每个新城市负责为当地的农业区提供一般的消费品和农用工具。（3）几个位于中西部的原有的三级城市（例如，圣路易斯、芝加哥、克利夫兰和底特律）升级为二级城市。它们不仅在人口上超过了原有的三级城市，还作为区域中心向更大的农业区提供更高等级的商品和服务（例如，商业/贸易服务和复杂的农业机械）。[5]（4）原有的二级城市——纽约升为美国独一无二的

* 英文版原书中为 11.5 节，疑为印刷有误，特此改正。——译者注

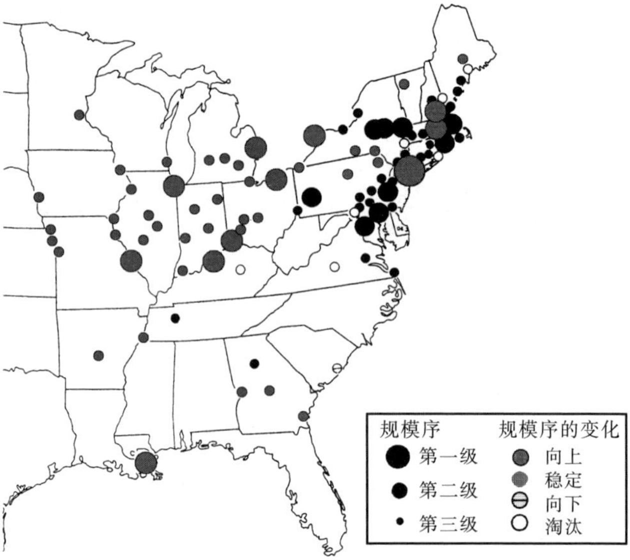

图 10—1　美国城市体系的演化（1830—1870 年）

一级城市，并向全美国供给最高等级的商品和服务（例如，主要的金融服务和全国性的报纸）。(5) 从图中也可以看到，虽然到 1870 年、1830 年就已出现的城市中绝大部分继续存在，但是几个原来的边缘城市已渐渐消失了（也就是说，它们的人口已经低于三级城市的下限）。

总之，随着美国人口的增长，一个城市层级体系自发地形成了。[6] 没有人对此有过什么策划，它是复杂体系自行组织的经典案例。

模　型

本章所运用的分析框架与前两章相同，只是制造业现有 H 个行业，每个行业（$h=1,\ 2,\ \cdots,\ H$）生产隶属于本行业的差别化产品。因此原先的效用函数（3.1）式变为：

$$U = A^{\mu^A}\prod_{h=1}^{H}(M^h)^{\mu^h}, \quad \mu^A + \sum_h \mu^h = 1 \tag{10.1}$$

其中，μ^h 表示行业 h 在消费中的份额，M^h 表示行业 h 的总产出［在方程（3.2）中就是 $\rho=\rho^h$ 和 $n=n^h$］。

H 个行业中每个行业的生产方式都与前面讨论的制造业部门相同，

只是允许描述每个行业的参数进行变动。因此，在消费总支出中所占份额 μ^h、替代弹性 $\sigma^h \equiv 1/(1-\rho^h)$ 和运输成本 τ^h 在行业间都可以发生变动。

运用价格指数方程、收入表达式、工资方程和市场潜力函数，我们可以立即描绘出均衡的特征。假设一个经济体中有 K 个城市，第 k 个城市坐落在 r_k 处（$k=1,2,\cdots,K$），城市 k 中的行业 h 的雇用人数为 L_k^h。地区 r 的行业 h 所生产的产品的价格指数 $G^h(r)$ 为：

$$G^h(r) = \left[\sum_k (L_k^h/\mu^h) w_k^{-(\sigma^h-1)} e^{-(\sigma^h-1)\tau^h|r-r_k|}\right]^{-1/(\sigma^h-1)} \tag{10.2}$$

与以前一样，我们用 $G_k^h \equiv G^h(r_k)$ 表示城市 k 的价格指数值，用 $p^A(r)$ 表示地区 r 处的农民收入，用 $|X^A|$ 表示农业区规模。全面描述农业是相当复杂的，对此我们将在本章附录 1 中给出。复杂性是由本书第 9 章间接提到的农产品流动问题引起的。农产品的价格函数 $p^A(r)$ 不是由（8.1）式所表示的简单的指数函数。而且地理区域之间的间隔可能没人使用，因此我们用来表示农业区的 $|X^A|$ 很可能小于 $2f$。与前面一样，农业部门的工资等于农业区的边界上农产品的价格。

在城市 k 中，收入 Y_k 可从制造业总的雇用人数推导出来，即 $Y_k = \sum_h w_k^h L_k^h$。在每个农业区，收入都为 $p^A(r)$。因此在地区 r 处，行业 h 的工资方程为：

$$w^h(r) = \left\{\sum_k Y_k e^{-(\sigma^h-1)\tau^h|r_k-r|}(G_k^h)^{\sigma^h-1} + \int_{X^A} p^A(s) e^{-(\sigma^h-1)\tau^h|s-r|}\left[G^h(s)\right]^{\sigma^h-1} \mathrm{d}s\right\}^{1/\sigma^h} \tag{10.3}$$

这只是工资方程（3.35）的一个自然拓展。

制造业中每个行业以及农业的实际工资为：

$$\omega^h(r) = w^h(r)(p^A(r))^{-\mu^A}\prod_h (G^h(r))^{-\mu^h};$$
$$\omega^A(r) = w^A(r)(p^A(r))^{-\mu^A}\prod_h (G^h(r))^{-\mu^h} \tag{10.4}$$

只要把生活费用指数代入效用函数（10.1）式的两项中，就可以利用农产品价格指数和每个行业中的制成品价格指数将名义工资化为实际工资。如前所述，我们用 $\omega_k^h = \omega^h(k)$ 来表示城市 k 中的实际工资。

为了完整地描述均衡的特征，我们还需要考虑三个因素。经济中劳动力市场出清就意味着：

$$\sum_k \sum_h L_k^h + c^A |X^A| = N \tag{10.5}$$

雇用水平为正的所有经济活动的实际工资必须相等，即对于所有的 h、k，都有：

$$\omega_k^h = \omega^A(r) = \omega^A\text{，从而 } L_k^h > 0 \tag{10.6}$$

最后要考虑的是均衡的稳定性。在任一可能的地区，当均衡稳定时，应该没有一家企业的利润为正。虽然现在不同行业的市场潜力函数各不相同，但是我们还是可以利用市场潜力函数来证明这一点。如前所示，我们将位于地区 r 的行业 h 的市场潜力函数定义为：

$$\Omega^h(r) \equiv \frac{[\omega^h(r)]^{\sigma^h}}{[\omega^A]^{\sigma^h}} \tag{10.7}$$

对每一个行业 $h=1$，2，…，H，在地区 r 处，若：

$$\Omega^h(r) \leqslant 1 \tag{10.8}$$

则均衡是稳定的。如果行业 h 在新的地区 $r=\tilde{r}^h$ 处有 $\Omega^h(\tilde{r}^h)=1$，那么根据本书第 9 章所讨论的新城市出现的动力机制，新城市将会在 $\tilde{r}^h$ 处出现。

单中心体系

与前面一样，我们以单中心体系为起点。对此的描述在本质上与本书第 8 章相似。城市坐落在中心 $r=0$ 处，所需农产品由宽度为 $2f$ 的农业区供给。农产品的需求与供给相等，以及农业工人与制造业工人的实际工资相等这两个条件共同决定了农产品的价格和农业区的规模。

多种行业的存在意味着我们必须要对整个制造业与单个行业加以区分。很简单，我们将整个制造业在支出中所占的份额定义为 μ^M，将制成品的运输成本的加权平均数定义为 $\bar{\tau}^M$，则：

$$\mu^M \equiv \sum_{h=1}^{H} \mu^h = 1 - \mu^A, \bar{\tau}^M \equiv \frac{\sum_h \mu^h \tau^h}{\mu^M} \tag{10.9}$$

在本章附录 2 中，我们将全面阐述单中心经济体的均衡条件。不过对我们的讨论而言，我们需要注意两点：（1）在单中心体系中，所有的制造业都集中在城市中心，中心城市的收入在整个经济体中所占的份额为 μ^M；（2）如果不同行业的运输成本不同，那么根据农产品的运输成本和不同制成品贸易成本的加权平均数，生活费用指数将随距离的变化而变化。因此，由 $e^{[\sum_h \mu^h \tau^h - \mu^A \tau^A]r} = e^{[\mu^M \bar{\tau}^M - \mu^A \tau^A]r}$ 得知，地区 r 处的生活费用指数与城市生活费用指数有所不同。

上述观察表明，每个行业的市场潜力函数现在变为：

$$\Omega^h(r) = e^{\sigma^h[(1-\mu^M)\tau^A - \mu^M \bar{\tau}^M]r}\Bigg[\left(\frac{1+\mu^M}{2}\right)e^{-(\sigma^h-1)\tau^h r} + \psi^h(r,f)\left(\frac{1-\mu^M}{2}\right)e^{(\sigma^h-1)\tau^h r}\Bigg] \tag{10.10}$$

其中：

$$\psi^h(r,f) = 1 - \frac{\int_0^r e^{-\tau^A s}\left[1 - e^{-2(\sigma^h-1)\tau^h(r-s)}\right]\mathrm{d}s}{\int_0^f e^{-\tau^A s}\,\mathrm{d}s} \tag{10.11}$$

除这两点外，这些方程与本书第 8 章中的方程相同：（1）这些方程式是具体到某一行业的，因此替代弹性与运输成本分别采用 σ^h 和 τ^h 的形式。但是，支出份额 μ^M 并没有具体到某一行业；与往常一样，这些支出份额给出了城市内外的总收入水平，并对所有制造业行业的收入水平进行了加总。（2）公式（10.10）中方括号外面的项度量的是地区 r 处的生活费用与城市中生活费用的差异。因此它包括制造业运输成本的消费加权平均数 $\bar{\tau}^M$。

这些函数有哪些性质？通过微分就很容易得到这些函数在中心城市附近的斜率，即：

$$\mathrm{d}\Omega^h(0)/\mathrm{d}r = \sigma^h[(1-\mu^M)\tau^A - \mu^M(\bar{\tau}^M + \rho^h\tau^h)] \tag{10.12}$$

当我们远离城市（向右移，r 增加）时，判断单中心体系是稳定结构的一个必要条件就是这些斜率的值为负。这一条件对所有行业都成立。

随着人口的增长，市场潜力函数向上移动（$r=0$ 这一点除外），考察市场潜力函数的极值将有助于我们的分析。建立每个行业的**极限市场潜力函数**（the limiting potential function），与方程（8.26）相似，我们得到：

$$\bar{\Omega}^h(r) = K^h e^{\sigma^h[\rho^h(\tau^A+\tau^h) - \mu^M(\tau^A+\bar{\tau}^M)]r} + (1-K^h)e^{-\sigma^h[(1-\mu^h)\rho^h\tau^h + \rho^h(\tau^A+\tau^h) - \mu^M(\tau^A+\bar{\tau}^M) - \Omega_r^h(0)/\sigma^h]r} \tag{10.13}$$

其中，K^h 是由下式决定的一个常数：

$$K^h = \frac{(1-\mu^M)\rho^h\tau^h}{(1-\mu^h)\rho^h\tau^h + \rho^h(\tau^A+\tau^h) - \mu^M(\tau^A+\bar{\tau}^M) - \Omega_r^h(0)/\sigma^h} \tag{10.14}$$

同时，$\Omega_r^h(0)$ 是（10.12）式给定的导函数。

与（8.26）式一样，（10.13）式的变化趋势由第一个指数项决定。如果第一项中的指数为负，那么对于所有的 $r>0$，$\overline{\Omega}^h(r)$ 都是递减的。[7] 而且，若所有的行业都满足该条件，则单中心体系一直都是稳定的。但是，如果对某一行业来说，该指数为正（于是对于该行业来说，K 也为正），那么当 N 取某一范围内的值时，单中心体系将会被打破。

表 10—1 概括了各种可能的结果。在表中左边一栏里，行业市场潜力函数的值在城市边缘处上升，该行业的厂商当然会迁出城市，因此单中心体系绝不会达到均衡。在右边两栏里，当我们远离城市时，市场潜力函数的值开始下降。随着 N 的增加，单中心体系的稳定性取决于非黑洞条件。在中间一栏，对于任一行业 h，都有 $\mu^M(\tau^A+\bar{\tau}^M)/(\tau^A+\tau^h)\geqslant\rho^h$。因此，对于所有的行业，只要 $r\neq 0$，不管 N 有多大，该行业的极限市场潜力函数小于 1。也就是说，不管 N 有多大，由于城市中所有行业的集聚所形成的向心力非常大，所以新城市不会出现。

表 10—1　　单中心均衡是稳定的概率

	$(1-\mu^M)\tau^A-\mu^M(\bar{\tau}^M+\rho^h\tau^h)$ >0，对于每个 h	$(1-\mu^M)\tau^A-\mu^M(\bar{\tau}^M+\rho^h\tau^h)$ <0，对于每个 h
绝不	$\mu^M\left(\frac{\tau^A+\bar{\tau}^M}{\tau^A+\tau^h}\right)\geqslant\rho^h$ 对于每个 h	$\mu^M\left(\frac{\tau^A+\bar{\tau}^M}{\tau^A+\tau^h}\right)<\rho^h$ 对于至少一个 h
	总是	对于很小的 N

在右边一栏里，可以肯定当 N 达到某一值时，满足不等式 $\mu^M(\tau^A+\bar{\tau}^M)/(\tau^A+\tau^h)<\rho^h$ 的行业会移出城市，从而打破单中心体系的均衡。假设所有行业的市场潜力函数在中心城市处取得极大值，根据它们是处在中间一栏里还是处在右边一栏里，将所有行业分为两类。对于 $h\leqslant\widetilde{H}$ 的行业，当 N 足够大时，市场潜力函数的取值达到 1（这类行业位于表 10—1 的右边一栏）；然而，对于 $h>\widetilde{H}$ 的行业，市场潜力函数的取值绝对达不到 1（这类行业位于表 10—1 的中间一栏），即：

$$\begin{aligned}&\mu^M(\tau^A+\bar{\tau}^M)/(\tau^A+\tau^h)<\rho^h,\ h=1,2,\cdots,\widetilde{H}\\&\mu^M(\tau^A+\bar{\tau}^M)/(\tau^A+\tau^h)\geqslant\rho^h,\ h=\widetilde{H}+1,\cdots,H\end{aligned} \tag{10.15}$$

其中，$1 \leqslant \widetilde{H} \leqslant H$。

到目前为止，我们已对每个行业的市场潜力函数的性质进行了研究。共同参数 f（即农业区的宽度，而且 f 随经济体中人口 N 的增加而单调递增）使得所有行业的市场潜力曲线的移动是同步的。特别地，假设 N 的初始值很小，经济体为单中心结构。那么当 N 随时间的推移而逐渐增加时，如前所述，所有行业的市场潜力曲线向上移动。此时，当某一行业的市场潜力函数 $r \neq 0$ 在某处首先达到 1 时，第一个城市（或第一对城市）就会出现。因此，关键问题是哪个行业的市场潜力函数会最先达到 1？有一种猜想认为，如果某个行业拥有较高的替代弹性（这意味着均衡时较低的规模经济）或较高的运输成本（这意味着该行业将随农业区边界的移动而发生迁移），它就会从城市中迁出。事实确实如此。在本章附录 3 中，我们证明了下面的结论：

假设 $\mu^A \tau^A \leqslant \mu^M \bar{\tau}^M$，给定任一组行业 h 和 g，且 $h \leqslant \widetilde{H}$，$g \leqslant \widetilde{H}$。如果：

$$\{\rho^h > \rho^g \text{ 且 } \tau^h \geqslant \tau^g\} \text{或} \{\rho^h \geqslant \rho^g \text{ 且 } \tau^h > \tau^g\} \tag{10.16}$$

那么：

$$\widetilde{N}^h < \widetilde{N}^g,\ \tilde{r}^h < \tilde{r}^g \text{ 且 } \tilde{\theta}^h > \tilde{\theta}^g \tag{10.17}$$

其中，$\tilde{\theta}^h \equiv |\mathrm{d}\Omega^h(0)/\mathrm{d}r|$。

总的来说，给定一组行业 h 和 g，如果 ρ^g 和 τ^g 分别小于或等于 ρ^h 和 τ^h（其中一个要严格小于），那么我们说 g 的等级比 h 要高。当然行业未必一定能按等级排序，一个行业可以在拥有较高替代弹性的同时拥有较低的运输费用；反之亦然。如果行业可以按等级排序的话，假设逐渐增加单中心经济的人口，则与等级较高的行业相比，等级较低行业的市场潜力曲线会率先凸起并超越 1。

图 10—2 展示了 ρ^h 对**临界市场潜力曲线**（critical potential curve）即 $\Omega^h(r;\ \widetilde{N}^h)$ 形状的影响（τ^h 的影响在本质上和 ρ^h 是一样的）。图中给出了三条假想的曲线：

$$\rho^1 = 0.90 > \rho^2 = 0.75 > \rho^3 = 0.20 \tag{10.18}$$

所有其他参数固定不变，并假设为：

$$\begin{aligned}&\mu^A = 0.5,\ \mu^1 = \mu^2 = 0.1,\ \mu^3 = 0.3\\&\tau^A = 0.8,\ \tau^h = 1,\ \text{对于所有的 } h \text{ 成立},\ c^A = 0.5\end{aligned} \tag{10.19}$$

因而，行业 3 是等级最高的行业，行业 1 的等级最低。我们很容易

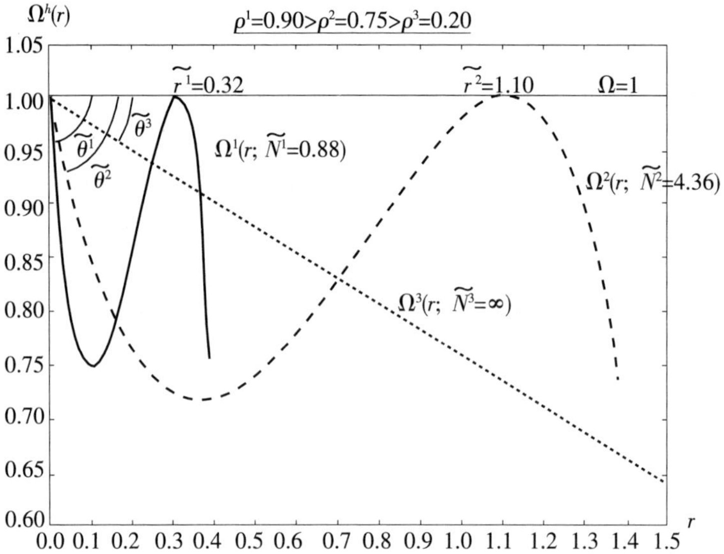

图 10—2　单中心体系中的临界市场潜力曲线

就能证明这些参数在 $\widetilde{H}=2$ 时，满足（10.15）式中的条件。在图 10—2 中我们描绘了与此相关的三条临界曲线，并随之得到下列临界值：

$$\widetilde{N}^1=0.88<\widetilde{N}^2=4.36，\tilde{f}^1=0.40<\tilde{f}^2=1.40$$

$$\tilde{r}^1=0.32<\tilde{r}^2=1.10，且\ \tilde{\theta}^1=5.5>\tilde{\theta}^2=1.90>\tilde{\theta}^3=0.25 \tag{10.20}$$

因此，在经济体中人口达到最小的临界值（$\widetilde{N}^1=0.88$）时，行业 1 的临界市场潜力曲线会在最小的临界点 $\tilde{r}^1=0.32$ 处率先到达 1。

形成城市层级体系的自发组织

上一节的讨论表明，随着时间的推移，包含许多不同等级行业的经济体的增长会自然地形成城市层级体系。这个问题比较复杂，我们无法用解析解来确认这一论断。不过，借助于数值模拟我们可以对此进行阐述。为了便于进行模拟分析，我们选择的参数需满足以下条件：

$$\sum_{h=1}^{H}(\mu^h/\rho^h)\geqslant 1 \tag{10.21}$$

只有如此，才能确保经济的空间结构是**单极的**（monopolar）；也就是说，经济体只拥有一个最高等级城市，它生产门类齐全的制成品。[8] 不过经济中还存在较低等级的城市。就像我们所要展示的那样，通过与新城市的诞生、厂商的重新定位、现有城市的合并及城市中行业组成变化相关的一系列分岔，较低等级的城市形成了。假定空间体系的长期演化过程，在本质上是参数位于表 10—1 中的右边一栏并同时满足式（10.21）的城市体系演化条件。下面我们将描述一个有代表性的数值模拟的结果。

假设经济体中有三类制成品（$h=1, 2, 3$）。规定参数取（10.18）式和（10.19）式中的值，相应的临界值由（10.20）式给出。三个制造行业的临界市场潜力曲线（与单中心结构相关）可像图 10—2 那样绘出。因此，（10.18）式和（10.19）式意味着，如前所述，行业 3 等级最高、行业 2 次之、行业 1 等级最低。

下面，我们先假设经济体的人口规模 $N(t)$ 随时间的推移而缓慢增长，再研究较长时期内空间体系的演化过程。在本节的前半部分，我们具体研究当 $N(t)$ 达到第一个临界值 $\widetilde{N}^1$ 时，将会发生什么情况。研究表明，新的侧翼城市的形成过程可能与前一章中的**单一等级的**（single-order）城市体系的形成过程有所不同。在本节的后半部分，我们研究空间体系的长期演化过程。

从一个城市到三个城市

回忆本章前一节结尾的讨论。当 $N(t)$ 足够小时 $[N(t) < \widetilde{N}^1 = 0.88]$，三条与单中心体系相关的市场潜力曲线，在城市 $r=0$ 外的任一位置都严格小于 1。因此，单中心体系是一个稳定均衡，三种制成品都由唯一位于 $r=0$ 的城市生产。然而，当 $N(t)$ 达到最小的临界值 $\widetilde{N}^1 = 0.88$ 时，行业 1 的潜力曲线在 $\tilde{r}^1=0.32$ 处到达 1（参见图 10—2）。此时，单中心体系的均衡状态被打破。[9]

一对新的城市将出现在 $\tilde{r}^1$ 和 $-\tilde{r}^1$ 处。新城市出现的动态过程表明，当 N 逐渐增长并超过 $\widetilde{N}^1$ 时，新城市的人口会从 0 开始不断增长。因此，与第 9 章的单一等级体系不同的是，新城市将以**草叉分岔**（pitchfork bifurcation；即超过临界值的分岔）形式出现。这是因为，分岔只发生在行业 1。而且，在我们的例子中，单独一个行业无法形成足够的前向关联或后向关联，以带来我们在前面所看到的那种非连续变化。新城市专门从事行业 1 的生产，分岔后行业 2 和行业 3 的市场潜力曲线在

$r \neq 0$ 时严格小于 1。

发生草叉分岔有 2 层含义：(1) 当 $N(t)$ 达到 $\widetilde{N}^1$ 时，必有两个新城市出现在 $\bar{r}^1$ 处和 $-\bar{r}^1$ 处，因此，与前面不同的是，此时历史机遇无法影响演化过程（回忆第 9 章对 N 达到临界值时，将出现一个还是两个城市的讨论[10]）；(2) 在分岔后不久，每个边界城市是如此之小，以至于它们无法在同一个位置维持下去。如果城市继续在原处维持下去的话，当农业区进一步向外扩张时，在城市边缘地带市场潜力函数的斜率可能为正。因此，为使空间体系维持稳定均衡状态，每个边界城市都会不断地向外移动，直至其能自我维持下去为止。[11]

在此，有必要简单地将本例与第 9 章所分析的（并利用图 9—1 阐述的）例子联系起来。在第 9 章中，在发生分岔的地点，侧翼城市的工资随新城市中制造业工人的人数严格地按比例增加（在 $\lambda_2=0$ 处，ω_2/ω_1 随 λ_2 的增加而增加）。但是在这里，当 N 达到 $\widetilde{N}^1$ 时 $\omega_2/\omega_1=1$，而 ω_2/ω_1 却随着 λ_2 的增加而减少。因此人口没有任何非连续性的跳跃，但人口的进一步增长会稳步增加侧翼城市的规模。其原因在于，当一个城市专门从事的行业在支出中所占份额较小而且替代弹性较高（例如，$\mu^1=0.1$ 和 $\rho^1=0.9$）时，行业规模进一步的增长既不能产生显著的（与当地的实际工资有关的）前向关联效应，又不能产生显著的（使该产业的产品在当地的需求提高的）后向关联效应，但是企业间的竞争却变得更加激烈了（比如，想象一下许多面包店出现在同一小镇上的情形）。因此边界城市的行业的规模只能随着当地对该行业产品需求的增加而增加，而需求的增加又与农业区的扩张有关。

长期演化

有了以上初步的分析，现在我们着手研究长期内空间体系演化的过程。假设经济的人口规模 $N(t)$ 随时间的推移逐渐增长，且起始人口小于 $\widetilde{N}^1$。规定所有其他参数取（10.18）式和（10.19）式中的对应值。由此我们就可以模拟城市的形成、消失、升级直至层级体系的产生这一过程。图 10—3 和图 10—4 概括地说明了这段历程。前者显示了人口 $N(t)$ 从 $\widetilde{N}^1=0.88$ 增长到 9.79 时所经历的分岔；后者描绘的是市场潜力曲线的形状沿演化路径的变化。这一过程错综复杂，不过对它的描绘有助于我们深入了解向心力与离心力之间激烈的抗衡是怎样导致空间结构的形成的。

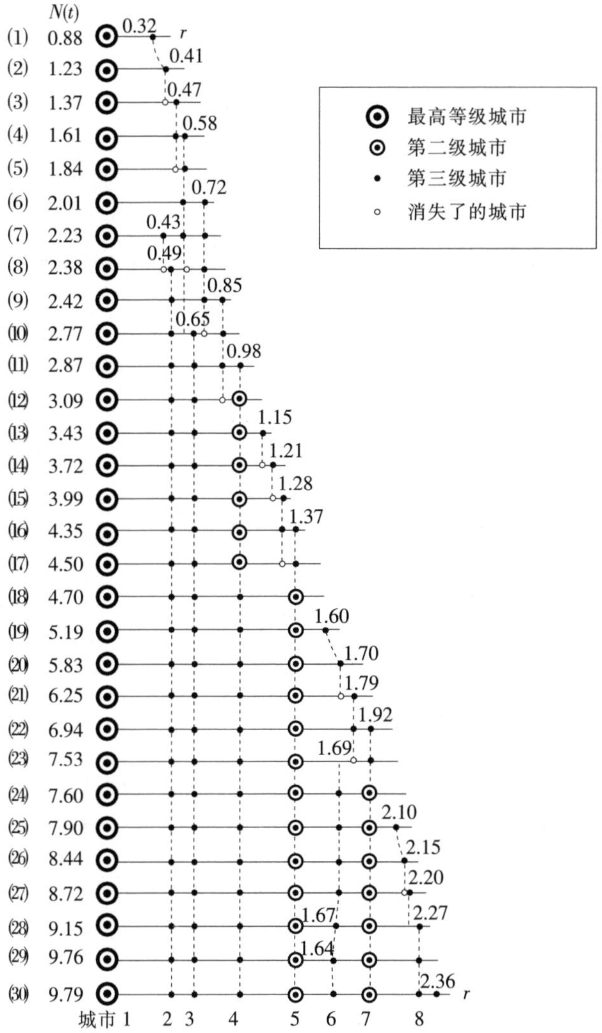

图 10—3　城市层级体系的演化过程

回想前面三种可能的城市类型，其中，最高等级城市包括三个行业，中间等级城市包括行业 1 和行业 2，最低等级城市只包括行业 1（参数值的选取将使得行业 3 绝不会离开最初的中心城市）。在图 10—3 中，对于给定的人口数值，我们在水平线上描述了相应的经济空间结构（由于经济空间结构是对称的，这样我们只需描述右边的图就行了）。举个例子，图 10—3 中水平线 20 显示，当人口 $N(t)=5.83$ 时，均衡的空间体系包括：一个坐落在$r=0$ 处的独一无二的最高等级城市；一个坐落在 $r=1.37$ 处的唯一的中级城市以及四个分别坐落在 $r=0.49$，$r=0.65$，$r=0.98$ 以

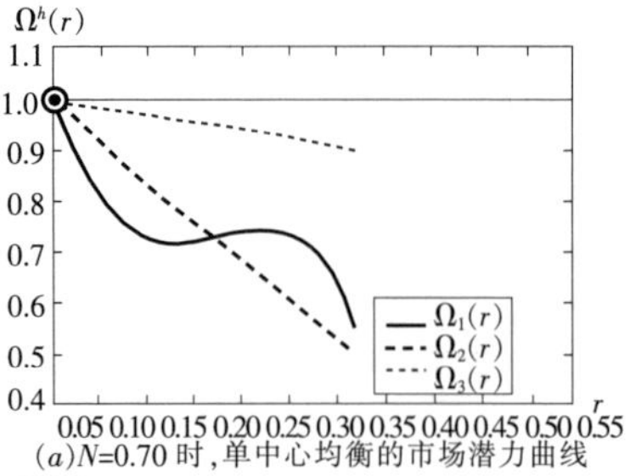

(a)N=0.70 时，单中心均衡的市场潜力曲线

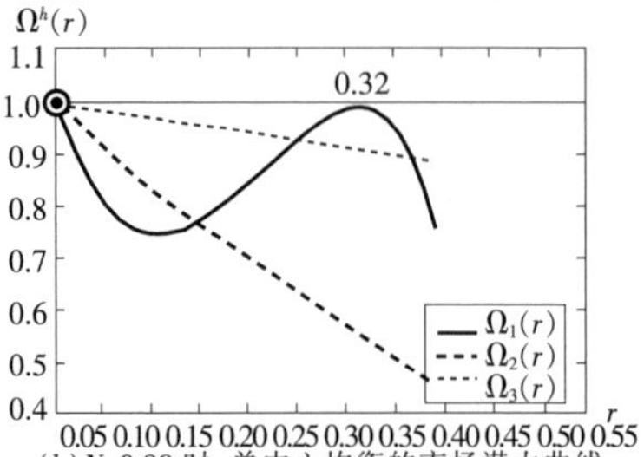

(b)N=0.88 时，单中心均衡的市场潜力曲线

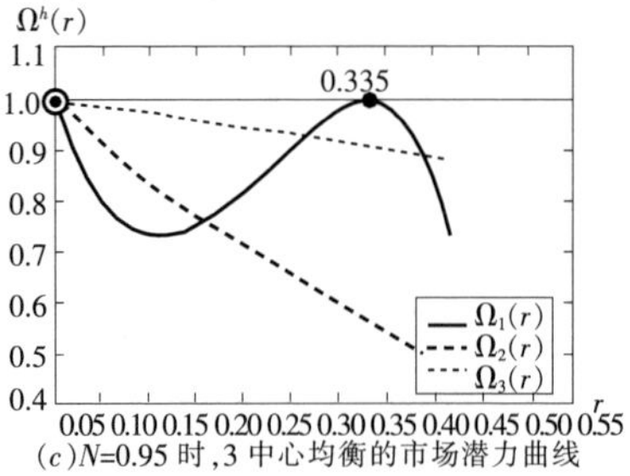

(c)N=0.95 时，3 中心均衡的市场潜力曲线

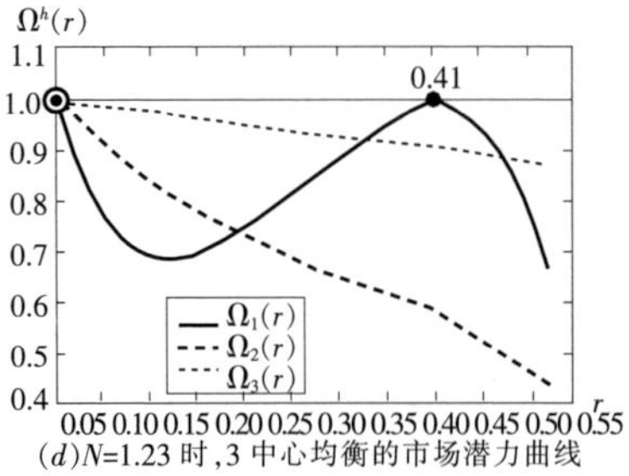

(d)N=1.23 时，3 中心均衡的市场潜力曲线

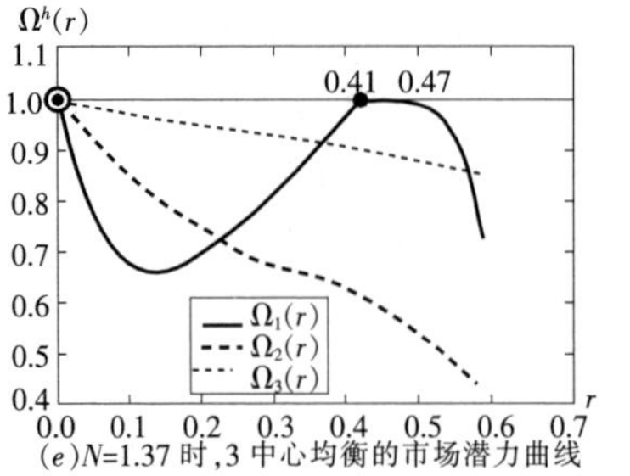

(e)N=1.37 时，3 中心均衡的市场潜力曲线

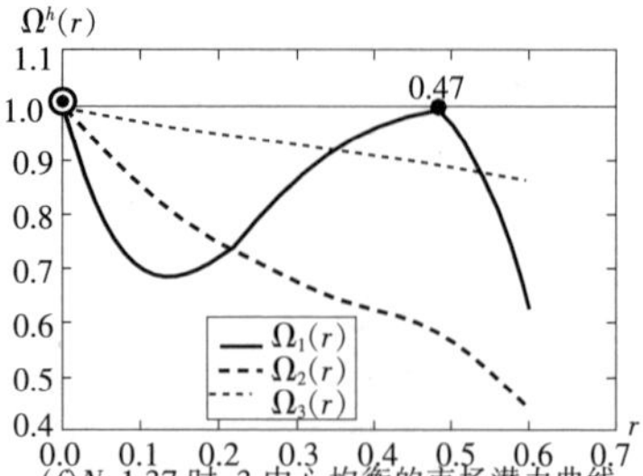

(f)N=1.37 时，3 中心均衡的市场潜力曲线

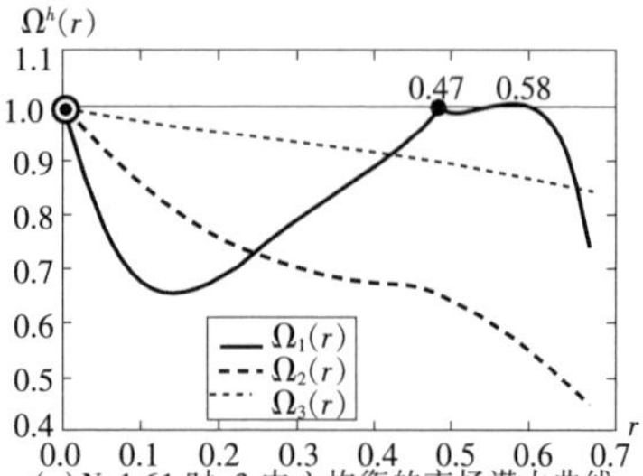

(g)N=1.61 时，3 中心均衡的市场潜力曲线

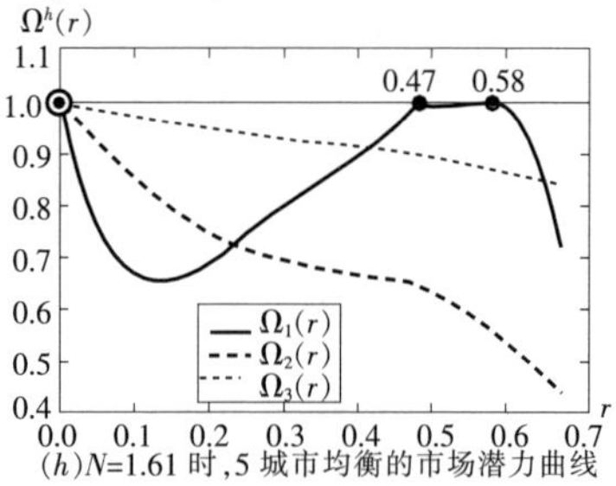

(h)N=1.61 时，5 城市均衡的市场潜力曲线

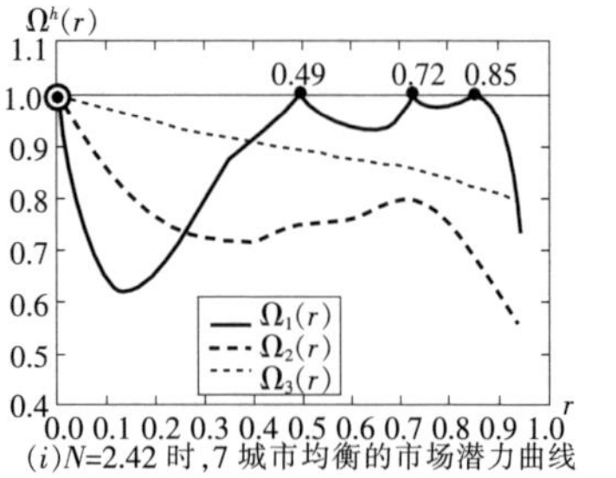

(i)N=2.42 时，7 城市均衡的市场潜力曲线

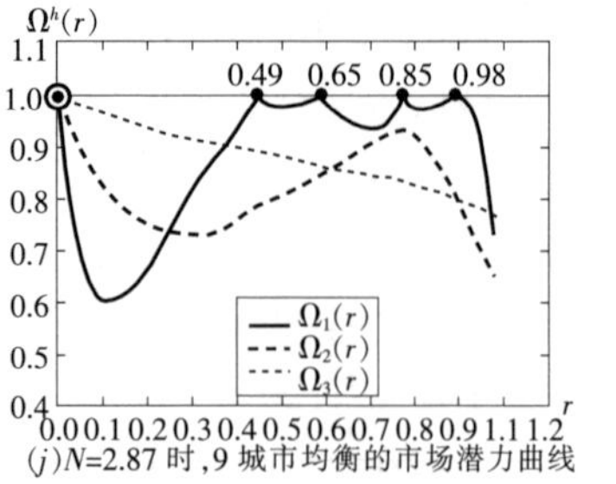

(j)N=2.87 时，9 城市均衡的市场潜力曲线

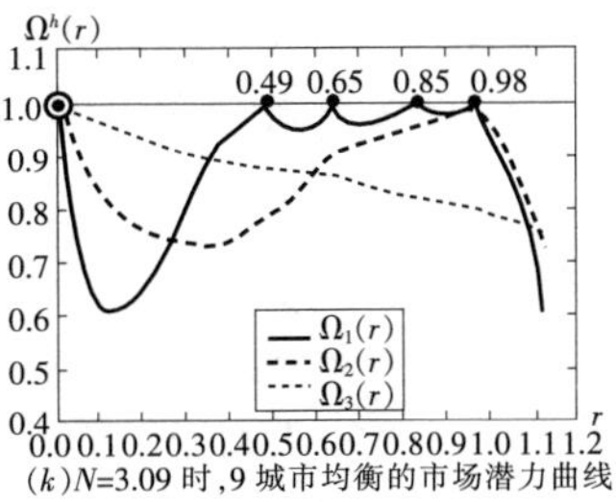

$(k)N$=3.09 时，9 城市均衡的市场潜力曲线

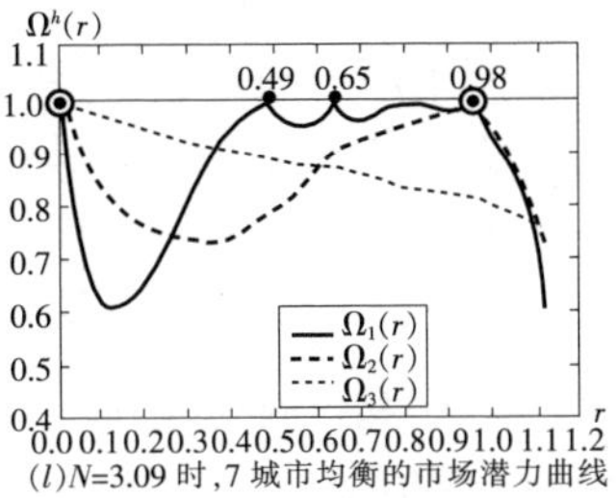

$(l)N$=3.09 时，7 城市均衡的市场潜力曲线

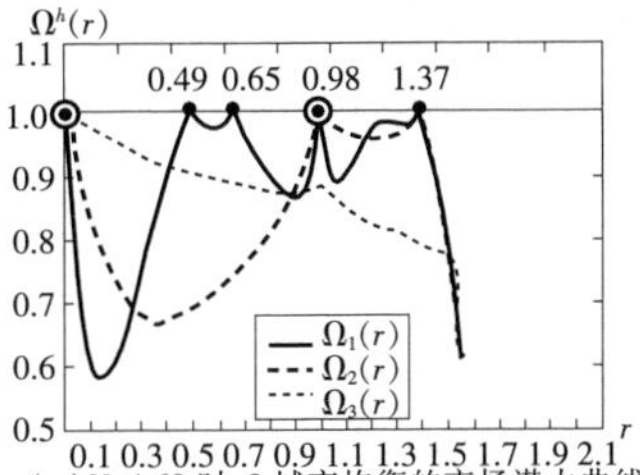

$(m)N$=4.60 时，9 城市均衡的市场潜力曲线

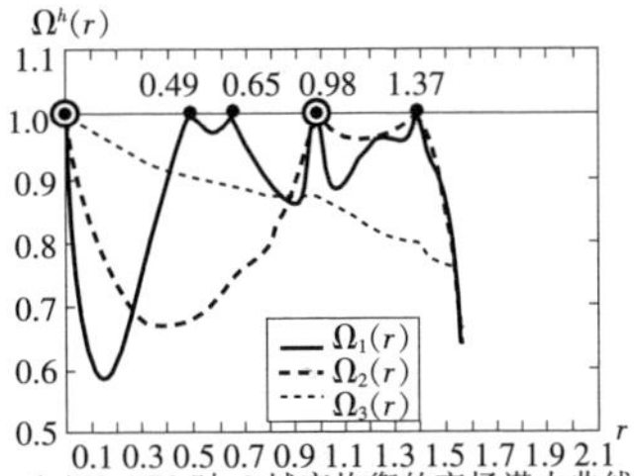

$(n)N$=4.70 时，9 城市均衡的市场潜力曲线

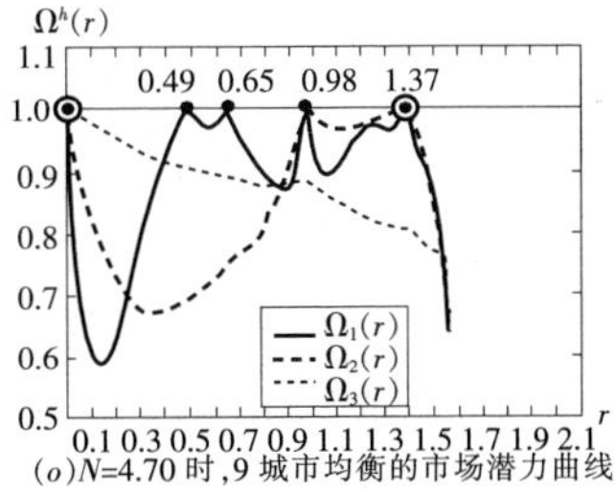

$(o)N$=4.70 时，9 城市均衡的市场潜力曲线

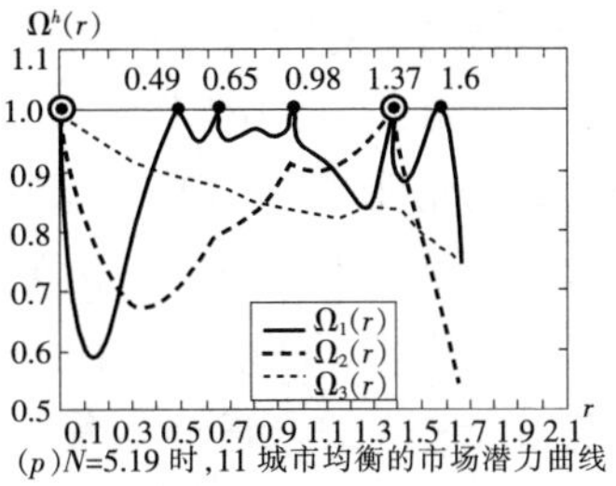

$(p)N$=5.19 时，11 城市均衡的市场潜力曲线

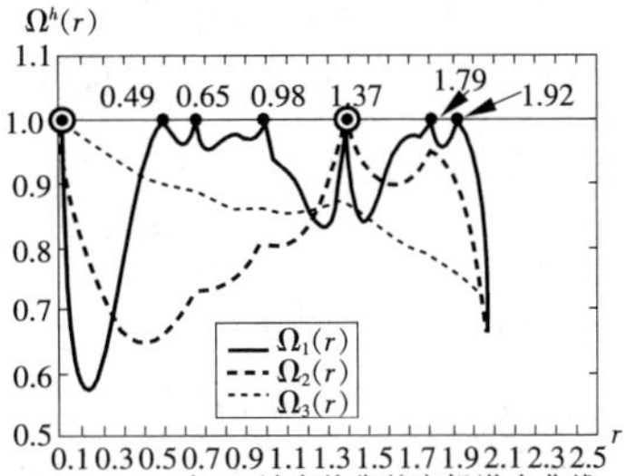

$(q)N$=7.30 时，13 城市均衡的市场潜力曲线

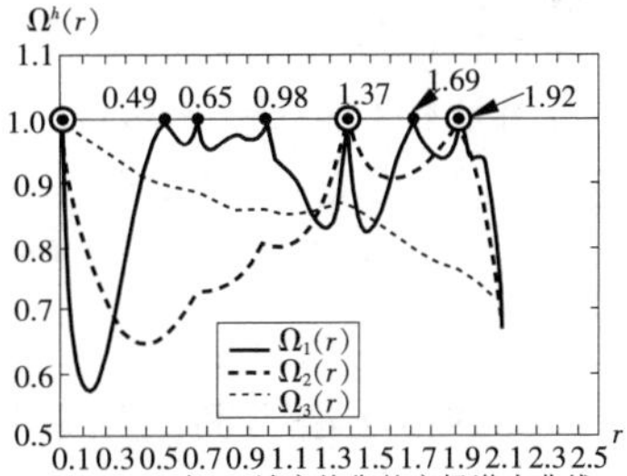

$(r)N$=7.60 时，13 城市均衡的市场潜力曲线

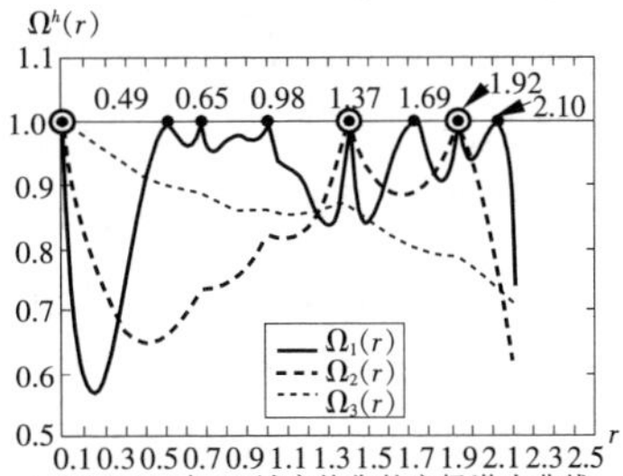

$(s)N$=7.90 时，15 城市均衡的市场潜力曲线

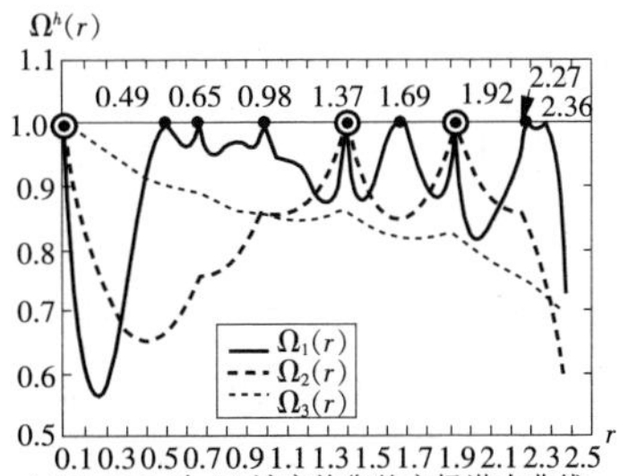

$(t)N$=9.79 时，15 城市均衡的市场潜力曲线

图 10—4　市场潜力曲线沿演化路径的变化

及 $r=1.70$ 的最低等级城市；此时右边农业区的边界在 $r=1.82$ 处。

首先，让我们利用图 10—3 和图 10—4 简要概述本节前半部分的内容。刚开始的情形与图 10—4(a) 相似，当 $\widetilde{N}^1$ 非常小 $[(N(t)<\widetilde{N}^1=0.88]$ 时，三条与单中心体系相关的市场潜力曲线在城市 $r=0$ 外的任何地点都严格小于 1。因此，单中心体系处于稳定均衡状态，三种制造业商品都由位于 $r=0$ 的（最高等级）城市生产。当 $\widetilde{N}^1$ 达到最小的临界值 ($\widetilde{N}^1=0.88$) 时，情形就像图 10—4(b) 所描述的那样，行业 1 的市场潜力曲线在 $r=\pm\tilde{r}_1=\pm0.32$ 处到达 1。这导致两个新的边界城市在那里出现。新城市的出现是由一个连续的分岔形成的，因此在新城市形成后不久，每个边界城市是如此之小，以至于无法在初始区位继续维持下去。图 10—4(c) 就这一点进行了描述，即使当 $N=0.95$ 时，行业 1 的市场潜力曲线的斜率在边界城市的右边边缘处仍为 0。因此，就像图 10—3 中的直线 (1) 和直线 (2) 上各点之间的线段所表示的那样，为了使空间体系保持稳定均衡状态，当 $N(t)$ 从 0.88 增加到 1.23 时，边界城市一定会相应地不断向外移动，从 $r=0.32$ 移到 $r=0.41$。只有当 N 到达 1.23 时，边界城市才拥有足够大的规模，进而拥有足够大的锁定效应，从而使城市能够维持在原有区位上［参见图 10—4(d)］。

接下来，当 N 进一步增长（超过 1.23），进而边界区域继续向外扩张时，边界的市场潜力曲线向上移动；最终当 $N(t)=1.37$ 时，市场潜力曲线在 $r=0.47$ 处达到 1［参见图 10—4(e)］。此时，突然发生了一个（微小的）分岔，导致原本位于 $r=0.41$ 处的现存边界城市重新定位于 $r=0.47$ 处［图 10—3 中的直线 (3) 和图 10—4(f)］。在 $N(t)=1.61$ 时，又发生分岔，一个新的边界城市在 $r=0.58$ 处开始形成，而原来的边界城市保持在原来的区位 0.47 处［图 10—3 中的直线 (4) 和图 10—4 中的(g)和(h)］。[12]不过原先的边界城市不久就被新的边界城市吸收，并在 $N=1.84$ 时完全消失［图 10—3 中的直线 (5)］。当 $N=2.01$ 时，分岔再次发生，在 $r=0.72$ 处一个新的边界城市开始形成，而原边界城市保持在原来的位置 0.58 处［图 10—3 中的直线 (6)］。经过一系列的变动，包括在 $r=0.43$ 处创建了一个新的最低等级城市［图 10—3 中的直线 (7)］，以及通过两个分别位于 $r=0.43$ 和 $r=0.58$ 处的现有城市的合并获得新的区位 $r=0.49$［图 10—3 中的直线 (8)］，位于 $r=0.58$ 处的最低等级城市最终定位于 $r=0.49$ 处。由图 10—3 可知，此后，该城市会一直维持在区位 $r=0.49$ 处。当 $N=2.42$ 时，继续发生分岔，在 $r=0.85$ 处一个新的边界城市又开始形成［图 10—3 中的直线

(9) 和图 10—4(i)]；当$N=2.77$时，原来的边界城市（$r=0.72$）重新定位于$r=0.65$处［图 10—3 中的直线（10)］（如图 10—3 所示，该城市此后一直位于$r=0.65$处）。此后，当$N=2.87$时，再次发生分岔，在$r=0.98$处一个新的城市又开始出现了［图 10—3 中的直线（11)］。

与此同时，图 10—4(a)～图 10—4(j) 表明，行业 2 的市场潜力曲线在不断向上移动。而且，这些曲线在现存的低等级城市处会变得弯曲。尤其是在图 10—4(k) 中，当$N=3.09$时，行业 2 的市场潜力曲线在边界城市处首次抵达 1（$r=0.98$)。至此，一个最低等级的边界城市转化为中等城市，并生产行业 1 和行业 2 的两种商品。转变来源于低等级城市中工人对行业 2 商品的需求，它使得行业 2 的市场潜力曲线遇到低等级城市就会变得弯曲，并在它的牵制下向上移动。在所有现存的低等级城市中边界城市人口最多，因此行业 2 的市场潜力曲线在边界城市处最为弯曲，受到的拉力也最大［参见图 10—4(k)］。由此，行业 2 的市场潜力函数在边界城市处首次达到 1，导致边界城市转变为中等城市。中等城市是通过在原来二级城市中添加一个新行业形成的，* 它自然满足克里斯塔勒（1933）的层级原则。[13]

图 10—5 表明了现存城市的需求拉力对较高等级行业市场潜力曲线形状的影响。该图的画法是，将图 10—4(k) 放大，同时增加一条新的曲线——单中心体系的 $\Omega^2(r)$ 曲线，它代表在人口相同的情况下，假想的单中心城市体系（所有的制造业都集中在唯一的城市$r=0$处）中行业 2 的市场潜力曲线。由图 10—4 可知，现有低等级城市中的工人需求（尤其是位于边界$r=0.98$处较大的低等级城市的需求）将行业 2 的市场潜力函数大幅度向上拉。

回到对图 10—3 和图 10—4 的叙述上来，分岔致使位于边界$r=0.98$处的城市变为中等城市。该城市成长得很快，不久就吸收了附近$r=0.85$处的低等级城市［图 10—4(l)］。随着N进一步增长（超过 3.10），边界继续向外扩张。当N等于 3.43 时，一个新的边界城市出现在$r=1.15$处。不过比起$r=0.98$处的中等城市来，它还太小，尚无法在此形成足够强的锁定效应。因此，当边界区进一步向外延伸时，边界城市不断重新定位（这一过程是不连续的），最终在$r=1.37$处稳定下来［图 10—3 中的直线（13）到直线（17)］。

观察图 10—4(m)，当N进一步增长时，行业 2 的市场潜力曲线在

* 原文有误，应为通过在原来三级城市中添加一个新行业形成的。——译者注

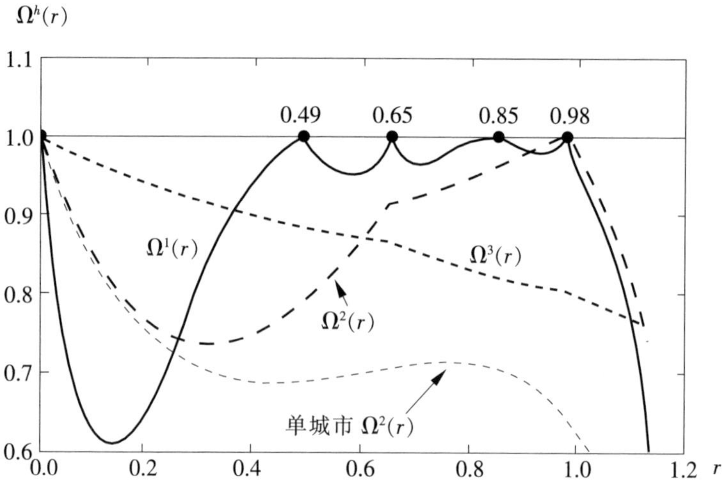

图 10—5　N=3.09 时，9 城市均衡的市场潜力曲线

边界区域又逐渐向上移动。如图 10—4(n) 所示，尤其是当 $N=4.70$ 时，行业 2 的市场潜力函数再次在边界城市($r=1.37$)处抵达 1。此时，与边界城市相比，现有的中等城市（$r=0.98$）已变得没有多大吸引力，因此会突然发生一个大的分岔。受它的影响，处在 $r=0.98$ 的行业 2 整体向边界城市迁移，在将原本位于 $r=0.98$ 的中等城市降为低等级的城市的同时，将边界城市升为中等城市［图 10—3 的直线（18）和图 10—4(n)～图 10—4(o)］。从图 10—3 中可以看到，这场规模次序的变动使得中心城市($r=0$)和新的中等城市($r=1.37$)间的区域空间结构变得稳定。不过在边界区域，空间结构继续变化［图 10—3 中的直线(19)～直线(25)和图 10—4(p)～图 10—4(r)］。特别是，当 N 到达 7.60 时，$r=1.92$ 处的边界城市被升级为中等城市。至此，出现了两个中等城市（在 $r=0$ 的右边）。在这两个中等城市之间，有一个低等级城市［图 10—3 中的直线（24）和图 10—4(r)］。中等城市在 $r=1.92$ 处形成后，在边界城市处，空间结构像以前一样继续变化（通过新城市的出现和现有城市的重新定位），两个中等城市间的低等级城市移到两者之间的中点位置［图 10—3 中的直线(25)～直线(30)和图 10—4(s)～图 10—4(t)］。当 N 达到 9.79 时，一个克里斯塔勒式的很有系统性的城市层级体系就出现了［图 10—3 中的直线（30）和图 10—4(t)］。至此，我们的模拟分析结束。

接下来，在图 10—6 中，实线表示 $N=9.30$ 时的均衡（名义）工资曲线，虚线表示在人口相同时（假设的）单中心体系下相应的均衡（名义）工资曲线。我们发现，虽然所有的中等城市和低等级城市都要比中心城市小得多，但是这些很小的低等级城市的存在却极大地影响了工资曲线的形状。[14]尤其是（位于 $r=1.37$ 和 $r=1.92$ 处的）中等城市对当地的工资率产生了很大的影响，每个城市都满足了当地附近对制成品 1 和商品 2 的大部分需求。

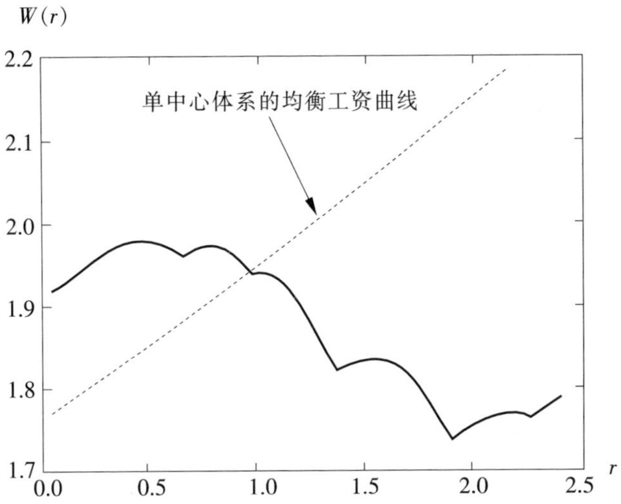

图 10—6 N=9.3 时，5 城市均衡的工资曲线

考虑图 10—7 可以更为明显地理解上述最后一点。它描述的是在 $N=9.30$时 15 城市均衡的背景下，制成品的贸易模式［在这幅图中，城市的编号与图 10—3 中的直线（30）一致。因此，城市 1 是最高等级的，城市 5 和城市 7 次之，其余为最低等级的城市］。城市 k 生产的制造业商品 h 在每个消费区位 r 的市场份额 $MS_k^h(r)$（根据地区 r 处的成交价格来判断），可通过（3.16）式和（3.30）式得到，即：

$$MS_k^h(r)=L_k^h w_k^{-(\sigma^h-1)}e^{-(\sigma^h-1)\tau^h|r-r_k|}\Big/\sum_j L_j^h w_j^{-(\sigma^h-1)}e^{-(\sigma^h-1)\tau^h|r-r_j|} \tag{10.22}$$

分别取 $h=1$，2，由（10.22）式就可以得到各个城市制造的每种商品的市场份额曲线（根据定义，对于行业 3，位于 $r=0$ 处的最高等级城市在任一地区都拥有 100%的市场份额）。例如，在图 10—7(a) 的中央，钟形的实线曲线表示城市 5 生产的行业 1 的商品在每个地区 r 上所占的份额。从图 10—7(a) 中可以看到，除最小的城市 2 和城市 6 之外，其他城市在生产和消费行业 1 的商品上都能自给自足，而这两个最小的城市所消费的行业 1 的商品大部分都从毗邻城市进口。更有趣的是，图 10—7(b) 表明，对于行业 2 的商品，城市 1、城市 5 和城市 7 的产品占据了毗邻城市的大部分市场份额。也就是说，不但最高等级城市 1，而且中等城市 5 和城市 7，在当地消费市场上都占有最大份额，同时还向毗邻城市大量出口。因此，现有的城市层级体系也展现了制成品贸易空间结构的丰富性。

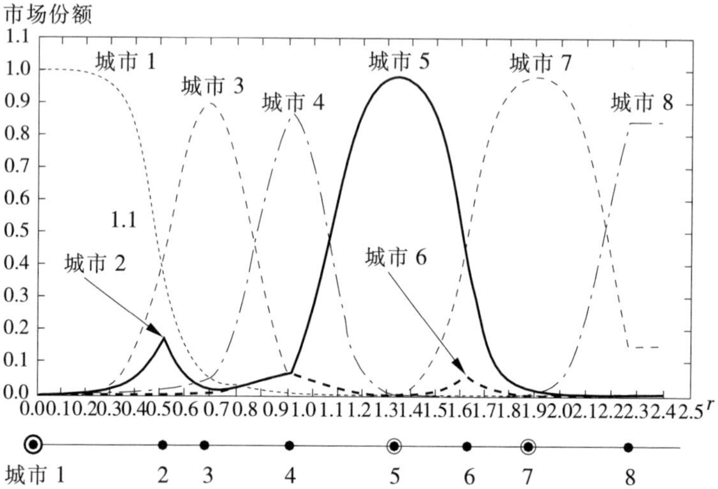

(a)行业 1 的商品

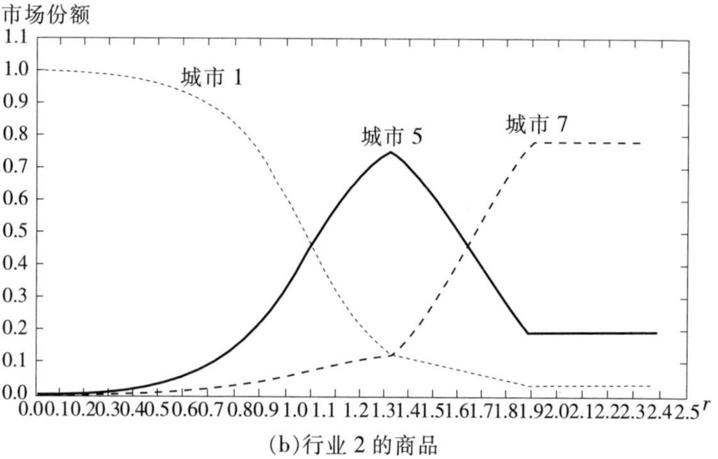

(b)行业 2 的商品

图 10—7　*N*=9.3 时，15 城市均衡中各城市所生产的工业品的市场份额曲线

最后，图 10—8 表明了两个福利水平测度指标沿演化路径的变化趋势。它们与图 9—5 中相应的（b）和（c）形成了鲜明对比。图 10—8(a) 表明，在均衡状态，每个工人的效用水平随经济体中人口规模的增长而增长。在图 10—8(b) 中，由（9.21）式定义的经济体中总的实际地租，随着经济体中人口规模的增长而加速增长。因此，经济体永远处于规模报酬递增状态。由于选取的一组参数满足（10.21）式中的条件，因此经济体维持单极空间结构。而且，大城市的人口增长（尤其是最高等级城市的人口的增长）会通过制造业商品种类的增加，推动经济继续增长。

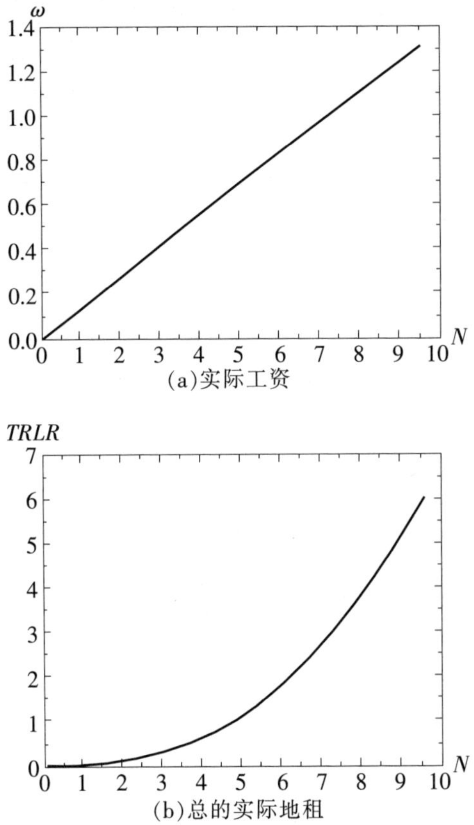

图 10—8　福利水平测度指标沿演化路径的变化趋势

结　论

虽然诸多城市在空间上形成一个层级体系的想法非常有吸引力，但是据我们所知，至今还没有人说明这样的层级体系是怎样在分散化的市场进程中出现的。在本章中，我们对此进行了证明，行业间规模经济和/或运输成本上的差异，使得分散的消费者与已形成的集聚之间的力量相互抗衡，从而可以对不同的行业按次序排列；行业的这种排序转而又导致了一个包括许多不同类型的城市的层级体系。在这个层级体系中，与较低级别的城市相比，较高级别的城市包含更多的行业种类。

也许令人惊讶的是，这样的证明是多么的困难。在对城市建模的过程中，我们已经明显地发现，要加入中心—地方理论的简洁思想也并非易事。然而，从本质上讲，我们的理论模型证明，城市会自然趋向于在空间和行业结构上形成层级体系。模型有助于我们理解为什么在现实世界中没有一个典型的城市规模，为什么实际的城市规模分布是如此之广？而且，随着时间的推移，这种状况也不会有什么改变。

在下一章中，我们暂且不谈理论结构，而只是就城市规模的整体分布描述一些令人惊讶的事实。

附录 1：农产品市场的均衡

如前所示，在 $\tau^A>0$ 这一更为现实的情形中，分析会变得相当复杂。因为我们必须要确定来自每个地区的农产品正被运往哪个城市，即农产品的流动模式。事实上，我们只能通过下面所介绍的试错法来求得农产品的均衡流动模式。

用 $\{1,2,\cdots,k,\cdots,K\}\equiv\mathcal{R}$ 表示本章“模型”一节中的经济空间均衡中的一组假想城市，用 $(r_1,r_2,\cdots,r_k,\cdots,r_K)$ 表示相应的区位。为了得到经济中的农产品在均衡状态下的流动模式，首先要从农产品贸易的角度将经济体的所有地区划分为区间 $\{A_1,A_2,\cdots,A_l,\cdots,A_R\}$。对于每个区间，$A_l=[f_l^-,f_l^+]\subset X$ 都用来代表 X（$\equiv$经济的区域空间）中农产品贸易达到均衡的最小的间隔区。为了便于讨论，假设区域 1 位于左边的最远端，区域 2 位于紧接着的最远端，然后依次向下，这意味着 $f_1^-<f_1^+\leqslant f_2^-<f_2^+\leqslant\cdots f_R^-<f_R^+$。由于假设每个区间 A_l 表示 X 中农产品贸易均衡时的最小的间隔区，所以在 A_l 区域必定存在一个城市 $k(l)$。我们称它为区域 l 的中心城市，所有多余的农产品（来自所有的农业区）都直接流向该城市。用 $p^A(s)$ 表示每个区位 $s\in X$ 处的农产品价格。为了支持区域 l 处的农产品流动模式，在该区域农产品的价格曲

线必定为：

$$p^A(s)=p^A[r_{k(l)}]e^{-\tau^A|s-r_{k(l)}|},\quad s\in A_l \tag{10A.1}$$

$p^A\ [r_{k(l)}]$ 表示中心城市 $k(l)$ 的农产品价格，它是个未知量，具体的形式以后将会给出。也就是说，在每个区域农产品价格曲线拥有唯一的顶点。同时，当两个区域彼此相邻时，农产品的价格曲线在边界处必须是连续的。也就是说，对 $l=1,\ 2,\ \cdots,\ R-1$ 而言，如果 $f_l^+=f_{l+1}^-$，则有 $p^A(f_l^+)=p^A(f_{l+1}^-)$。

因为在每个区位 s 处，从农产品生产中获得的多余利润归土地所有者所有，所以地租 $R(s)$ 的表达式为：

$$R(s)=\max\{p^A(s)-c^Aw(s),0\},\quad s\in X \tag{10A.2}$$

这意味着 $R(f_1^-)=0$ 和 $R(f_R^+)=0$；对于 $l=2,3,\cdots,R$，若 $f_l^->f_{l-1}^+$，则 $R(f_l^-)=0$；对于 $l=1,2,\cdots,R-1$，若 $l_l^+<f_{l+1}^-$ *，则 $R(f_l^+)=0$。也就是说，如果边界区域附近没有被占用，则那里的地租必为 0。同时，也可以很容易地证明，在均衡状态下，未被占用的土地不属于任一区域。

接下来，在区域 l 处，农产品的需求与供给必须保持均衡。为了表示这个条件，可以发现在每个非城市区域的单位距离上，农产品的超额供给等于$1-[\mu^AY(s)/p^A(s)]=1-\mu^A$[根据(10A.2)式有 $Y(s)=c^Aw(s)+R(s)=p^A(s)$]。用 $\mathscr{R}(l)$表示区位 l 处的一组城市，在每个城市 $k\in\mathscr{R}(l)$ 处，工人对农产品的需求是 $\mu^AY_k/p^A(r_k)=\mu^AL_kw_k/p^A(r_k)$。由于所有多余的农产品都被运往 $r_k(l)$处的城市，考虑到运输中农产品的耗费，在位于 $r_k(l)$处的城市中，农产品需求与供给相等可表示为：

$$\mu^A\left\{\sum_{k\in K(l)}L_kw_k\right\}\Big/p^A(r_{k(l)})=(1-\mu^A)\int_{A_l}e^{-\tau^A|r_k(l)-s|}\,\mathrm{d}s,$$
$$l=1,2,\cdots,R \tag{10A.3}$$

此外，由于假设农产品可在任一区域 l 处流动，必须证明在区域 l 的其他城市处，对该城市农产品的总供给必须不少于那里对农产品的需求。

如果没有均衡解能满足所有的均衡条件（本章“19 世纪美国的城

---

* 原文有误，此处应为 $f_l^+<f_{l+1}^-$。—— 译者注

市层级体系的形成”一节中的条件以及上述均衡条件）*，则我们必须要重新考虑区间划分和/或一组新的中心城市。

附录 2：单中心经济体的均衡条件

中心城市坐落在 $r=0$ 处。同时，为了将价格标准化，我们把城市中的工资率设为 1。对于任何行业 h，只要 $L_1^h>0$，就有 $w_1=w_1^h=1$。农产品价格函数的形式与方程（8.1）相同：

$$p^A(r)=p^A e^{-\tau^A|r|} \tag{10A.4}$$

边界地带的农业部门的工资与方程（8.2）相同，即：

$$w^A(f)=\frac{p^A e^{-\tau^A f}}{c^A} \tag{10A.5}$$

我们可以像本书第 8 章那样解出 p^A 和 f。由农产品的需求与供给相等得到：

$$p^A=\frac{\mu^A(N-2c^A f)}{2(1-\mu^A)\int_0^f e^{-\tau^A s}\mathrm{d}s} \tag{10A.6}$$

使制造业工人的实际工资与边界地带农业工人工资相等的过程如下。城市工人的名义工资为 1，边界地带农业工人的名义工资由（10A.5）式给出。由于因子 $e^{[\sum_h \mu^h \tau^h-\tau^A\mu^A]f}$ 的作用，f 处的生活费用指数与城市中的不一样，所以实际工资相等就意味着：

$$p^A=c^A e^{[\sum_h \mu^h \tau^h+(1-\mu^A)\tau^A]f}=c^A e^{\mu^M[\tau^M+\tau^A]f} \tag{10A.7}$$

μ^M 和 τ^{A}** 在（10.9）式中有说明。均衡条件与第 8 章极为相似，唯一不同的是（10A.7）式中制造业贸易成本的加权平均数。在（10A.6）式和（10A.7）式给定 p^A 的值并间接给出 f 值的情况下，可以解出其他变量的均衡值。从方程（10A.6）和方程（10A.7）中消去 p^A，有：

---

* 应为本章“模型”一节中的条件。——译者注

** 原文有误，此处应为 τ^M。——译者注

$$\mu^A(N/c^A-2f)e^{-\mu^M[\tau^M+\tau^A]f}=2(1-\mu^A)\int_0^f e^{-\tau^A s}\mathrm{d}s \qquad (10A.8)$$

与第 8 章中一样，f 是 N 的单调递增函数。

最后，为确保没有企业迁出城市，所有的行业都必须满足稳定性条件（10.8）式。每个行业 h 的市场潜力函数由（10.10）式给出。

附录 3：从（10.16）式推出（10.17）式

我们来分几步证明，可以从（10.16）式推出（10.17）式。

(a) 首先，我们将市场潜力函数（10.10）式改写成便于我们讨论的形式。将负指数项 $\exp-(\sigma^h-1)\tau^h r$ 从（10.10）的方括号中移出，同时将市场潜力函数明确地用 r 和 f 来表示，有：

$$\Omega^h(r;f)=e^{-\eta^h r}\left[\frac{1+\mu^M}{2}+\psi^h(r,f)\left(\frac{1-\mu^M}{2}\right)e^{2(\sigma^h-1)\tau^h r}\right] \qquad (10A.9)$$

其中：

$$\eta^h\equiv\sigma^h[\mu^M\bar{\tau}^M-\mu^A\tau^A]+(\sigma^h-1)\tau^h \qquad (10A.10)$$

将（10.11）式代入（10A.9）式后，运用下面的等式适当地整理各项：

$$e^{[2(\sigma^h-1)\tau^h-\tau^A]r}=1+[2(\sigma^h-1)\tau^h-\tau^A]\int_0^r e^{[2(\sigma^h-1)\tau^h-\tau^A]s}\mathrm{d}s \qquad (10A.11)$$

最后，我们得到市场潜力函数的新表达式：

$$\Omega^h(r;f)=e^{-\eta^h r}\left[1+\mu^A(\sigma^h-1)\tau^h\int_0^r e^{2(\sigma^h-1)\tau^h s}\left(1-\frac{1-e^{-\tau^A s}}{1-e^{-\tau^A f}}\right)\mathrm{d}s\right] \qquad (10A.12)$$

(b) 接下来，任取一个行业 $h\leqslant\tilde{H}$，用 $\tilde{f}$ 表示与临界人口 $\tilde{N}^h$ 相对应的临界边缘距离。临界市场潜力函数 $\Omega^h(r;\tilde{f}^h)$ 在临界距离 $\tilde{r}^h$ 处与水平线相切并达到 1（参见图10—2）。因此，$(\tilde{r}^h, \tilde{f}^h)$ 这组值必须满足下面两个条件：

$$\Omega^h(\tilde{r}^h;\tilde{f}^h)=1 \tag{10A.13}$$
$$\partial\Omega^h(\tilde{r}^h;\tilde{f}^h)/\partial r=0 \tag{10A.14}$$

其中，$\tilde{r}^h>0$，$\tilde{f}^h>0$。为了便于讨论，我们定义：

$$v^A(s)\equiv 1-g^A(s),g^A(s)\equiv e^{-\tau^A s} \tag{10A.15}$$
$$v^h(s)\equiv 1-g^h(s)$$
$$g^h(s)\equiv\frac{\eta^h}{\mu^A(\sigma^h-1)\tau^h}e^{-2[(\sigma^h-1)\tau^h-\eta^h]s} \tag{10A.16}$$

从（10A.13）中可解出 $1-e^{-\tau^A\tilde{f}^h}$，即：

$$1-e^{-\tau^A\tilde{f}^h}=\int_0^{\tilde{r}^h}e^{2(\sigma^h-1)\tau^h s}v^A(s)\mathrm{d}s\Big/\int_0^{\tilde{r}^h}e^{2(\sigma^h-1)\tau^h s}v^h(s)\mathrm{d}s \tag{10A.17}$$

由条件（10A.14）式得到：

$$1-e^{-\tau^A\tilde{f}^h}=v^A(\tilde{r}^h)/v^h(\tilde{r}^h) \tag{10A.18}$$

因此，如果我们定义：

$$\begin{aligned}Q^h(r)&\equiv\int_0^r e^{2(\sigma^h-1)\tau^h s}v^h(s)\mathrm{d}s/v^h(r)-\int_0^r e^{2(\sigma^h-1)\tau^h s}v^A(s)\mathrm{d}s/v^A(r)\\&=\int_0^r e^{2(\sigma^h-1)\tau^h s}\frac{v^A(s)}{v^h(r)}\left(\frac{v^h(s)}{v^A(s)}-\frac{v^h(r)}{v^A(r)}\right)\mathrm{d}s\end{aligned} \tag{10A.19}$$

由方程（10A.17）和方程（10A.18）可知，$\tilde{r}^h$ 必须满足下面的条件：

$$Q^h(\tilde{r}^h)=0,\tilde{r}^h>0 \tag{10A.20}$$

要证明（10A.20）式有唯一解并不难（对此的证明，请参考 Fujita、Krugman 和 Mori，1995 年，74～76 页）。

(c) 为了明确写出有关参数，我们将（10A.19）式改写成：

$$\begin{aligned}&Q(r;\mu^A,\tau^A,\Delta T,\sigma^h,\tau^h)\\&\quad\equiv\int_0^r e^{2(\sigma^h-1)\tau^h s}\frac{v^A(s)}{v^h(r)}\left(\frac{v^h(s)}{v^A(s)}-\frac{v^h(r)}{v^A(r)}\right)\mathrm{d}s\end{aligned} \tag{10A.21}$$

其中：

$$\Delta T\equiv\mu^M\bar{\tau}^M-\mu^A\tau^A=\sum_h\mu^h\tau^h-\mu^A\tau^A$$
$$\eta^h\equiv\sigma^h\Delta T+(\sigma^h-1)\tau^h \tag{10A.22}$$
$$v^A(s)\equiv v^A(s;\tau^A)\equiv 1-e^{-\tau^A s} \tag{10A.23}$$

$$v(s) \equiv v^h(s;\mu^A,\tau^A,\Delta T,\sigma^h,\tau^h)$$
$$\equiv 1-[\eta^h/\{\mu^A(\sigma^h-1)\tau^h\}]e^{-[2(\sigma^h-1)\tau^h-\eta^h]s} \quad (10A.24)$$

如上所述，存在唯一的正数值 $\tilde{r}^h \equiv \tilde{r}$（$\mu^A$，$\tau^A$，$\Delta T$，$\sigma^h$，$\tau^h$）使得：

$$Q(\tilde{r}^h;\mu^A,\tau^A,\Delta T,\sigma^h,\tau^h)=0 \quad (10A.25)$$

(d) 下面，我们集中讨论参数 $\sigma^h[\equiv\rho^h/(1-\rho^h)]$。对（10A.25）式分别求参数 $\tilde{r}^h$ 和 σ^h 的全微分，就可以得到：

$$\frac{\mathrm{d}\tilde{r}^h}{\mathrm{d}\sigma^h}=-\frac{\partial Q/\partial\sigma^h}{\partial Q/\partial\tilde{r}^h} \quad (10A.26)$$

其中：

$$\frac{\partial Q}{\partial\tilde{r}^h}=\left\{\int_0^{\tilde{r}^h}e^{2(\sigma^h-1)\tau^h s}v^h(s)\mathrm{d}s/v^h(\tilde{r}^h)\mathrm{d}s\right\}[2(\sigma^h-1)\tau^h-\eta^h]$$
$$\times\frac{g^h(\tilde{r}^h)}{v^h(\tilde{r}^h)}\left\{\frac{\tau^A}{2(\sigma^h-1)-\eta^h}-\frac{v^A(\tilde{r}^h)g^h(\tilde{r}^h)}{v^h(\tilde{r}^h)g^A(\tilde{r}^h)}\right\} \quad (10A.27)$$

$$\frac{\partial Q}{\partial\sigma^h}=\int_0^{\tilde{r}^h}2\tau^h s e^{2(\sigma^h-1)\tau^h s}\frac{v^A(s)}{v^h(\tilde{r}^h)}\left(\frac{v^h(s)}{v^A(s)}-\frac{v^h(\tilde{r}^h)}{v^A(\tilde{r}^h)}\right)\mathrm{d}s$$
$$+[v^h(\tilde{r}^h)]^{-2}\int_0^{\tilde{r}^h}e^{2(\sigma^h-1)\tau^h s}C^h(s)\mathrm{d}s \quad (10A.28)$$

在上式中：

$$C^h(s)\equiv\left[\frac{\Delta T}{(\sigma^h-1)\eta^h}+(\tau^h-\Delta T)s\right]g^h(y)v^h(\tilde{r}^h)-$$
$$\left[\frac{\Delta T}{(\sigma^h-1)\eta^h}+(\tau^h-\Delta T)\tilde{r}^h\right]g^h(\tilde{r}^h)v^h(s) \quad (10A.29)$$

(e) 要证明 $\partial Q/\partial\tilde{r}^h$ 一直为正并不难（参见 Fujita、Krugman 和 Mori，1995，75 页）。同时，我们可以证明（参见 Fujita、Krugman 和 Mori，1995，77～78 页）：

$$\Delta T\geqslant 0\rightarrow C^h(s)>0,\ s\in(0,\tilde{r}^h) \quad (10A.30)$$

因此，由于（10A.28）式右边第一项总是为正；由（10A.28）式和（10A.30）式可以得到 $\{\Delta T\geqslant 0\rightarrow\partial Q/\partial\tilde{r}^h>0\}$，所以从（10A.26）式可以推出：

$$\Delta T\geqslant 0\rightarrow\frac{\mathrm{d}\tilde{r}^h}{\mathrm{d}\sigma^h}\equiv\frac{\partial\tilde{r}(\mu^A,\tau^A,\Delta T,\sigma^h,\tau^h)}{\partial\sigma^h}<0 \quad (10A.31)$$

接下来，如果我们将 $\tilde{r}^h \equiv \tilde{r}(\mu^A,\tau^A,\Delta T,\sigma^h,\tau^h)$ 代入（10A.18）式，$\tilde{f}^h$ 就可以表示成 $\tilde{f}(\mu^h,\tau^A,\Delta T,\sigma^h,\tau^h)$，并且它的值是唯一确定的。用（10A.31）式可以很容易证明下式：

$$\Delta T \geqslant 0 \rightarrow \frac{\mathrm{d}\tilde{f}^h}{\mathrm{d}\sigma^h} \equiv \frac{\partial \tilde{f}(\mu^A,\tau^A,\Delta T,\sigma^h,\tau^h)}{\partial \sigma^h} < 0 \qquad (10A.32)$$

如果我们用 $\tilde{f}^h \equiv \tilde{f}(\mu^A,\tau^A,\Delta T,\sigma^h,\tau^h)$ 来代替方程（10A.8）中的 f，那么就可以确定 $\tilde{N}^h \equiv \tilde{N}(\mu^A,\tau^A,\Delta T,\sigma^h,\tau^h)$ 的值是唯一的。由（10A.8）式决定的 f 是 N 的增函数，所以根据（10A.32）式可以推出：

$$\Delta T \geqslant 0 \rightarrow \frac{\mathrm{d}\tilde{N}^h}{\mathrm{d}\sigma^h} \equiv \frac{\partial \tilde{N}(\mu^A,\tau^A,\Delta T,\sigma^h,\tau^h)}{\partial \sigma^h} < 0 \qquad (10A.33)$$

(f) 接下来，虽然 $\Delta T(\equiv \sum_h \mu^h\tau^h - \mu^A\tau^A)$ 中包含了每个 τ^h，但是我们还是将 ΔT 作为常数来处理（应该要注意到，我们这里的目的不是要对临界值做比较静态分析，而是要在一组固定的参数值下对不同行业的临界值进行排序。当参数固定不变时，ΔT 为常数）。运用与 e 中相似的方法，我们可以证明：

$$\Delta T \geqslant 0 \rightarrow \frac{\mathrm{d}\tilde{r}^h}{\mathrm{d}\tau^h}\Big|_{\Delta T=\mathrm{const}} \equiv \frac{\partial \tilde{r}(\mu^A,\tau^A,\Delta T,\sigma^h,\tau^h)}{\partial \tau^h} < 0 \qquad (10A.34)$$

$$\Delta T \geqslant 0 \rightarrow \frac{\mathrm{d}\tilde{f}^h}{\mathrm{d}\tau^h}\Big|_{\Delta T=\mathrm{const}} \equiv \frac{\partial \tilde{f}(\mu^A,\tau^A,\Delta T,\sigma^h,\tau^h)}{\partial \tau^h} < 0 \qquad (10A.35)$$

$$\Delta T \geqslant 0 \rightarrow \frac{\mathrm{d}\tilde{N}^h}{\mathrm{d}\tau^h}\Big|_{\Delta T=\mathrm{const}} \equiv \frac{\partial \tilde{N}(\mu^A,\tau^A,\Delta T,\sigma^h,\tau^h)}{\partial \tau^h} < 0 \qquad (10A.36)$$

(g) 现在我们设定了模型中的所有参数（即 ΔT 的值），设（10.15）式中的假定成立。同时，$\Delta T \geqslant 0$。在这里，取 $h \leqslant \tilde{H}$ 和 $g \leqslant \tilde{H}$，并假设：

$$\rho^h > \rho^g (\text{即 } \sigma^h > \sigma^g) \text{ 和 } \tau^h \geqslant \tau^g \qquad (10A.37)$$

我们可以得到：

$$\tilde{r}^h = \tilde{r}(\mu^A,\tau^A,\Delta T,\sigma^h,\tau^h) < \tilde{r}(\mu^A,\tau^A,\Delta T,\sigma^g,\tau^h)$$

［由（10A.33）式推出］

$$\leqslant \tilde{r}(\mu^A, \tau^A, \Delta T, \sigma^g, \tau^g) \qquad [\text{由(10A.34)式推出}]$$
$$= \tilde{r}^g \qquad (10A.38)$$

我们同样可以证明，(10A.37) 式也意味着 $\tilde{f}^h < \tilde{f}^g$ 和 $\tilde{N}^h < \tilde{N}^g$。利用同一种方法，还可以证明，如果 $\rho^h \geqslant \rho^g$（即 $\sigma^h \geqslant \sigma^g$）和 $\tau^h > \tau^g$，则有 $\tilde{r}^h < \tilde{r}^g$，$\tilde{f}^h < \tilde{f}^g$ 和 $\tilde{N}^h < \tilde{N}^g$。最后，由定义可知，(10A.37) 式就意味着 $\tilde{\theta}^h > \tilde{\theta}^g$。因此，综合上述结果，我们就可以从 (10.16) 式推出 (10.17) 式。

[注释]

[1] 有关实证研究的详细情况（包括图 10—1），请参考藤田、克鲁格曼和莫里（1995）的研究。

[2] 大西部指的是 19 世纪美国西部俄亥俄河或密歇根湖畔广阔的内部地区（Cronon，1991）。

[3] 图 10—1 是通过改变 Borchert（1967）的图 5～图 8 而得到的。根据 1960 年对美国 178 个城市规模次序的分类，Borchert 定义了四个人口规模的临界值（在这些临界值处，规模次序分布的斜率发生了显著的变化)。1960 年以前，在 s 年（s=1830 或 1870）第 i 个规模次序的临界值用下面的关系式表示，$T_{is}=T_{io}$（N_s/N_o）。其中，T_{io} 是 1960 年第 i 个规模次序的临界值，N_s [N_o] 是美国 s 年 (1960) 的人口。绘制图 10—1 时，出于简化的目的，我们将原来的二级城市和三级城市合并；并将原来的四级城市和五级城市合并为新的三级城市。

[4] 1830 年每个规模次序的临界人口如下：一级城市的人口超过 53 万人（事实上不存在)，二级城市的人口在 90 000～530 000 人之间，三级城市的人口在 15 000～90 000 人之间。

[5] 当然，这些二级城市也向临近的农业区提供大部分其他地区由三级城市提供的商品和服务。换句话说，二级城市是通过往三级城市添加功能自我升级而形成的。较高等级的城市也是如此。因此，整个经济体形成层级结构，较高等级的城市供给较低等级的城市所供给的大部分产品。

[6] 这个故事不是唯一的。在 12 世纪的欧洲，当其人口迅速增长时，也发生过类似的城市化进程。想要全面了解美国和欧洲的城市化进程可以参考 Marshall（1989）等人的研究。

[7] 从本质上讲，这里的方法与证明方程（8.26）时所使用的方法是一样的。

[8] 显然，条件（10.21）式与非黑洞条件相关。如果 $H=1$，则两条件等同，对于所有的 N，经济体都为单中心结构。当 $H>1$ 时，条件无疑会变弱，它无法阻止新城市的形成，不过还是可以确保经济为单极的。

[9] 更确切地说，此时单中心体系的结构不再稳固。意即 N 超过 $\tilde{N}^1$ 少许，单中心就不再是稳定的（从一般意义上讲）。

[10] 在前面第 9 章的情形中，当一个新的城市诞生时（N 达到临界值），两个城市的规模相同，从而空间体系是稳定的。然而，在当前的情形中，如果仅有一个城市出现在 $\tilde{r}^1$ 处，则所形成的两城市体系不对称，这会使体系变得不稳定。因为在 $\tilde{r}^1$ 处，任意少量的行业 1 的企业的出现都会加剧该行业内的竞争。在这种情况下，对于潜在的想要进入行业 1 的厂商来说，由于与 $\tilde{r}^1$ 相反的区位不存在竞争，因而比 $\tilde{r}^1$ 更有吸引。所以，当 N 达到 $\tilde{N}^1$ 时，只有当一对（相对应的）城市出现在 $\tilde{r}^1$ 和 $-\tilde{r}^1$ 处时，空间体系才会保持稳定。

[11] 事实上，城市很少会出现在边界地区。将城市基础设施引入模型，可以消除这一不寻常的现象。

[12] 不同于第一个边界城市的是，分岔发生后，第二个边界城市（在 $r=0$ 的右边）会停留在同一区位。总的来说，当一个新的边界城市出现在大城市（最高或中间等级）的临近区位时，它逐渐成长并不断向外重新定位。相反，如果新的城市出现在最低等级城市（通常很小）附近，它迅速成长，并从一开始就维持在同一位置。

[13] 克里斯塔勒的层级原则是指较高等级的城市除了供给较低等级中心区域所提供的全部消费品外，还供给属于自己这一等级的城市的消费品。

[14] 对应图 10—3 中的直线（30）上的城市编号 $k=1, 2, \cdots, 8$，当 $N=9.30$ 时，每个城市的人口分别为 $N_1=6.42$，$N_2=0.006\ 91$，$N_3=0.072\ 2$，$N_4=0.047\ 8$，$N_5=0.167$，$N_6=0.000\ 763$，$N_7=0.138$，$N_8=0.024\ 0$。

第11章　经验研究：城市的规模

现实中城市规模和种类的变化范围很大，这就是第 10 章中分析的经验基础。如同我们所看到的，各产业在规模经济和/或运输成本上存在的差异确实能产生城市层级体系，这就证明了克里斯塔勒（1933）的经典分析是正确的。然而必须承认的是，我们以及所有其他城市经济学家和地理学家目前仍然难以解决理论和数据的不匹配问题，而这个问题是非同寻常的。

在试图将经济学理论与数据匹配起来时，通常遇到这样的问题：过于简洁的理论能够提供简单而深刻的预见，但是现实世界却是一幅复杂而混乱的图景。然而，在讨论城市的规模分布时，我们面临的问题却是，描述现实世界的数据所提供的图景是如此令人惊讶的简洁，以至于无法在任何看起来正确（甚至看上去不合情理）的理论模型中重现出来。

城市的规模分布

至少在 70 年前，人们已经发现一个令人惊讶的现象：美国大城市的分布可以用一个**幂律**（power law）很好地描述出来。也就是说，人口多于 S 的城市的数目基本上是与 S^{-a} 成比例的。在这里，a 非常接近于 1［参见卡诺尔（Carroll，1982）对与城市规模分布有关的大量经验研究的文献综述］。为了表明这个定律如何很好地描述了事实，现考虑 1991 年的情况。在这一年，美国有 40 个人口超过 100 万的大都市，其中有 20 个城市的人口超过 200 万，有 9 个城市的人口超过 400 万（休斯敦的人口只是略小于 400 万）。图 11—1 是按《美国统计摘要》(*Statistical Abstract of the United States*）列出的 130 个这样的地区绘制的。

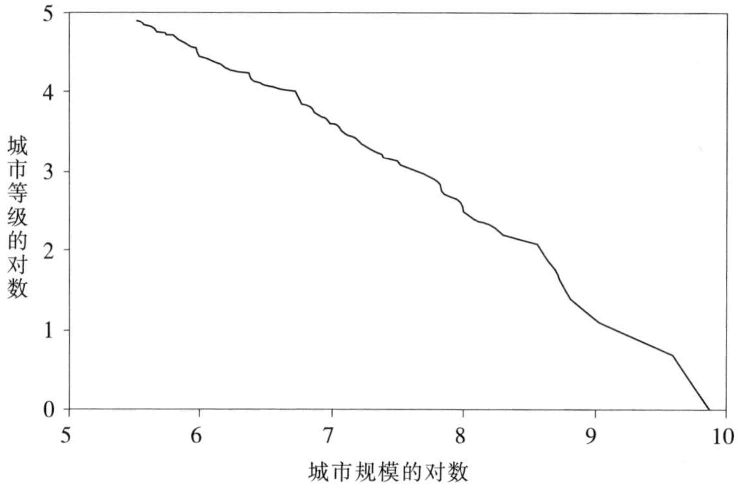

图 11—1　美国城市的规模

其中，X 轴是大都市的规模的对数，Y 轴是城市等级（如纽约=1、洛杉矶=2，等等）的对数。值得注意的是，图像大致是一条直线，与 X 轴的夹角约为 45 度。而且，更为正式的统计分析也证实了这一初步印象。令 $N(S)$ 为人口数量大于等于 S 的城市的数目，然后进行**对数线性回归**（log-linear regression），就可以得到：

$$\ln(N) = 10.549 - \underset{(0.010)}{1.004}\ln(S)$$

这不仅仅是某个特定时间和地点的情况。正如我们已经指出的那样，至少在上个世纪，就可以用一个指数接近于 1 的幂律来描述美国城市规模的分布。多布金斯和约安尼德斯（Dobkins and Ioannides, 1996）用现代大都市的定义重新分析 1900 年以来美国“城市地区”（即单一管辖权下的城市）的历史资料，并估计了每一人口普查年度的 a 值；在 1900 年，a 的估计值为 1.044；而且每年的 a 值都与 1 相差不远。[1]国际数据有比较大的问题，这主要是由于很难定义大都市这个概念。然而，罗森和雷斯尼克（Rosen and Resnick, 1980）的经典研究指出，指数接近于 1 的幂律很好地描述了绝大部分国家级都市的规模分布。而且指数越接近于 1，大都市的定义就越严谨。

但是也有一些证据表明，城市规模分布的经验定律不一定成立。实际上，城市规模符合指数为 1 的幂律的命题通常被称为齐普夫定律，这是为了纪念乔治·齐普夫（George Zipf）而提出的。乔治·齐普夫（1949）的著作《人类行为和最少努力原则》（*Human Behavior and the Principle of Least Effort*）收集了许多在社会科学中显然会成立的经验规律。城市规模分布的经验定律的另一个名字就是**等级—规模规则**（rank-size rule）：如果指数为 1 的幂律严格成立，那么第二大城市的人口将是第一大城市的人口的1/2，第三大城市的人口则是第一大城市的人口的 1/3，依此类推。

城市理论能否预测等级—规模规则？

本书第 10 章中的城市层级体系模型并不能自动推出等级—规模规则。直接考察模拟分析的结果就可以看到这一点。与图 11—1 类似，图 11—2 描绘出了我们在第 10 章推导出的 15 个城市的层级体系“数据”。显然，这些数据甚至没有重现真实数据的对数线性特性，更不用说指数是 1 了。也可能会找到一些参数组合，使得图像更切合等级—规模规则。然而，该规则的关键性质是它的**稳健性**（robustness），以美国一个世纪的数据来检验，它一直都是正确的。而且，对许多其他国家而言，这一规则也大致适用。这就意味着，任何解释都应该有类似的稳健性，而不能依赖于某一狭窄范围内的参数。

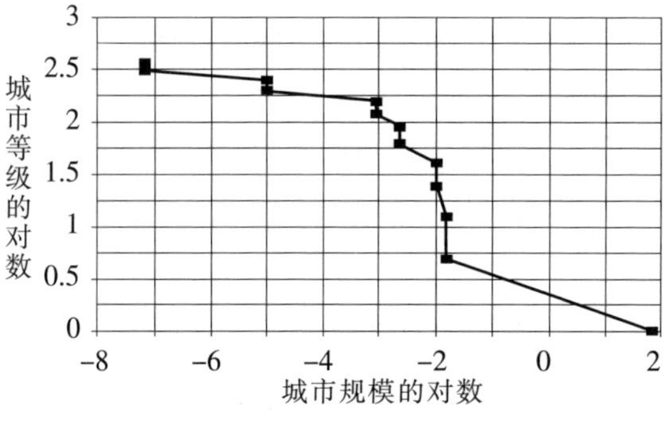

图 11—2　不断变化的城市规模

在试图用其他城市规模分布的模型解释等级—规模规则时，也出现了同样的问题。在这里，我们主要关注本书第1章中描述的亨德森式的城市体系模型。回忆一下，在第1章中，这种模型通过如下论证生成了规模分布：外部经济基本上都是与特定产业有关的，但是外部不经济则取决于城市的总体规模，而不论它生产什么。这种不对称带来了2个结果：(1) 由于存在城市规模的不经济性，因而把相互之间没有溢出效应的产业放在一个城市是没有意义的，如果钢铁工业和出版业没有共有的外部经济，那么钢铁厂和出版社就应当分布在不同的城市，这样，既不会形成拥挤，又不会有很高的地租，所以每个城市都应当在一个或几个能为其带来外部经济的产业（至少应当在它的出口产业）进行专业化生产；(2) 这些外部经济的大小可能会随产业不同而有很大的变化。一个纺织业城市可能只需要寥寥几个工厂，而一个金融中心最好能包括一个国家几乎所有的金融行业。所以一个城市的最佳规模取决于它的角色。

这一分析非常简洁。它使城市规模成了一个经济变量，而这一变量又由一种原则上可以度量的力所决定［亨德森的模型已经引发了许多经验工作，如亨德森（1988）的研究］；它也有助于我们解释为什么城市实际规模分布的范围十分广泛而没有缩小的迹象。

然而，我们很难理解，为什么这个模型能产生看似幂律的东西。假设金融业城市的最佳规模为400万人口，高新技术制造业城市的最佳规模为200万人口，而低技术城市的最佳规模为100万人口，那么，经济体为什么必须要求金融业城市与高新技术城市的规模之比要跟高新技术城市与低技术城市的规模之比相同呢？而且，由于在亨德森模型中，外部经济和外部不经济（我们假定它们都取决于生产技术、通讯技术和交通技术等因素）之间的合力导致了规模分布的产生，人们当然会根据这个模型预测，城市规模的分布应当随时间的推移而改变，而不会像实际情况那样保持着神秘的稳定性。

简言之，城市规模分布的规律确实是一个谜，我们分析城市规模的方法和其他许多用于分析城市规模的方法，似乎都不能解释它。

随机增长能否解释等级—规模规则？

我们的城市层级体系的空间模型和亨德森式的城市体系模型，尽管都依赖于某些初始的动态变化来限制可能结果的范围，但是本质上分析的都是静态的权衡（static trade-offs）：在亨德森模型中，是外部经济与外部不经济之间的权衡；在第 10 章的中心地区理论中，是规模经济与运输成本之间的权衡。然而，还有另外一个传统，这主要归功于赫伯特·西蒙（Herbert Simon）。他认为，城市规模大范围的变化实际上就表明，并不存在什么权衡。也就是说，城市规模的大小与这些因素并不相关。西蒙指出，正是由于这种不相关性，才使得随机增长过程可以让城市规模在极大范围内发生变化。而且，这一变化范围的上端可以由幂律很好地描述。

令人感到十分惊讶的是，西蒙最初对随机增长模型的研究（Simon，1955；Ijiri and Simon，1977）并没有对经济学思想产生什么影响。这可能是因为他没有考虑经济方面的问题。如果是这样，那么我们就无话可说了；但是，也可能是因为他的研究极其晦涩。这里我们提供一个简化版的西蒙模型，以展示该模型的洞察力和不足之处。

西蒙模型

首先，考虑城市规模的幂律的另一种表述方式。我们知道其上端可以用 $N=kS^{-a}$ 来描述，其中，N 是人口多于 S 的城市的数目。因此，我们也就可以说，城市规模的分布密度为 $n=akS^{-a-1}$。最后，我们可以说城市密度的规模弹性为 $-a-1$，即：

$$\frac{\mathrm{d}n}{\mathrm{d}S}\frac{S}{n}=-a-1 \tag{11.1}$$

这是一个非常有用的表达式。

现在，我们转而考察西蒙的城市增长模型。西蒙假设，一个城市的人口随时间的推移会产生不连续的增长，而且将人口的增加量称为“块”（lumps）。同时，他假定在任何一个时点上，以块衡量的人口为 P。当一个新的块产生时，它会流到哪里去呢？西蒙假设，它会以某个概率 π 流到以前无人居住的地区去，即创造出一个新城市。它以 $1-\pi$ 的概率流到某个现有城市中去。而任一城市得到下一个块的概率与其自身的人口数量成比例。

这是一个虚拟的简单模型。它假设城市规模既没有优势也没有劣势：一个城市只是简单地由块堆积而成，它的期望增长率与规模无关。只要你愿意，也可以把一个块看成一个产业。此时，西蒙模型表明，在同一个城市里，所有产业生成其他产业的可能性是相同的。而且这与城市规模无关。

没有什么理由可以让我们认真研究这样一个模型，除非城市规模的分布确实遵循幂律。当城市规模的分布确实遵循幂律时，西蒙模型不但预测了这个结果，而且至少给出了一条线索使我们可以理解为什么城市规模的分布在技术和经济结构变化巨大的情况下仍可能保持稳定？

要分析这个模型，我们暂时假设城市规模的分布随时间变化而趋向稳定状态。即规模为 S 的城市数目 n_s 与人口之比趋向于一个常数。有三种原因会使比率 n_s/P 发生改变。一个规模为 $S-1$ 的城市可能扩张一个块，这就使得 n_s 增加；共有 n_{s-1} 个这样的城市，而其中某一个城市产生这种扩张的概率为$(1-\pi)(S-1)/P$。一个规模为 S 的城市也许会以 $(1-\pi)S/P$ 的概率扩张一个块，这会使 n_s 减少。而总人口在增加，这又会使 n_s/P 减少。把 P 增加时 n_s/P 的期望变化写出来，并注意到 P 的变化的不连续性，我们发现：

$$\frac{E\mathrm{d}(n_s/P)}{\mathrm{d}P}=\frac{1}{P^2}[(1-\pi)(S-1)n_{s-1}-(1-\pi)Sn_s-n_s] \tag{11.2}$$

如果城市规模的分布是趋向于稳定状态的，那么在长期中，这个期望变化必须为 0。这就给出了关系式。该式表明，在稳定状态下，规模为 S 和 $S-1$ 的城市数目之间的关系为：

$$\frac{n_s}{n_{s-1}}=\frac{(1-\pi)(S-1)}{(1-\pi)S+1} \tag{11.3}$$

也可以将其写为：

$$\frac{n_s-n_{s-1}}{n_{s-1}}=\frac{\pi-2}{(1-\pi)\ S+1} \tag{11.4}$$

现在，我们只关注城市规模分布的上端，即 S 很大时的情况。这时可以用一个平滑的分布 $n(S)$ 来近似于城市规模的不连续分布，即：

$$\frac{\mathrm{d}n/\mathrm{d}S}{n}\cong\frac{n_s-n_{s-1}}{n_{s-1}}=\frac{\pi-2}{(1-\pi)S+1} \tag{11.5}$$

于是，我们可以推出 n 对于 S 的弹性为：

$$\frac{\mathrm{d}n}{\mathrm{d}S}\frac{S}{n}=\frac{\pi-2}{1-\pi+1/S}\cong\frac{\pi-2}{1-\pi} \tag{11.6}$$

此式与（11.1）式一起告诉我们，城市规模分布的上端可以用指数为$a=1/(1-\pi)$的幂律加以刻画。

这是否真的成立呢？答案是肯定的。图 11—3 显示了 π 为 0.2 时模拟分析的结果。其中，在开始时，城市规模为 10 个单位块，并让人口增长 100 倍。图中显示了排名在前 50 位的城市等级—规模关系；它的对数线性特征较为明显，斜率与预计值相差不大。

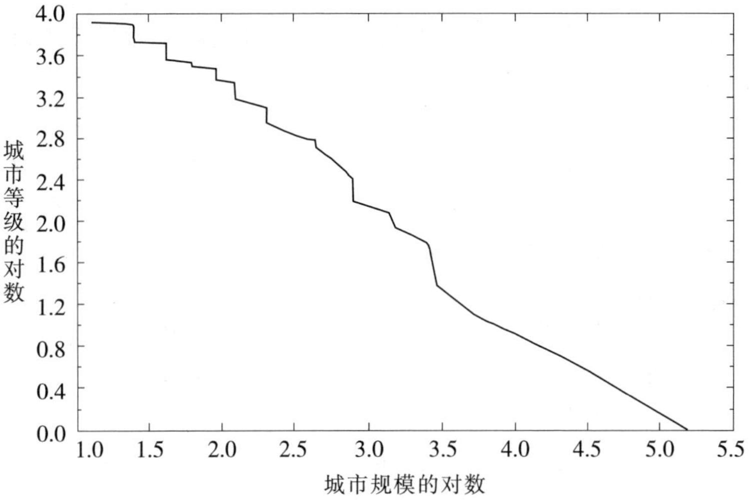

图 11—3　随机增长的城市规模

如果我们关注这种城市规模的幂律（其指数不随时间和空间的变化而变化）的普遍适用性，那么至少有三个理由表明，西蒙模型代表了“经济主义”模型（economistic model）的一大进步：

1. 它预测了幂律，而城市体系模型和中心地方模型都没有做到这一点。

2. 决定幂律中的指数的参数是形成一个新城市的概率。在过去的一个世纪里，这一概率并没有像规模经济或城市运输成本这些变量那样发生巨大的变化。

3. 神秘的指数 1，尽管看起来很难证实，在这里却有一个自然的解释：一般而言，当增加的人口流入现有的城市而不是形成新的城市时，就会出现指数为 1 这种情况。

于是西蒙模型似乎可以使我们更加深刻地理解城市规模的幂律。但是，它还缺少一些经济含义。即使我们忽略掉这一点，还存在更深一层次的问题。

退化问题

在从西蒙模型推出幂律的过程中，关键的第一步是，假设城市规模的分布趋向于稳定状态。然而，这个假设不可能完全正确：最大城市的规模没有上限，因而它总是倾向于增加。尽管如此，模型仍然成立。这是因为，在长期中，最大城市的人口占总人口的比例会越来越小，于是人口增量中使得最大城市更大的份额也会越来越小。假设城市规模的分布确实始终遵循幂律（实际上它只在上端成立，但这就够了），令 $S_{\min}$ 为可能的最小城市的规模。可以直接看出，规模大于任一给定 S 的城市的人口在总人口中所占的份额为（$S/S_{\min}$）$^{1-a}$。因为这是一个常数，所以人口增长中使最大城市更大的份额最终会减少至可以忽略不计的地步。这就意味着稳定状态假设是有一定的合理性的。

上述结论只有在 $a>1$ 时方能成立，这要求 $\pi>0$。如果 $a=1$，那么就无法从西蒙模型推出幂律。因为当 $a=1$ 时，幂律将预测规模大于任一给定 S 的城市的人口将变得无穷大。但数据表明，a 非常接近于 1，也就意味着 π 基本上等于 0。

或许会有人认为，我们可以通过假设 π 只是非常接近于 0 而不是恰好等于 0 来回避这个问题。然而，直觉告诉我们，当 π 非常小时，城市人口需要极大的增长才能产生平滑的幂律。模拟分析证实了这种直觉：当 π 接近于 0 时，分布只在人口大规模增长后才趋向于稳定状态。实际上，图 11—3 显示了当 π 为 0.2（这个值还是比较大的）时的模拟结果。为了使分布相对平滑，城市人口不得不增长 100 倍，而且它仍不如实际数据那样平滑地切合幂律。

实际上，自 19 世纪中期以来，美国的城市人口增长了 50 倍。然而，如我们所述，至少从 1890 年起，美国城市规模的幂律（a 非常接近于 1 的情形）就开始奏效了。此外，等级—规模规则对于人口增长大大低于美国的国家也是适用的。

顺便提一句，在实际数据中，指数为 1 的幂律并不意味着人口为无穷大，因为整数约束条件的存在避免了这个荒谬。连续使用幂律对美国的数据进行分析，结果表明，有 0.5 个城市的人口是纽约的 2 倍，0.25 个城市的人口是纽约的 4 倍，依此类推，直至人口变成无穷大。但是，显然不存在这种分数城市，所以这实际上就不是一个问题。这个事实应当会令那些对物理学史有所了解的人失望，为了避免得出无穷大的**黑体辐射**（black-body radiation）带来能量的量子性质，就必须加一个整数约束条件。类似地，城市规模的幂律中的指数必须取某一个特定的值，此时，城市的不可分性才使分布变得有意义，这一点非常有启发性，但它启发了什么仍然是个谜。

其他的随机模型

某些其他类型的随机模型也许可以解释齐普夫定律的不同寻常的韧性。许多专家提出，一个近似的幂律可以从吉布莱特定律（Gibrat's Law）中产生，但要假设城市的期望增长率和其规模无关。最近，加巴斯（Gabaix，1997）更加精确地说明了需要什么条件来使其成立。他假设当城市规模在某个范围内变化时，城市人口的期望增长率和该增长率的变化都与城市规模无关，且期望增长率为 0。这样，就会得到一个稳态分布。这一稳态分布在一定的范围内可以近似模拟幂律，且指数为 1。考虑如下一个简单的例子：假设城市规模可以是 1，2，4，8，16，32，64；并假设除了最大和最小城市之外，每一个城市都有 1/3 的机会使人口翻倍，2/3 的机会使人口减半，这样，人口的期望增长率就是 0（最小城市的人口以某个概率保持不变，否则人口就会翻倍；最大城市亦然，只是人口会减半而不是翻倍）。只需要几分钟，就可以在电子制表软件上展示，这个规则确实能产生齐普夫定律。

这是否解答了前面提到的那一个谜呢？我们认为，它具有独创性，但并非完全令人满意。即使有扰动，也可以假设城市的规模收益是不变的，这样，期望增长率就会与规模无关。然而，吉布莱特定律还要求增长率的变化也与城市规模无关。这就比较难以理解了，如果一个城市只是由几个产业简单地组成，各产业间既没有正的溢出效应也没有负的溢出效应，那么仅就多样化来说，增长率的变化难道不会随着规模的增加而降低吗？经济学仍然不能解释这一疑问。

克鲁格曼（1997）提出了另外一种观点，幂律中的随机性也许与随机增长无关，而与空间上的随机连接有关。例如，假设一些港口城市通过一个由运输点之间的随机连接而形成的运输网络来供应内地，其首选连接方向则反映历史或地理上的事件。另外，我们也可以假设这种连接存在于产业关联的某些抽象空间里。不论是两种情况中的哪一种，内陆地区的规模分布都将反映出“渗透理论”（percolation theory；物理学中的一个非常成熟的领域，最初激发此思想的例子是多孔岩的连接部分的规模分布）中的一些原理。渗透模型很容易产生幂律。实际上，以流量衡量的河流规模的分布相当切合幂律！渗透模型也许能解决与西蒙模型有关的一些问题。当然，所有这些都仅仅是猜测。

结　论

现在，我们还没有办法来解释城市规模分布中那惊人的规律性。必须承认，它至少在如下两个方面给我们对城市的认识带来了真正的智力挑战。首先，尽管西蒙早期的分析及其后来的变体都深入研究了等级—规模规则的产生过程，但是现在还没有人能完整地解释这一过程。

其次，还有一个意义更为深远的问题：从根本上讲，到目前为止所提出的随机模型都依赖于城市的规模收益不变这一假设，因此城市的期望增长率与其规模无关。然而，现有的与城市有关的经济模型都认为城市的规模收益是可变的。更应该说，这些模型研究的是收益递增与和收益递减之间的相互作用，这为任何给定类型（亨德森模型中的产业专业化，本书第10章的中心地方模型中的城市等级）的城市确定了一个特定规模。也许还有我们现在尚不能理解的其他方法可以用来调和离心力与向心力之间的相互作用（我们认为这两个力在微观层次上决定了城市的规模），而且似乎可以在宏观层次上运用假定的固定收益的动态过程（the as-if-constant-returns dynamics）来解释这一问题。我们希望未来的研究能解开这个谜团。

[注释]

[1] 实际上，多布金斯和约安尼德斯估计了所有城市的 a 值；绝大多数其他的估计只使用了上端数据。例如，他们估计的1990年的参数值就涵盖了334个都市地区，而不是我们的回归分析中的130个。后面的实践经验和理论分析都表明，如果他们将研究限制在较大的都市地区，成果将比现在更加惊人。

第12章 港口、交通枢纽与城市区位

从某种意义上讲，在讨论有关城市的问题时，我们确实受到了冯·杜能的影响。我们首先将冯·杜能设想的“肥沃却没有任何河流与运河可供通航的平原”线性化，在此基础上，我们试图解释空间结构的出现。然而，在现实生活中，任何一个中小学生都可以告诉你，许多城市的起源恰恰要归因于它们所在的河流、运河和优良港湾等等诸如此类的地理位置。确实，世界上绝大多数大城市都坐落在这样或那样的交通枢纽处。

在本书第7章中，我们假设经济在某一时刻发生分岔，形成类似于字母 Y，或者更一般的，类似于星号（*）之类的结构。这种方法可以在不损害线性经济简洁性的前提下，介绍这类交通枢纽的作用。在本章中，我们用第8章和第9章建立的模型来分析这种几何意义上的分岔。同时说明为什么以及在何种意义上，一个城市最有可能出现在分岔点（Y 的分岔点）上。

图12—1展示了修正后的世界的几何形状。如前所述，假设均匀的土地沿着一条直线延伸，但是这条线在记作 b 的**分岔点**处分裂为无差别的两个分支。对这幅图的最简单的解释就是，一个山谷的三条支流在某一点汇集。但是，我们将其视为任何一种交通枢纽的象征。这种交通枢纽既可以形成于交通路线的汇集点，也可以产生于港口对货物的有效输入与输出。[1]

很明显，我们可以立即看出，分岔点很有可能就会成为一个城市的所在地。当我们离开 b 点而前往任何一个分支时，就接近了该分支上的消费者，而远离了其他**两个**分支上的消费者（如果经济体呈现星形结

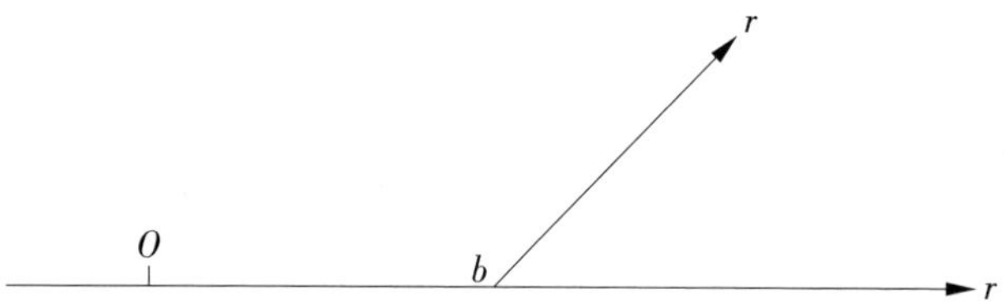

图 12—1　新的区位空间（$k=1$）

构，则会远离更多分支上的消费者）。因而，在同等条件下，我们可能会期望 b 点成为极好的市场进入点。

更准确地讲，我们将阐明当经济的农业区域蔓延至所有三个分支的土地时，即便在分岔点不存在城市，制造业的市场潜力曲线也会在该点取得极大值。于是，分岔点很可能成为市场潜力曲线的一个局部极大值点。因此，当人口增长到足够大时，很可能有新城市在那里出现。

我们在这里使用"很可能"这个词是经过深思熟虑的。城市并不是一定要在 b 点发展。如果分岔点位于已存在的城市的集聚阴影之下，那么城市的形成过程就会绕过这一点［现实世界中比较贴切的一个例子是，韩国最大的城市（首尔）并不是一个港口城市。尽管距离首尔 100 公里的仁川所拥有的海港是首尔通往世界的门户，但是首尔的锁定效应是如此之大，以致仁川至今仍未发展成一个真正意义上的城市］。但是，鉴于直线上的大多数点只有在参数和初始条件的特定组合下（通常是在相关空间中取测度为 0 的集合）才得以发展为城市的，而分岔点如果要发展为城市，则总会存在一定范围的参数和初始条件可供选择。正是在这个意义上，我们说城市在分岔点的出现是"很可能的"。

单中心经济体

从一个假想的人口规模比较小的经济开始我们的研究。在这个经济中，只存在一个城市，而且它碰巧又不在分岔点上。分析表明，将现有城市所在的 Y（或星形结构）的那一个分支与另一个分支（到底是哪一个分支并不重要）放到一起来考虑是很有用的。我们称这两个分支构成了经济的**基线**（baseline）。下面我们将沿着这条线计算各点的市场潜力的大小。设城市最初位于这条线的原点上，在图 12—1 中，现有的城市就位于 0 点。

图 12—1 用来刻画拥有三个分支的经济。也就是说，经济由一条基线外加一个分支组成。当然，我们也能不费吹灰之力就描绘出一个拥有一条基线外加 k 个分支的星形经济。当 $k=0$ 时，我们就会得到第 8 章所述的线性区位空间。当 $k=1$ 时，我们得到的则是图 12—1 中的 Y 形区位空间。我们将利用位于 O 点的城市作为原点以测度所有分支上的区位；因此，对所有的分支（以及该城市和交叉点之间的那一段分支）而言，其区位坐标也就是到该城市的距离。

除了引入一个分岔的区位空间外，这一单中心的世界与第 8 章所讨论的完全一致。因此，我们不需要花费太多的时间来描述它，而只需要考虑一些微小的差异就行了。

当人口足够小时，农业仅仅出现在现有的城市附近。此时，模型与第 8 章相差无几。然而，随着人口的增长，农业地区的边缘地带开始远离城市。由于可耕种的土地的吸引力仅仅取决于它距离城市的远近程度，而不是其所在的方向，所以农业向所有的分支扩展。特别是，一旦边缘距离 f 超过分岔点 b 离原点的距离，农业地区就向每个非基线分支（nonbaseline branch）延伸了 $f-b$。为了方便起见，让我们引进一个新的变量 δ。并假设：

$$\delta=\begin{cases}0, & f\leqslant b\\ 1, & f>b\end{cases} \tag{12.1}$$

基线上的耕作区永远等于 $2f$，非基线分支上的耕作区为 $\delta k(f-b)$，因此，总的耕作区就等于 $2f+\delta k(f-b)$。除了这一变化外，我们的单中心经济体均衡条件与第 8 章相同。简单地讲，在第 8 章中，f 是 N 的增函数。而且，当 N 趋近于无穷大时，f 也会趋近于无穷大；和以前一样，单中心经济中所有的变量都可以表示为 f 的函数。

当我们转而研究隐含的市场潜力函数时，因为分岔的缘故就产生了差别。以前，我们将市场潜力函数定义为一种比率的变形，这里的比率是指在零利润条件下制造业厂商所能支付的工资与农业工资的比率，即：

$$\begin{aligned}\Omega(r)&\equiv\frac{[\omega^M(r)]^\sigma}{[\omega^A(r)]^\sigma}=\frac{[w^M(r)]^\sigma}{[w^A(r)]^\sigma}\\&=[w^M(r)]^\sigma e^{\sigma[(1-\mu)\tau^A-\mu\tau^M]|r|}\end{aligned} \tag{12.2}$$

然而，现在工资方程变为：

$$[w^M(r)]^\sigma = L^M w(0)e^{-(\sigma-1)\tau^M|r|}G(0)^{\sigma-1} + \int_{-f}^{f} p^A(s)e^{-(\sigma-1)\tau^M|r-s|}G(s)^{\sigma-1}\mathrm{d}s + \delta k\int_b^f p^A(s)e^{-(\sigma-1)\tau^M d(r,s)}G(s)^{\sigma-1}\mathrm{d}s \tag{12.3}$$

其中 $d(r,s)$ 表示制造业厂商与不在基线上的农民之间的距离，它由下式给定：

$$d(r,s)=\begin{cases} s-r & r\leqslant b \\ (r-b)+(s-b) & r>b \end{cases} \tag{12.4}$$

与第 8 章［参见方程（8.14）］的关键区别就在于（12.3）式的第三项，它代表的是不在基线上的农民所提供的市场对零利润条件下工资率的影响。需要引起重视的是，当制造业厂商离开城市接近交叉点时，它与不在基线上的农民的距离会平稳地下降；但是，一旦越过交叉点，则其与不在基线上的农民的距离就会呈现上升态势。于是，市场潜力曲线就是在这一点取得极值的。

要完整地写出市场潜力的表达式，我们还需要调用单中心均衡中的价格指数和农产品价格的表达式［分别是方程（8.4）和方程（8.1)］。将它们代入工资方程并重新整理，就得到：

$$[w^M(r)]^\sigma = \mu e^{-(\sigma-1)\tau^M|r|} + \left(\frac{\mu p^A}{L^M}\right)\left[2\int_o^f e^{-\tau^A s}e^{(\sigma-1)\tau^M[s-|r-s|]}\mathrm{d}s + \delta k\int_b^f e^{-\tau^A s}e^{(\sigma-1)\tau^M[s-d(r,s)]}\mathrm{d}s\right] \tag{12.5}$$

我们定义：

$$A(f)\equiv 2\int_0^f e^{-\tau^A s}\mathrm{d}s + \delta k\int_b^f e^{-\tau^A s}\mathrm{d}s \tag{12.6}$$

它代表提供给城市的农产品。然后，由于农产品的市场出清条件［类似于方程（8.5)］隐含着方程 $\mu p^A/L^M=(1-\mu)/A(f)$，所以我们可以将（12.5）式改写为：

$$[w^M(r)]^\sigma = \mu e^{-(\sigma-1)\tau^M|r|} + \frac{1-\mu}{A(f)}\left[2\int_0^f e^{-\tau^A s}e^{(\sigma-1)\tau^M[s-|r-s|]}\mathrm{d}s + \delta k\int_b^f e^{-\tau^A s}e^{(\sigma-1)\tau^M[s-d(r,s)]}\mathrm{d}s\right] \tag{12.7}$$

于是，将上式代入（12.2）式，就可以推导出每个区位的市场潜力函数：

$$\Omega(r)=e^{\sigma[(1-\mu)\tau^A-\mu\tau^M]|r|}\left\{\mu e^{-(\sigma-1)\tau^M|r|}+\frac{1-\mu}{A(f)}\right.$$
$$\times\left(2\int_0^f e^{-\tau^A s}e^{(\sigma-1)\tau^M(s-|r-s|)}\,\mathrm{d}s\right.$$
$$\left.\left.+\delta k\int_b^f e^{-\tau^A s}e^{(\sigma-1)\tau^M[s-d(r,s)]}\,\mathrm{d}s\right)\right\} \tag{12.8}$$

只有当市场潜力曲线上所有点的值都小于 1 时，单中心的地理模式才可能维持下去。

交通枢纽对市场潜力函数的影响

我们将市场潜力函数分为两部分，也就是以交叉点为界分为左右两段，这对分析很有帮助：

$$\Omega(r)=\begin{cases}\Omega_1(r), & r\leqslant b\\ \Omega_2(r), & r\geqslant b\end{cases} \tag{12.9}$$

如果我们用推导（8.24）式的方法来计算（12.8）式的每个积分表达式，那么就会发现，对于 $0\leqslant r\leqslant b$，有：[2]

$$\Omega_1(r)=e^{\sigma[(1-\mu)\tau^A-\mu\tau^M]r}\left\{\left[\frac{1+\mu}{2}-\frac{(1-\mu)\phi(f)}{2}\right]e^{-(\sigma-1)\tau^M r}\right.$$
$$\left.+\psi(r,f)\left(\frac{1-\mu}{2}\right)e^{(\sigma-1)\tau^M r}\right\} \tag{12.10}$$

而对于 $r\geqslant b$，有：

$$\Omega_2(r)=e^{\sigma[(1-\mu)\tau^A-\mu\tau^M]r}\times\left\{\left(\frac{1+\mu}{2}-\frac{(1-\mu)\phi(f)}{2}\right)e^{-(\sigma-1)\tau^M r}\right.$$
$$+\psi(r,f)\left(\frac{1-\mu}{2}\right)\times e^{(\sigma-1)\tau^M r}$$
$$\left.-(1-\mu)\phi(f)e^{(\sigma-1)\tau^M r}\left[1-e^{-2(\sigma-1)\tau^M(r-b)}\right]\right\} \tag{12.11}$$

其中：

$$\phi(f)\equiv\delta k\int_b^f e^{-\tau^A s}\,\mathrm{d}s\Big/A(f) \tag{12.12}$$

$$\psi(r,f)\equiv 1+\phi(f)-2\int_0^r e^{-\tau^A s}[1-e^{-2(\sigma-1)\tau^M(r-s)}]\mathrm{d}s/A(f) \tag{12.13}$$

这里的 $\phi(f)$ 表示非基线分支上的农民提供给城市的农产品在所有农产品供给中所占的份额。

当 $f<b$ 时，我们有 $\delta=0$，进而 $\phi(f)=0$；于是上述的市场潜力函数与（8.24）式相同。这与我们所预计的情况一致。当 $f>b$ 时，$\phi(f)$ 随着 f 的增加而增加，这会使得上述的市场潜力函数与本书第 8 章中的市场潜力函数的差别越来越大。

如图 12—2 所示的是在 $f>b$ 的情况下的几条市场潜力曲线。画该图时所使用的基本参数与图 8—4 相同，只是另加了两个地理参数 $k=2$ 和 $b=0.5$（这也意味着两个流域在距离城市 0.5 的地方分岔，从而脱离了基线）。与我们在图 8—4 中所看到的情况相对比就会发现，现在市场潜力曲线在 b 点有很明显的极值点。可以通过在 $r=b$ 处分别对 $\Omega_1(r)$ 和 $\Omega_2(r)$ 求导来看这一极值点出现的突然性，我们发现：

$$\begin{aligned}&\Omega_1'(b)-\Omega_2'(b)\\&=\phi(f)2(1-\mu)(\sigma-1)\tau^M e^{(\sigma-1)\tau^M b}e^{\sigma[(1-\mu)\tau^A-\mu\tau^M]b}>0\end{aligned} \tag{12.14}$$

所以，市场潜力曲线的导函数在分岔点不连续。因为 $\phi(f)$ 随着 f 的增加而增加，所以当农业地区远远扩展至 b 点以外的区域时，这一效应得到了加强。还要注意到，$\phi(f)$ 也随着 k 的增加而增加。因而，分支越多，分岔点就越具有吸引力。

回顾第 8 章描述单中心经济体的图 8—4，随着 f 的增加，除了 $r=0$ 这一点以外，市场潜力曲线会整体上移。但在目前的背景下，情况有

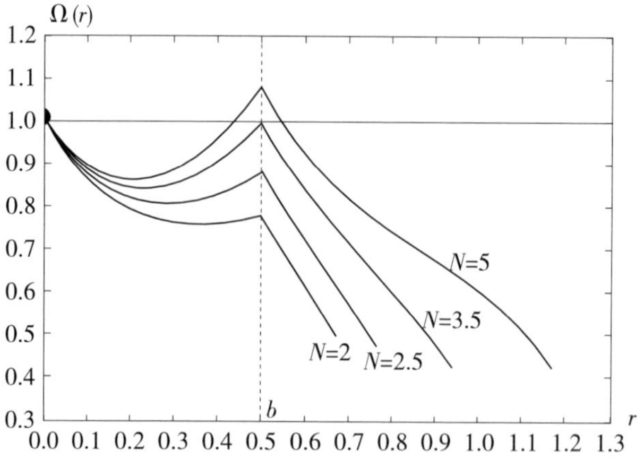

图 12—2　枢纽效应下的市场潜力曲线

点复杂。随着 f 的增加，城市右方小于 $2b$ 的区位会越来越具有吸引力。然而，与原来的城市相比，与城市的距离超过 $2b$ 的区位就更不容易进入不在基线上的分支之中。所以，随着这些分支上的人口的增加，它们实际上会失去其市场潜力。[3]除了这一技术上的细节，N 的增加对市场潜力曲线的影响就跟第 8 章所描述的一样：如图 12—2 所示，我们可以认为市场潜力曲线会随着 N 的增加而自动上移。

图 12—2 给了我们一些灵感：由于市场潜力曲线有很明显的极值点，所以当人口达到临界水平（在这一水平上新城市会出现）时，新城市确实很可能正好出现在分岔点 b（很可能但也不能肯定）。最后，让我们总结一下这一模型中可能出现的空间演化模式来结束本章。

空间演化的模式

考虑经济体可能的空间扩张，我们将经济的参数设为常数，假定只有一个变量：分岔点 b 的区位。那么经济体的空间演化将按照图 12—3 所示的三种基本模式中的一种模式进行。[4]

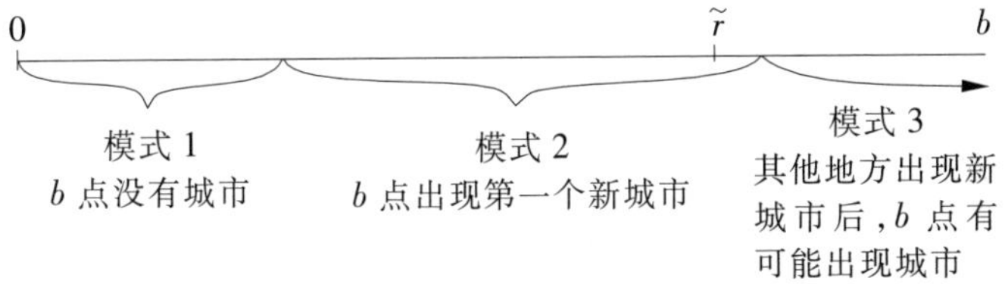

图 12—3　空间演化的可能模式

首先，假定 b 与 $\tilde{r}$ 相比小得多。其中，$\tilde{r}$ 是从第 8 章的非分岔模型中借用过来的临界距离（如图 8—4 所示）。然后，随着 N 的增加，就出现了第一种空间演化模式：交叉点永远不会发展为一个城市；相反，第一个新城市（或者说几个城市）会在 b 点以外的某个地方出现。交叉点之所以永远不会发展为一个城市，是因为它距离现有的城市太近了，因此始终处在现有城市的集聚阴影之下。图 12—4(a) 描述了与模式 1 相关的临界市场潜力曲线，它在与现有城市的距离为 r_1 的地方刚好达到 1。在这一点，由于市场潜力曲线在 $k+1$ 个新地区同时达到 1，所以有多达 $k+1$ 个新城市将通过突变分岔而出现。尽管很难精确地确定在这一时刻究竟会有多少新城市出现，但有一点可以肯定，随着 N 的增加，每一个分支上都会出现很多城市。但是位于 O 点的城市，在其直至交叉点的附近区域仍继续保持优势地位：虽然现有的城市实际上并不是正好位于 b 点，却有效地阻止了竞争者在那里出现。因此，借助该交叉点通往其他分支的门户作用，现有城市将成长为主要城市。

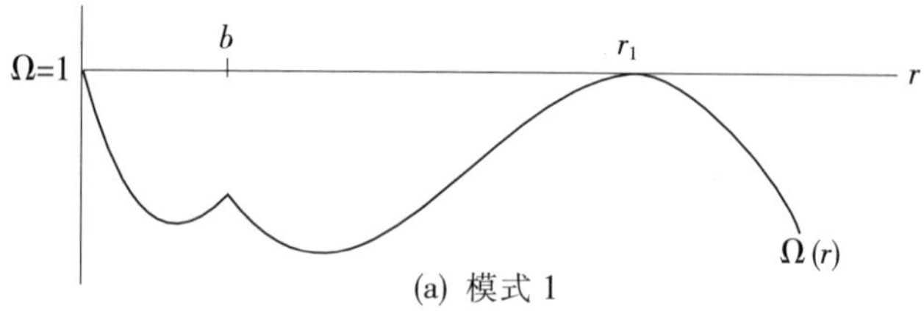

(a) 模式 1

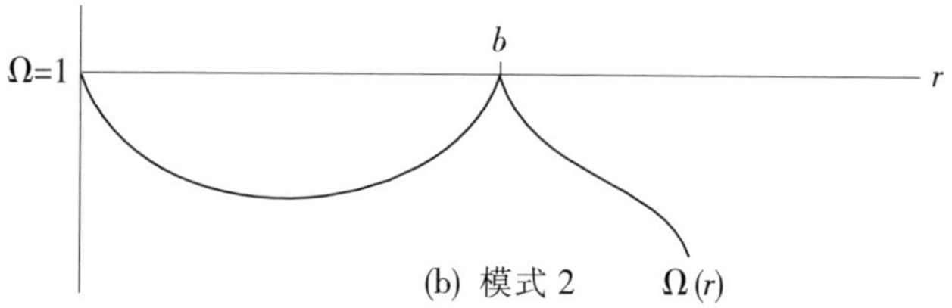

(b) 模式 2

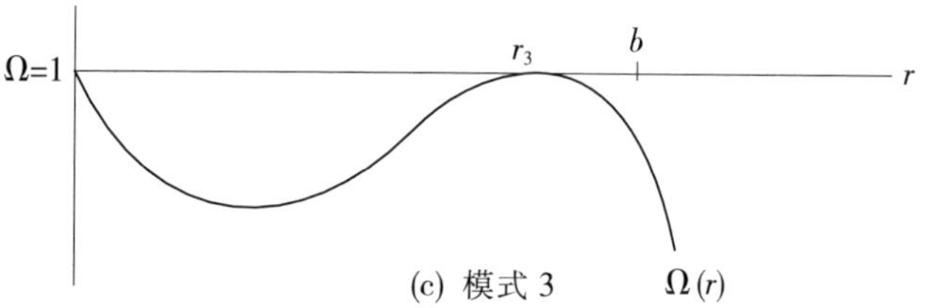

(c) 模式 3

图 12—4　与每种模式相对应的临界市场潜力曲线

其次，如果 b 既不是很大也不是很小，那么就会出现模式 2［如图 12—4(b) 所示的情况］，新城市恰好在分岔点出现。在这个两城市经济中，位于分岔点的新城市总是比位于 O 点的原来的城市规模大。当新城市出现时，原有的城市也许会完全消失。实际上，经济体仍然只有一个中心，只是它不再固守在不适当的区位而已。[5]

最后，假设分岔点距离现有城市非常远，于是就产生了模式 3。图 12—4(c) 说明，第一个新城市会出现在分岔点的左侧，此后，新城市扮演了位于 O 点的现有城市的角色，基本的分析开始重复出现。

有一点很重要，正如前面所提到的那样，基线上一般的点只有在特殊条件下才能成为新城市的所在地。的确，只有在现有城市正好位于恰当的位置时才可能发生。反之，总是存在一系列的条件可以使分岔点出现新的城市。实际上，引入分岔后所形成的明显的极值点，使得人们试图让经济体在那里建立一个城市以辐射所有的方向。在这种意义上，我们可以说，尽管不能肯定，但是分岔点确实是一个很有可能发展成为城市的地方。

结　论

当本书的作者之一向他的一个不是经济学家的朋友提到，我们已经成功地阐明了港口和其他交通枢纽为什么会发展为城市时，朋友的反应充满了疑惑："我们难道不知道这些吗?"当然，我们确实知道，但是从来没有对其模式化。在本章中我们已经看到，在将城市出现在平淡无奇的平原上这一现象模式化时，所用到的分析框架采用了一些严格的假设，现在，在一些更加贴近现实的假设条件下，我们也可用这一分析框架来研究交通枢纽如何改变了空间演化模式。

正如我们所看到的那样，这里有一个重要的启示：一个枢纽在城市区位中所起的主要作用就是催化作用。枢纽可以源源不断地为城市带来利益，但是它最重要的贡献就是在经济增长使新城市的出现成为必然的关键时刻，使城市所在区位相对于其他地方处于优势地位。我们的理论也可以巧妙地破解世界大城市之谜：虽然那些大城市几乎都是（或者曾经是）主要的港口，但是很多城市早已不再作为主要的港口城市而存在。换句话说，我们的模型可以很好地解释这么一个好像是悖论的事实：伊利运河（Erie Canal）导致了纽约的兴起，现在却只是一个旅游胜地。

[注释]

[1] 也就是说，可以认为图 12—1 表示的是，由水平线所表示的"旧世界"与通过港口进行无成本的运输的"新世界"（由倾斜的射线表示）相互连接在一起情况。如果想研究在港口间运输成本为正这一更现实的背景下港口的枢纽效应，请参阅藤田和莫里（1996）的论述。

[2] 当 $f \leqslant b$ 时，我们有 $\phi(f)=0$。继而，对于所有的 r 都有 $\Omega(-r)=\Omega(r)$；也就是说，Ω 是关于 $r=0$ 对称的。当 $f>b$ 时，对于所有的 $r>0$，我们有 $\Omega(-r)<\Omega(r)$。所以，当我们研究新城市［在 Ω

$(r)=1$时出现］的形成时，关注 $r\geqslant 0$ 可以获得全面的结论。

［3］回想一下，城市所在地的市场潜力被标准化为 $\Omega(0)\equiv 1$。因此，任何地区的市场潜力总是相对于城市的区位而言的。

［4］以下讨论的基础是以第 8 章的注释 7 给定的技术/偏好参数进行模拟所得到的结果。

［5］在图 8—4 给出的参数背景下所进行的数值模拟显示，如果 $k\geqslant 2$，那么只要新城市在分岔点出现，则原来的城市会消失。

第Ⅳ篇

国际贸易

第13章　国际专业化

60 多年前，俄林（Bertil Ohlin）完成了他在国际贸易理论方面的开山之作《区际贸易与国际贸易》(*Interregional and International Trade*）并且宣称，国际贸易理论只不过是国际区位理论。然而事实上，在过去的 170 年里，这两个学科分支几乎没有什么联系。因此，我们现在的任务之一就是要填补这个缺口；本书的这一部分将要说明，我们在区域和城市的研究中所采用的同样的基本方法，亦能为国际专业化和国际贸易的研究提供重要的启示。

但是，从经济学的角度来讲，国家是什么？当我们在地理空间中移动时，跨越国界又有什么特别之处呢？事实上，国界就是一个地点，是政治权限发生变化的地点。不过，我们的模型尚未涉及政府，因此在这里也就不介绍政府了。

有人可能会反驳说，事实上应该把国界与实际存在的商品流动壁垒联系起来，不仅指关税与进口配额之类的有形壁垒，还包括由于语言差异、标准不一致以及出入境不便等产生的无形壁垒。来自美加贸易的证据表明，即使是最无关紧要的边界也能够产生巨大的影响（McCallum，1995；Helliwell，1997)：平均起来，加拿大各省之间的出口量大约是加拿大对同样距离的美国各州的出口量的 20 倍；而来自城市物价变动的证据表明，国界阻碍了套利行为的发生，阻碍的程度相当于1 700英里的空间距离所带来的影响（Engel and Rogers，1966)。

尽管以上对贸易的限制都是国界惹的祸，但是它们并不是什么新鲜问题，本质上与我们在本书第Ⅱ篇和第Ⅲ篇中所讨论的问题是相同的。因此，我们不去试图把边界对商品流动的“空间几何”（geometry）影响模型化。

相反，我们将集中注意力研究通常与国界有关的另外一种壁垒——人口流动壁垒。如今，尽管发达国家对商品贸易的限制通常很少，但它们无一例外地严格限制移民；而且有证据表明，即使是在那些移民政策相对宽松的地方以及不存在语言障碍的地方，国际间的人口流动也远远小于国家内部的人口流动。赫利韦尔（1997，p.20）写道："对于加拿大某省的每一个出生在美国的居民来说，你能够碰到多少出生在加拿大的与该省规模、距离以及人均收入都相似的其他省份（魁北克除外）的居民？目前的答案看来是将近100"。结果是国家间的工资率以及人均收入的差异要远远大于国家内部：虽然欧盟与美国的人口规模相近，而且在地理位置上比美国更紧凑，但是欧盟各国人均收入的差异却是美国各州的两倍。

简言之，国界是与劳动力流动壁垒联系在一起的，我们把它看成是国家的特征。也就是说，在本章及接下来的几章里，我们先假设劳动力是随时间流动的，流动的结果是使各地区的实际工资均等化；在另一个极端，我们假设劳动力在国家之间是不可流动的。

当然，如果劳动力是不可流动的，那么我们就不能从一般意义上理解集聚了；前几章所描述的地理集中的累积过程发生作用的方式也要改变了。然而，国际专业化过程与典型的集聚过程非常相似，它是从既作为生产者又作为中间品消费者的制造业双重角色中产生的。拥有较大制造业部门的地区提供的中间产品的种类通常也较多，这就降低了最终产品的生产成本，产生了所谓的前向关联。相反，较大的制造业最终产品部门能够为中间产品提供广阔的地方性市场，这就是后向关联。在特定的国家，这些关联效应并不能导致人口的集中，但是可以产生一种专业化过程，使制造业或特定产业集中到有限的几个国家。

本章我们将介绍一个两国模型。在这个模型中，中间产品的作用相当于第4章介绍的两地区模型中劳动力流动的作用。在"与中间产品有关的模型"之后，我们在"均衡结构"一节转而考察由前一部分模型产生的产业专业化模式。"集聚与国际不平等"一节介绍了模型的几点启示，有利于我们把握全球经济一体化对实际收入的影响；在"农业收益递减"一节中，我们将模型一般化，它在某种程度上可以更好地解释贸易成本与国际不平等之间的关系。

与中间产品有关的模型

当经济学家谈到中间产品的时候，他们通常考虑的是许多通过投入产出矩阵联系在一起的产业部门。一些部门相对来说位于上游，生产中间产品；其他部门位于下游，大部分产出用于最终消费。虽然生产的投入产出结构至关重要（将会在后面几章讨论），但是往往也使问题复杂化，而如果可能的话，这是我们尽量避免的。幸运的是，只要我们处于迪克西特-斯蒂格利茨模型所假定的环境中，即制造业部门是一个生产多种产品的单一部门，那么我们就可以利用一个小小的技巧来引入投入产出关联，而实际上并没有引入任何其他的产业。我们简单地假定：制造业将它自己（劳动除外）作为一种投入，也就是说，消费者所需的各种制成品同时也是生产各种产品所需的投入品。因此，同一产业既是下游，生产最终消费品，同时又是上游。

为了说明这个过程是如何进行的，我们来看每个制造业厂商的生产技术。到目前为止，我们一直都假定生产只投入一种要素，即劳动力，其在区域 r 的价格为 w_r。现在我们改变一下制造业生产函数，以便使投入要素包括劳动和中间产品。我们用相关价格指数间接地定义生产函数，而不是明确地写出来。[1]令区域 r 中间产品的价格为 G_r；然后再假设投入组合是劳动力与中间产品的柯布-道格拉斯函数，中间产品所占的份额为 α，因此投入价格为 $w_r^{1-\alpha}G_r^{\alpha}$。这个投入价格既适用于生产的固定成本，也适用于边际成本；与以前一样，我们选择合适的计量单位使得边际投入需求等于价格成本加成（$c=\rho$），从而保证厂商根据下式来定价：

$$p_r = w_r^{1-\alpha}G_r^{\alpha} \tag{13.1}$$

接下来，中间产品被假设为不变替代弹性函数；[2]这样，r 区域中间产品的价格指数 G_r 的形式为：

$$G_r = \left[\sum_s n_s(p_s T_{sr})^{1-\sigma}\right]^{1/(1-\sigma)} \tag{13.2}$$

其中，n_s 是区域 s 生产的各种产品的种类数，p_s 是离岸价，T_{sr} 是运输成本。上式与第 3 章［参见方程（3.15）］完全一样，它意味着同一个价格指数既适用于消费者偏好，也适用于厂商的生产技术。[3]换句话说，对消费者和厂商而言，各种制成品的替代弹性都是相同的。这个简化的假定对我们的结果并不重要，却可以使分析变得更容易处理。[4]

这种生产技术意味着厂商把各种制成品作为中间产品投入生产，所以可以因这个地区拥有大量的制成品而获益。这就创造了一种前向关联：靠近大量的中间产品可以降低价格指数，从而降低使用这些中间产品的厂商的生产成本。此外，从当地获得的产品种类越多，成本就越低，因为节约了中间产品的运输成本。

下面来讨论销售问题。每个厂商的产出都有一部分作为最终消费品进入消费者市场，一部分作为中间产品进入企业市场。这样一来，在每个地区，制成品的需求就有两个来源。定义区域 r 的制成品支出 E_r 为：

$$E_r=\mu Y_r+\alpha n_r p_r q^* \tag{13.3}$$

方程右边第一项是来自消费者的需求，和前面一样，μ 是消费支出中工业制成品的份额，Y 是收入。第二项是厂商对中间产品的需求。假设厂商零利润均衡时的销售量为 q^*，区域 r 厂商的总成本就等于总产值 $n_r p_r q^*$。总成本的 α 部分由中间产品的支出构成，这是厂商之间后向关联的源泉。区域 r 的厂商数目越多，对中间产品的需求就越大，在其他条件相同的情况下，制成品的总支出也就越大。

我们现在设想世界上只有两个国家，每个国家劳动力的总供给都为1。在各个国家内部，劳动力可以在农业和制造业部门之间自由流动。r 国制造业部门中劳动力的份额为 λ_r，r 国制造业的总产值为 $n_r p_r q^*$，因此制造业的工资支出就是总产值的 $1-\alpha$：

$$w_r\lambda_r=(1-\alpha)n_r p_r q^* \tag{13.4}$$

选择计量单位使得 $q^*=1/(1-\alpha)$，因此：

$$n_r=\frac{w_r}{p_r}\lambda_r \tag{13.5}$$

和前几章一样，我们希望把注意力放在各部门之间劳动力的分配 λ（而不是厂商的数目）和工资（而不是价格）方面。把（13.5）式和（13.1）式代入（13.2）式的价格指数，得到每个国家的价格指数：

$$G_1^{1-\sigma}=\lambda_1 w_1^{1-\sigma(1-\alpha)}G_1^{-\alpha\sigma}+\lambda_2 w_2^{1-\sigma(1-\alpha)}G_2^{-\alpha\sigma}T^{1-\sigma} \tag{13.6}$$

$$G_2^{1-\sigma}=\lambda_1 w_1^{1-\sigma(1-\alpha)}G_1^{-\alpha\sigma}T^{1-\sigma}+\lambda_2 w_2^{1-\sigma(1-\alpha)}G_2^{-\alpha\sigma} \tag{13.7}$$

以上表达式与前面几章的类似表达式很像［比如，方程（4.9）和方程（4.10）]，但是这里的价格指数不仅取决于各地区的工资，还取决于价格指数本身，因为价格指数与边际成本以及厂商定价有关。

当厂商的定价使销售量为 $1/(1-\alpha)$ 单位时，利润为零。同前面一样，这就决定了零利润条件下的制造业工资。工资方程如下所示：

$$\frac{(w_1^{1-\alpha}G_1^{\alpha})^{\sigma}}{1-\alpha}=E_1G_1^{\sigma-1}+E_2G_2^{\sigma-1}T^{1-\sigma} \tag{13.8}$$

$$\frac{(w_2^{1-\alpha}G_2^{\alpha})^{\sigma}}{1-\alpha}=E_1G_1^{\sigma-1}T^{1-\sigma}+E_2G_2^{\sigma-1} \tag{13.9}$$

和价格方程一样，这两个表达式又似曾相识［比如，方程（4.11）和方程（4.12）]，当然也存在几点不同：(1) 每个地区制造业的支出如今是由 E_1 和 E_2 决定的（而不是 μY_1 和 μY_2）；(2) 我们对厂商规模 $1/(1-\alpha)$ 的选择，可以解释方程左边的分母一项；(3) 方程左边的分子决定了零利润厂商的定价，如今它既取决于每个地区的工资率，又取决于价格指数。

我们已经知道，支出来自消费者（收入的 μ 部分）和厂商对中间产品的需求（产出的 α 部分）。把（13.4）式代入（13.3）式就可得到：

$$E_1=\mu Y_1+\frac{\alpha w_1\lambda_1}{1-\alpha},\ E_2=\mu Y_2+\frac{\alpha w_2\lambda_2}{1-\alpha} \tag{13.10}$$

农业和制造业部门都能产生收入。我们把农产品看成是可自由交易的，并作为计价标准，不过现在我们要考虑一个更一般化的农业生产函数。根据生产函数 $A(1-\lambda_r)$ 的凹性及递增性，我们知道农业产出取决于农业部门雇用的劳动力数量 $1-\lambda$。因此，每个国家的收入为：

$$Y_1=w_1\lambda_1+A(1-\lambda_1),\quad Y_2=w_2\lambda_2+A(1-\lambda_2) \tag{13.11}$$

农业工资等于劳动的边际产出 $A'(1-\lambda_r)$，我们把两个部门的工资差距记为 v_r：

$$\begin{aligned} &v_1\equiv w_1-A'(1-\lambda_1);\\ &v_2\equiv w_2-A'(1-\lambda_2) \end{aligned} \tag{13.12}$$

给定每个国家制造业部门的劳动力份额 λ_1 与 λ_2，方程(13.6)～方程（13.12）描述了短期均衡的特征，并且给出了每个国家的工资水平以及农业和制造业部门的工资差距。现在我们假设一个简单的动态调整过程：在各个国家内部，如果 v_r 是正的，那么劳动力从农业部门流向制造业部门；反之亦然。长期均衡在两种情况下达到：要么两个国家的 v_r 都等于 0，要么在角点处，两个部门中的其中一个萎缩为 0。因此，长期均衡时，制造业工资方程满足：

$$
\begin{aligned}
&w_r = A'(1-\lambda_r),\ \lambda_r \in (0,1)\\
&w_r \geqslant A'(1-\lambda_r),\ \lambda_r = 1\\
&w_r \leqslant A'(1-\lambda_r),\ \lambda_r = 0
\end{aligned}
\tag{13.13}
$$

简言之，如果经济中存在两个部门，那么工资就会均等化；如果经济体中的农业部门萎缩为 0，那么制造业部门的工资可能大于农业部门的边际产出；如果制造业部门萎缩为 0，那么制造业部门的工资一定小于或等于农业部门的工资。

均衡结构

为了了解模型中影响产业定位的因素，我们考虑增加国家 1 制造业部门的劳动力数量 λ_1 所产生的效应。它是加大工资差距［即 $w_1 - A'(1-\lambda_1)$，此时，会引起 λ_1 的进一步增加］，还是减少工资差距呢？这里有四种因素在起作用。第一种因素是农业部门的劳动边际产出的响应。如果农业生产函数是严格向下凹的，那么减少农业雇佣工人会提高其边际产出，因而降低了劳动力进一步流向制造业部门的动力。其次是产品市场的竞争。λ_1 的增加意味着更多种类产品的供给，因而和往常一样降低了价格指数 G_1。这使得每个厂商的需求曲线向下移动，从而降低了制造业工资［该效应是通过方程（13.8）右边的价格指数项来反映的］。

不论是农业工资的响应，还是产品市场的竞争效应，都是稳定性因素，并不促进集聚。与它们起相反作用的因素是前向关联和后向关联。前向关联是在 λ_1 的增加引起 G_1 的下降从而降低中间产品成本的情况下发生的，它倾向于提高瞬时均衡工资（该效应体现在工资方程左边的 G_1 项中）。需求联系或者后向关联是在较高的 λ_1 提高国家 1 制造业支出［方程（13.10）中的 E_1］的情况下得到加强的，它使得厂商的需求曲线向上移动，往往会提高制造业的工资［参见方程（13.8）］。

这些因素之间的平衡就是本章的主题，不过我们将以一个简化的形式作为出发点。首先，我们通过以下两个假定来忽略农业工资效应：（1）农业生产函数是产出的线性函数，即 $A(1-\lambda_r)=(1-\lambda_r)$，这就意味着，农业工资是 1，从而只要经济中还存在农业劳动者，均衡的制造业工资就还是 1；（2）消费支出中的制成品份额 μ 不大于 1/2。也就是说，制成品的需求水平可以小到所有的制造业都位于一个国家，这样就可以保证，即使所有的制造业都集中在一个国家，该国还是会存在农业部门的。这两个假定共同确保两国的均衡工资都是 1。制造业能够以不变工资从农业吸收劳动力，从而使要素市场的竞争效应失效。

为了弄清楚均衡结构，我们首先进行模拟分析，结果如图 13—1～图 13—3 所示。横轴和纵轴代表每个国家制造业的劳动力份额 λ_1 和 λ_2。曲线 $w_1=1$ 是 λ_1 和 λ_2 的组合，在这条线上，国家 1 的制造业工资与农业工资相等（都是 1）。曲线右边的工资小于 1，左边的工资大于 1。前面我们曾经假定，制造业部门的劳动力是随着部门间工资差异而增加或减少的，即图中的水平箭头表示 λ_1 的发展变化。对国家 2 的 $w_2=1$ 来说也是一样，只不过垂直箭头表示 λ_2 的动态变化过程。

三张图分别对应高、中、低三种贸易成本水平下的均衡结构。

当贸易成本较高时（图 13—1），曲线 $w_1=1$ 相对陡峭，而 $w_2=1$ 相对平坦（考虑极端情况可以对此作出直觉上的解释：假设两个国家都自给自足，那么 $w_1=1$ 是垂直的，而 $w_2=1$ 则是水平的）。结果，当 $\lambda_1=\lambda_2=\mu$ 时，存在唯一的稳定均衡。制造业均匀分布在两个国家，这两个经济是对称的。

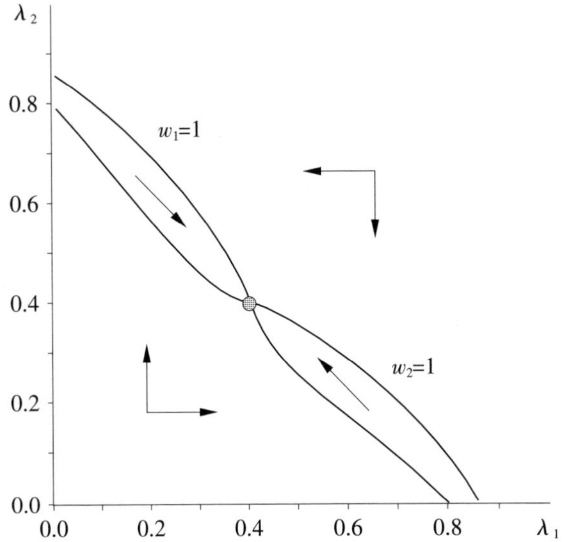

图 13—1　制造业就业和工资，$T=3$

贸易成本较低时，曲线 $w_1=1$ 变得平坦，而 $w_2=1$ 则变得陡峭。图 13—2 表明在这种情况下，两曲线相交且方向与图 13—1 相反，此时存在三个均衡。对称均衡现在变得不稳定，而所有制造业集中在国家 1 或国家 2 却是稳定的均衡。

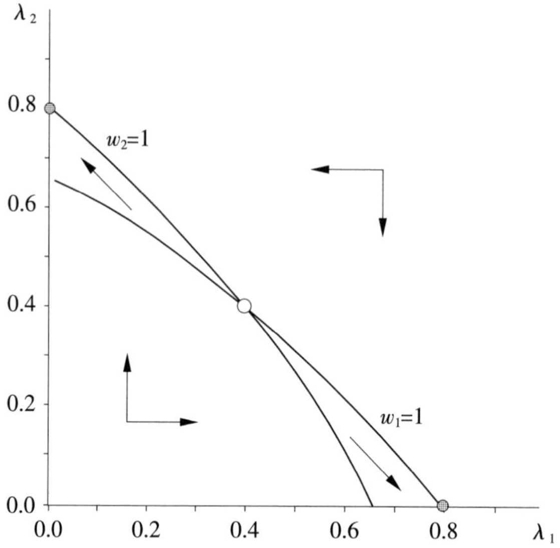

图 13—2　制造业就业和工资，T=1.5

贸易成本居中时，情况如图 13—3 所示，存在五个均衡。对称均衡以及制造业集中在任何一个国家的均衡都是稳定的。三个稳定均衡之间还有两个不稳定均衡。

上面的分析在第 4 章中似曾相识：同那里一样，我们发现当贸易成本足够低时，制造业的地理集中成为可能；贸易成本再低一点时，地理集中就不可避免了。因此，我们的分析任务就是找到图 13—2 与图 13—3 所示的集聚均衡得以存在的支撑点，以及使对称均衡变得不稳定的突变点。

为了找到支撑点，我们首先假定制造业都集中在国家 1，所以 $\lambda_2=0$。两个国家的工资都是 1，我们假定的农业规模报酬不变对两个国家都适用，所以两个国家的收入也都是 1。这就意味着$\lambda_1=2\mu$，即制造业工资支出 λ_1 等于提供给两国消费者的制成品价值 2μ。因此价格指数［见方程（13.6）和方程（13.7）］的取值为：

$$G_1=(2\mu)^{1/[1-\sigma(1-\alpha)]},\ G_2=G_1T \tag{13.14}$$

因为两国的收入都是 1，所以制造业的支出水平（13.10）下降为：

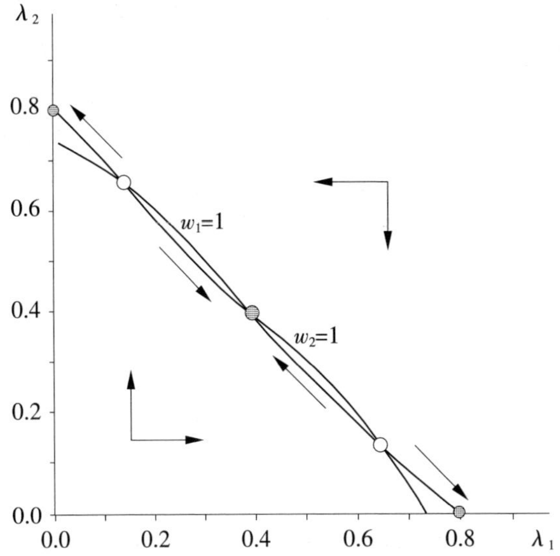

图 13—3　制造业就业和工资，T=2.15

$$E_1=\frac{\mu(1+\alpha)}{1-\alpha},\ E_2=\mu \tag{13.15}$$

把这些方程代入国家 2 的工资方程（13.9），我们就得到国家 2 的制造业工资：

$$w_2^{1-\alpha}=T^{-\alpha}\left[\frac{1+\alpha}{2}T^{1-\sigma}+\frac{1-\alpha}{2}T^{\sigma-1}\right]^{1/\sigma} \tag{13.16}$$

只要上式小于或等于农业工资 1，制造业在国家 1 的集中就是一个均衡，因为国家 2 的工人不会流向制造业部门。

令人吃惊的是，这个支撑条件的表达式和第 4 章是一样的，只是经济中流动要素的份额（第 4 章中用 μ 表示）如今被生产中所需的中间产品份额 α 所取代。$T^{-\alpha}$ 这一项代表前向关联，如果厂商在国家 2 建立工厂，那么它必须承担中间产品的运输成本 T，占产品成本的份额为 α。方括号里的这一项代表后向关联。国家 1 分担全世界制成品支出的 $(1+\alpha)/2$，权数是 $T^{1-\sigma}$；该权数表示国家 2 的厂商向国家 1 供应产品时，面临的运输成本方面的劣势。国家 2 分担全世界制成品支出的 $(1-\alpha)/2$，权数是 $T^{\sigma-1}$，表示国家 1 向国家 2 的市场供应产品时，面临的运输成本方面的劣势。

我们没有必要花费时间来研究方程（13.16）中关系的形态，因为它与第 4 章以及图 4—5 所描述的内容完全相同。假如 $(\sigma-1)/\sigma=\rho>$

α，则存在唯一的支撑值 $T>1$，低于这个值时，制造业在一个国家的集聚就是稳定的。不等式 $\rho>\alpha$ 实际上就是非黑洞条件的另一种形式。

现在我们来研究对称均衡被打破时的突变点。处于对称均衡时，每个国家制造业的工资都等于农业的劳动边际产出［见方程（13.13）］，而且如果增加制造业工人的数量使得制造业的工资低于农业工资，那么这个均衡就是稳定的；反之则不稳定。因此，我们必须考察下面的导函数：

$$\frac{dv_1}{d\lambda_1}=\frac{dw_1}{d\lambda_1}+A''(1-\lambda_1);$$
$$\frac{dv_2}{d\lambda_2}=\frac{dw_2}{d\lambda_2}+A''(1-\lambda_2) \tag{13.17}$$

我们在本节假定农业部门的投入要素只有劳动，其规模报酬不变，因此 A'' 等于零。为了考察 $dw_r/d\lambda_r$，必须对方程（13.6）～方程（13.11）定义的均衡求全微分。我们已经在前几章中看到，在对称均衡点附近进行计算可以大大简化问题。首先，我们轻而易举地可以计算出内生变量的对称均衡值，即：

$$\lambda=\mu,\ Y=1,\ w=1$$
$$G^{1-\sigma(1-\alpha)}=\mu[1+T^{1-\sigma}],\ E=\mu/(1-\alpha) \tag{13.18}$$

由于是对称均衡，所以可以忽略下标。其次，我们来看在对称均衡点附近发生微小变动时的情况：$d\lambda\equiv d\lambda_1=-d\lambda_2$ 导致每个地区同一变量发生大小相等、方向相反的变化，同样可以类推 $dG\equiv dG_1=-dG_2$、$dE\equiv dE_1=-dE_2$ 等引起的变化。

对价格指数（13.6）式或（13.7）式全微分，我们得到：

$$[(1-\sigma)G^{1-\sigma}+\mu\alpha\sigma(1-T^{1-\sigma})G^{-\alpha\sigma}]\frac{dG}{G}$$
$$=G^{-\alpha\sigma}(1-T^{1-\sigma})d\lambda+\mu G^{-\alpha\sigma}(1-T^{1-\sigma})[1-\sigma(1-\alpha)]dw \tag{13.19}$$

和前几章一样，引入参数 Z 可使问题简化：

$$Z\equiv\frac{1-T^{1-\sigma}}{(1+T^{1-\sigma})}=\frac{\mu(1-T^{1-\sigma})}{G_1^{1-\sigma(1-\alpha)}} \tag{13.20}$$

代入（13.19）式得到：

$$[1-\sigma+\alpha\sigma Z]\frac{dG}{G}=\frac{Z}{\mu}d\lambda+[1-\sigma(1-\alpha)]Zdw \tag{13.21}$$

对工资方程（13.8）或方程（13.9）全微分，并进行同样的替代，我们得到：

$$\sigma \mathrm{d}w+\left[\frac{\alpha\sigma-(\sigma-1)Z}{1-\alpha}\right]\frac{\mathrm{d}G}{G}=\frac{Z}{\mu}\mathrm{d}E \tag{13.22}$$

下面分析制成品支出。我们把（13.11）式定义的收入代入支出方程（13.10）可得：

$$E_1=\left[\mu+\frac{\alpha}{1-\alpha}\right]w_1\lambda_1+\mu A(1-\lambda_1);$$

$$E_2=\left[\mu+\frac{\alpha}{1-\alpha}\right]w_2\lambda_2+\mu A(1-\lambda_2) \tag{13.23}$$

对其进行微分，有：

$$\frac{\mathrm{d}E}{\mu}=\left[\mu+\frac{\alpha}{1-\alpha}\right]\mathrm{d}w+\frac{\alpha}{1-\alpha}\frac{\mathrm{d}\lambda}{\mu} \tag{13.24}$$

消去方程（13.21）、方程（13.22）和方程（13.24）里的 $\mathrm{d}E$ 和 $\mathrm{d}G$，我们推导出所需的 $\mathrm{d}w/\mathrm{d}\lambda$ 表达式：

$$\frac{\mathrm{d}w}{\mathrm{d}\lambda}=\frac{-Z}{\mu\Delta}\left[\frac{\alpha(1+\rho)-Z(\alpha^2+\rho)}{1-\rho}\right] \tag{13.25}$$

详细的推导过程以及 Δ 的表达式由本章附录 1 给出。

在农业收益不变的前提下，对称均衡是否稳定取决于 $\mathrm{d}w/\mathrm{d}\lambda$ 的符号。方程（13.25）中的分母 Δ 这一项在非黑洞条件（$\alpha<\rho$）成立时是负的。因而对称均衡的稳定性取决于（13.25）式的分子，其形式与第 4 章对称被打破时的类似方程（4.27）如出一辙。和第 4 章一样，我们可以利用 Z 的定义把对称被打破的点清楚地表示出来：

$$T^{\rho/(1-\rho)}=\frac{(\rho+\alpha)(1+\alpha)}{(\rho-\alpha)(1-\alpha)} \tag{13.26}$$

综合支撑条件与突变条件，我们现在对均衡结构有了一定的了解。运输成本较高时，每个国家必须发展制造业以满足当地需求，因而对称均衡是唯一的。当运输成本较低时，前向关联和后向关联起主导作用，所以制造业集聚在一个国家。运输成本处于某一中间范围时（位于支撑值与突变值之间），此时有三个稳定均衡。我们可以借用第 4 章（见图 4—4）的叉形图来进行分析，只不过要做一个小小的改变，即纵轴现在表示的是每个国家制造业雇佣工人的份额（λ_1 或 λ_2）。

集聚与国际不平等

在上一节，我们通过两个假设（$A'=1$ 和 $\mu<1/2$）来保证国家之间的工资水平相同，即使当只有一个国家的制造业对劳动力有需求而另外一个国家没有需求时，也是如此。不过，在更一般的情况下，人们可能认为制造业雇佣工人的增加会使工资率提高。这对我们的分析有什么影响呢？我们分两个阶段来解决这个问题：（1）我们仍然沿用前面的假设，保证农业的劳动边际产出不变，但是令$\mu>1/2$；（2）我们假设农业的劳动边际产出随着劳动力的减少而稳步上升。

如果制造业产品支出超过收入的一半，那么当两个国家的工资相等时，所有的制造业就不可能只集中在其中的一个国家。如果世界经济的发展使得制造业集中起来，那么最初制造业集中的那个国家的工资就会上升。由于存在工资差异，某些制造业活动可能会继续在另外一个国家进行。

为了更系统地分析这个问题，我们首先考虑一下对称均衡及均衡被打破的点。分析过程与上一节完全相同。我们继续假定 $A'(1-\lambda_r)=1$ 和$A''(1-\lambda_r)=0$，因此在对称均衡点附近工资等于 1，而且前面的分析方法同样适用。方程（13.26）给出了均衡被打破的点。

现在考虑国家 1 制造业集中的稳定性。这里我们对“集中”（concentration）一词的理解要非常谨慎。**两个**国家**都**可实行专业化，国家 1 从事制造业，国家 2 从事农业。然而，对于较大的 μ 来说，在更常见的情景中，虽然一个国家专业化生产制成品，但在另外一个国家也可以存在较小规模（较低工资）的制造业部门。现在我们只考虑由方程（13.6）～方程（13.11）决定的对称均衡这种情况；只不过我们在这里放松了假设，令 $\lambda_1=1$ 和$\lambda_2<1$［根据方程（13.13）可知$w_2=1$］。当国家 1 的工资小于 1 时，这种情况就不是一个均衡，所以劳动力将流向农业部门。也就是说，在支撑点上，如果给定 $\lambda_1=1$ 和 $w_2=1$，我们就有 $w_1=1$，所以在这个点之外，国家 1 不再专门从事制造业。这个支撑点没有简单的解析表达式，因此我们通过数值示例来说明均衡结构。[5]

图 13—4 描绘了 λ_1 与 λ_2 的均衡值，这里我们把 λ_1 与 λ_2 看成是贸易成本水平的函数。实线表示稳定均衡，虚线表示不稳定均衡。当 T 较大时，对称均衡唯一且稳定。当 T 降到 $T(S)$ 水平以下时，专业化从事制造业生产的国家（假设是国家 1）还是维持现状，继续从事制造

业生产。当降到 $T(B)$ 时，对称均衡开始变得不稳定。支撑点和突变点的布局是我们根据定性分析得出的，结果与本章“均衡结构”一节中一样。但是制造业在消费支出中的份额较高时，这就意味着虽然国家 1 专门从事制造业生产，国家 2 仍然可以生产某些制成品，该结论由图中 λ_2 大于零的水平来说明。

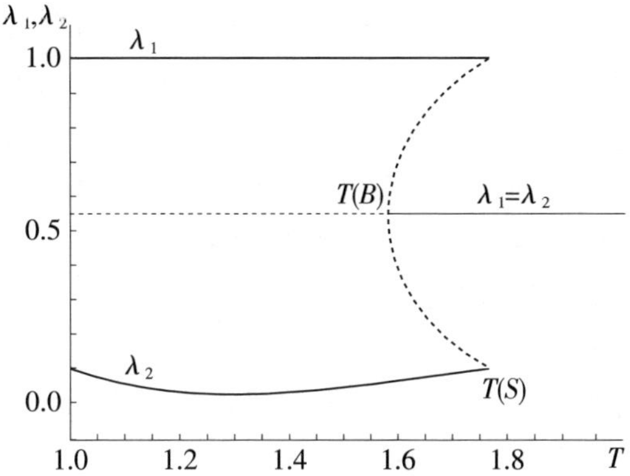

图 13—4　叉形图

图 13—5 给出了与图 13—4 相对应的稳定均衡情况下的实际工资：$\omega_1 = w_1 G_1^{(\mu-1)}$ 和 $\omega_2 = w_2 G_2^{(\mu-1)}$。我们发现，制造业在国家 1 的集聚导致其实际工资向上不连续地跳跃，国家 2 则刚好相反。引起这种变化的原因有两个：（1）制造业对劳动力的需求提高了用农产品来衡量的国家 1 的实际工资；（2）拥有制造业的国家由于不用支付进口制成品的运输成本，因而生活费用指数较低。这种效应增加了国家 1 的收益，还降低了国家 2 的实际工资。两个国家之间工资差距的规模在贸易成本的某个区间内可能会继续扩大，不过，它最终会随着运输成本而下降。在极端情况下，当所有成本接近零时，要素价格达到均等化。

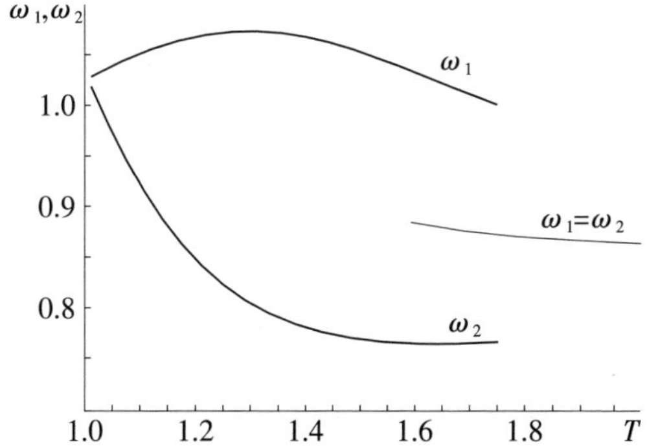

图 13—5　实际工资

如图 13—4 与图 13—5 所示的均衡结构使我们想起了在另外一个地方（Krugman and Venables，1995）提到的一个故事，我们称之为“世界的历史第一篇”。在这个故事里，我们把国家 1 称作北部，把国家 2 称作南部，并且想象运输成本在长期中不断降低的情景（起初是小吨位轻快帆船，然后是汽船和铁路，再后来是空运……）。最初，两个国家的情况完全相同，接着一个非均衡的发展过程导致劳动力在国际间自然而然的重新分配。北部立刻从中获益，而南部由于限制工业化，一开始就遭受损失。世界经济必然发展成为中心—外围结构：制造业集中在北部；南部因缺少足够的前向关联和后向关联而工资过低，不足以吸引制造业。不过，运输成本的进一步下降最终会使世界进入全球化阶段。随着运输成本的降低，接近消费者和供应商的好处在不断减少，因此南部和北部之间可以维持的工资差距缩小了；当完全不存在贸易成本时，要素价格达到了均等化。在整个全球化阶段，北部的实际收入和相对收入可能都降低了，如图 13—5 所示。

图 13—4 与图 13—5 中根据定性分析得出的对称均衡结构很常见。北部实际收入的不连续增长以及南部实际收入的不连续下降也很常见，其中后者是在专业化发生的那一点开始的。图 13—6 与图 13—7 定性地说明了实际收入与参数之间的相关性。在图 13—6 中，关联强度得到了加强：参数 α（代表投入生产的中间产品的份额）从 0.4 增加到 0.5，不仅扩大了引起集聚的运输成本范围，而且增加了绝对工资差距。在这里，它说明的是 $\lambda_2=0$ 时运输成本的变动范围。图中 ω_1 曲线的平坦部分即可说明这一点：没有进口竞争时，运输成本的下降并不会改变国家 1 的

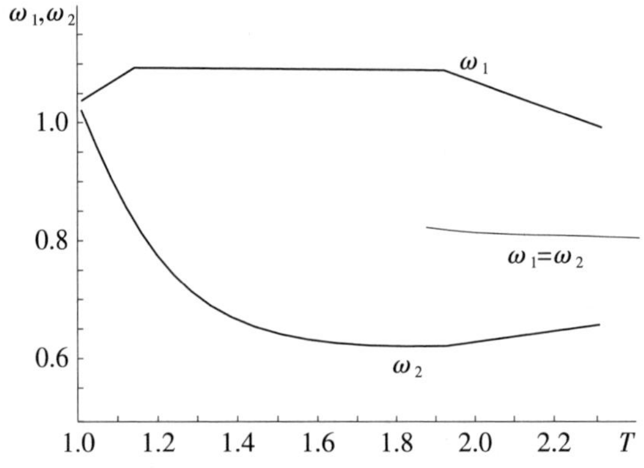

图 13—6　当 α 较大时的实际工资

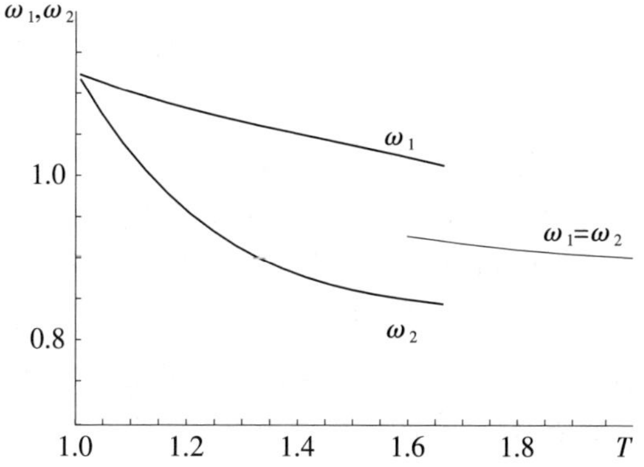

图 13—7　μ 较大时的实际工资

实际收入。在图 13—7 中，α 恢复到先前的值，消费支出中制成品的份额 μ 则从 0.55 增加到了 0.70。这使得国家 2 能够容纳更多的制造业，同时意味着国家 1 在全球化阶段的实际工资并不会下降。随着运输成本的减少，实际工资会稳步上升，因为国家 1 消费的制成品中有相当大一部分是进口的，这样它就可以从运输成本的下降中获益。

农业收益递减

现在我们进一步研究更一般的情况，假设农业工资是农业雇用工人的减函数，也就是说，生产函数 $A(1-\lambda_r)$ 是严格向下凹的。这就意味着制造业劳动力供给曲线总是向上倾斜的。制造业工人数目的增大可能会提高制造业工资，但是同时也提高了农业工人的工资，因此，均衡的稳定性就取决于这两者之间的相对变化。

在本章均衡结构一节中我们已做过类似的工作，这里进行的分析更具一般性。均衡的稳定性取决于由下式决定的 $dv_1/d\lambda_1(=dv_2/d\lambda_2)$ 的符号：

$$\frac{dv_1}{d\lambda_1}=\frac{dw_1}{d\lambda_1}+A''(1-\lambda_1) \tag{13.27}$$

这其实就是方程（13.17），在本章“均衡结构”一节中，农业技术的假设使得第二项为零。如今它严格为负。这对我们的分析结果有何影响呢？

首先要特别注意的是，当运输成本非常低时对称均衡如今一定是稳定的。从前面的分析中我们知道，当 $T\to 1$ 时，$\mathrm{d}w_1/\mathrm{d}\lambda_1\to 0$［从方程(13.25)以及 $Z\to 0$ 可知］，而 A'' 仍然是负的。一个简单的说明就可以证明我们的直觉并且得出一个更强的结论。运输成本变得非常小时，地方厂商从前向关联与后向关联中获得的收益趋近于零，所以随着 $T\to 1$，两国的制造业工资趋向均等化。但是，对于一个严格凹的农业生产函数来说，只有在两国的农业工人数目相等即 $\lambda_1=\lambda_2$ 时，农业工资才会相同。因此，随着 $T\to 1$，分散活动的均衡不仅稳定而且唯一。

这就说明，随着 T 的降低，我们可能会经历以下几个阶段。当 T 非常高时，经济活动是分散的，对称均衡稳定且唯一。当 T 居中时，集聚开始攻城略地，对称均衡变得不稳定。但是当 T 足够低时，对称均衡又一次变得稳定起来。我们可以通过模拟的方法来验证这种模式。假设农业生产函数采取以下形式：

$$A(1-\lambda_r)=\frac{K}{\eta}\left(\frac{1-\lambda_r}{K}\right)^{\eta} \tag{13.28}$$

其中，η 表示农业中劳动力的份额，K 是一个常数，我们选择的 K 使得对称均衡的农业工资是 1（可以把 K 看成是农业部门特定要素，比如，土地的存量）。

可以用下面的叉形图（图 13—8）来表示模拟产出，该图把两国制造业工人的份额看成是贸易成本的函数。图 13—9 描述了相应的实际工资，说明制造业份额较大的国家是如何拥有较高的制造业工资以及较低的消费者物价指数，从而形成图中的实际工资轨迹的。

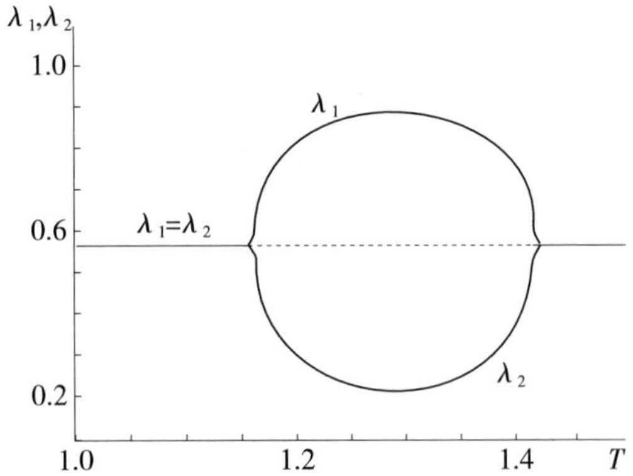

图 13—8　农业收益递减时的分岔

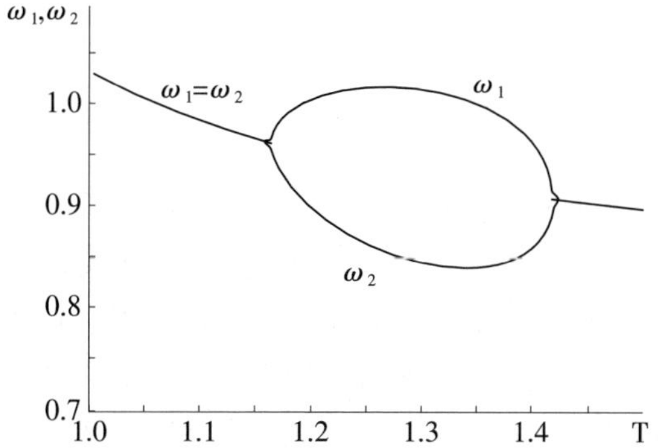

图 13—9 农业收益递减时的实际工资

本章附录 1 对这两种叉形图做了分析。我们发现，突变点（即对称均衡从稳定变为不稳定的那一点）方程是 T 的二次函数。如果 A''的绝对值不是太大，方程就有两个正实根。A''的绝对值越大，集聚活动发生的范围就越小；如果该值足够大，那么在任何贸易成本下，对称均衡都是稳定的。[6]

这两个不同突变点的存在证实了我们的猜测：随着 T 的不断下降，均衡要经历三个阶段。我们认为，运输成本对产业区位的非单调影响实际上是一种司空见惯的现象。这和我们在本书第 6 章中的研究结果类似，在那一章，农业贸易成本是不利于集聚的因素。当贸易成本较高时，决定区位的主导因素是接近最终消费需求，高贸易成本阻碍了制造业的地理集中。当贸易成本较低时，决定区位的主导因素是工资成本，而制造业分散可以降低劳动力成本。当贸易成本中等时，导致集聚的关联效应的力量相对于其他力量是最强大的。因此我们通常认为，贸易成本与产业集聚之间的关系呈倒 U 形。

图 13—8 与图 13—9 也独树一帜，其分岔是平滑的叉形分歧而不是我们通常所见的战斧形变种。这对我们主要的定性结论（存在一系列值，使制造业集聚得以发生）并没有什么影响，其原因是我们在方程 (13.28) 中对农业的建模方法。显然，在等弹性生产函数的前提下，这两个区域总是存在一些农业，因为农业边际产出会随着农业雇佣工人趋近于零而不受限制地上升。结果是，在方程（13.28）给定的特定农业生产函数形式下，农业边际产出的弯曲部分使得分岔呈草叉状。[7]

结　论

在一个由国家组成的世界里（我们把这些国家看成是可贸易的地理单元，但劳动力在各国之间是不可流动的），人口意义上的集聚不会发生。然而，产业部门之间的关联效应会导致产业集聚的过程，这种集聚在概念上与我们在区域分析和城市分析中所讲的集聚类似。而且国际经济中的生产地理结构与在国家内部一样，在参数尤其是运输成本改变时可发生质变。

至此，我们已经表明可以把前面用来分析城市和区域的工具运用到世界贸易的分析中，而且这种分析模式也几乎和我们前面所做的一模一样。不过，还是有两点重要的差别：(1) 第Ⅱ篇和第Ⅲ篇中的关联效应导致了人口在空间上的非均衡分布，而我们现在不仅看到了制造业非均衡分布的可能性，而且也看到了随之出现的工资率和生活水平不平等的可能性，我们并不是说这个故事就是对世界各国贫富分化的主要或者唯一的解释，但它确实提供了一个令人感兴趣的启示，即不均衡发展是世界一体化过程中可能出现的一个现象；(2) 更有趣的是，同样的分析隐含着近年来发达国家与（某些）发展中国家收入差距的缩小可以部分地归因于这种一体化趋势的持续。随着运输成本的不断降低，开始出现国际不平等，随后这种不平等又会消失。

显然，所有这些分析还仅仅是一种猜测，这种猜测是建立在一个引人入胜但尚未经过检验的模型基础上的。甚至在同一个地理框架下，从产业扩张到新兴经济还会有其他的可能性；而这正是第 14 章的主题。

附录 1：对称均衡瓦解

在本附录中，我们推导出了模型中的对称突变点。为了找到这个突变点，我们必须在对称均衡附近求全微分并且计算出 $\mathrm{d}v/\mathrm{d}\lambda$。从前面我们可知方程 (13.21)、方程 (13.22) 以及方程 (13.24)：

$$[1-\sigma+\alpha\sigma Z]\frac{\mathrm{d}G}{G}=\frac{Z}{\mu}\mathrm{d}\lambda+[1-\sigma(1-\alpha)]Z\mathrm{d}w \tag{13.21}$$

$$\sigma \mathrm{d}w+\left[\frac{\alpha\sigma-(\sigma-1)Z}{1-\alpha}\right]\frac{\mathrm{d}G}{G}=\frac{Z}{\mu}\mathrm{d}E \tag{13.22}$$

$$\frac{\mathrm{d}E}{\mu}=\left[\mu+\frac{\alpha}{1-\alpha}\right]\mathrm{d}w+\frac{\alpha}{1-\alpha}\frac{\mathrm{d}\lambda}{\mu} \tag{13.24}$$

消去 $\mathrm{d}E/\mu$，可以把前两个方程写成：

$$\begin{bmatrix}\sigma(1-\alpha)-Z[\mu(1-\alpha)+\alpha] & \alpha\sigma+(1-\sigma)Z\\ [\sigma(1-\alpha)-1]Z & 1-\sigma+\alpha\sigma Z\end{bmatrix}\times\begin{bmatrix}\mathrm{d}w\\ \mathrm{d}G/G\end{bmatrix}=\begin{bmatrix}Z\alpha\mathrm{d}\lambda/\mu\\ Z\mathrm{d}\lambda/\mu\end{bmatrix} \tag{13A.1}$$

根据上式可得到：

$$\begin{aligned}\frac{\mathrm{d}w}{\mathrm{d}\lambda}&=\frac{-Z}{\mu\Delta}[\alpha(2\sigma-1)-Z(\sigma(1+\alpha^2)-1)]\\&=\frac{-Z}{\mu\Delta}\left[\frac{\alpha(1+\rho)-Z(\alpha^2+\rho)}{1-\rho}\right]\end{aligned} \tag{13A.2}$$

其中，Δ 是行列式，所以：

$$\begin{aligned}\Delta&=Z^2[\sigma((\sigma-1)(1-\alpha)-\alpha^2-\mu\alpha(1-\alpha))+1-\sigma]\\&\quad+Z[\alpha(2\sigma-1)+\mu(\sigma-1)(1-\alpha)]+\sigma(1-\sigma)(1-\alpha)\\&=\frac{1}{(1-\rho)^2}\{Z^2[\rho(\rho-\alpha)-\alpha(1-\rho)(\alpha+\mu(1-\alpha))]\\&\quad+Z(1-\rho)[\alpha+\rho(\alpha+\mu(1-\alpha))]-(1-\alpha)\rho\}\end{aligned} \tag{13A.3}$$

对于所有的 $Z\in[0,1]$，如果满足非黑洞条件（$\alpha<\rho$），那么行列式 Δ 就是负的。

稳定的必要条件是给定 $\mathrm{d}\lambda$，比较制造业工资的变化率和农业工资的变化率，即，

$$\frac{\mathrm{d}v}{\mathrm{d}\lambda}=\frac{\mathrm{d}w}{\mathrm{d}\lambda}+A'' \tag{13A.4}$$

如果 $A''=0$，那么 $\mathrm{d}v/\mathrm{d}\lambda=0$ 的条件就得自（13A.2）式，它给出了突变点唯一的 Z 值和 T 值［比较（13A.2）式和（4A.5）式］。

如果 $A''<0$，那么在 $Z=0$ 和 $Z=1$ 时，$\mathrm{d}v/\mathrm{d}\lambda<0$。$\mathrm{d}v/\mathrm{d}\lambda$ 是 Z 的二次函数，当 A'' 足够小时，它有两个正实根。

附录 2：模拟参数

图 13—1～图 13—3：$\sigma=5$，$\alpha=0.5$，$\mu=0.4$，分别对应 $T=3$，$T=$

1.5 以及 $T=2.15$。

图 13—4～图 13—5：$\sigma=5$，$\alpha=0.4$，$\mu=0.55$。

图 13—6：$\sigma=5$，$\alpha=0.5$，$\mu=0.55$。

图 13—7：$\sigma=5$，$\alpha=0.4$，$\mu=0.7$。

图 13—8～图 13—9：$\sigma=5$，$\alpha=0.4$，$\mu=0.55$，$\eta=0.95$。

[注释]

[1] s 国单个厂商的生产函数不是 $F+cq_s=l_s$ [方程 (3.18)]，而是 $F+cq_s=\alpha^{-\alpha}(1-\alpha)^{\alpha-1}l_s^{1-\alpha}\left[\sum_r n_r\tilde{x}_{rs}^{\rho}\right]^{\alpha/\rho}$。

其中，l_s 代表劳动力投入，$\tilde{x}_{rs}$ 是 r 国生产的每种产品的投入。右边最后一项是中间产品投入的集合，该集合具有 CES 函数的形式，类似于方程 (3.2) 给出的数量指数。

[2] 这个公式是埃西亚 (Ethier，1982) 利用迪克西特和斯蒂格利茨模型 (1977) 推导出来的，目前已被广泛应用于新增长理论中。

[3] 对于消费者来说，价格指数是支出函数；而对于生产者来说，价格指数是成本函数。

[4] 这种情况适合于单一制造业产业。在本书第 14 章中我们将讨论多产业背景下的情况，并且区分上游产业与下游产业。

[5] 在该点上，制造业的供给等于需求意味着 $\lambda_2=2\mu-1$。从均衡条件 (13.6) 式～(13.11) 式可推导出支撑值 T。

[6] 当 $|A''|$ 足够大时，方程有虚根。当 μ 值较小时，图中的曲线分开，此时可能存在一个区间使 $\lambda_2=0$。

[7] 回忆一下本书第 2 章的附录：分歧点的特征取决于将 λ 所处的水平与其变化率联系在一起的图形的弯曲部分。在临界点上，我们有 $\frac{dv_1}{d\lambda_1}=\frac{dw_1}{d\lambda_1}+A''(1-\lambda_1)=0$。

临界点是一个拐点，所以，$\frac{d^2v_1}{d\lambda_1^2}=\frac{d^2w_1}{d\lambda_1^2}-A'''(1-\lambda_1)=0$。如果满足下列条件，则函数曲线由凹变凸：$\frac{d^3v_1}{d\lambda_1^3}=\frac{d^3w_1}{d\lambda_1^3}+A''''(1-\lambda_1)<0$。

如果表达式为正，则结论相反。结果表明 $d^3w_1/d\lambda_1^3$ 是负的。如果农业生产函数的四阶导数是正数且大于 $d^3w_1/d\lambda_1^3$ 的绝对值，那么函数由凸变凹，就会出现叉形图。反过来，一个正的四阶导数恰好为我们在例子中所使用的农业生产函数提供了等弹性形式。

第14章　经济发展与产业扩散

“贸易导致要素价格均等化”是贸易理论中的一个标准观点。事实上，要素价格（尤其是工资）远未实现均等化，因此熟悉上述论断的任何经济学家都意识到他必须设法对此作出解释。为了弄清真相，我们需要了解在同一市场中不同国家的工资差别为何会达到5倍、10倍甚至20倍。而另一方面，在最近的25年里，世界经济最引人注目的特征就是各国的工资差距一直在缩小，至少低工资国家和西方发达国家之间的情况是这样。举例来说，中国台湾1975年的工资水平仅为美国的6%，到1995年，这一比例上升到34%；同期韩国的工资水平分别为美国的6%和43%。那么，这种国际不平等的根源在哪里？有些国家为何能够迅速提高自己的经济地位呢？

在本书第13章中，我们已经得到了一个答案。这就是在“世界的历史，第一篇”中所提到的：在一个关联效应可以产生外部经济的模型中，随着实际运输成本的长期下降，世界将首先分化为富裕的中心和贫穷的外围两部分，这种分化结构最终又会土崩瓦解。在本章中，我们将讲述一个与之紧密相关却又别具一格的新故事，其中，国际经济不平等的根源是一样的，但是制成品需求的长期上升会带来改变。简言之，新故事是这样的：我们想象在世界经济中，其中一个地区最初已经取得了自我强化的制造业优势，而这一优势使该地区的工资水平高于其他地区。然而，世界对制成品的需求在不断上升，这就提高了制造业地区的活动水平，从而强化了集聚，也抬高了工资。随着这一过程的不断推进，地区间的工资差距可能会大到无以为继。这时候，单个厂商在另一个地区建立制造业就会有利可图，这个地区又会开始发展自身的累积循环优势，从而导致工资的大幅增长。一段时间之后，第三个地区也会经历同样的过程，依此类推。这个故事不仅为第三世界国家的迅速发展提供了可能的解释，还为以下问题的解释提供了线索：在任何特定时期，只有部分发展中国家发展迅速，而其他发展中国家则发展滞后。

把劳动密集度和投入产出结构等方面有差异的多种产业引入模型，我们的研究就可以更深入、更细致。有鉴于此，我们观察了一个典型的发展生命周期的产生；在此周期中，率先工业化的国家在最终形成成熟的产业结构前，首先发展劳动密集型产业或者与其他部门关联弱的产业。而在另外一些情形中，我们可以观察到一种特殊的工业化模式，它使人们联想到日本曾经经历过的、中国和其他一些低工资的制成品出口国正在经历的工业化进程：在产业结构完全成熟之前，这些国家在一段时期不仅要为国内，也要为全球市场生产劳动密集型的、产业关联弱的产品。

增长与持续的工资差异

首先，我们给出一个模型，它与第 13 章中所介绍的模型尽可能相近。和以往一样，我们假定一个两部门的经济，由于中间产品的存在，制造业内部产生了前向和后向关联。但是，我们现在要引入一个增长过程，以此作为经济变化背后的推动力。由于我们关心的是增长的空间含义，而不是增长的源泉，所以我们将增长过程看成是外生的。也就是说，我们只是假定技术进步会稳定地增加所有初级生产要素。把上述因素引入模型，我们可以用效率单位来衡量初级生产要素的效率，并把该效率水平记为 L。这样，$L\lambda_r$ 和（$1-\lambda_r$）L 就分别是 r 国制造业和农业所用劳动的效率单位数量，w_r 现在则表示每效率单位的劳动的工资。

我们还修改了消费者需求公式。我们的模型要求制成品需求上升的速度要快于现有工业化国家的供给潜力。但是，L 的上升会同时增加供给和需求。为了把某些影响排除在增长之外，我们用公式来替代农产品和制成品之间的柯布-道格拉斯消费偏好，其中，制成品在支出中所占份额随收入的增加不断上升。线性支出系统是胜任这个任务的最简洁的表述，在该系统中，假定消费者为维持生存有一个最低的食品消费水平 $\overline{Y}$。于是，如果一个消费者的收入为 Y（根据农产品来衡量），那么在个人收入中低于 $\overline{Y}$ 的部分就都用于消费农产品。对于收入中高于 $\overline{Y}$ 的部分，我们假定 μ 用于购买制成品，$1-\mu$ 用于购买农产品。[1]这一假定带来的结果就是，随着 L 不断上升，家庭收入也不断增加（每个家庭初级生产要素的效率单位都更高），用于制成品消费的支出份额也因此增加。在我们的分析中，相对于农产品需求而言，制成品需求的膨胀是一种推动力。

我们把这些假定加入到第 13 章的模型中，从而对相应的方程做了如下改写。对于任意多个国家来说，价格指数方程为：

$$G_r^{1-\sigma}=\sum_s L\lambda_s w_s^{1-\sigma(1-\alpha)} G_s^{-\alpha\sigma} T_{rs}^{1-\sigma} \tag{14.1}$$

注意，起实质作用的是效率单位中的就业 $L\lambda_s$，因为是它决定了制造业生产的产品种类数目。而相对于劳动效率单位，工资方程为：

$$\frac{(w_r^{1-\alpha}G_r^{\alpha})^{\sigma}}{1-\alpha}=\sum_s G_s^{\sigma-1} E_s T_{rs}^{1-\sigma} \tag{14.2}$$

根据代表性消费者和厂商对中间产品的需求，可得到制成品支出为：

$$E_r=\mu(Y_r-\overline{Y})+\frac{\alpha w_r L\lambda_r}{1-\alpha} \tag{14.3}$$

其中，制成品的需求仅来自收入中超过 $\overline{Y}$ 的部分，为此，我们需要修改表示消费者需求的项。各个国家的收入为：

$$Y_r=w_r L\lambda_r+A(1-\lambda_r)L \tag{14.4}$$

上式中的第一项是制造业的就业收入，第二项是农业产值。两个部门中所有主要要素（土地和劳动）的技术进步率都相同，因此 L 在（14.4）的两项中均为乘数因子，并且农业部门中每效率单位劳动的工资为 $A'(1-\lambda_r)$。与第 13 章“农业收益递减”一节一样，我们在本章中始终假定 $A(1-\lambda_r)$ 是严格向下凹的，那么所有的国家就总是拥有农业部门。在那些同时拥有制造业部门的经济体中，两个部门的每效率单位劳动的工资相同，因此：

$$w_r=A'(1-\lambda_r) \tag{14.5}$$

以制造业集中于其中一部分国家作为分析的出发点，我们希望找出制造业从现有的工业中心向其他国家扩散的那一点。当然，我们可以通过找到支撑点来达到这一目的。假定只存在两个国家，制造业集中在国家 1，那么 $\lambda_1>0$ 且 $\lambda_2=0$。在此专业化模式的基础上，我们可以从（14.1）式和（14.2）式推导出两个国家制造业的相对工资为：

$$\left(\frac{w_2}{w_1}\right)^{(1-\alpha)\sigma}T^{\alpha\sigma}=\frac{E_1T^{1-\sigma}+E_2T^{\sigma-1}}{E_1+E_2} \tag{14.6}$$

国家 1 有 $w_1=A'(1-\lambda_1)$。而国家 2 有 $\lambda_2=0$，并且只要 $w_2\leqslant A'(1)$，这种情况就能够维持下去，因此支撑条件的形式为：

$$A'(1)\geqslant A(1-\lambda_1)'\left[\left(\frac{E_1}{E_1+E_2}T^{1-\sigma}+\frac{E_2}{E_1+E_2}T^{\sigma-1}\right)T^{-\alpha\sigma}\right]^{1/(1-\alpha)\sigma^{*}} \tag{14.7}$$

当然，该条件和我们在其他章节推导出的支撑条件相似，只是上式右边包括了内生变量。我们可以用直截了当的方法推导出这些变量的均衡值。由于国家 1 的生产满足制成品的总需求，因此国家 1 的工资满足下式：

$$w_1L\lambda_1=(1-\alpha)(E_1+E_2) \tag{14.8}$$

国家 1 和国家 2 用于购买制成品的支出如下［注意到 $\lambda_2=0$，由（14.3）式和（14.4）式可导出］：

$$E_1=\mu[w_1L\lambda_1+A(1-\lambda_1)L-\overline{Y}]+\frac{\alpha w_1L\lambda_1}{1-\alpha}$$
$$E_2=\mu(A(1)L-\overline{Y}) \tag{14.9}$$

将两式相加并代入（14.8），可得：

$$w_1L\lambda_1(1-\mu)=\mu[A(1)L+A(1-\lambda_1)L-2\overline{Y}] \tag{14.10}$$

（虽然我们是通过制造业支出导出该方程的，但也可以把它理解成农产品的供给和需求相等。）这个方程与下式共同决定了 w_1 和 λ_1：

$$w_1=A'(1-\lambda_1) \tag{14.11}$$

这样一来，有了估算支撑条件（14.7）式需要的所有信息，我们就能从（14.9）式解出各国的支出水平。

图 14—1 中的曲线 SS 是支撑曲线。该图的轴表示参数 T 和 L，曲线是集中均衡［方程（14.9）～方程（14.11）给出了制造业的工资、就

* 该式应为：$A'(1)\geqslant A'(1-\lambda_1)\left[\left(\frac{E_1}{E_1+E_2}T^{1-\sigma}+\frac{E_2}{E_1+E_2}T^{\sigma-1}\right)T^{-\alpha\sigma}\right]^{1/(1-\alpha)\sigma}$，疑为原书印刷错误，特此改正。——译者注

业水平及支出］满足支撑条件（14.7）式中的等号时参数的轨迹。在曲线以下，制造业集中在国家 1 是可以维持的；反之则无法维持。

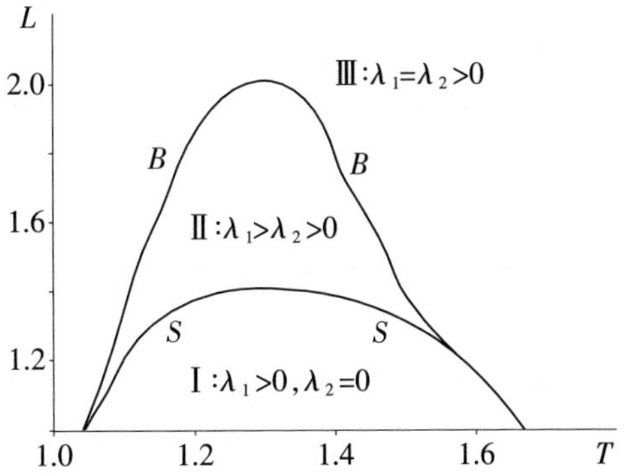

图 14—1　突变点和支撑点

和通常一样，支撑曲线向上隆起的形状反映了这样一个事实：当贸易成本很高或很低时，集聚相对来说难以维持。这一论断和我们第 13 章“集聚与国际不平等”一节与第 13 章“农业收益递减”一节中的发现完全一致。通过观察支撑曲线方程（14.7），我们可以了解前向关联和后向关联所扮演的角色。[2]前向关联体现在 $T^{-\alpha\sigma}$ 这一项上，表示国家 2 的厂商为中间产品支付的价格是国家 1 的厂商的 T 倍，而 T 越高，前者的劣势就越大。方括号中的项体现了后向关联效应。提高 T 值，就会使国家 2 市场的支出向当地厂商转移，对国家 1 的市场则会产生相反的效果。

然而，本章着重讨论的并非贸易成本的变化，而是效率参数 L 的变化。图 14—1 表明，随着 L 不断增大，国家 1 的制造业集聚最终会难以为继。因为当 $\overline{Y}>0$ 时，提高 L 会使 w_1 和 λ_1 同时增加，这一点可以通过对方程(14.10)和方程(14.11)全微分得到证实。原因在于，收入增加导致对制成品的需求相对于农产品上升，而且，这一制造业的增长集中在国家 1。这对支撑条件又有两方面的影响：一方面，由于它提高了国家 1 的工资，国家 2 对制造业就更有吸引力；另一方面，恰恰由于国家 1 生产更多的制成品并支付更高的工资，因此，该国在全世界制造业支出中的份额上升，从而增强了后向关联，并巩固了现有的集聚。就支撑方程而言，$E_1/(E_1+E_2)$ 上升，国家 2 的相应份额会下降，又因为 $T^{\sigma-1}>T^{1-\sigma}$，因此方括号中那一项的值下降。

由此看来，支撑条件的净效应取决于相对工资的变化和不断增强的后向关联之间的合力。在图 14—1 中，前者占主导地位，使得经济穿越 SS 曲线。然而，情况未必总是如此。举例来说，如果消费中制成品所占的份额 μ 非常低，那么当 $L\to\infty$时，λ_1 和 w_1 的极值相对就小了，因此永远无法达到支撑点（从图 14—1 来看，曲线 SS 中总有两段是垂直的，因此对于所有的 L，必存在一定范围的 T，使得横轴位于曲线 SS 之下）。一般来说，曲线 SS 的位置越高（因此集聚维持的时间就越长），制成品的份额 μ 就越小，投入产出关联 α 也就越大。较高的 α 值表明，要补偿制造业由现有中心向外转移之前就已经存在的关联效应，需要更大的工资差距。

经济穿越曲线 SS 会怎样呢？这取决于分岔是战斧形还是草叉状。在前一种情况下，存在一个不连续点，各经济越过该点完全趋同，即 $\lambda_1=\lambda_2$。而在后一种情况下，如图中区域Ⅱ所示，λ_1 和 λ_2 随 L 连续变化，这样我们就进入一个 $\lambda_1>\lambda_2>0$ 的区域。向上移动越过该区域，则会导致 λ_1 上升，我们最终会在一点完全汇合，即 $\lambda_1=\lambda_2>0$。这些点的轨迹就组成了曲线 BB，当分岔为草叉状时，曲线 BB 上的点都是对称均衡被打破的点［与前面各章的分析不同，现在我们是从相反的方向穿过该点，所以可将其理解为对称均衡**恢复点**（restoration）］。

现在，我们可以把所有这些因素综合起来，来看随着技术效率要素 L 的不断增加，经济将会沿着怎样的道路发展。如图 14—2 所示，令 $T=1.3$，随着 L 不断增加，我们可以通过描绘相对实际工资（各国实际工资与两国平均实际工资的比值）的变化来作出最好的回答。

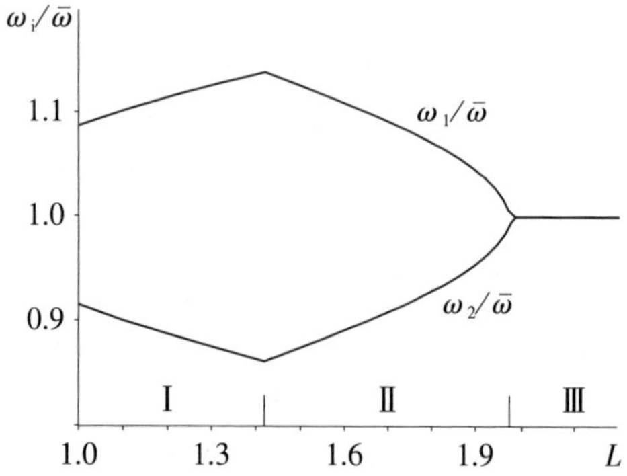

图 14—2　相对实际工资，两国模型

在阶段Ⅰ，当 L 处于横轴上的区间Ⅰ范围内时，制造业集中在国家

1，且该地区的工资高于国家 2 的水平（不论是从实际工资还是从农业产出来看，都是如此）。L 的增长提高了制成品的需求，从而对国家 1 的制造业集聚形成了压力，导致该国农业部门的萎缩和工资的上涨。因此，在此阶段中，我们可以看到两国之间经济结构和收入水平的背离现象。

国家 2 的工业化发生在阶段Ⅱ。当两国的工资差距大到足以抵消国家 1 的厂商与当地其他厂商之间的关联优势时，一些厂商迁出国家 1 就有利可图，而国家 2 就会开始其工业化进程。在阶段Ⅱ内不断增大 L，会导致国家间工资差距加速缩小。当然，原因就在于工业在国家 2 的扩散催生了自身的关联，从而使国家 2 能够以加速度达到与国家 1 同等的水平。在此过程中，国家 1 的工业份额下降，而工人的人均实际工资既可能增加，也可能减少，具体取决于其他的就业机会（此处用农业生产函数的方式来代表）、潜在的技术变化率以及价格指数的变化，后者是由价格较为低廉的进口制成品的可得性引致的。

最后，如果 L 进一步增加，我们就进入阶段Ⅲ。这是一个成熟的阶段，各经济在该阶段中完全趋同。

多个产业与多个国家

我们现在来研究多个国家和多个产业的情况。有了多个国家，我们就可以考虑工业从一个国家扩散到另一个国家的地理模式。如果开始时工业集中在一个国家，那么它是向其他所有国家均衡扩散，还是首先扩散到一个国家，然后再扩散到另一个国家，依此类推？

有了多个产业，我们就可以致力于研究一些与工业化进程中国家的产业结构和贸易模式相关的问题。由于关联强度上的差别，不同产业和现有集聚地之间关系的亲疏程度是不同的，那么我们如何判断哪些产业会首先迁出业已存在的集聚地呢？据此，我们又能否确定在工业化进程中，以及工业活动不断向新兴的工业经济转移的成熟阶段，一国的产业结构可能会产生怎样的变化？不同的产业会为其他产业创造不同的关联效应，那么在经历工业化进程的经济中，首先开始重新选址的产业对于工业化的速度和特征有怎样的影响？

我们曾经对一个包括 5 个国家和 7 种产业的模型进行了模拟分析，试图就上述问题的回答给出一些启示。其结构与上一节中的完全相同，并且我们还在本章附录 1 中把它推广到多个产业。假定这些国家在偏好、技术和禀赋方面的基本结构完全相同，开始时所有工业都集中在一个国家，我们称其为国家 1。然后，我们追踪了产业向其他国家扩散的过程。7 种产业具有不同的特征，因此它们可能在收益递增水平、运输成本、产出的需求来源和投入构成等方面有所差别。为了把一些关键的影响因素分离出来，我们着重分析了产业投入产出系数差异的影响，通过跟踪一系列假设的投入产出矩阵下的工业化进程，我们还把研究向前推进了。

劳动密集度差别

最简单的情况是，除了劳动密集度以外，各产业在所有的关键方面都毫无二致，我们就从这里着手研究。[3]产业 1 的劳动密集度最高，而产业 7 的劳动密集度最低。图 14—3 和图 14—4 展示了该条件下其中 3 个产业的经济演进情况。[4]

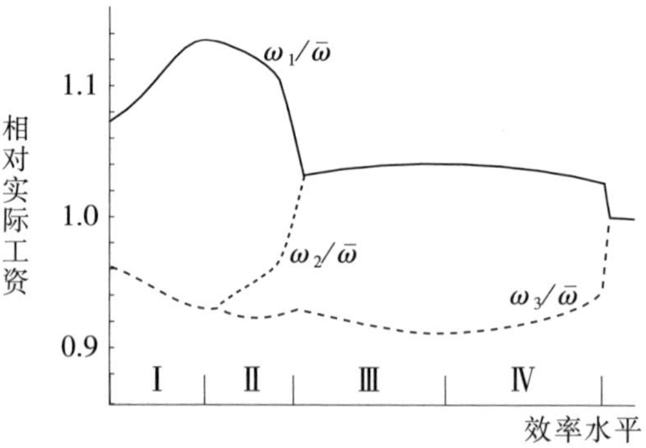

图 14—3　相对实际工资的多国模型

由于存在多个国家，所以我们提出第一个问题：工业是向别国同时扩散的，还是依次扩散的？我们可以用如图 14—3 所示的方法来回答这个问题。把每效率单位劳动的相对实际工资看成是效率水平 L 的函数[5]，在横轴上标出主要的发展阶段，我们就可以了解其演变过程了。在阶段Ⅰ中，所有工业都位于国家 1，并且国家 1、国家 2 和国家 3 之间存在工资差距。L 上升会导致工资差距扩大，直至差距大到使得一些产业的重新选址有利可图为止，阶段Ⅱ由此开始。在阶段Ⅱ中，国家 2 开始进行工业化，同时我们可以观察到国家 1 和国家 2 之间的工资差距加速缩小，最终两国的工资相同。

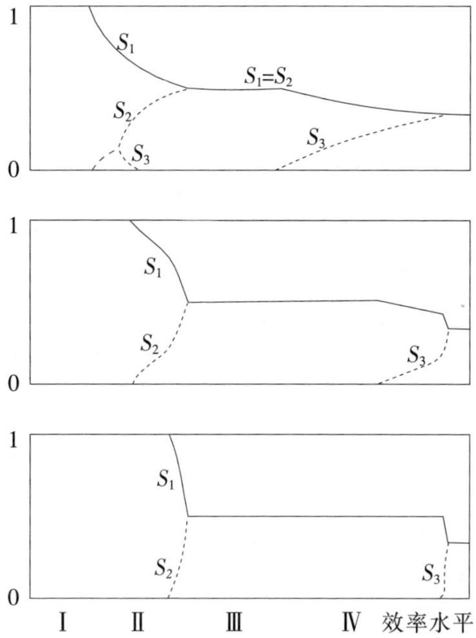

图 14—4　产业份额：最上方的矩形对应劳动密集度最高的产业

在此阶段中，国家 3 的工资相对于国家 2 工资的变化可以回答我们所提出的第一个问题，即工业是同时向所有国家扩散的还是依次向单个国家扩散的。在阶段Ⅱ刚开始时，国家 2 和国家 3 都着手进行工业化，所以曲线 $\omega_2/\bar{\omega}$ 和 $\omega_3/\bar{\omega}$ 在很短的区间内是彼此重合的。然而，随着国家 2 和国家 3 的国内关联效应不断增强，两国产业结构相同的均衡就不再稳定了。如果某国领先一点点，那么它的领先优势就会扩大；而另一国则会落在后面，这正是我们亲眼目睹的现象。虽然在现有的框架下，我们还无法确定哪国领先哪国落后（我们只是简单地将其分别记为 2 和 3），但是如果在关键时刻使一国略胜一筹，那么国家之间即使是非常微小的差异也可能会产生很大的影响。

阶段Ⅱ结束时，国家 2 已经完全赶上了国家 1。这两个国家与国家 3 之间存在工资差距，并且这个差距开始扩大。在此阶段中（记为阶段Ⅲ），国家 1 和国家 2 的制造业就业不断增加，从而造成工资差距的扩大。在某点上，工资差距大到无法维持下去时，国家 3 的工业化进程由此开始（阶段Ⅳ），国家 3 的工资开始以加速度（最终会中断）赶上国家 1 和国家 2。

从图 14—3 中我们得出的主要结论是：国家间的工业化进程并不是

整齐划一的，而是沿着一系列波状的轨迹向前推进。当一国建立的工业规模达到临界点时，各个国家都依次经历了快速的工业化进程。然而，工业化的成功会导致工资上涨（我们假定制成品需求不断上升），从而最终为工业向另一国的扩散铺平了道路。

图 14—4 给出了与该工业化进程相关的一些细节。共有 7 个产业，而图 14—4 中的三个矩形则分别描述了产业 1、产业 4 和产业 7（劳动密集度处于最高、平均和最低水平的产业）的情况。横轴依然表示技术效率水平 L，而纵轴则表示各国在工业总产出中的份额［因此，每个矩形中的三条线 s_i（$i=1$，2，3）相加起来总和为 1，也就是矩形的高］。该图中需要注意两点：首先，劳动密集度最高的产业最先离开国家 1 到国家 2 和国家 3 扎根，由于高工资导致了产业重新选址，所以这并不出乎意料；[6]其次，后转移的产业（即劳动密集度较低的产业）比先转移的产业能够更迅速地进入别国，这一过程也可能是不连续的。这是因为先转移的产业形成了前向和后向关联，从而便于其他产业厂商的进入。这就解释了工业化进程的加速现象。

前向关联与后向关联

现在我们来看投入产出矩阵的产业间结构是如何决定工业的扩散过程的。各产业的投入产出系数间可能存在差别，为了简化起见，我们分以下这几种情况来考察：

销售导向　第一种可能情况是假定所有产业的成本结构相同，但销售导向不同，即产品面向厂商或是最终消费者的程度各异。因而，就投入产出矩阵中的产业间交易部分而言，所有列的系数都相同，但各行的系数却不同。由于各产业都使用相同的投入品，所以它们**创造**（creat）相同的后向关联（同时也享受相同的前向关联）。然而，如果一个产业的行系数较小，那么它**享受**（receives）的后向关联也较弱（创造的前向关联同样也较弱）。这是由于该产业产出的大部分都被用于最终消费而非中间产品的缘故。[7]

这种情况下的发展模式是：消费导向的产业首先从已建立的集聚地迁出。由于对这些产业产出的需求有相当大的部分来自最终消费而非其他厂商，所以需求集中在国家 1 的程度较低，这使得消费导向的产业最先迁出国家 1。从性质上来说，总体发展模式与不同条件下的劳动密集度类似。即工业首先向国家 2 扩散，在达到与国家 1 完全相同的水平后再向国家 3 扩散，依此类推。

投入导向　如果各产业的产出面向工业及最终消费者的销售模式相同，但是中间投入的需求不同，那么情况又如何呢？从投入产出矩阵来看，如今行系数相同，列系数却不同。对于列系数较小的产业来说，来自其他不完全竞争产业的投入就较少，它们所享受的前向关联以及自身创造的后向关联也较弱。[8]因此毫不令人惊讶，这些对中间投入需求低的产业首先迁离，因为它们对其他厂商供给的依赖程度较低，它们的选址决策对工资差异也更加敏感。

上游/下游

在以上的例子中，各产业要么前向关联（各行之间）不同，要么后向关联（各列之间）各异。如果各产业的前向关联和后向关联都不同，情况又怎样？我们来研究两种可能的情况。在第一种情况下，每个产业所创造的前向关联和后向关联之间完全负相关。因此存在一个明确无误的“最上游的”（most upstream）产业，该产业创造出强大的前向关联（它的销售是工业导向型的，所以行系数最大）和微弱的后向关联（列系数最小）。相反地，也存在一个“最下游的”（most downstream）产业，它的前向关联微弱，而后向关联强大。[9]

图 14—5 演示了产业结构的变革，其中，最上方的矩形表示最上游的产业，而最下方的矩形则表示最下游的产业。该图有两个显著特征：首先，最上游的产业最先迁出；其次，每个国家的工业化进程一旦步入正轨，发展都会非常迅速。以上两个现象都是由同样的基本原因造成的。在该模型中，前向关联强于后向关联。上游产业很少使用制成品作为中间产品，因此所享受的前向关联较弱。这就意味着上游产业会最先与现有的集聚地分道扬镳。然而，上游产业创造的前向关联也最强，从而吸引其他产业的厂商进入。这有助于形成我们在图 14—5 中所看到的快速过渡。

关联强度

在相反的情况中（上一节开头提到的两种情况中的第二种），每个产业所创造的前向关联和后向关联之间完全正相关。现在，我们可以将产业按照关联强度（两个方向都包括）从最弱到最强进行排序，结果如图 14—6 所示。关联最弱的产业最先迁出，关联最强的则最后迁出，这个迁移顺序并不令人意外。

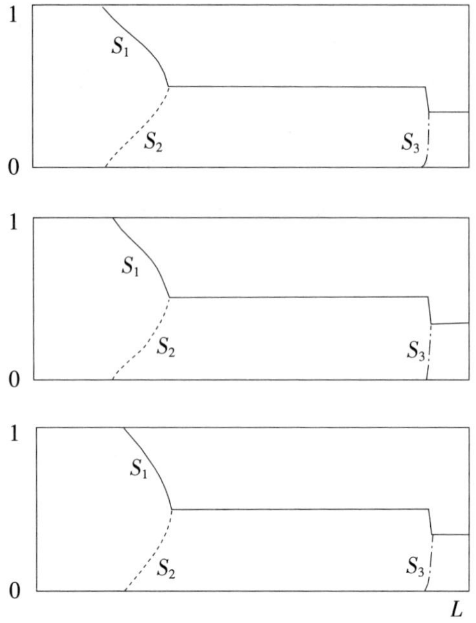

图 14—5　产业份额：最上方的矩形对应最上游的产业

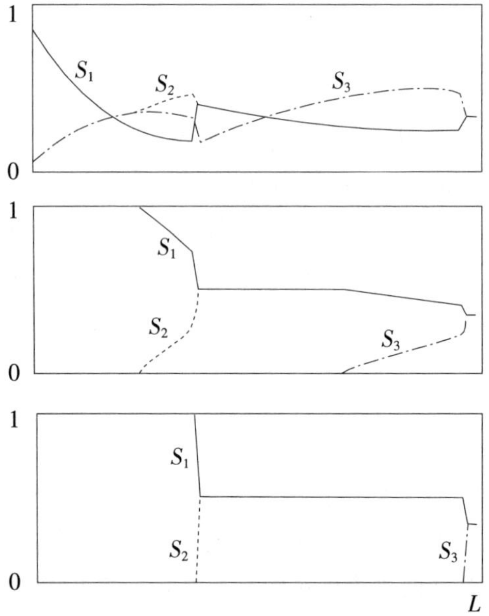

图 14—6　产业份额：最上方的矩形对应关联最弱的产业

如果迁往一个新国家的第一个产业享受到的关联较少，创造出的关联也不多，那么与前一种情况相比，该情况中的发展进程就比较缓慢。在这种情况中，我们还发现产业结构存在“超调”（overshooting）现象，新兴工业化国家（先是国家 2，后是国家 3）在关联微弱的部门中占据了世界最大的产出份额。虽然所有的完全工业化国家都具有相同的产业结构（因此这些国家之间的唯一贸易是产业内贸易），但新兴工业化国家在形成成熟的贸易模式以前，要经历从农产品的净出口国到关联较弱的制成品净出口国的过渡阶段。

在阶段Ⅱ中，国家 3 的命运也是引人注目的。尽管在上游/下游的情况中，国家 3 在整个阶段Ⅱ中产业得不到发展。在此情形下，国家 3 关联最弱的产业（产业 1）的发展与国家 2 在阶段Ⅱ的大部分时间都类似。对于产业 1 来说，国家 3 廉价劳动力的优势比该产业与其他产业缺乏关联（微弱）要更有价值。

结　论

在本章中，我们对基本模型稍做修改，讲述了一个振奋人心的故事。在这个故事中，世界经济的工业化是通过一系列戏剧性发展的迸发冲刺实现的，其中有些国家的产量和工资一直大幅上升，而其他国家只能袖手旁观。在世界经济中，经济增长的形式并不是所有国家都整齐划一的；相反，有些是富国，有些是穷国。发展就是各国依次相当快速地实现从穷国俱乐部到富国俱乐部的跳跃。

当我们考虑特征各异的多个产业时，我们也能就发展的自然生命周期讲一个发人深省的甚至是激动人心的故事。在这个故事中，各国发展的典型模式都是先生产某些产品，然后再把这些产业让渡给紧随其后的国家而向“高级产业”（upscale）转移。

和本书第 13 章一样，我们有必要谨慎对待一些问题。实际上，我们并不相信这个模型体现了现代经济发展中的所有甚至大部分的驱动力。然而，该模型确实说明，采用地理方法可以从非常简单的基本假设中导出一些非常复杂却富有启示的行为模式。

附录 1：多国多产业模型

为了推导出完整的多国多产业模型，我们可以采取和本书第 3 章中同样的方法，即首先着重研究厂商的数量及单一种类产品的价格，然后再转而研究就业水平和工资。R 表示国家的数目，下标指的是国家。H 表示产业的数量，用上标来区分特定产业变量。

首先，我们给出价格指数的定义：

$$G_r^i=\left[\sum_{s=1}^{H} n_s^i(p_s^i T_{s,r})^{(1-\sigma)}\right]^{1/(1-\sigma)}*$$

$$i=1,\cdots,H;r,s=1,\cdots,R \tag{14A.1}$$

r 国产业 i 内厂商的定价形式如下：

$$p_r^i=(w_r^i)^{\alpha^i}\prod_{j=1}^{H}(G_r^j)^{\alpha^{ji}} \tag{14A.2}$$

在方程（14A.2）中，等号的右边是劳动和中间产品的柯布-道格拉斯成本函数，其中，α^i 是劳动份额，α^{ji} 是产业 i 承担的由产业 j 的中间产品投入所造成的单位成本。$\sum_j \alpha^{ji}-\alpha^i\leqslant 1$，且如果该式为严格不等式，那么一部分农产品就被用作中间产品，因此，投入份额的总和为单位 1。与以前一样，我们选择产出的计量单位，使得产品加价与成本参数相互抵消。

s 国对于 r 国产业 i1 单位产出的需求为：

$$q_{r,s}^i=(p_r^i)^{-\sigma}\left(\frac{T_{r,s}}{G_s^i}\right)^{(1-\sigma)}E_s^i \tag{14A.3}$$

其中，E_s^i 表示 s 国用于购买产业 i 的产品支出。选择计量单位，由零利润条件可得每个厂商的均衡产出水平为 $1/\alpha^i$，所以：

$$q_r^i\equiv\sum_{s=1}^{R} q_{r,s}^i=1/\alpha^i \tag{14A.4}$$

各国用于各产业产品的支出为：

---

* 该式应为 $G_r^i=\left[\sum_{s=1}^{R} n_s^i(p_s^i T_{s,r})^{(1-\sigma)}\right]^{1/(1-\sigma)}$。——译者注

$$E_r^i=\mu^i(Y_r-\overline{Y})+\sum_{j=1}^{H}\alpha^{ij}n_r^jp_r^jq_r^j \tag{14A.5}$$

各部门的工资支出为：

$$L\lambda_r^iw_r^i=\alpha^in_r^ip_r^iq_r^i=n_r^ip_r^i \tag{14A.6}$$

收入为：

$$Y_r=\sum_{j=1}^{H}Lw_r^j\lambda_r^j+A\left(1-\sum_{j=1}^{H}\lambda_r^j\right)L \tag{14A.7}$$

和别处一样，我们可以消去 n_r^i 和 p_r^i 中的项。利用方程（14A.2）和方程（14A.6），可将价格指数方程（14A.1）化为：

$$(G_r^i)^{1-\sigma}=\sum_{s=1}^{H}L\lambda_s^iT_{sr}^{1-\sigma}(w_s^i)^{1-\sigma\alpha^i}\prod_{j=1}^{H}(G_s^j)^{-\sigma\alpha^{ji}} \tag{14A.8}$$

利用方程（14A.2）、方程（14A.3）和方程（14A.4）确定工资方程：

$$\left[(w_r^i)^{\alpha^i}\prod_{j=1}^{H}(G_r^j)^{\alpha^{ji}}\right]^{\sigma}=\alpha^i\sum_{s=1}^{R}(T_{rs}/G_s^i)^{1-\sigma}E_s^i \tag{14A.9}$$

支出方程（14A.5）变形为：

$$E_r^i=\mu^i(Y_r-\overline{Y})+\sum_{j=1}^{H}L\lambda_r^jw_r^j\alpha^{ij}/\alpha^i \tag{14A.10}$$

在给定产业间劳动分配的条件下，以上三个方程加上收入方程（14A.7）决定了价格指数、工资、支出以及收入的均衡值。从长期来看，该模型会调整到使不同部门间的工资水平均等。

附录 2：模拟参数

全部模拟都采用本章中的方程以及本书第 13 章中的等弹性农业生产函数方程。参数值为：

图 14—1：$\sigma=5$，$\alpha=0.4$，$\mu=0.9$，$\eta=0.95$，$\overline{Y}=0.67$。

图 14—2：$\sigma=5$，$\alpha=0.4$，$\mu=0.9$，$\eta=0.95$，$\overline{Y}=0.67$，$T=1.3$ 和 1.5。

图 14—3～图 14—6：$\sigma=5$，$\eta=0.94$，$\overline{Y}=0.7$，$T=1.2$。

图 14—3 和图 14—4：

需求份额：$\mu^i=0.086$，$i=1$，…，7。

劳动份额：$\alpha^i=0.67,0.61,0.56,0.51,0.45,0.4,0.34$。

制造业的中间产品份额：$\alpha^{ij}=0.0471$；$i=1,\cdots,7$；$j=1,\cdots,7$。

图 14—5：

需求份额：$\mu^i=0.083,0.088,0.094,0.10,0.105,0.111,0.116$。

劳动份额：$\alpha^i=0.5$；$i=1,\cdots,7$。

制造业的中间产品份额：

$$\alpha^{ij}=\begin{bmatrix}0.042 & 0.049 & 0.056 & 0.063 & 0.070 & 0.077 & 0.084\\ 0.038 & 0.045 & 0.051 & 0.058 & 0.064 & 0.070 & 0.077\\ 0.035 & 0.041 & 0.047 & 0.052 & 0.058 & 0.064 & 0.070\\ 0.031 & 0.037 & 0.042 & 0.047 & 0.052 & 0.058 & 0.063\\ 0.028 & 0.032 & 0.037 & 0.042 & 0.047 & 0.051 & 0.056\\ 0.024 & 0.029 & 0.033 & 0.037 & 0.041 & 0.045 & 0.049\\ 0.021 & 0.024 & 0.028 & 0.031 & 0.035 & 0.038 & 0.042\end{bmatrix}$$

在该矩阵的构建中，我们以产业 1 为上游产业：它的列系数是产业 7 的列系数的一半，并且它的行系数是产业 7 的行系数的两倍。

图 14—6：

需求份额：$\mu^i=0.117,0.112,0.106,0.101,0.095,0.090,0.084$。

劳动份额：$\alpha^i=0.5$；$i=1,\cdots,7$。

制造业的中间产品份额：

$$\alpha^{ij}=\begin{bmatrix}0.021 & 0.024 & 0.028 & 0.031 & 0.035 & 0.038 & 0.042\\ 0.024 & 0.029 & 0.033 & 0.037 & 0.041 & 0.045 & 0.049\\ 0.028 & 0.033 & 0.037 & 0.042 & 0.047 & 0.051 & 0.056\\ 0.031 & 0.037 & 0.042 & 0.047 & 0.052 & 0.058 & 0.063\\ 0.035 & 0.041 & 0.047 & 0.052 & 0.058 & 0.064 & 0.070\\ 0.038 & 0.045 & 0.051 & 0.058 & 0.064 & 0.070 & 0.077\\ 0.042 & 0.049 & 0.056 & 0.063 & 0.070 & 0.077 & 0.084\end{bmatrix}$$

在该矩阵中，产业 1 的关联较弱，它的行系数与列系数均为产业 7 的一半。

[注释]

[1] 由于偏好不再类似，所以为了构建总需求函数，我们需要假设经济体中的所有家庭的收入都相同。这就意味着地租是平均分布的。

[2] 由于 w_1、λ_1、E_1 和 E_2 都不依赖于 T [参见方程 (14.9)～方程

(14.11)]，所以很容易了解 T 是如何进入支撑条件的。

[3] 为了使不同产业间劳动投入份额的改变与产业部门间相应的投入产出系数相一致，我们允许工业以农产品为投入品。这样一来，劳动投入份额较低的产业对应的农产品投入份额就会较高。由于所有国家的农产品价格都相同，这使得我们可以用尽量纯粹的形式进行该实验。

[4] 我们将 L 提高到一定水平，使得只有三个经济体得以工业化，从而着重研究五个经济体中的三个。

[5] 在图 14—3 中，我们令工资为度量单位 1。由于可以享受产品种类增加带来的好处，实际工资因此有上涨的趋势，且国家间的差别更大了。国家间的实际工资差别更大的原因是价格指数存在国际差异。

[6] 请注意，在阶段Ⅱ的初期，产业 1 开始在国家 3 发展，然而由于两国同时发展并不稳定，所以它就落后了。

[7] 我们增减产业的规模，使得它们在初始均衡时的规模相同。而需求参数 μ^i 则有所区别，从而抵消了产业间中间需求的差别所造成的影响。

[8] 所有产业都有相同的劳动投入系数。同样，农产品被作为一种投入品以保证各产业的投入份额总和为 1。

[9] 实际的投入产出矩阵和具体的构建过程见本章附录 2。

第15章　产业集群

尽管诸如世界分化为高工资国家和低工资国家这样一些重大问题既令人着迷，又是我们建模方法的试验场，但是，许多重要的与经济地理有关的政策问题却不那么引人注目。很少有人会想到欧洲市场更加紧密的一体化很可能会限制欧洲大陆的外围或中心的工业化。另一方面，还存在一个实际问题，即降低贸易成本如何影响各个产业的选址。举例来说，欧洲很多产业，从汽车产业到金融服务业，现在还保持有数个明显的国家级生产中心；相反，美国则仅有一个居于主导地位的生产区域。随着欧洲市场越来越趋于一体化，其产业的多中心地理模式会瓦解而让位于美国式的集中模式吗？高新技术产业会集中于某个欧洲的“硅谷”吗？金融服务部门是继续保持目前的多中心城市的结构，还是会集中于伦敦（或法兰克福）？这些都是与**产业集群**（industry clustering）有关的问题。我们相信，利用经济地理中的基本方法可以合理地解释这些问题。

为此，我们必须使经济中的投入产出结构更加丰富。在这一章中，我们主要分析具有两个或多个制造业部门的模型。这使得我们既可以研究在整个制造业部门内形成的集聚力量，又可以研究在每个产业内产生集聚的力量。于是，我们可以把问题“制造业会在哪里集中（如果确实发生的话）”改为“哪一种制造业会在哪里集中”。

在本章中，我们建立了一系列模型来解决这个问题。现在设想一个已经完全工业化了的经济，不考虑收益不变的农业部门。当然，仍然需要作出一些假定以确保我们的分析容易处理。我们所采取的简化方法主要就是应用了对称性，不仅将其应用于产业参数之中，而且应用于假定的投入产出矩阵。无疑，这些假定允许我们继续运用与前几章极为相似的分析方法来解决专业化的问题。

在我们建立的第一个模型中，有两个国家、两种产业和单一的生产要素。我们建立了可以使每个产业都聚集到一个国家的条件，并考察了运输成本的变化对产业区位和实际收入的影响。在第二个模型中，我们增加了第二个生产要素，从而把我们的方法与 2×2×2 形式的赫克歇尔-俄林（Heckscher-Ohlin）贸易模型联系起来了。最后，我们考虑许多产业的情况。每个产业都聚集在一个国家，但是每个国家的产业数量可能是不确定的。一个国家可能比另一个国家拥有更高的全球产业份额，进而拥有更高的工资。但是我们可以确定不同国家间工资差异的最大值是多少。

产业集群：经验证据

大量的证据表明，与权威的比较优势理论所预测的结果相比，产业更有可能形成集群。我们已经提及了硅谷和一些全球性的金融中心，而好莱坞之类的产业中心也会闪过脑海。产业在地理上形成集群是波特的竞争优势理论的核心（Porter，1990）。他精心挑选了一些产业集群的案例（德国的印刷机械、意大利的瓷砖、日本的工业机器人以及美国的医疗检测仪器）进行研究，用实例表明许多国际性竞争行业在一些国家的集群现象。

克鲁格曼（1991b）利用美国的数据研究产业地方化现象，他的研究提供了一些与地理集中有关的经验证据。在计算了美国三位数的制造业区位基尼系数（locational Gini coefficients）之后，他惊讶地发现美国制造业存在高度集中的现象。[1] 以美国的汽车业（其一半的就业仍在底特律）为基准，将近一半的其他产业都拥有较高的区位基尼系数。基姆（Kim，1995）研究了一个更长的时间序列数据（1860—1987 年）。研究表明，在第一次世界大战以前，产业的地方专业化（regional specialization）得到了迅速发展，在同一时期，美国正在发展交通系统使其成为一个一体化的经济体。在两次世界大战之间，地方专业化水平则持续下降。这一研究结果也很好地反映在对欧洲数据的研究中。数据表明，随着欧洲一体化进程的推进，产业的区域集中和各国产业结构的差异近来都有上升态势（Amiti，1997；Brulhart and Torstensson，1996）。

当然，任何区际贸易或国际贸易以及专业化理论都可能预示，不同的地区和国家会有不同的产业结构。虽然埃利森和格莱泽（Ellison and Glaeser，1997）已指出集聚的出现并非纯属偶然，但是上文中所提到的研究并没有对以集聚为基础的区位理论（这一理论是违背其他一些理论的）进行严格考证。埃利森和格莱泽指出，即使不存在任何产生集中的潜在力量，随机因素也许就意味着产业最后都是集中的，尤其是当内部规模收益递增所达到的程度足以导致产业内的厂商所剩无几时。然而，利用美国各州的数据进行分析后，他们发现，美国企业的区位集中程度相当高，单单用偶然性是无法解释的。

于是，我们先将产业集群看成是一种非常重要的经验现象，再构建一种理论来说明它是如何出现的。

产业集群：理论模型

我们首先讨论包含两个国家、两个产业和单一的生产要素（劳动）的情形。每个国家都被赋予一单位的劳动，并假定劳动在国家之间是不可流动的；两个产业都要使用劳动这种生产要素（我们假定这里不存在农业部门）。要区分两个产业还需要一些额外的标记。我们通过使用上标 1 和上标 2 对产业进行分类可以解决这一问题。为了避免标记过于复杂，我们先从一个国家（“本国”）的模型开始，并且不使用国家下标来标注本国。必须要识别出“外国”时，我们就在变量上添加一个符号“～”。

和前几章描述的一样，两个产业都是垄断竞争性的产业。它们在以下几个方面也是对称的：在需求方面，都具有相同的消费者需求参数，每个产业都获得消费者一半的支出，并且具有相同的需求弹性 σ；就技术而言，它们都有相同的固定成本和均衡的企业规模；同时按照柯布-道格拉斯函数的技术要求雇用劳动力、使用中间投入品，中间投入品既可以由它们自己所在的产业提供，也可以由其他产业提供。投入产出矩阵给出了每单位成本下不同投入的值，其形式如下：

	产业 1	产业 2
产业 1	α	γ
产业 2	γ	α
劳动	β	β

交易矩阵的产业间系数部分是对称的，所以对于每一个产业，来自其他产业的投入在成本中所占的份额为 γ，来自同一产业所占的份额为 α。正如我们所要看到的那样，$\alpha>\gamma$ 意味着产业内的联系大于产业间的联系。劳动力所占的份额为 β，显然$\alpha+\beta+\gamma=1$。

选择适当的单位以满足边际投入等于价格成本加成（即$c=\rho$）。这意味着产业 1 和产业 2 中的本国企业所要求的价格是：

$$p^1=(w^1)^\beta(G^1)^\alpha(G^2)^\gamma \tag{15.1}$$

$$p^2=(w^2)^\beta(G^2)^\alpha(G^1)^\gamma \tag{15.2}$$

其中，G^1 和 G^2 是国内每个产业的价格指数，w^1 和 w^2 是国内每个产业的工资率。国内每个产业雇用的劳动力数量为 λ^i；国内劳动总供给设为 1（即 $\lambda^1+\lambda^2=1$）；我们假设企业的规模为 $q^*=1/\beta$，这样，产业 i 的工资总额就是 $w^i\lambda^i=\beta n^i p^i q^*=n^i p^i$。现在我们可以写出每个产业的价格指数［参考方程（13.6）］，它们采取以下形式：

$$G^1=\Big[\lambda^1(w^1)^{1-\beta\sigma}(G^1)^{-\alpha\sigma}(G^2)^{-\gamma\sigma} +\tilde{\lambda}^1(\tilde{w}^1)^{1-\beta\sigma}(\tilde{G}^1)^{-\alpha\sigma}(\tilde{G}^2)^{-\gamma\sigma}T^{1-\sigma}\Big]^{1/(1-\sigma)} \tag{15.3}$$

$$G^2=\Big[\lambda^2(w^2)^{1-\beta\sigma}(G^2)^{-\alpha\sigma}(G^1)^{-\gamma\sigma} +\tilde{\lambda}^2(\tilde{w}^2)^{1-\beta\sigma}(\tilde{G}^2)^{-\alpha\sigma}(\tilde{G}^1)^{-\gamma\sigma}T^{1-\sigma}\Big]^{1/(1-\sigma)} \tag{15.4}$$

应该注意到，每个价格指数都取决于两个国家的两种产业的价格指数（本国是 G^i，外国是 $\tilde{G}^i$），因为它们都进入了制造企业的成本和价格。类似的，我们可以写出外国的两个产业的价格指数 $\tilde{G}^1$ 和 $\tilde{G}^2$。

本国经济体中的工资方程为：

$$\big[(w^1)^\beta(G^1)^\alpha(G^2)^\gamma\big]^\sigma=\beta\big[E^1(G^1)^{\sigma-1}+\tilde{E}^1(\tilde{G}^1)^{\sigma-1}T^{1-\sigma}\big] \tag{15.5}$$

$$\big[(w^2)^\beta(G^2)^\alpha(G^1)^\gamma\big]^\sigma=\beta\big[E^2(G^2)^{\sigma-1}+\tilde{E}^2(\tilde{G}^2)^{\sigma-1}T^{1-\sigma}\big] \tag{15.6}$$

这与我们以前所用到的工资方程［例如，（13.8）式和（13.9）式］类似，可以认为，它们决定了每个产业的工资水平 w^1 和 w^2。这种工资水平给定了产品的价格，在这一价格水平上，产业内各企业的利润为0。

每个产业的支出由下面两式给定：

$$E^1=\left[\frac{w^1\lambda^1+w^2\lambda^2}{2}\right]+\left[\frac{\alpha w^1\lambda^1+\gamma w^2\lambda^2}{\beta}\right] \tag{15.7}$$

$$E^2=\left[\frac{w^1\lambda^1+w^2\lambda^2}{2}\right]+\left[\frac{\alpha w^2\lambda^2+\gamma w^1\lambda^1}{\beta}\right] \tag{15.8}$$

收入等于每个产业部门的工资总额，消费者偏好使得收入平均分配在两种产品的消费上，这就给定了第一个方括号内的项。第二个方括号内的项表示对中间投入品的需求取决于每个产业的工资和技术参数。

对于一个给定的劳动力配置 λ^1 和 λ^2，方程（15.3）～方程（15.8）决定了本国的瞬时均衡。对于外国，我们可以如法炮制一组方程，于是就产生了含有12个未知数（两个国家两种产业的价格指数、工资和支出水平）的12个方程式。在长期中，劳动力是会随着工资的差异而在两个产业之间流动的，但我们仍然继续保留劳动力在国际间不可流动这一假设。

集中还是分散？

这一模型支持什么样的均衡呢？一种可能性就是分散：每个国家都拥有每种产业一半的市场份额。另一种可能性就是地理上的集中：每种产业都形成企业集群，从而每种产业的企业只位于一个国家。可以先设定一些条件，以使得这一模型中的空间结构都处于均衡状态。

我们先来看一下集中这种结构的稳定性。虽然模型看起来很复杂，但是双重对称使分析变得简明易懂。所谓双重对称源自两个国家两种产业都是对称的这一假设。让我们看一下这一假设的影响，先假定产业1集中在本国，因此 $\lambda^1=1$，那么外国就拥有产业2，于是就有：

$$\lambda^1=\widetilde{\lambda}^2=1，以及\ \lambda^2=\widetilde{\lambda}^1=0 \tag{15.9}$$

将这一对称扩展到其他内生变量，于是本国的产业1的各内生变量的值与外国的产业2相应的内生变量的值相等，也就是说：

$G^1=\widetilde{G}^2$，$G^2=\widetilde{G}^1$，$E^1=\widetilde{E}^2$，

$$E^2=\widetilde{E}^1,\ w^1=\widetilde{w}^2,\ w^2=\widetilde{w}^1 \tag{15.10}$$

当然，这意味着两个经济体的实际工资水平也是一致的。本国工人全部在产业 1 就业，获取工资 w^1；外国工人则全部在产业 2 就业，获取工资 $\widetilde{w}^2$。

我们现在研究产业集聚时均衡的条件，并确定集聚得以维持下去的参数值。首先，我们看一下价格指数（15.3）式和（15.4）式，如果产业 1 仅在本国运营，产业 2 仅在外国从事生产，那么价格指数间就会存在以下的跨国关系：

$$\widetilde{G}^1=TG^1,\ G^2=T\widetilde{G}^2 \tag{15.11}$$

使用（15.10）式所描述的对称，继续推导可以得到：

$$\widetilde{G}^1/G^1=G^2/\widetilde{G}^2=G^2/G^1=\widetilde{G}^1/\widetilde{G}^2=T \tag{15.12}$$

（价格指数的取值在本章附录 1 中给出；这里的论证仅需要两者的比率。）

现在推导出两个工资方程的比值［用（15.5）式来除（15.6）式，同时利用（15.12）式］为：

$$\left(\frac{w^2}{w^1}\right)^{\beta\sigma}T^{(\alpha-\gamma)\sigma}=\left[\frac{\widetilde{E}^2T^{1-\sigma}+E^2T^{\sigma-1}}{E^1+\widetilde{E}^1}\right] \tag{15.13}$$

如果产业是集中的，那么支出水平就是：

$$E^1=\widetilde{E}^2=w^1\left(\frac{1}{2}+\frac{\alpha}{\beta}\right),\quad E^2=\widetilde{E}^1=w^1\left(\frac{1}{2}+\frac{\gamma}{\beta}\right) \tag{15.14}$$

将其代入（15.13）式，连同给定条件 $\alpha+\beta+\gamma=1$，就得到：

$$\left(\frac{w^2}{w^1}\right)^{\beta\sigma}T^{(\alpha-\gamma)\sigma}=\left(\frac{\beta+2\alpha}{2}\right)T^{1-\sigma}+\left(\frac{\beta+2\gamma}{2}\right)T^{\sigma-1} \tag{15.15}$$

或者：

$$\left(\frac{w^2}{w^1}\right)^{\beta}=T^{-(\alpha-\gamma)}\left[\left(\frac{1+\alpha-\gamma}{2}\right)T^{1-\sigma}+\left(\frac{1+\gamma-\alpha}{2}\right)T^{\sigma-1}\right]^{1/\sigma} \tag{15.16}$$

（15.16）式表示 w^2/w^1 是一组参数的函数。如果产业 2 并不支付较高的工资，即 $w^2\leqslant w^1$，那么本国的产业 1 的集聚是可以维持的。

毫不意外，读者们会发现这正是我们在第 4 章和第 13 章中推导出来的条件。但是参数的解释又一次发生了变化，现在 $\alpha-\gamma$（对角线上的投入产出系数与不在对角线上的投入产出系数的差值）起着重要的作用。

表示均衡条件的方程式在其他方面都是完全一致的，为什么要用 $\alpha-\gamma$ 来代替（第 4 章中的）μ 和（第 13 章中的）α 与前面一样，方括号外面的项反映前向关联；如果产业 1 要在国外建立企业，它会发现，来自产业 1 的投入要昂贵得多，而来自产业 2 的投入则相对便宜，这些投入在成本中所占的份额分别是 α 和 γ。方括号内的部分反映后向关联。其中，本国对产业 1 的支出占世界总支出额的 $(1+\alpha-\gamma)/2$，本国对产业 2 的支出占 $(1+\gamma-\alpha)/2$。

对均衡条件的解释是顺理成章的。如果 $\alpha-\gamma$ 是负数，那么产业间的关联效应就强于产业内的关联效应。于是，对于所有的 $T>1$，(15.16) 式的右边项小于 1*，集聚绝不可能维持下去：因为企业可以从与其他产业的企业联系中获取最重要的区位利益，国家倾向于发展多元化产业的混合经济。相反，如果 $\alpha-\gamma$ 是正数，那么产业内的关联效应就强于产业间的关联效应，于是产业在地理上的集中对于一个足够小的 T 值而言是可以维持下去的，这与前几章的讨论是一致的。虽然我们给出了限定条件 $\alpha-\gamma<\rho=(\sigma-1)/\sigma$（此为非黑洞条件的新形式），但是 $\alpha-\gamma$ 越大，使集聚得以支撑下去的 T 值的范围就越大。

转向突变点时，我们希望明确劳动力在产业间的重新配置是如何引起每个部门的工资变化的。我们可以考察对称均衡附近的变化。当 $\lambda^1=\lambda^2=1/2$ 时，会出现对称均衡。很容易证明，在对称均衡处有：

$$w=1,\ E=2/\beta,\ G^{1-\sigma\beta}=(1+T^{1-\sigma})/2 \tag{15.17}$$

照例，我们必须对这一均衡附近的均衡条件(方程 (15.3)～方程 (15.8)) 进行全微分，但是当我们微分时，双重对称的特征开始凸现。对于每一个变量，本国的产业 1 的增长伴随着产业 2 的下降，同时也伴随着外国的产业 1 的下降。换句话说，导数满足：

$$d\lambda \equiv d\lambda^1 = d\tilde{\lambda}^2 = -d\lambda^2 = -d\tilde{\lambda}^1 \tag{15.18}$$

---

* 此处有误。我们可以举出一个数值反例：取 $T=9, \sigma=\frac{1}{2}, \alpha=\frac{1}{8}, \gamma=\frac{5}{8}$，则 $\left(\frac{w^2}{w^1}\right)^{\beta}=3>1$，便与原文相悖。事实上，$\left(\frac{w^2}{w^1}\right)^{\beta}>1$ 是集聚不可维持的必要条件，所以，此处应改为"(15.16)式的右边项大于 1"。——译者注

这对于其他变量也同样适用。

我们希望得到全微分 $dw/d\lambda$；本章附录 1 给出了计算过程和明确的表达式。我们发现，$dw/d\lambda=0$ 时的参数值和对称均衡被打破时的参数值，都是由下式给定的：

$$T^{\rho/(1-\rho)}=\frac{(\rho+\alpha-\gamma)(1+\alpha-\gamma)}{(\rho-\alpha+\gamma)(1-\alpha+\gamma)} \tag{15.19}$$

这一条件和第 4 章、第 6 章及第 13 章中提出的条件也完全相似。它意味着这里的均衡结构正是我们以前所看到的。当贸易成本较高时，两个产业同时在两个国家运营；但贸易成本下降时，空间集中开始变得可能，然后成为必然。由于我们所设定的对称性，两个经济体总是有相同的工资和收入水平，尽管它们在技术、偏好或者禀赋上没有任何差异，两者还是走上了完全专业化的道路。

极其引人入胜的是，我们可以用这一模型来解释，为什么美国和欧洲拥有相同的经济规模和技术发展水平，但是产业的地理布局看上去却迥然不同这一现象。正如我们所指出的那样，美国的产业呈现典型的单中心模式，它们集中在硅谷、底特律或者华尔街及其周围。通常，那些同样的产业在欧洲会有三个或四个主要的中心。显而易见的解释是，欧洲的众多国界导致了较高的实际贸易成本，从而阻碍了欧洲整个大陆层面的产业集聚。所以我们的模型同时说明了，逐渐推进的欧洲市场一体化进程会打破欧洲多产业地理模式的对称局面，从而导致集中的累积过程，最终产生美国式的单中心模式。

但是，这难道不是一件好事吗？对此，欧洲决策者应该予以关注吗？

调整与实际收入

我们一直认为，这种类型的模型能够使我们洞察地区间经济一体化（可能是欧盟或者北美自由贸易区）的效应。然而，到目前为止，我们的分析一直都是在实证意义上展开的；那么，这些分析有哪些规范性的含义呢？也就是说，如果贸易壁垒导致了上一节中所述及的某种经济地理组织的出现，那么对于降低贸易壁垒的成本和收益，模型会作出哪些解释呢？

图 15—1 将每个产业在本国的实际工资描述为 λ^1 的函数。其中，λ^1 代表国内劳动力在产业 1 中就业的比例。实际工资是由名义工资除以消费价格指数后得到的，即 [2]：

$$\omega^i = w^i (G^1 G^2)^{-1/2} \tag{15.20}$$

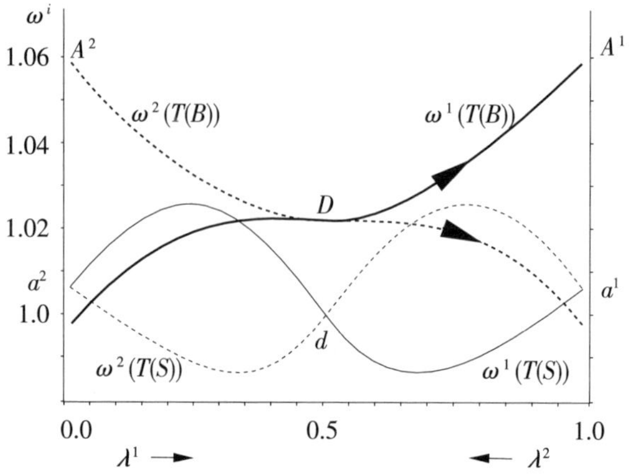

图 15—1　部门就业和工资

图形只描述了本国经济，但是在绘制它时，也考虑到了两个国家之间的对称性，比如，$\lambda^1 = \tilde{\lambda}^2$ 等等。实线描述了产业 1 的实际工资，虚线则对应于产业 2 的实际工资。曲线是在考虑了两种贸易成本之后才绘制出来的。位置较低的两条曲线（两者交于 a^2、d 和 a^1），其贸易成本恰恰处在使集聚得以维持下去的水平上 [$T(S)=1.8$]。位置较高的一对曲线（用粗线表示，两者交于 D 点），其贸易成本较低，在这一水平上，对称均衡开始变得不稳定 [$T(B)=1.625$]。

首先，我们看一下较低的这两条曲线。d 点的均衡是稳定的（这是因为 λ^1 的增长就意味着 $\omega^1 < \omega^2$）。由于 a^1、a^2 两个端点都满足 $\omega^1 = \omega^2$，所以这两个点分别对应于拥有产业 1 和产业 2 时的均衡（回想一下，这两条曲线是在 T 处于支撑点水平时绘制的；当贸易成本与之相比较高时，$\lambda^1=1$，则$\omega^1 < \omega^2$，此时集聚无法维持下去；当贸易成本与之相比较低时，$\lambda^1=1$，则 $\omega^1 > \omega^2$）。从这些曲线中，我们可以注意到一点，如果集聚发生，就会带来实际收入的增加：a^1、a^2 两点在 d 点之上。集聚意味着将制成品运到消费者手中会引致更多的贸易成本，而这往往会降低福利水平。但是，集聚节约了中间产品的贸易成本，企业会从中获益。如果集聚是可以维持的，那么后者的效应就占据主导地位，净效应则增加了实际收入，如图所示（本章附录 2 给出了两种情况下的福利表达式，并证实了与小的 T 值下的多样化生产相比，集聚可以带来更高的实际收入）。

随着贸易成本的下降，图 15—1 中的实际工资曲线上移并发生旋转。对于处于支撑水平和突变水平之间的贸易成本，存在 5 个均衡（两个端点，位于 d 和 D 之间的对称均衡，在对称均衡侧翼的两个不稳定均衡）。在突变点，当实际工资曲线在 D 点相交时，曲线的方向发生了改变，正如图中的 ω^1 和 ω^2 在 D 点相切所表示的那样。

如果贸易成本稳步下降，那么经济将从 d 循迹而上直至 D。当达到 D 点时，多样化开始不稳定，于是集聚就产生了。假设本国吸引的是产业 1，那么 λ^1 开始上升，当这一现象发生时，产业 1 的工人的经济状况日趋改善：如图中 ω^1 曲线上的箭头所示，他们的工资从 D 点向前移动到 A^1 点。那么产业 2 中的工人呢？他们的实际工资将沿着图中 ω^2 曲线上的箭头所给定的路径变动。实际工资的不断下降损害了他们的福利，尽管当 λ^1 上升至 1 时，在这类产业中就业的人数无疑会下降至 0。

因而，主旨是一目了然的。如果贸易成本的下降引发了集聚，那么从这些成本的下降中所获得的收益就会被放大：实际工资增长源于产业集聚。然而，在这一过程中存在调整成本。在我们的简单模型中，有一半的劳动力不得不转行。在这一进程中，这些工人的实际收入受到了损害。当然，实际收入损失的大小取决于调整的速度，同时也取决于其他的劳动力市场的不完全性。我们不对这一点进行描述。

多种要素：赫克歇尔-俄林世界中的产业集群

到目前为止，我们用于分析的模型仅有一种生产要素。即使专业化的源泉是受关联效应驱使的集聚，而不是外生的比较优势，这实际上还是一种李嘉图式的国际贸易模型。然而，长久以来，贸易理论家一直都确信，拥有多种生产要素的模型的典型特征就是弱化李嘉图模型中极端专业化的结论。在这里，这也是正确无误的吗？再讲得通俗一点，当我们转而研究一个拥有两个或多个生产要素的模型时，模型的结果会有什么变化？

既要回答这些问题，又要尽量保持模型的简洁明了，我们采用基恩

(Keaen，1965) 的贸易理论中所介绍的方法。现在考虑，不再把每种商品在生产过程中所使用的“初级”投入品作为生产要素，而是把它们自身也视为更基础的要素生产出来的产物。也就是说，现在假定，λ^1 和 λ^2 是由劳动和资本之类的初级要素“生产”出来的，而且 λ^1 和 λ^2 会随着要素密集度的变化而变化，所以由这些投入创造出来的经济就有一个严格凹的生产可能性边界（production possibility frontier，PPF）。图 15—2 展示了这样一个边界。这与标准的两商品竞争模型（例如，赫克歇尔-俄林模型）中所获得的两种产品的生产可能性边界相同。由于要素市场是完全竞争的，企业力图使成本最小化，所以它的绘制方法与最终产品空间中生产可能性曲线的绘制完全一致。照例，生产可能性曲线的斜率表示 λ^1 和 λ^2 之间的边际转换率，在竞争性的要素市场上，这等于它们的价格比。因此，生产可能性曲线在某一点的斜率测度了 λ^1 和 λ^2 在该点的相对价格，我们称之为价格比 ν^2/ν^1。这些价格是根据经济中基本的初级要素的价格制定的，但是考虑到我们要直奔主题，所以就没有必要对这些要素价格追根究底。

分析中要用到的并不是完全一般化的生产可能性曲线，我们保留了关于两个产业对称的假设（意外!），这使得生产可能性曲线关于 45°线对称。这意味着在一个赫克歇尔-俄林式的分析框架中，如果选择赋予每个国家相等的 1 单位的资本和劳动，那么在所有的要素价格水平上，产业 1 的资本劳动比率是产业 2 资本劳动比率的倒数。我们也会取适当的单位以使得生产可能性曲线的端点位于 $\lambda^1=0$，$\lambda^2=1$ 和 $\lambda^1=1$，$\lambda^2=0$ 处。

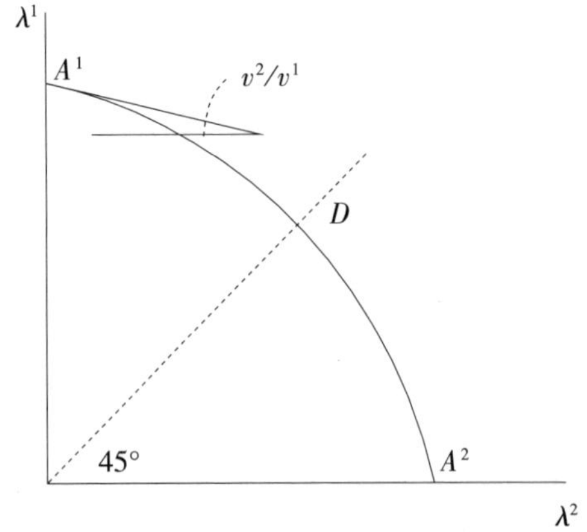

图 15—2　两要素的生产可能性边界

通过对 λ^1 和 λ^2 的重新解释，可以很容易地将我们对集聚的分析拓展至一个生产可能性曲线呈凹形的经济中。假定均衡包括本国的产业 1 的集聚和外国的产业 2 的集聚，这就是图 15—2 中的 A^1 点。此时，$\lambda^1=1$，$\lambda^2=0$。从第 15 章“集中还是分散?”一节中，我们了解到本国企业提供的投入物 λ^2 和 λ^1 的价格，其比例形式 w^2/w^1 由（15.16）式给出：

$$\left(\frac{w^2}{w^1}\right)^{\beta}=T^{-(\alpha-\gamma)}\left[\left(\frac{1+\alpha-\gamma}{2}\right)T^{1-\sigma}+\left(\frac{1+\gamma-\alpha}{2}\right)T^{\sigma-1}\right]^{1/\sigma} \quad (15.21)$$

然而，这些投入的均衡价格比等于 v^2/v^1，它由生产可能性曲线在 A^1 点的斜率给定。因此，如果存在 $w^2/w^1\leqslant v^2/v^1$，那么集聚就是可以维持下去的；如果这一不等式成立，那么要素流向产业 2 就是无利可图的。

图 15—3 可以说明这一点。该图中的曲线反映了 w^2/w^1 与 T 之间的关系，其形状非常熟悉（举例来说，看看图 4—5）。在仅有一种生产要素的情况下，生产可能性曲线是一条斜率为 -1 的直线，因此其支撑条件就是第 15 章“集中还是分散?”一节中所描述的条件；在图中，由 $t(s)$ 点表示。但是，生产可能性曲线严格凹意味着，在 A^1 点，我们有 $v^2/v^1<1$，因此集聚越来越难以维持下去。图 15—3 中水平实线的高度为 v^2/v^1，最终得到两个支撑点 $T(S)$。我们看到，假定 v^2/v^1 不是太低，那么总是存在一个 T 的区间可以使集聚维持下去，而过高或过低的 T 值都可能使集聚无法维持下去。这种认识非常直观明了。如果经济体中仅有一个产业是活跃的，那么这一产业所密集使用的要素就昂

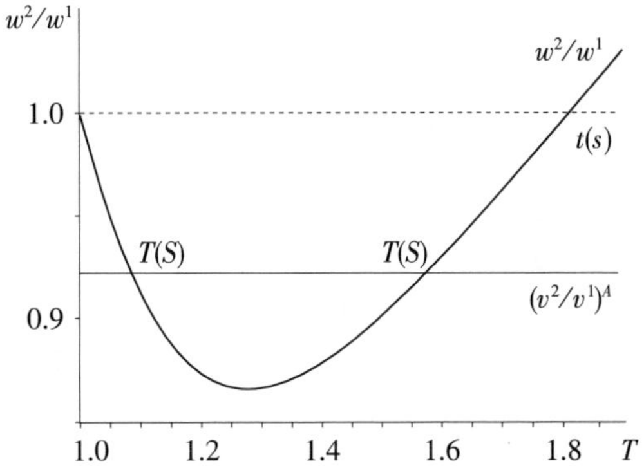

图 15—3　支撑点

贵，另一个产业所密集使用的要素就便宜（通过 $v^2/v^1<1$ 可以表明这一意思）。这种要素价格上的差异，使得进入另一个产业对企业来说更具有吸引力。特别是，在完全的自由贸易中，这样的价格差异不可能持续下去（毫无疑问，要素价格会均等化），因此，集聚在 $T=1$ 处（包括其附近的区域）是不可能发生的。

那么突变点呢？λ^1 的增长使产业 1 为了获取其投入必须支付高于其通行价格的价款。当出现这一情况时，多元化的均衡就不稳定了。处于对称均衡时（如图 15—2 中的 D 点所示），我们有：

$$\frac{w^2}{w^1}=\frac{v^2}{v^1}=1 \tag{15.22}$$

照例，写出 $d\lambda=d\lambda^1=-d\lambda^2$，$dw=dw^1=-dw^2$ 和 $d\nu=d\nu^1=-d\nu^2$，如果下式成立，那么对称均衡会变得不稳定：

$$\frac{dw}{d\lambda}>\frac{d\nu}{d\lambda} \tag{15.23}$$

正如第 15 章“集中还是分散?”一节中所勾勒的那样，在附录中我们会详尽给出 $dw/d\lambda$ 的表达式；我们在图 15—4 中给出了图示。

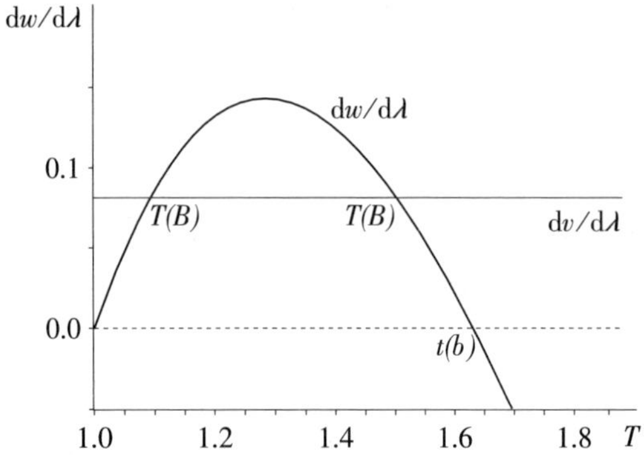

图 15—4　突变点

在第 15 章“产业集群：理论模型”一节中生产可能性曲线呈直线的情况下，(15.23) 式的右边为 0。此时，临界点和以前一样 [参见 (15.19) 式]，在图 15—4 中，由 $t(b)$ 点表示。生产可能性曲线的曲率意味着 $d\nu/d\lambda$ 是一个正值，假定这一曲率不是太大，那么就会有两个突变点 $T(B)$。直观地看，要素价格的变动与两个产业的规模的变化有关，它们是使均衡保持稳定的力量，可以抵消（但并不必然超过）由前向关联和后向关联所创造的不稳定力量。

图 15—5 将劳动力在产业间的分配表示为贸易成本的函数，并画出了一个完整的叉形图。我们可以发现，在贸易成本很高和很低时，每个国家每种产业都只雇用了一半的工人，当贸易成本很高时，之所以会出现这种情况，是因为每种产业都需要服务于终端消费者；而当贸易成本很低时，这种情况的发生则基于要素供给的考虑。居于两者之间，存在一个范围使集聚足以维持下去。同时，在一个较狭小的区间里，多样化均衡是不稳定的。

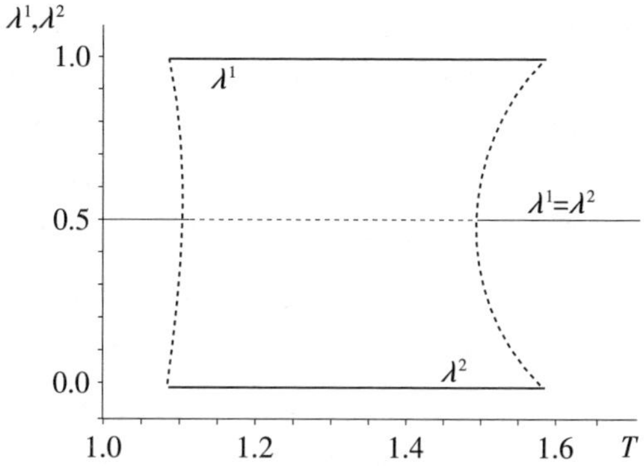

图 15—5　两要素情形下的叉形图

读过本书第 6 章和第 13 章以后，所有这些看起来都应该很熟悉。在那两章中我们发现，当除了运输成本以外的离心力作用于制造业商品时，运输成本和集聚之间的关系往往呈倒 U 形：当运输成本很高时，集聚不会发生，运输成本居中时出现中心—外围模式（这时接近终端消费者已经不那么重要了，但关联效应依然强大），最后，制造业再次分散以利用低运输成本下的低工资和低食品成本。我们曾认为这可能是相当普遍的一种形式。的确，我们在这里又看到了这种形式。

图 15—5 中所示的结构如何依赖于两产业中使用初级要素的生产函数呢？图 15—3～图 15—5 绘制的是两要素的赫克歇尔-俄林模型，两种产业都采用要素密集度不等的柯布-道格拉斯技术。在本章附录 2* 中，我们详细地说明了这些问题。扩大两种产业的要素密集度差异，则会产生缩小集聚发生范围的效果（在图 15—3 中，推动 ν^2/ν^1 下移；在图 15—4 中，推动 $d\nu/d\lambda$ 上移）。

柯布-道格拉斯技术产生了图 15—5 所示的双战斧形结构（我们计

* 怀疑原文印刷有误，应为本章附录 3，特此更正。——译者注

算过的所有例子都是如此)。不难看出,其他的函数形式会产生不同的格局。举例来说,固定系数技术意味着生产可能性曲线为两段直线在对称均衡处弯折。在这样的技术下,对称均衡永远不会变得不稳定,但集聚有可能维持下去(叉形图类似于图 6—3)。在另一个极端,考虑生产可能性曲线在对称均衡附近呈线性(斜率为-1),但接近坐标轴的部分严格向下凹的情况。对于某些参数而言,这种技术可能会导致对称均衡变得不稳定,但(完全专业化的)集聚无法维持下去。于是我们就得到一个存在不对称内部均衡的标准的草叉形结构,而不是一个战斧式结构,这与我们在第 13 章中看到的(如图 13—8 所示)一样。再强调一遍,均衡的结构究竟是标准的草叉式还是战斧式,并不是由我们对制造业进行建模的方式所决定的,而是由各产业间所采用技术的曲率所决定的。

最后,应该注意到这一分析对初级生产要素的价格的意义。模型阐述了贸易自由化在一定范围内不能使要素价格均等化的可能性。要素价格均等化可以在贸易成本很低时实现,而且因为经济被构建得完全一样,也可以在贸易成本很高时实现。但是,如果贸易成本的削减引发了集聚,如图 15—2 中的点 A^1,则会在本国经济中提高 λ^1 相对于 λ^2 的价格,对国外经济的作用则完全相反。由于斯托尔珀-萨缪尔森效应(Stolper-Samuelson effect)继而发挥作用,所以任何 λ^1 相对于 λ^2 的价格差异都会导致初级要素价格差异的扩大。

多种产业与稳定的跨国差异

我们现在回到单一初级要素的假设中来,但是允许多个(多于两个)产业的存在。当集聚发生时,多少种产业(或者说,在所有产业中,有多大比例的产业)会在每个国家都有企业?只有两个产业时,答案是每个国家只有一个产业,这也就意味着,(在各产业是对称的这一既定前提下)两个国家拥有相同的工资和收入水平。但是在一个存在许多产业的模型中,不需要对半划分,其中一个国家可能会比另一个国家拥有更多的产业。如果确实如此,那么它也会拥有较高的实际工资。[3]正如我们将要看到的那样,在一定范围内,产业在国家间的实际划分是不确定的。在这一范围内,每个国家都试图吸引尽可能多的产业。本节的首要任务就是识别出这一不确定性的范围。我们可以通过使用熟悉的方法做到这一点,即确定哪种类型的集聚是可以维持的。

我们对第 15 章“产业集群：理论模型”一节中的模型进行修正，以容纳更多的产业。以此为基础，再展开分析。我们假定，所有的产业都是对称的，且规定产业的总数为 H。同时，我们也假设投入产出矩阵中不在对角线上的元素 γ 为 0。这样，只存在产业内联系，$\alpha>0$，且 $\alpha+\beta=1$。对于我们想要的结果来说，这一假定并不是必须的，但它可以大大简化下面的表达式。在这些假定下，对于每一个 $i=1,\cdots,H$，产业 i 的一家本国企业所制定的价格为：

$$p^i=(w^i)^{\beta}(G^i)^{\alpha} \tag{15.24}$$

对任意的 $i=1$，…，H，我们可以将价格指数和工资方程［方程 (15.3)～方程 (15.4) 和方程 (15.5)～方程 (15.6)］重新写成：

$$G^i=[\lambda^i(w^i)^{1-\beta\sigma}(G^i)^{-\alpha\sigma}+\widetilde{\lambda}^i(\widetilde{w}^i)^{1-\beta\sigma}(\widetilde{G}^i)^{-\alpha\sigma}T^{1-\sigma}]^{1/(1-\sigma)} \tag{15.25}$$

$$[(w^i)^{\beta}(G^i)^{\alpha}]^{\sigma}=\beta[E^i(G^i)^{\sigma-1}+\widetilde{E}^i(\widetilde{G}^i)^{\sigma-1}T^{1-\sigma}] \tag{15.26}$$

根据 (15.7) 式和 (15.8) 式，每个产业的支出为：

$$E^i=\frac{1}{H}\sum_{j=1}^{H}w^j\lambda^j+\frac{\alpha w^i\lambda^i}{1-\alpha} \tag{15.27}$$

其中，消费者将他们收入的 $1/H$ 用于对每个产业产出的消费，求和给出了本国经济中的工资总额。

我们考察一个均衡的稳定性。在这一均衡中，每个产业都集中在一个国家。那么按照惯例，我们假定各产业在国家间划分，然后验证它是否可以维持下去。假设将产业划分为两类，Ⅰ类产业和Ⅱ类产业，分别在本国和外国建立企业。属于Ⅰ类的产业数量由 h 表示，Ⅱ类产业的数量为 $\widetilde{h}$。因此，我们有 $h+\widetilde{h}=H$。使用上标Ⅰ和Ⅱ来表示与两类产业有关的变量。例如，λ^{I} 表示每个Ⅰ类产业在本国的劳动雇佣量。每个经济体都会在其拥有的那类产业中充分利用一单位的劳动力禀赋，因此，这种分类就意味着：

$$\begin{aligned}&\lambda^{\mathrm{I}}=1/h,\ \lambda^{\mathrm{II}}=0\\&\widetilde{\lambda}^{\mathrm{I}}=0,\ \widetilde{\lambda}^{\mathrm{II}}=1/\widetilde{h}\end{aligned} \tag{15.28}$$

第一行说明本国在Ⅱ类产业中不存在就业，它的所有劳动力（一单位）平均分配于Ⅰ类产业中的 h 个产业。第二行则给出了外国相应的情况。应该要注意到，若 $h>\widetilde{h}$，则 $\lambda^{\mathrm{I}}<\widetilde{\lambda}^{\mathrm{II}}$。亦即，如果本国拥有多于世界一半的产业，那么本国每个产业的劳动雇佣量就比国外每个产业的劳

动雇佣量小。

在这种既定的产业分布下，均衡具有什么特征呢？首先，很容易推导出每个国家现有产业的相对工资 $w^{\mathrm{I}}/\widetilde{w}^{\mathrm{II}}$。每个产业在全世界的收入中都占有相同的份额，作为成本的工资支出所占的份额也相同。这就表示，所有产业的工资总额都是相同的。但是，正如我们所看到的那样，就业水平取决于产业的分布［参见方程（15.28）］，所以工资作相反方向变化，这意味着下式成立：

$$w^{\mathrm{I}}/\widetilde{w}^{\mathrm{II}}=h/\widetilde{h} \tag{15.29}$$

因此，如果本国拥有的产业数量是外国的两倍，那么其工资也是外国的两倍；高工资和每个产业的低劳动雇佣水平相对应，结果所有的产业都拥有相同的产值。

这些关系可以使我们对制造业支出的表达式（15.27）做进一步的简化，简化后的结果为：

$$\begin{aligned}&E^{\mathrm{I}}=w^{\mathrm{I}}\left[\frac{1}{H}+\frac{\alpha}{(1-\alpha)h}\right],\quad E^{\mathrm{II}}=\frac{w^{\mathrm{I}}}{H}\\&\widetilde{E}^{\mathrm{II}}=\widetilde{w}^{\mathrm{II}}\left[\frac{1}{H}+\frac{\alpha}{(1-\alpha)\widetilde{h}}\right],\quad \widetilde{E}^{\mathrm{I}}=\frac{\widetilde{w}^{\mathrm{II}}}{H}\end{aligned} \tag{15.30}$$

同样，我们也需要价格指数的表达式。因为每个产业仅在一个国家运营，所以价格指数方程（15.25）变为：

$$\begin{aligned}&G^{\mathrm{I}}=w^{\mathrm{I}}(\lambda^{\mathrm{I}})^{1/[1-\sigma(1-\alpha)]},\quad G^{\mathrm{II}}=T\widetilde{G}^{\mathrm{II}}\\&\widetilde{G}^{\mathrm{II}}=\widetilde{w}^{\mathrm{II}}(\widetilde{\lambda}^{\mathrm{II}})^{1/[1-\sigma(1-\alpha)]},\quad \widetilde{G}^{\mathrm{I}}=TG^{\mathrm{I}}\end{aligned} \tag{15.31}$$

现在，我们能验证前面假定的产业划分格局的稳定性了。为此，我们必须比较，处于现有产业和进入另一产业的企业所能支付的工资大小。而就本国经济而言，我们必须要比较Ⅰ类产业和来自Ⅱ类产业的潜在进入者所能支付的工资大小。根据（15.26）式，Ⅰ类产业和Ⅱ类产业的工资比率等式可以表示为：

$$\left(\frac{w^{\mathrm{II}}}{w^{\mathrm{I}}}\right)^{\beta\sigma}T^{\alpha\sigma}=\left(\frac{G^{\mathrm{I}}}{\widetilde{G}^{\mathrm{II}}}\right)^{[1-\sigma(1-\alpha)]}\left[\frac{\widetilde{E}^{\mathrm{II}}T^{1-\sigma}+E^{\mathrm{II}}T^{\sigma-1}}{E^{\mathrm{I}}+\widetilde{E}^{\mathrm{I}}}\right] \tag{15.32}$$

利用方程（15.28）～方程（15.31），我们可以将其简化为：

$$\left(\frac{w^{\mathrm{II}}}{w^{\mathrm{I}}}\right)^{\beta}=T^{-\alpha}\left(\frac{\widetilde{h}}{h}\right)^{\beta}\left[\frac{\widetilde{h}+h\alpha}{H}T^{1-\sigma}+\frac{(1-\alpha)h}{H}T^{\sigma-1}\right]^{1/\sigma} \tag{15.33}$$

如果这个表达式小于1，那么 $w^{\mathrm{II}}<w^{\mathrm{I}}$，因此Ⅰ类产业的工人没有

流向Ⅱ类产业的动机。

这个条件与其他的支撑条件有类似的结构。而且，当 $h=\tilde{h}=H/2$ 时，这一条件就完全变为第 15 章“产业集群：理论模型”一节中的最简单的支撑条件（15.16）式。这一关系由图 15—6 中的实线将其形式化。在图 15—6中，横轴表示运输成本，纵轴表示国家 1 在世界产业中所占的份额。这条实线是使得（15.33）式等于 1 的点的轨迹。对于实线以上的 h/H 的值来说，没有任何Ⅱ类产业中的企业愿意进入本国经济（$w^{\mathrm{II}}<w^{\mathrm{I}}$）；反之，对于实线以下的 h/H，均衡是不稳定的（$w^{\mathrm{II}}>w^{\mathrm{I}}$）。

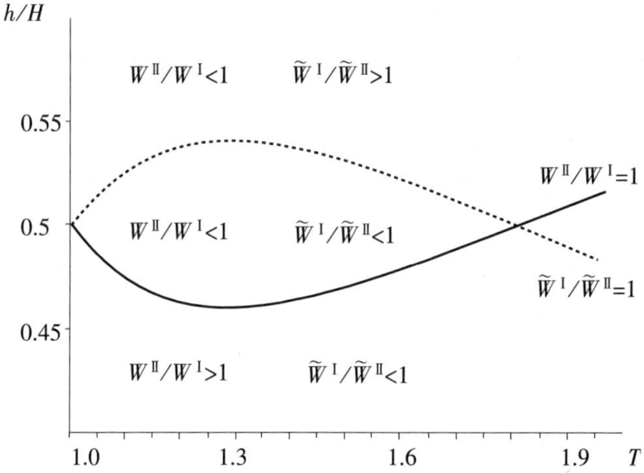

图 15—6　稳定均衡集

这条曲线的形状是由以下几种力量决定的。与以前一样，（15.33）式右边第一项 $T^{-\alpha}$ 反映了前向关联效应；当一定要从国外的供应商那里进口所有的中间产品并为此支付运输成本时，潜在的对均衡的偏离才会出现。（方括号中的）最后一项反映了后向关联效应，并且是 h 的增函数；由于有更多的产业会增加收入、扩大市场，因此对于来自Ⅱ类产业的企业来说，在本国建立企业更具有吸引力。但是，中间的一项 $\tilde{h}/h$ 反映了两区位间的相对工资［参见（15.29）式］，并且它是 h 的减函数；由于本国有大量的产业会抬高工资水平，这就减弱了本国对更多产业的吸引力。综合考虑这些效应，等式右边作为一个整体是 h 的减函数，h 越高，别的产业就越不可能在本国设立。

对于可维持的均衡，我们必须同时确定，进入本国Ⅱ类产业的企业不会得到任何利益，进入国外Ⅰ类产业的企业同样也无利可图。因此，我们必须为外国推导出第二个支撑条件；类似于（15.33）式，但是给出的是 $\tilde{w}^{\mathrm{I}}/\tilde{w}^{\mathrm{II}}$，且需将 h 和 $\tilde{h}$ 交换一下位置。它由图 15—6 中的虚线表示。在虚线上方，外国的工资水平相当低，这使得进入Ⅰ类产业的企业是有利可图的（$\tilde{w}^{\mathrm{I}}/\tilde{w}^{\mathrm{II}}>1$）。

将两条曲线放在一起就发现，在两条曲线之间的区域内，既定的国家间产业的划分就是可以维持下去的。比较（15.33）式和第 15 章“产业集群：理论模型”一节中的支撑条件［参见方程（15.16）］，就可以看出，两条曲线的交点所代表的 T 值刚好就是通常意义上的支撑点。也就是分配给每个国家世界上一半的产业，这种结构能得以维持下去的点。当运输成本高于这一点时，集聚根本不会发生。在另一端，当 $T=1$ 时，要素价格必然实现均等化，致使每个国家的产业数目相等。于是，和往常一样，贸易成本不高不低时，产生集聚的可能性最大，此时可以使均衡维持下去的参数的取值范围最广。

在给定的运输成本水平上，产业内的关联效应 α 越强，可维持的产业配置范围越大，进而各国间的工资差异也就越大。图 15—6 是根据 $\alpha=0.4$ 画出来的。α 的增长会大大拓宽使均衡可维持的产业配置范围：在 $\alpha=0.67$ 的情况下，一个经济体所拥有的产业数目可能是另一个经济体的 3 倍之多。将模型一般化，考虑产业间的关联效应（$\gamma>0$），可以说明，集聚是可维持的必须有 $\alpha-\gamma>0$。并且，$\alpha-\gamma$ 越大，可维持的产业配置范围也越大。

尽管模型对是什么决定了国家间产业的实际划分这一问题只字未提，但是，很明显国家间存在利益冲突，以至于每个国家都希望吸引到大量产业。为了达到这一目的，各国会提高名义工资，缩减与运输成本相关的消费份额。但是，有两种力量会从相反的方向发生作用：一种力量是，随着越来越多的产业的卷入，本国经济中每个产业生产的产品种类会减少；而另一种力量是，随着外国经济的衰退，贸易量会下降，因而会丧失从贸易中所获得的利益。与此相反，随着外国对本国产出的需求的下降，本国的贸易条件开始恶化。

吸引更多的产业对实际工资会产生哪些净效应呢？我们已经推导出实际工资作为国家间产业配置的因素的函数表达式，但远没达到一目了然的程度。我们把这一工作放在本章附录 4 中来做。然而，模拟分析的结果显示，在均衡可维持的范围内，每个国家的实际收入都是其制造业份额的严格递增函数。也就是说，尽管从原则上说，过分地推行“产业争夺”（industry grabbing）政策可能并不符合国家利益，但是模拟分析表明，在一定的范围之内，攫取尽可能多的产业的确是有利可图的。

结　论

我们认为，本章中所考察的模型不仅展示了本书所采用方法的灵活性，而且还展示了其普遍性。在本书第 4 章中首次介绍的中心—外围模型，其关注的焦点看来是相当明确的：农业和制造业构成了一个国家的全部，在这种背景下考察了区域集聚问题。现在，我们不但看到了类似的模型除了用于区域之外，还可以应用于城市和国家，而且，很多相同的洞见通过对包括特定产业的地理集中等问题进行合理的重新阐述而延续下来了，为所观察的产业集群现象提供了一种解释。

本章提出的问题也有很强的政策含义。尽管模型对于什么决定了国家间产业的实际分布只字未提，但是很明显，特定产业的区位选择可能会受到磁滞现象（hysteresis）的影响。假如一个国家经历了短暂的经济衰退，部分产业流失到了其他国家，那么当经济形势好转时，并不存在什么机制能使这些产业重新回来。正如我们所看到的那样，即便我们假定所有的产业都是对称的，国家间依然会存在利益上的冲突。如果认为某些产业具有战略意义（即在这些产业与其他产业部门之间存在较强的关联效应），那么这种冲突就会愈演愈烈。

附录 1：对称均衡瓦解

持续性

当集聚处于均衡状态时，各变量的均衡值为 $\lambda^1=\widetilde{\lambda}^2=1$，$\lambda^2=\widetilde{\lambda}^1=0$（方程 15.9）和 $w^1=\widetilde{w}^2=1$。价格指数和支出水平为：

$$G^1=\widetilde{G}^2=T^{\gamma\sigma/(\beta\sigma-1)};$$
$$G^2=\widetilde{G}^1=T^{(\beta\sigma+\gamma\sigma-1)/(\beta\sigma-1)};$$
$$E^1=\widetilde{E}^2=\left(\frac{1}{2}+\frac{\alpha}{\beta}\right),\ E^2=\widetilde{E}^1\left(\frac{1}{2}+\frac{\gamma}{\beta}\right)^{*} \tag{15A.1}$$

* 原文有误，应为 $E^2=\widetilde{E}^1=\left(\frac{1}{2}+\frac{\gamma}{\beta}\right)$。——译者注

稳定性分析

在对称均衡处，我们有 $\lambda=1/2$，以及：

$$w=1, E=2/\beta, G^{1-\sigma\beta}=(1+T^{1-\sigma})/2 \tag{15A.2}$$

定义 Z 为：

$$Z\equiv\lambda\frac{1-T^{1-\sigma}}{G^{1-\sigma\beta}}=\frac{1-T^{1-\sigma}}{1+T^{1-\sigma}} \tag{15A.3}$$

对价格指数进行全微分，得到：

$$[1-\sigma+\sigma(\alpha-\gamma)Z]\frac{\mathrm{d}G}{G}=Z\frac{\mathrm{d}\lambda}{\lambda}+(1-\beta\sigma)Z\mathrm{d}w \tag{15A.4}$$

根据工资方程，有：

$$\sigma\beta\mathrm{d}w=Z\frac{\mathrm{d}E}{E}+[(\sigma-1)Z-\sigma(\alpha-\gamma)]\frac{\mathrm{d}G}{G} \tag{15A.5}$$

同时，根据支出的表达式，得到：

$$\frac{\mathrm{d}E}{E}=(\alpha-\gamma)\left[\frac{\mathrm{d}\lambda}{\lambda}+\mathrm{d}w\right] \tag{15A.6}$$

消掉 $\mathrm{d}E$，方程组就可以写成：

$$\begin{bmatrix}\sigma\beta-Z(\alpha-\gamma) & (\alpha-\gamma)\sigma+(1-\sigma)Z\\ (\sigma\beta-1)Z & 1-\sigma+(\alpha-\gamma)\sigma Z\end{bmatrix}\times\begin{bmatrix}\mathrm{d}w\\ \mathrm{d}G/G\end{bmatrix}=\begin{bmatrix}Z(\alpha-\gamma)\mathrm{d}\lambda/\lambda\\ Z\mathrm{d}\lambda/\lambda\end{bmatrix} \tag{15A.7}$$

从上式中，我们可以得到：

$$\begin{aligned}\frac{\mathrm{d}w}{\lambda}&=-\frac{Z}{\lambda\Delta}\{(\alpha-\gamma)(2\sigma-1)-Z[\sigma(1+(\alpha-\gamma)^2)-1]\}\\&=-\frac{Z}{\lambda\Delta}\left\{\frac{(\alpha-\gamma)(1+\rho)-Z[(\alpha-\gamma)^2+\rho]}{1-\rho}\right\}\end{aligned} \tag{15A.8}$$

其中：

$$\Delta=\sigma(1-\sigma)\beta+Z(\alpha-\gamma)(2\sigma-1)-Z^2[\sigma(\alpha-\gamma)^2-(\sigma-1)(\beta\sigma-1)] \tag{15A.9}$$

如果 $(\sigma-1)/\sigma\equiv\rho>\alpha-\gamma$，则（15A.9）式的值为负。

附录 2：调整与实际收入

实际收入为：

$$\omega^i = w^i (G^1 G^2)^{-1/2} \tag{15A. 10}$$

由价格指数和工资的数值，得到对称均衡和集聚均衡时的实际工资分别为 $\omega(d)$ 和 $\omega(a)$，即：

$$\omega(d) = [(1+T^{1-\sigma})/2]^{1/(\beta\sigma-1)}$$
$$\omega(a) = T^{[1-(\beta+2\gamma)\sigma/2(\beta\sigma-1)]} \tag{15A. 11}$$

当 $T=1$ 时，两者相等。在 $T=1$ 附近分别对 T 进行微分，可以证明，如果 $\alpha>\gamma$，那么对于 $T>1$ 的某个区间，则有$\omega(a)>\omega(s)$ * 成立。

附录 3：生产可能性边界

用 $k1$ 和 $k2$ 来表示初级生产要素禀赋，价格分别为 $r1$ 和 $r2$。产业的技术由初级投入所构成的成本函数来定义：

$$\nu^1 = r1^{\delta} r2^{1-\delta}$$
$$\nu^2 = r1^{1-\delta} r2^{\delta} \tag{15A. 12}$$

如果 $\delta=1/2$，则两部门拥有相同的技术。δ 与 $1/2$ 相差越远，两部门间的技术水平就相差越大。要素市场的出清可以表示为：

$$r1k1 = \delta\nu^1\lambda^1 + (1-\delta)\nu^2\lambda^2$$
$$r2k2 = (1-\delta)\nu^1\lambda^1 + \delta\nu^2\lambda^2 \tag{15A. 13}$$

定义相对要素价格为 $R\equiv r1/r2$，同时将（15A. 12）式代入（15A. 13）式，我们可以得到：

$$Rk1 = \delta R^{\delta}\lambda^1 + (1-\delta)R^{1-\delta}\lambda^2$$
$$k2 = (1-\delta)R^{\delta}\lambda^1 + \delta R^{1-\delta}\lambda^2 \tag{15A. 14}$$

这两个式子隐性确定了生产可能性曲线（可以通过消掉 R 得到）。我们规定，资源禀赋满足：

$$k1 = k2 = \delta^{\delta}(1-\delta)^{1-\delta} \tag{15A. 15}$$

生产可能性曲线的斜率是 $\nu^2/\nu^1 = R^{1-2\delta}$。如果 $\lambda^1=1$，那么$R=\delta/(1-\delta)$ 。同时 ，我们还可以得到 $\nu^2/\nu^1 = [\delta/(1-\delta)]^{1-2\delta}$。在对称均衡

* 原文有误，应为 $\omega(a)>\omega(d)$。——译者注

点，我们有 $\lambda=k1$，$R=1$ 。同时，还可以得到，$\lambda d\nu/d\lambda=(2\delta-1)^2/[4\delta(1-\delta)]$。

附录 4：多种产业的情况

本国的实际工资为 $w_1[(G^{\mathrm{I}})^h(G^{\mathrm{II}})^{\tilde{h}}]^{-1/H}$，我们可以将本国的劳动力当成计价物，因此，$w_1=1$。利用（15.28）式、（15.29）式和（15.31）式我们可以推出：

$$G^{\mathrm{I}}=h^{1/(\beta\sigma-1)},\quad G^{\mathrm{II}}=T\tilde{h}^{1/(\beta\sigma-1)}\tilde{h}/h \tag{15A.16}$$

据此，就可以推出实际收入函数的显性表达式。这样，一下子就可以看出实际收入是产业配置 h 和 $\tilde{h}$ 的函数。

附录 5：模拟参数

图 15—1：$\sigma=5$，$\alpha=0.4$，$\beta=0.6$，$\gamma=0$，$T=1.8$ 和 $T=1.625$。

图 15—2：不是通过参数模拟绘制的。

图 15—3～图 15—5：$\sigma=5$，$\alpha=0.4$，$\beta=0.6$，$\gamma=0$，$\delta=0.4$。

图 15—6：$\sigma=5$，$\alpha=0.4$，$\beta=0.6$，$H=100$。

［注释］

［1］克鲁格曼以州为划分单位，计算了每一个产业 i 的基尼系数 $s_j^i/\sum_i s_j^i$。其中，s_j^i 表示 j 州中产业 i 中所雇用的劳动力占全部劳动力的比例。

［2］由于劳动力只能在国内流动，因此分析均衡的结构时，既可以使用 w^i，也可以使用 ω^i。在第 15 章“集中还是分散?”一节中使用 w^i 最简单。现在，我们想大致说明一下实际收入的含义，所以我们使用 ω^i。

［3］从本质上讲，这一分析与鲍莫尔和戈莫里（Baumol and Gomory，1987）的研究有一定的相似之处。

第16章 无缝的世界

出于某些理由，国际经济学历来非常重视跨越国界的贸易流量。边界是一个可以搜集数据的地方。尽管形式上的贸易壁垒非常低，但国界与贸易流量还是有很大关系的。然而，人们可能会把一般的贸易理论看成是用来解释整个地理空间的贸易流量的，而不是用来解释跨越国界这种人为分隔线的贸易流量的。在本章中，我们将构造一个专业化模型，并假定贸易是在一个“无缝”（seamless）的世界中进行的。在这个世界里，国界被忽略了，甚至所考察的经济区域（它们是边界模糊的区域，而不是点）也不是事先确定的。

虽然我们不知道曾经有哪些相关的研究工作，但是为了便于分析问题，在这个无缝的世界里，我们将构造一个基于比较优势理论的贸易模型。比如，设想一个李嘉图模型，在这个模型中，连续的区位分布在从北到南的一条线上，这些区位的气候以及葡萄酒和小麦的相对劳动生产率随着纬度的变化而发生缓慢的变化。然后，你可能立刻会有这样一个模型，它是从小麦和葡萄酒生产区域的边界这个角度，而不是从国家的专业化这一角度，来考察整个世界经济中的均衡问题的。人们会很自然地想象，这个世界由两个区域构成：一个生产小麦；另外一个生产葡萄酒。但是这两个区域的边界似乎是内生的，而不是预先指定的。

出于某些目的，我们把整个世界模型化为一个无缝的世界。事实上，这种方法是很有用的。比较优势在很大程度上仍然可以解释世界贸易。但是，正如我们在整本书中所做的一样，在这里我们只是吸取比较优势方法的精华，而非完全套用这种方法。我们假定，存在两个（或者更多）制造业产业，并且提出问题：这些产业能否形成不同的专业化区域？这种模式与前面几章所述的是一样的，因此厂商之间的关联效应会产生促使产业集中的力量。在一个无缝的世界里，这些力量会导致专业化经济区域的形成吗？如果会，这些区域有多大，会形成多少这样的区域？我们利用本书第 5 章中的工具（研究新结构出现的图灵分析法）来回答这些问题。

我们将会看到，一个常规的专业化结构的出现伴随着专门从事某种产业的区域的形成。接下来，我们还要解决一系列问题。模型参数的变化将对专业化结构产生什么影响呢？比如，随着贸易成本的下降，在某种意义上，现有的区域专业化模式将变得不太适合新的环境。但是，正是现有结构的存在产生了一种锁定效应：厂商不愿意离开现有专业化区域，因为这样做意味着他们将失去关联效应带来的好处。因此，就在维持现有结构的循环因果关系和降低贸易成本而引起的改变这种结构的压力之间存在一种合力。这个合力是如何平衡的呢？答案是，地理变化是以“断续均衡”（punctuated equilibrium）为特征的。[1] 区域专业化结构一旦建立，即使经济体的参数改变，它在一定时间内还是会继续存在下去的。但是，当参数最终超过某个临界值时，就会出现分岔：专业化结构变得不稳定，从而出现了另外一种经济地理。

最后，（与第 15 章一样）考虑到欧洲一体化的影响，我们放弃区域和产业都是对称的这一假定。考虑一个能够从根本上区分中心和外围区域的地理结构。研究表明，对于任何给定的贸易成本水平，中心和外围区域总是存在一种独特的产业分布。但是，随着贸易成本的下降，这种分布会改变，甚至会发生逆转。

模　型

首先回忆一下第 5 章中的轨道经济。各个区域分布在一个半径为 D 的圆周上，区域记为 r，$s\in[0，2\pi D]$。

产业结构与前一章一样：不存在农业部门，取而代之的是两个垄断竞争的行业，厂商之间通过中间产品的生产和使用联系起来。同我们在第 5 章最后所做的一样，尽管放松下面的假定同样可以解决问题，但是我们仍然继续认为，每个厂商所使用的中间产品均来自本行业，在投入产出矩阵中，只有主对角线上的元素不为零。我们继续沿用第 15 章“多种要素：赫克歇尔-俄林世界中的产业集群”一节中的生产结构。在这个结构中，每个产业所需的各种投入都是由初级要素沿下凹的生产可能性边界生产出来的。不过，为了便于计算，在本章中，我们不是根据赫克歇尔-俄林式的两要素模型来推导生产可能性边界，而是根据李嘉图-瓦伊纳模型（Ricardo-Viner model；Jones，1971；Samuelson，1971）中的柯布-道格拉斯函数来推导的。在李嘉图-瓦伊纳模型中，流动的生产要素必须在两个产业之间进行分配，而且每个产业都有自己的特定要素。

我们把地区 r 中产业 i 的特定要素的价格记为 $y^i(r)$，它在价格中所占份额为 κ。在每个地区，特定要素的禀赋为 k^i。因此地区 r 产业 i 厂商的要价由下式决定：

$$p^i(r)=[w^i(r)]^{\beta}[G^i(r)]^{\alpha}[y^i(r)]^{\kappa},\quad i=1,2 \tag{16.1}$$

其中，β 表示价格中劳动力的份额，α 表示价格中从本行业获取的中间产品的份额，κ 表示价格中产业特定要素的份额，且 $\alpha+\beta+\kappa=1$。这些参数对于两个行业都是相同的。也就是说，同前面一章一样，这两个行业是对称的。

要素在各区域之间是不可流动的，其价格的调节能保证各地区每种要素都得到充分利用。在柯布-道格拉斯生产技术下，很容易找到各行业特定要素的价格的表达式。如果地区 r 中产业 i 的工资支出为 $w^i(r)\lambda^i(r)$，那么特定要素投入的均衡值 $y^i(r)k^i$，满足 $y^i(r)k^i=w^i(r)\lambda^i(r)\kappa/\beta$。通过对特定要素选择合适的计量单位，使其总供给水平为 $k^i=\kappa/\beta$，$i=1,2$，因此特定要素的价格就变为 $y(r)^i=w(r)^i\lambda(r)^i$。把这个式子代入方程（16.1），得到地区 r 每个产业中的厂商的要价：

$$p^1(r)=[w^1(r)]^{\beta+\kappa}[G^1(r)]^{\alpha}[\lambda^1(r)]^{\kappa} \tag{16.2}$$

$$p^2(r)=[w^2(r)]^{\beta+\kappa}[G^2(r)]^{\alpha}[\lambda^2(r)]^{\kappa} \tag{16.3}$$

从中可以很明显地看出特定要素的影响。如果 $\kappa>0$，那么某个产业的扩张［即 $\lambda^i(r)$ 增大］，由于提高了成本和价格，因而面临收益递减。同前面的几章一样，我们将会发现，这种要素供给效应相当于离心力，不利于产业的集聚。

现在我们可以写出模型的方程式。每个地区的劳动力供给为 1，所以$\lambda^1(r)+\lambda^2(r)=1$。各地区各产业的产品的价格指数为：

$$[G^1(r)]^{1-\sigma}=\int_{-\pi D}^{\pi D}[w^1(s)]^{1-\sigma(\beta+\kappa)}[G^1(s)]^{-\alpha\sigma}[\lambda^1(s)]^{1-\kappa\sigma}e^{-\tau(\sigma-1)|r-s|}\mathrm{d}s \tag{16.4}$$

$$[G^2(r)]^{1-\sigma}=\int_{-\pi D}^{\pi D}[w^2(s)]^{1-\sigma(\beta+\kappa)}[G^2(s)]^{-\alpha\sigma}[\lambda^2(s)]^{1-\kappa\sigma}e^{-\tau(\sigma-1)|r-s|}\,ds \tag{16.5}$$

工资方程为：

$$\left\{[w^1(r)]^{\beta+\kappa}[G^1(r)]^{\alpha}[\lambda^1(r)]^{\kappa}\right\}^{\sigma}=\beta\int_{-\pi D}^{\pi D}[G^1(s)]^{\sigma-1}E^1(s)e^{-\tau(\sigma-1)|r-s|}\,ds \tag{16.6}$$

$$\left\{[w^2(r)]^{\beta+\kappa}[G^2(r)]^{\alpha}[\lambda^2(r)]^{\kappa}\right\}^{\sigma}=\beta\int_{-\pi D}^{\pi D}[G^2(s)]^{\sigma-1}E^2(s)e^{-\tau(\sigma-1)|r-s|}\,ds \tag{16.7}$$

地区 r 中每个产业的支出为：

$$E^1(r)=\left(\frac{\beta+\kappa}{2\beta}\right)[w^1(r)\lambda^1(r)+w^2(r)\lambda^2(r)]+\left[\frac{\alpha w^1(r)\lambda^1(r)}{\beta}\right] \tag{16.8}$$

$$E^2(r)=\left(\frac{\beta+\kappa}{2\beta}\right)[w^1(r)\lambda^1(r)+w^2(r)\lambda^2(r)]+\left[\frac{\alpha w^2(r)\lambda^2(r)}{\beta}\right] \tag{16.9}$$

支出方程第一项的系数表明，收入是由劳动力和特定要素共同创造的；因此总收入为 $(\beta+\kappa)/\beta$ 乘以工资支出。第二项是同一部门对中间产品的需求产生的后向关联效应。

最后，我们假定，尽管生产要素是不可流动的，劳动力却可在同一地区内部不同产业之间流动。这种动态调整遵从下面的形式：

$$\dot{\lambda}^1(r)=[w^1(r)-\overline{w}(r)]\lambda^1(r) \tag{16.10}$$

其中，$\overline{w}(r)$ 是 r 地区两个部门的平均工资。$\lambda^2(r)$ 则按照大小相等方向相反的方式进行调整，以保证总就业量为 1。

集聚的频率

考察这个模型的均衡可以得出哪些结论呢？起码，必然存在一个平地均衡。在这个均衡中，所有区域中两个产业的情况完全相同。在平地处，$\lambda=1/2$，$w=1$（忽略区域和特定产业的标记）。通过观察均衡条件，我们发现，$E=1/2\beta$，以及：

$$G^{1-\sigma+\alpha\sigma}=\left(\frac{1}{2}\right)^{1-\kappa\sigma}\int_{-\pi D}^{\pi D}e^{-\tau(\sigma-1)s}\mathrm{d}s \tag{16.11}$$

平地均衡可能稳定也可能不稳定。为了弄清楚这个问题，我们来看微分方程（16.10）的特征值。根据第 5 章的图灵分析法我们知道该怎么做。现在我们只关心局部稳定性。因此，将其线性化并且观察在平地均衡附近发生微小偏离时的情况；由于所有正弦波动都是这个系统的特征函数，而且我们可以把任何偏离平地均衡的情形看成是正弦波动的总和，因此在这里我们仅仅考虑正弦波动。

我们借助各变量的变化来描述偏离平地均衡的情况，就业份额的偏离可以表示为：

$$\lambda^1(r)'=-\lambda^2(r)'=\delta_\lambda\cos(vr) \tag{16.12}$$

其中，v 是波动的频率，δ_λ 是波动的振幅。$\lambda^i(r)$ 上的这些扰动引起了其他同样为正弦波动的内生变量的变化。而且，这些变量还有一个特点，其中一个产业的成长伴随着另外一个产业的衰退，因此，它们一定以下列形式变化：

$$\begin{aligned}\frac{G^1(r)'}{G}&=-\frac{G^2(r)'}{G}=\delta_G\cos(vr)\\ w^1(r)'&=-w^2(r)'=\delta_w\cos(vr)\\ E^1(r)'&=-E^2(r)'=\delta_E\cos(vr)\end{aligned} \tag{16.13}$$

比率 δ_G/δ_λ、δ_w/δ_λ 以及 δ_E/δ_λ 分别表示 $\lambda^i(r)$ 的扰动所引起的 $G^i(r)$、$w^i(r)$ 和 $E^i(r)$ 的变化情况。可以通过对均衡条件（16.4）式、（16.6）式和（16.8）式进行全微分，并结合（16.12）式和（16.13）式得到。特别地，我们对各个部门雇佣工人数目的变化引起的工资的变化 δ_w/δ_λ 非常感兴趣。推导过程见本章附录 1，其表达式为：

$$\frac{\delta_w}{\delta_\lambda}=2\left\{\frac{Z(1-\rho)[\alpha(1+\rho)-Z(\alpha^2+\rho)]-\kappa(1-Z^2)\rho}{\rho(1-\alpha)-Z\alpha(1-\rho^2)-Z^2(\rho^2+\alpha^2\rho-\alpha\rho-\alpha^2)}\right\} \tag{16.14}$$

其中：

$$Z\equiv\frac{\int_{-\pi D}^{\pi D}\cos(vs)e^{-\tau(\sigma-1)|s|}\mathrm{d}s}{\int_{-\pi D}^{\pi D}e^{-\tau(\sigma-1)|s|}\mathrm{d}s}$$

$$= \frac{\tau^2(\sigma-1)^2}{\tau^2(\sigma-1)^2+v^2}\left[\frac{1-\cos(v\pi D)e^{-\tau D(\sigma-1)\pi}}{1-e^{-\tau D(\sigma-1)\pi}}\right] \tag{16.15}$$

下面，我们要利用与 $\lambda^i(r)$ 有关的微分方程（16.10）所提供的信息来考察平地均衡的稳定性。将其线性化，且代入（16.12）式和（16.13）式得到：

$$\dot{\lambda}^1(r)=\lambda w^1(r)'=\frac{\delta_w}{2}\cos(vr)=\frac{1}{2}\frac{\delta_w}{\delta_\lambda}\lambda^1(r)' \tag{16.16}$$

因此，$\delta_w/2\delta_\lambda$ 就是其特征值。它取决于扰动的频率 v；如果任何一个频率所决定的特征值都为正，那么平地均衡就是不稳定的，而且专业化产业区会在拥有最大特征值的频率处形成，在第 5 章中我们将这个频率称为首选频率。

为了确定首选频率，我们需要考虑两个关系：方程（16.15）表示的是由 v 和 τ 决定的 Z；方程（16.14）则给出了由 Z 决定的特征值 $\delta_w/Z\delta_\lambda$ *。现在，和第 5 章一样，我们暂时假定 D 非常大，这样就可以把 v 看成是连续变量，而且 Z 的表达式也将变得非常简洁：（16.15）式中的第二项将趋近于 1，因而就有：

$$Z=\frac{\tau^2(\sigma-1)^2}{\tau^2(\sigma-1)^2+v^2}=\frac{(\sigma-1)^2}{(\sigma-1)^2+(v/\tau)^2} \tag{16.17}$$

变量 Z 可以取 0（v 非常大时）到 1（v 接近 0 时）之间的任何值。从（16.14）式中我们能得出哪些结论呢？只要满足非黑洞条件（$\rho>\alpha$），表达式的分母就是正的。因此特征值的符号由分子决定，即：

$$\mathrm{sign}[\delta_w/\delta_\lambda]=\mathrm{sign}\{Z(1-\rho)[\alpha(1+\rho)-Z(\alpha^2+\rho)]-\kappa(1-Z^2)\rho\} \tag{16.18}$$

首先考虑该产业不使用特定要素的情况，即 $\kappa=0$。通过观察上式，我们知道当 $Z=0$ 时，特征值为 0，Z 比较小时，特征值为正，因此，频率高、波长短的波动必然会随着时间的变化而加强。不过，在 $Z=1$ 时，如果满足非黑洞条件，则表达式为负。根据以上分析，可得到特征值与 Z 之间的关系：如图 16—1 中的上面那条曲线所示。在 Z 的某个内部水平上，波动增长率达到了最大值；这个时候的 Z 值所对应的频率就是首选频率，它决定了早期各专业化产业区之间的距离。

---

* 原文有误，此处应为 $\delta_w/2\delta_\lambda$。——译者注

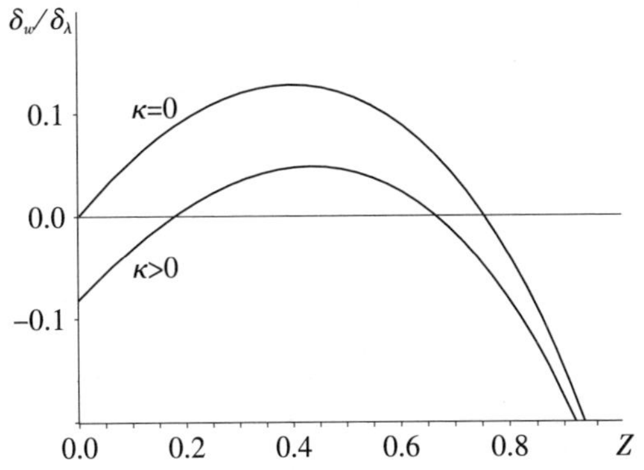

图 16—1 特征值

我们也能够立即证明早期专业化产业区的规模取决于贸易成本。事实上，首选频率和 τ 成比例，这可以通过（16.17）式看出。注意，v 总是可以 v/τ 的形式出现。

如果产业使用特定要素，即 $\kappa>0$，那么描述特征值与 Z 之间关系的曲线就会向下移动。因此，可能不存在特征值为正的波动频率；此时，平地均衡就是稳定的，而且决不会出现产业集中的区域。不过，在图 16—1 中下面那条曲线所表示的情况下，当 Z 值居中以及频率居中（不是很高，也不是很低）时，波动将会增加。

注意在后一种情况下，如果我们考虑一个频率给定的波动，并且假设运输成本 τ 在不断变化，我们就可以得到通常情况下运输成本与集聚之间的倒 U 形关系。当 τ 很高时，Z 趋近于 1；当 τ 很低时，Z 接近于 0。所以只有当 τ 在某个中间范围内变动时，任何一个频率给定的波动都有加强的趋势。

图 16—2 描绘了当 $\kappa=0.025$，$\sigma=5$ 以及 $\alpha=0.4$ 时（受计算机的性能所限，以规模有限的经济为例），首选频率与 τ 之间的关系。横轴上的单位表示的是经济体中距离最远的地区之间的运输成本，$T_{\max}\equiv e^{\tau\pi D}$。图中的实线 $(\delta_w/\delta_\lambda)^*$ 表示的是首选频率，首选频率所对应的特征值最大。两条虚线表示的是对任一运输成本特征值都为零的一对频率。为了更好地解释这个图，我们以其中的一个频率为例，沿着这条虚线水平移动，不难发现，贸易成本存在两个临界值，且两个临界值之间的特征值为正，因此会发生集聚，这与我们在第 15 章“多种要素：赫克歇尔-俄林世界中的产业集群”一节中的分析一样。正如我们所预料的：当贸易

成本较低时，要素供给不利于集聚；当贸易成本较高时，由于向不可流动的消费者提供产品，这也不利于集聚；当贸易成本不大不小时，集聚带来的利益（在一个特定的频率处）占主导地位。[2]

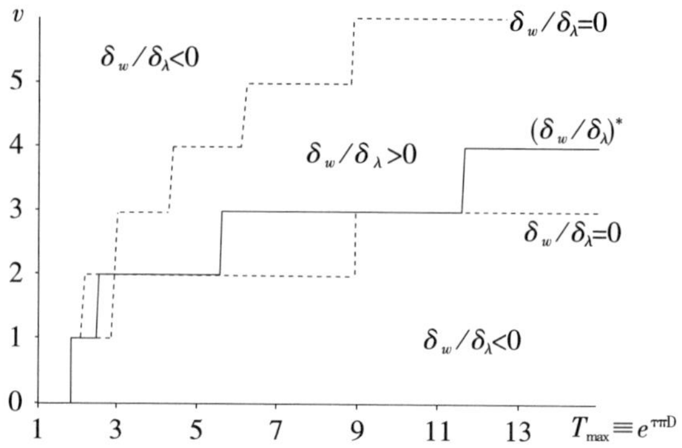

图 16—2　不稳定的频率

从局部到整体

通常我们的分析都是针对平地均衡附近的情形进行的，而模拟分析表明，局部的首选频率实际上也能够决定长期均衡。均衡的整个演化过程如图 16—3 所示，纵轴表示产业 1 中的雇佣工人的数量，前面的横轴表示区位，图形还引入了时间因素。它所使用的参数值与图 16—2 一样，且 $T_{max}=4$。所以我们从图 16—2 可以看出首选频率为 2。在刚开始的地方，只存在偏离平地均衡的微小的随机偏差（地表前面的边缘地区明显很平坦）。随着时间的推移，出现了专业化产业区和一个平滑而又均匀的空间结构。产业 1 的经济活动有两个峰值。显然，产业 1 的两个峰值之间的凹槽恰好就是产业 2 的经济活动的峰值。

有必要详细地研究长期均衡的特点。内生变量的长期均衡值如图 16—4 所示，横轴表示区位。振幅较大的那条曲线描述了劳动力在两个产业之间的分配情况，λ^1 是用右边纵轴的刻度来衡量的，$\lambda^2=1-\lambda^1$。显然，存在两个区域专门从事产业 1，还存在两个区域专门从事产业 2。但是，由于特定要素的存在，并不存在完全专业化的区域。而且，如果特定要素的重要性增强（κ 增加），那么曲线的振幅将减小（假设特定要素重要性的增强不会大到能够阻止集聚的产生）。相反，当 κ 趋近于 0

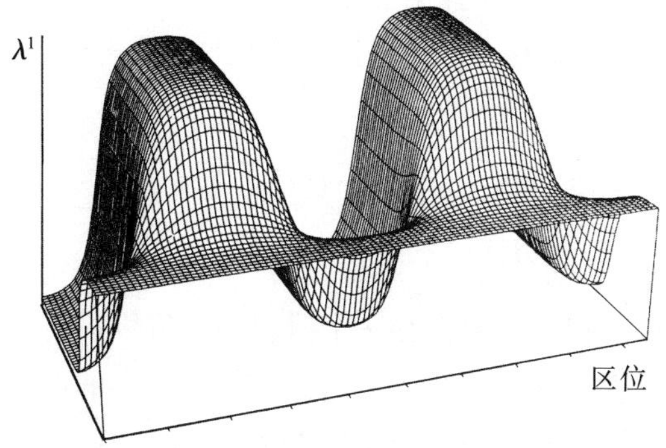

图 16—3　制造业的演化

时，各区域的专业化程度逐渐增强。而且，图 16—4 中的 λ^1 曲线也将变成一个阶梯函数，从而划清完全专业化区域的界限。

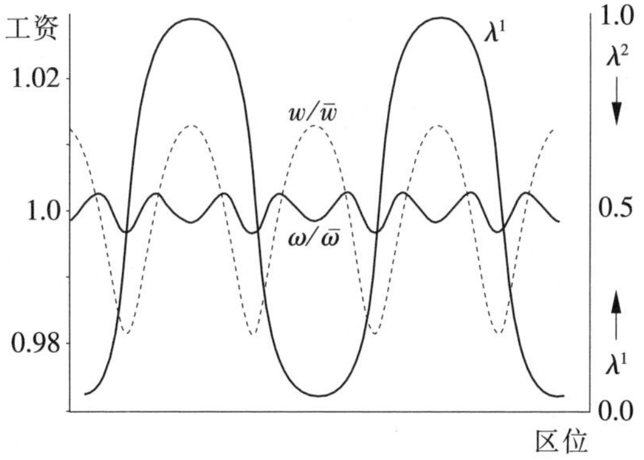

图 16—4　均衡就业与工资

振幅较小的那两条曲线描绘的是各个区域的名义工资和实际工资。名义工资曲线 $w/\bar{w}$ 表示的是各区域中的名义工资与整个经济体中平均名义工资的比率，而且我们可以看出，曲线的频率为 4。在专业化程度很高的地区（不论是专业化从事产业 1 还是产业 2），工资最高；在专业化程度居中的混合地区，工资水平较低；这仅仅反映了在专业化区域中心进行生产带来的好处。实际工资曲线 $\omega/\bar{\omega}$ $[\omega \equiv w\ (G^1G^2)^{-1/2}]$ 很不寻常。它包括 4 个相同的整体最小值，它们位于中间区域。名义工资曲线的极值也有类似的情形。然而在专业化程度很高的区域，实际工资达到局部最小值。原因是另外一个产业的价格指数在这些区域非常高，从而减少了实际工资。而最终效果是：产生了 8 个区域，在这些区域里实际工资达到最大。而这8个区域并不是完全专业化的产业区。这些地区的工人不仅从较高的制造业工资中获益，而且从相对较低的生活物价指数中获益。

断续均衡

到目前为止，我们一直都在一个假想的情形中进行研究。在这个情形中，平地演变为不同的制造业地区。不过，现实的情况如亨利·福特（Henry Ford）所描述的那样，麻烦事接踵而至。我们并不试图解释所有的问题，但是我们至少应该要了解，在无缝的世界中，基本参数的变化是如何改变已经分化为不同产业地区的贸易模式和专业化模式的？特别是，随着世界经济一体化的进程，专业化模式将发生什么样的变化？

可以通过下面的实验来解决这个问题。我们逐步地减少运输成本，而且在每次减少运输成本之后，都允许模型化的经济一直发展至稳定状态；然后再采取下一步措施。对于已经读过前面几章的人来说，都能猜到在这个实验中将会发生什么。随着运输成本的降低（实际上相当于整个世界在缩小），这个模型最终会出现一个分岔点。在这点上，制造业地区的均衡结构发生改变，出现了新的结构：制造业地区的数目更少，但是面积相对变大了。我们继续减少运输成本，这种新的结构会维持一段时间；然后瓦解，如此循环等等。

可以用图16—5来概括整个实验的结果（其参数值与图16—3～图16—4相同）。实线给出了从平地均衡开始所达到的首选频率；箭头向下指的虚线表示的是以下情况所产生的影响，存在多个产业区，地区间运输成本刚开始很高，后来又逐渐下降。

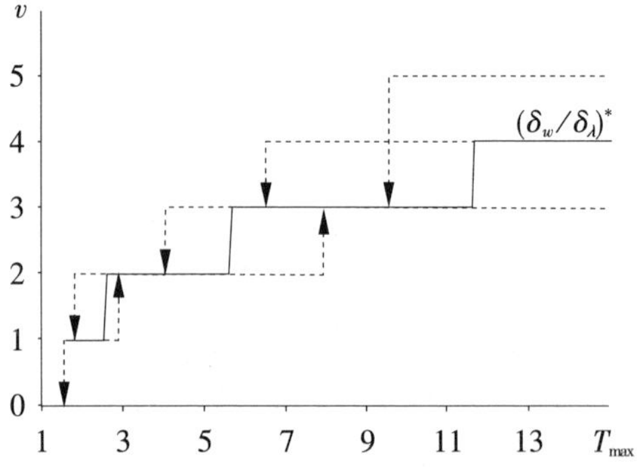

图16—5　断续均衡

接着假设，最初的运输成本非常高以至于产生了一个五地区结构（也就是说，产业 1 有 5 个地区，产业 2 有 5 个地区）。当运输成本下降时，这种地区结构仍然保持不变，直到达到某个临界值（T_{max}大约是 9.5），此时五地区结构瓦解，三地区结构形成。然后三地区结构再次瓦解，两地区结构形成，最后演变为每个地区专门从事一种产业。应该要注意到，尽管四地区结构的存在也同样可以随着运输成本的下降转变为三地区结构（在图中可以证明这个转变），但是在这个虚拟的故事里，我们还是跳过了四地区结构。我们发现，尽管基本参数的变化是逐步进行的，但是整个世界的空间结构演变的特征仍为断续均衡。这种不连续的变化破坏了长期内的稳定性。

同时，我们还应该注意到，运输成本下降时模型所“经历”的均衡与一开始就处于平地时所达到的均衡是不相同的。因此，在均衡结构中就有一个路径依赖的问题。我们从另外一个角度来分析这一问题，以便进一步加深对此问题的认识：假设一开始就处于单一制造业地区的均衡状态，然后逐渐增加 T_{max}。这一演变过程可以用图 16—5 中箭头向上指的虚线来说明。这个模型的分析方法同上，只是空间结构的变化方向不同：从事产业 1 的区域的数目从 1 增加到 2，再增加到 3。而且这种转变发生时，对应的运输成本水平与前面不一样。当然，这些变动范围肯定存在重叠的地方。这个模型表明，均衡结构中的路径依赖程度相当高。即使是在近乎一致的世界的自组织过程中，各区域内的产业也依赖于初始条件。除此之外，当经济体随着时间推移而演化时，生产的空间结构的整体特征也取决于经济体的初始状况。

图 16—5 并没有说明每个产业新的聚集区在哪里。不过，我们的模拟分析表明，产业 1 的新的聚集区总是建立在旧的聚集区的基础之上的。虽然有一些聚集是在旧的聚集区发展起来的，还有一些新的聚集发生在旧的聚集区之间，但是从整体上看，聚集区在空间上是均匀分布的。

最后，我们早在前几章中就已看到，模型中分岔点的出现有两个不同的原因：某个均衡可能变得不稳定或者可能已完全不再处于均衡状态（均衡变成不可维持）。这里将会发生哪种情况呢？通过计算分析过程中每一步微分方程系统的特征值可以找到答案。当远离某个临界点时，不存在正的特征值，因此结构是稳定的。[3] 当到达某个临界点时，我们发现，这个系统的某些特征值变为正值，因此结构就变得不稳定了。所以，当运输成本到达其临界值时，现有结构的不稳定性就导致了地理结构中的分岔点的出现。

多个产业

上述分析是在两个产业的背景下进行的。如果存在多个产业，又会有哪些不同之处呢？在这种情况下，图灵分析法可以很清楚地给出解释。观察方程（16.4）～方程（16.8）可知，就特定的产业（产业 1）而言，价格指数和工资方程只与那个产业的就业水平、价格指数、工资水平以及支出水平有关。支出水平包括了总收入，它取决于两个行业的变量。但是，当我们在对称均衡附近进行微分的时候，总收入不会发生变化［参见方程（16A.4）］。这就是说，这个模型中的图灵分析法同样适用于在单个产业层次上进行分析，而且我们推导出来的结果与产业的数目无关。因此，一系列特定的产业参数以及运输成本意味着每个产业的最佳集聚频率是一样的，而不管有多少个产业。

在模拟分析的过程中，局部结论同样适用于整体均衡的分析。如图16—6 所示，它模拟了三个产业模型的情况，其中所有的产业参数和前面的图都一样。纵轴代表总就业，曲线表示每个产业的累积就业份额（虚线为 λ^1，实线为 $\lambda^1+\lambda^2$）。可以看出，与图 16—4 一样，每个产业都集中在两个地区。而且三个产业的区位模式均相同；改变曲线排列的顺序只会改变图形的相位，而不会改变曲线的形状。

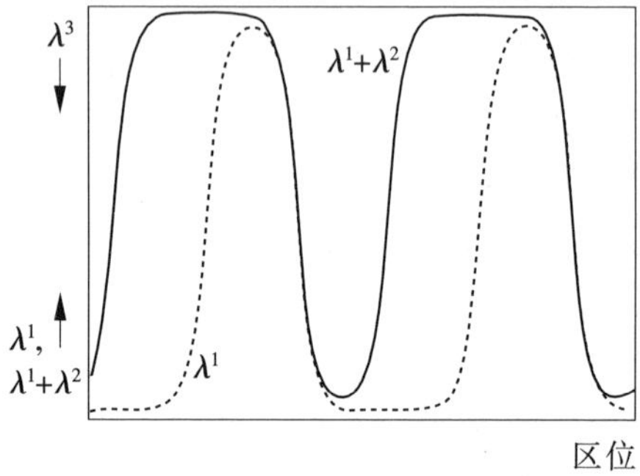

图 16—6　三个产业的均衡就业

尽管每个产业的聚集区的数目与产业数目无关，但是在整个世界中，产业区的数目却并非如此。如果存在 H 个产业，其首选频率是 v，那么分析结果表明，整个世界可以划分为 $H \times v$ 个专业化产业区。

中心与外围

在本书中，我们的分析步骤一般是先假设所有地区都是完全相同的，这样就可以只客观地考虑地理方面的自组织等纯粹因素的影响，而排除掉固有的地区差异对我们主观分析的影响。不过在现实生活中，并不是所有地区都是对称的。现在我们看一下非对称性对新的地区模式的影响。我们尤其感兴趣的是自然地理与产业结构之间的相互作用。如果地区之间、产业之间均天然地存在某些不同，那么哪些产业会集中在哪些区域？如果贸易成本降低的话，这种专业化模式将如何改变？我们还无法以解析解来说明这个问题，但是模拟分析提供了一些启示。

现在我们假设，地理空间分布在给定长度的一条线上，这条线上的每一点都拥有同样数量的劳动者和特定要素。然而，我们不再在轨道经济的背景下进行研究：这条线有端点，因此经济体一开始就存在中心地区和外围地区。在这种地理分布下，中心区域有一种天然的优势：既接近市场又接近供应商，因此它就会比外围区域支付更高的工资。这对产业专业化的地理有什么影响呢？

与本章的前面几节一样，假设存在两个产业。但是我们首先假设这两个产业的运输成本参数不一样；更精确一点，假设产业 1 的贸易成本总是产业 2 的两倍。图 16—7 的横轴代表区域，并且标出了产业 1 所在的区域。整个图描述了三种不同运输成本下的情况（保持两个产业之间运输成本之比为 2∶1）。位置较低的图，其运输成本也较小；最上面的图是从平地的角度进行分析的；下面的两幅图是从贸易成本逐渐减小的角度进行分析的。这些图中肯定存在着断续均衡，不过我们这里只是列举了三种不同运输成本下的均衡结构，波动的均衡过程并不明显。

看看这三幅图，我们可以观察到两点：（1）当贸易成本由高变低时，集聚频率越来越小，这和我们预料的一样；（2）频率的变化是和产业地区的显著变化联系在一起的。特别地，看看那两幅较低的图，我们发现产业 2（贸易成本相对较低）逐渐从中心地区向外围地区移动。这种产业结构逆转的原因可以用我们已知的集聚力加以解释。集聚力和市

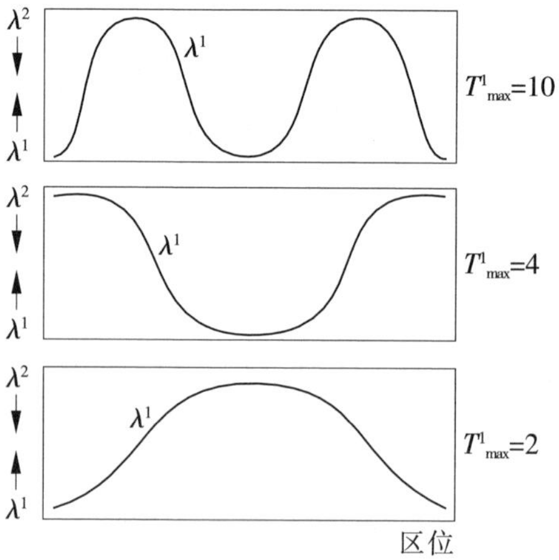

图 16—7　中心区域和外围区域的就业

场进入考虑驱动着产业的转移，从某种意义上说，当运输成本居中时，集聚力的作用最大。中间的那幅图，低贸易成本产业（产业 2）的运输成本居中，因此它占据着中心区域。但在下面的那幅图中，两个产业的贸易成本都降低了，现在高贸易成本产业（产业 1）的运输成本居中，因此它位于中心区域；而低贸易成本产业（产业 2）位于工资较低的外围区域。实际上，产业 2 的贸易成本低到使得集聚力变得相对不重要，产业重新定位在外围区域，享受低工资带来的好处。

产业的特征还有哪些不同呢？假设其中一个产业的投入产出系数 α 较低，劳动力投入系数 β 较高。这个产业密集使用的劳动更多地来源于本地（在中间产品的生产中也使用劳动，但是一部分中间产品是从其他地区进口的）。结果我们发现，这个产业位于工资最低的外围地区。如果运输成本低，那么该产业只位于外围地区，中心地区被那些关联效应强的产业占有。但是，当运输成本较高时，这又使得每个产业离它们的消费者太远了。因此我们发现，α 值较低的产业既可能位于边缘地区，也可能位于包括部分中心地区在内的其他地区。

即使是最简单的自然地理（比如，处于线段的两个端点处）与集聚的经济地理相结合，看来也能产生一系列复杂的相互作用：贸易成本的降低能够显著地改变产业区位。[4]

结　论

现实世界不可能是无缝的：海洋、沙漠、文化差异、语言差异以及国界都能把现实世界划分成不同的部分。即使不存在正式的贸易壁垒，国界仍然会产生大量的实际的贸易壁垒。然而，当我们把这个研究过程看成是一种理论演绎或者看成是对更完美的一体化世界将是什么样的预告时，在不考虑空间单元差异时考察一个空间的经济地理还是很有趣的。

我们发现，即使在没有事先划分特定区域的情况下，整个世界仍然朝着专业化产业区的方向发展：由于空间结构会自动地发展变化，因此没有必要对其进行强制性的规定。此外对于模型的参数变化，空间结构是强健的，因为经济地理被厂商区位决策的相互依赖而锁定。但是锁定效应只能在一定范围内发挥作用，超出这个范围，参数的改变会引起经济地理的突变，即断续均衡。经济地理的这种变化可能是剧烈的，使得许多区域的专业化活动发生变化。

本章这一分析方法的优点是，它将经济学中的（自古以来人为划分的）两种理论——区位理论（一般在连续空间里考虑问题）和贸易理论（把国家看成是离散的点）衔接起来。无论如何，本章所述的模型虽然不现实，但是它们确实是分析全球专业化和国际贸易的一般均衡模型，同时它们也正是区位理论学家通常使用的连续空间模型。至少在一些特殊假定下，我们的模型使得分析更容易处理，使得贸易理论和区位理论两者的合并成为无缝的。

附录 1：对称均衡瓦解

为了分析动态变化过程，我们必须在平地均衡附近将模型线性化。在平地处，$w=1$，$\lambda=1/2$，$E=1/2\beta$。G 为：

$$G^{1-\sigma+\alpha\sigma} = \left(\frac{1}{2}\right)^{1-\kappa\sigma}\int_{-\pi D}^{\pi D} e^{-\tau(\sigma-1)s}\mathrm{d}s \qquad (16A.1)$$

我们在对均衡条件进行微分时，用的是各变量在平地处的值，并且利用了对称性，比如，$\lambda(r)' \equiv \lambda^1(r)' = -\lambda^2(r)'$。对价格指数（16.4）

式和（16.5）式进行微分运算，得到：

$$(1-\sigma)\frac{G(r)'}{G}G^{1-\sigma}=\int_{-\pi D}^{\pi D}\{2(1-\kappa\sigma)\lambda(s)'+[1-\sigma(\beta+\kappa)]w(s)'$$
$$-\sigma\alpha G(s)'/G\}G^{-\alpha\sigma}\lambda^{1-\kappa\sigma}e^{-\tau(\sigma-1)|r-s|}\mathrm{d}s \qquad (16A.2)$$

对工资方程（16.6）式和（16.7）式进行微分运算，得到：

$$\left[\sigma(\beta+\kappa)w(r)'+\sigma\alpha\frac{G(r)'}{G}+2\kappa\sigma\lambda(r)'\right]G^{-\alpha\sigma}\lambda^{\kappa\sigma}$$
$$=\frac{1}{2}\int_{-\pi D}^{\pi D}[(\sigma-1)G(s)'/G+2\beta E(s)']G^{\sigma-1}e^{-\tau(\sigma-1)|r-s|}\,\mathrm{d}s \qquad (16A.3)$$

同样，对制造业支出方程进行微分运算，就得到：

$$E(r)'=\frac{\alpha}{\beta}\left[\frac{w(r)'}{2}+\lambda(r)'\right] \qquad (16A.4)$$

利用（16A.4）式消去 δ_E，同时利用（16.13）式和（16.15）式，得到：

$$\begin{bmatrix}\sigma(\beta-\kappa)-Z\alpha & \sigma\alpha+(1-\sigma)Z\\ [\sigma(\beta+\kappa)-1]Z & 1-\sigma+\alpha\sigma Z\end{bmatrix}\times\begin{bmatrix}\delta_w\\ \delta_G\end{bmatrix}=\begin{bmatrix}2(\alpha Z-\kappa\sigma)\delta_\lambda\\ 2Z(1-\kappa\sigma)\delta_\lambda\end{bmatrix} \qquad (16A.5)$$

我们根据上式得到：

$$\frac{\delta_w}{\delta_\lambda}=\frac{2}{\Delta}\{Z[\alpha(1-2\sigma)+Z(\alpha^2\sigma+\sigma-1)]+\kappa\sigma(\sigma-1)(1-Z^2)\} \qquad (16A.6)$$

其中：

$$\Delta=\sigma(1-\sigma)(\beta+\kappa)+Z\alpha(2\sigma-1)$$
$$-Z^2\left\{\sigma\alpha^2-(\sigma-1)[(\beta+\kappa)\sigma-1]\right\} \qquad (16A.7)$$

用 $\rho[\sigma=1/(1-\rho)]$ 代替 σ，就可以得到方程（16.17）。*

附录 2：模拟参数

图 16—1：$\sigma=5$，$\alpha=0.4$，$\beta=0.575$，$\kappa=0$，以及 $\kappa=0.025$.

* 此处应为方程（16.14）。——译者注

图 16—2：$\sigma=5$，$\alpha=0.4$，$\beta=0.575$，$\kappa=0.025$.

图 16—3～图 16—6：$\sigma=5$，$\alpha=0.4$，$\beta=0.575$，

$\kappa=0.025$，$T_{max}=4$.

图 16—7：$\sigma=5$，$\alpha=0.4$，$\beta=0.575$，$\kappa=0.025$.

最上面的图：$T^1_{max}=10$，$T^2_{max}=6$.

中间的图：$T^1_{max}=4$，$T^2_{max}=2.5$.

最下面的图：$T^1_{max}=2$，$T^2_{max}=1.5$.

[注释]

[1] 这一个术语是由进化论专家斯蒂芬·杰伊·古尔德（Stephen Jay Gould）和奈尔斯·埃尔德雷奇（Niles Eldredge）创造的。应该注意到，其他一些进化论专家将这一概念称之为“突然的演化”（evolution by jerks）。

[2] 在图 16—2 中，我们发现，当运输成本非常低时，所有频率的特征值都是负的。再看一下（16.17）式和（16.18）式，这个结论似乎很难理解：为什么我们不能将 τ 的下降与 v 的等比例下降结合起来呢？但是，在一个规模有限的经济中，波动频率不可能小于 1！我们的直觉是，当 τ 很低时，就算垄断了整个世界市场，也不足以导致波动的产生。

[3] 图 16—5 是根据六地区计算得到的。这些特征值是包含60×60个微分方程的动态系统的特征值。由于我们不是考虑平地均衡附近的正弦波动，因此它们也就不是本章“集聚的频率”一节中的图灵系统的特征值。

甚至当均衡是稳定的时候（即不存在正的特征值），总存在一个或多个零特征值。与零特征值相关的特征向量仅表现为这样一种形式：产业 1 中的雇佣工人从该产业区的一边流到另一边；也就是说，它使轨道经济中的现有产业结构发生逆转。当然，这与制造业区位是不确定的这一事实完全吻合。

[4] 对此，维纳布尔斯（1998）以数值模拟的方法进行了更深入的研究。

第17章　对外贸易与内部地理

在本书中我们已经建立了三种模型：区域模型、城市模型和国际模型。在区域模型中，工业制成品的投入要素是可以流动的，而农产品的投入要素是不能流动的；但在城市模型中，除了土地以外的其他投入要素都是可以流动的；同时在国际模型中，投入要素不能流动，但中间产品能够带来前向关联和后向关联。当然，从原则上讲，我们应该综合考虑这些假设条件。比如，我们可以通过考察中间产品在各区域的分化中所发挥的作用，从而在同一个模型中综合考虑上述假设条件。[1]而且在现实世界中，这些人为的分类也是不适用的。尽管如此，各种模型之间的区别确实有助于我们将每一种分析所需要考虑的变量限定在最少的范围之内。经验检验确实会使模型变得更加复杂，但是我们认为，只有在对城市—区域—国际理论进行综合分析能说明更多的经验事实时，才有必要将三个模型放在一起考虑。

最近，汉森（Hanson，1993）在他的一篇研究墨西哥贸易制度变革对工业区位变化的影响的文章中，讲述了这样一个故事：在 20 世纪 80 年代初期，墨西哥采取了通过进口替代来发展工业的传统策略，结果就导致了内向型经济基础的出现，大部分工业都集中在墨西哥城周围。然而，在 20 世纪 80 年代后期，墨西哥的贸易自由化进程突然加快，并随着《北美自由贸易协定》（*North American Free Trade Agreement*）的签订而达到顶点。值得注意的是，在这一过程中，墨西哥的工业开始从墨西哥城分散迁向该国的北部地区。很明显，墨西哥工业的这种分散式迁移，主要是因为相对于国内市场而言，美国市场显得更加重要了。但是，为什么这些工业要从墨西哥城的周边地区迁出？

最简单的答案就是这与地理位置有关：在墨西哥，大多数迅速成长的新的工业中心要比首都墨西哥城更接近美国。从某种程度上说，这种解释也是正确的。但是，汉森认为这一现象的出现，还涉及许多其他的重要因素。他指出，在任何情况下，贸易自由化都会使工业变得更加分散。其理由是很久以来，墨西哥国内的中心—外围地理现象都表现得非常明显。例如，尽管在拥挤的大都市里有更高的运营成本，但是由于前向关联和后向关联效应（在一个内向型经济中，把企业建在首都附近，既能接近国内的投入品市场，又能接近消费品市场），使得墨西哥的很多工业都集中在首都墨西哥城附近。然而，一旦经济变成外向型，这些前向关联和后向关联就变得不那么重要了：如果一个厂商能从国外市场得到大部分投入品，并将其大部分产品销往国外，那么它就没必要将企业建在国内的中心地区了。因为此时集聚在中心地区的成本大于关联效应所带来的收益。

考察城市经济学与国际贸易政策之间的关系是很有意义的一件事情。埃兹和格莱泽（Ades and Glaeser，1997）提供了一些支持这项分析的经验证据。他们在以 85 个国家为样本的分析中发现，一个国家最大城市的人口与该城市 GNP 中的进口份额呈反向相关，而与关税壁垒正向相关。克鲁格曼和利瓦斯（Krugman and Livas，1996）最先将汉森所描述的情况写成了正式的模型。为了与我们在本书中所使用的一般的方法相比较，我们在这里只提供克鲁格曼-利瓦斯模型的一个简化版本。

汉森也发现，不同产业的区位变化模式是不一样的。某些产业部门与其他产业部门相比，边境地区对它们的影响要大得多。还有一些证据表明，区域专业化也会得到加强。[2]这就提出了如下问题：在对外贸易政策与我们在本书第 15 章中研究的产业集聚之间，是否存在相关关系？对外贸易是提升还是抑制了国内的区域专业化水平？

在本章中，我们的理论表明：虽然从总体上看，贸易自由化会使一个国家的工业在空间上显得更加分散，但是对某些工业而言，贸易自由化却可能带来空间集聚，同时也会使各个地区变得更加专业化。我们认为，由于存在这些效应，这就使对外开放所带来的国民福利得以增进，比我们通常所讲的贸易能带来的福利要多得多。

开放经济中的城市集中

我们考察一个包括三个特定地区的世界经济：地区 1、地区 2 和地区 0（其中，地区 0 代表外国）。这三个地区相互之间都能进行贸易，但劳动力只能在地区 1 和地区 2 这两个国内地区间流动。

劳动是唯一的生产要素。我们以地区 0 中的劳动力为计价单位，即在地区 0 中，劳动力的价格被标准化为 1。记地区 0 中的劳动力数为 L_0，我们可以通过选择适当的单位来使得国内劳动力的总数为 1。其中，地区 1 的份额为 λ，地区 2 的份额为 $1-\lambda$。于是，三个地区的收入就可以表示为：

$$Y_0=L_0 \tag{17.1}$$

$$Y_1=\lambda w_1 \tag{17.2}$$

$$Y_2=(1-\lambda)w_2 \tag{17.3}$$

最初我们假设只有一个制造业部门，它使用生产要素（劳动）生产差异化的产品，其生产方式与迪克西特-斯蒂格利茨模型一致（注意：与第 4 章相比，该经济体中没有农业部门；其实只要设 $\mu=1$，就可以将第 4 章中的模型化成本章中的模型）。同时，假设产品的运输需要耗费一定的成本。我们进一步假设，如果产品在国内两个地区之间运输，每一单位的产品只有 $1/T$ 能到达目的地；如果要将产品从本国运到国外去，则每一单位的产品只有 $1/T_0$ 能到达目的地。这也就是说，从国内的两个地区向国外运输的成本是相同的，即国内任何一个地区都不比另外一个地区更接近外国市场。

这就意味着，一般形式的价格和工资方程为：

$$G_0=[L_0+\lambda(w_1T_0)^{1-\sigma}+(1-\lambda)(w_2T_0)^{1-\sigma}]^{1/1-\sigma} \tag{17.4}$$

$$G_1=[L_0T_0^{1-\sigma}+\lambda w_1^{1-\sigma}+(1-\lambda)(w_2T)^{1-\sigma}]^{1/1-\sigma} \tag{17.5}$$

$$G_2=[L_0T_0^{1-\sigma}+\lambda(w_1T)^{1-\sigma}+(1-\lambda)w_2^{1-\sigma}]^{1/1-\sigma} \tag{17.6}$$

$$w_1=[Y_0G_0^{\sigma-1}T_0^{1-\sigma}+Y_1G_1^{\sigma-1}+Y_2G_2^{\sigma-1}T^{1-\sigma}]^{1/\sigma} \tag{17.7}$$

$$w_2=[Y_0G_0^{\sigma-1}T_0^{1-\sigma}+Y_1G_1^{\sigma-1}T^{1-\sigma}+Y_2G_2^{\sigma-1}]^{1/\sigma} \tag{17.8}$$

到目前为止，这个模型还不包括任何收益递减的情况。由于只有一种生产要素，而且这种生产要素在国内的两个地区之间又是流动的，所以，并没有明显的理由说为什么所有的劳动不能集中在一个地区或另一个地区。于是，为了展现向心力和离心力的相互作用，我们必须引入一种与集聚力对抗的作用力。我们曾经提到的那些不能流动的投入要素（如土地）的存在，就产生了这种作用力。实际上我们在其他模型中就是这样假设这种力的存在的。然而为了简化起见，我们在这里只是简单地假设存在某种相对于城市规模而言的拥塞成本，并且直接将它代入实际工资方程。[3] 于是，我们就可以将每个地区的实际工资记为：

$$\omega_1 = w_1(1-\lambda)^\delta / G_1 \tag{17.9}$$

$$\omega_2 = w_2\lambda^\delta / G_2 \tag{17.10}$$

其中，$(1-\lambda)^\delta$ 和 λ^δ 表示每个地区的拥塞成本。同时，我们假设 $\delta \in (0,1)$。[4] 这就意味着，在其他条件保持不变的情况下，当某个地区的人口增加时，该地区的实际工资水平会下降，而且实际工资下降的速度是递增的。进一步地，如果全国所有的人口都集中到该地区，该地区的实际工资水平就下降至 0。劳动力的区际分布 λ，则是根据各个地区的实际工资水平与整个经济体中的平均工资水平的差异来调整的。

现在，我们提出如下问题：国内经济与国外经济的一体化（以成本 T_0 来测度）是如何影响劳动力在国内两个地区之间的均衡配置的？

贸易自由化效应

首先让我们进行数值分析。图 17—1 表明，以 λ 表示的国内劳动力的均衡配置是对外贸易成本 T_0 的函数。如同以往，稳定的均衡用实线表示，不稳定的均衡则用虚线表示。从图中可以看到，当对外贸易成本 T_0 的值较低时，两个地区的人口相等；当 T_0 值较高时，两个地区的人口就不再相等了。

要想对这一问题作出直观的解释，最简单的办法就是考察两地区人口相等时的那个均衡的稳定性。当 T_0 值较低时，经济是外向型的。此时，国内每个地区的生产者都将其大部分产品销往国外市场。如果我们将一单位的劳动力从区域 2 转移到区域 1，就会使区域 1 的市场增大，同时也就缩减了区域 2 的市场规模，从而使得区域 1 有更大的区位吸引力。但是这一后向关联效应相当的弱，因为企业很大一部分的销售额并

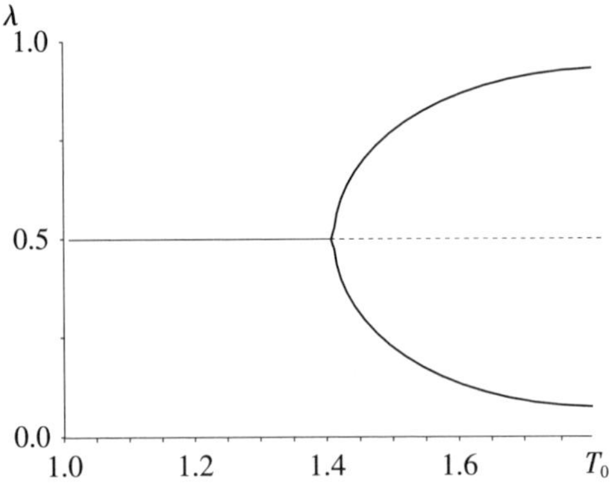

图 17—1　叉型图

不是源自国内市场，而是源自外国市场。与此相反，很高的拥塞成本却产生了更大的消极影响。因此，这个均衡是稳定的。

当 T_0 值较高时，情况就完全不一样了。在 T_0 值很高的情况下，企业会更加依赖于国内市场，所以劳动力的流动所带来的后向关联效应会更强。这就使得两个地区劳动力相等的均衡变得不稳定。

如果是两个规模相等的生产中心，现在均衡变得不稳定，那么将发生什么情况呢？从我们对拥塞成本的模拟计算过程来看，经济显然不会终止于这样一个角点解，即所有的人口都聚集在一个地区。如果这种极端的情况发生，那么该地区的居住成本将变得无穷大，以至于实际工资水平变为 0。方程（17.9）和方程（17.10）清楚地表明了这一点。与此相反，我们假设，存在两个规模不等的生产中心：一个生产中心的规模较大，因此就拥有关联效应所带来的优势，但它也有拥塞成本；另一个生产中心的规模则相对较小。

从图 17—1 容易看到贸易自由化对国内地理的影响。我们从高贸易壁垒的情形开始。随着对外贸易变得越来越容易，国内两个地区在规模上的差异会逐渐变小。由于规模较小的地区离外部市场也很近，因此这一地区的劣势变得越来越小，这就会使它得以成长。这一成长过程会一直加速，直到达到分岔点。在这一点，两个地区的规模变得同样大。

现在我们开始分析分岔点的特征。和往常一样，我们可以在对称均衡点（$\lambda=0.5$）附近将模型线性化，并求出 $d\omega/d\lambda$ 的表达式（注意到 $d\omega=d\omega_1=-d\omega_2$ 等等）。虽然不可能直接地解出国内价格（G）和工资（w）在对称均衡点的精确解，但它们可以由本章附录 1 中的式子隐含地给出。在该附录中，我们得到了：

$$\frac{\mathrm{d}\omega}{\mathrm{d}\lambda}\frac{\lambda}{\omega}=\frac{Z(2\sigma-1)}{[\sigma+Z(\sigma-1)](\sigma-1)}-\delta$$
$$=\frac{Z(1-\rho)(1+\rho)}{\rho(Z\rho+1)}-\delta \tag{17.11}$$

其中，Z 由下式定义：

$$Z\equiv\frac{1}{2}\left[\frac{G}{w}\right]^{\sigma-1}(1-T^{1-\sigma}) \tag{17.12}$$

这一结果是很直观的。第一项看起来应该是很熟悉的：它只是前向关联和后向关联的另一种表达方法而已［与（4.27）式相比较就会发现，令（4.27）式中的 $\mu=1$ 即可］。在这个特定的表达式中，第一项总是正的，而且它代表了这个模型中的向心力，第二项表示城市集中的成本。

当 $\mathrm{d}\omega/\mathrm{d}\lambda$ 为正时，对称均衡是不稳定的。我们可以很直观地看出，当 $Z=0$ 时，$\mathrm{d}\omega/\mathrm{d}\lambda$ 为负，而且 $\mathrm{d}\omega/\mathrm{d}\lambda$ 的值随着 Z 的增加而变大。进一步地，如果拥塞成本 δ 不是太大，它将变为正。

Z 的大小直接取决于各参数的取值。这一点可以从本章附录 1 中 G 和 w 的表达式看出。如果考虑对外运输成本，就会发现，Z 是随着这些成本的增加而增加的。这是因为随着 T_0 的增加，G 会增加而 w 会减少（对外运输成本的增加会提高进口价格，因此价格指数增加；同时，对外运输成本的增加还会使出口机会减少，因此会使工资减少）。Z 是 T_0 的增函数，这意味着较高的对外贸易成本会使对称均衡点变得不稳定，进而会形成两个规模不相等的城市，即非对称均衡。换言之，只要 δ 不是太大，均衡的结构就可以由图 17—1 来表示。经济的更加开放，也使得其内部地理结构的集中程度降低。

很有必要更加深入地讨论这个模型的一些含义。首先，应该考虑对临界点做一个比较静态分析。δ 越高、L_0 越高、T 越低，T_0 的临界值就越高（此时，该经济体很有可能会出现两个规模相等的城市）。毫无疑问，更高的拥塞成本阻止了集聚的发生，而更大的国外人口份额则意味着开放程度更高：它提升了每个企业销售中的出口份额。更低的国内运输成本弱化了经济体内部的集聚力，这使得该经济体更倾向于有两个规模相等的城市。

其次，还应该考虑分岔的形状。在本模型中，分岔的形状是叉形。

但是，如前文所述，分岔的形状对离心力（即拥塞成本）的变化非常敏感。假设在实际工资和拥塞成本之间存在线性关系，即以表达式 $\omega_1 = w_1/G_1 - \delta\lambda$ 来代替原来的表达式$\omega_1 = w_1(1-\lambda)^{\delta}/G_1$。在这一线性关系下，分岔的形状就会变成战斧形。显然，当 λ 趋向于 1 时，工资不会趋向无穷大。更为重要的是，由于 ω 对 λ 的三阶导数为正，因此函数在对称均衡的分岔点会由凹变凸。

产业集聚与对外贸易

我们已经看到，从总体上看，加大对外贸易的开放度能够引起国内人口和制造业活动在空间中的分散。那么，它对某些特定产业的集中又有什么影响呢？这些特定产业中的企业，是更倾向于集聚在某个特定的地区，还是更倾向于分散在不同地区？

我们曾在本书第 15 章中建立了一个用于研究产业专业化的两部门模型。该模型可以为我们回答这个问题提供一个有用的分析工具。在该模型中，产业之间的相互关联产生了向心力：企业因更接近上游企业和顾客而获利；而离心力则产生于每个地区的消费者的最终需求。[5] 对外贸易会弱化这两种作用力。这是因为，此时企业会使用更多的进口的中间投入品，并且将更多的产出用于出口；而消费者也将消费更多的进口商品。然而，这两种作用力是如何达到平衡的？

我们分两步来回答这个问题：首先，我们假设国内这两个地区的人口相等，然后再看贸易自由化是否能够提升产业集聚水平；其次，我们通过增加拥塞成本并允许地区之间的劳动力流动，来将此问题与本章前面几节中的模型联系在一起。我们得到了极为丰富的结论，即在国内两个地区之间存在层级结构；在这个层级结构中，各地区的人口规模不相等，而且各地区的产业结构也不相同；贸易自由化在使人口分散的同时，也促进了某些产业的集聚。

我们首先假设国内人口分布是不变的。这样只需要对本书第 15 章中的模型做一个很简单的概括就可以了。与本章第 1 节中的处理方法一样，我们假设，存在两个产业部门和三个地区（两个国内地区和一个国外地区）。产业部门以上标表示，而地区则以下标表示。例如，可以用 L_j^i 来表示产业 i 在地区 j 所雇用的劳动力。同时，我们设国外地区的两个产业部门所雇用的劳动力是相等的，即 $L_0^1 = L_0^2 = L_0/2$。另外，我们假设国内每个地区的人口都是固定的，且均为国内总人口（单位值）的一半。于是，对每一个国内地区（$j=1, 2$）而言，都有：

$$L_j^1+L_j^2=0.5 \tag{17.13}$$

在每个国内地区的内部，劳动力根据工资差异在产业之间流动。同时，由于同一地区内的所有工人所面临的生活费用指数都是一样的，所以这里讲的工资差异就是名义工资差异。

各地区不同产业的价格指数 G_j^i 可以写成：

$$(G_j^i)^{1-\sigma}=\sum_{k=0,1,2} L_k^i(w_k^i)^{1-\beta\sigma}(G_k^i)^{-\alpha\sigma}(T_{kj}^i)^{1-\sigma} \tag{17.14}$$

其中，α 和 $\beta=1-\alpha$ 分别是中间产品和劳动所占的份额，T_{kj}^i 则是产业 i 的产品从地区 k 到地区 j 的运输成本。我们只考虑这么一种情况，即两个产业有相同的对外贸易成本 T_0 和内部贸易成本 T 。[6]

工资方程可以写成：

$$(w_j^i)^{\beta\sigma}(G_j^i)^{\alpha\sigma}=\beta\sum_{k=0,1,2}(G_k^i)^{\sigma-1}E_k^i(T_{kj}^i)^{1-\sigma} \tag{17.15}$$

同时，产业 i 在地区 j 的支出由下式给出：

$$E_j^i=\left[\frac{w_j^1L_j^1+w_j^2L_j^2}{2}\right]+\frac{\alpha\, w_j^iL_j^i}{\beta} \tag{17.16}$$

（以上三个方程与方程（15.3）～方程（15.8）类似，只是加入了一个国外地区，且 $\gamma=0$。）

与通常的情况一样，这一模型有一个对称均衡点。而且，本章附录 1 给出了各个内生变量在该点的取值。问题是，当对外贸易成本 T_0 改变时，该均衡点的稳定性如何？让我们直接进行解析。在第 15 章的附录 1 中，我们求得：

$$\begin{aligned}\frac{\mathrm{d}w}{\mathrm{d}L}\frac{L}{w}&=\frac{Z}{\Delta}[(2\sigma-1)\alpha-Z(\sigma(1+\alpha^2)-1)]\\&=\frac{Z}{\Delta}\left[\frac{\alpha(1+\rho)-Z(\alpha^2+\rho)}{1-\rho}\right]\end{aligned} \tag{17.17}$$

其中，L 是 L_j^i 在对称均衡点上的值，$\Delta>0$，而且 Z 由下式定义：

$$Z\equiv L\left(\frac{G}{w}\right)^{\beta\sigma-1}(1-T^{1-\sigma}) \tag{17.18}$$

$\mathrm{d}w/\mathrm{d}L$ 在 Z 较小时为正，在 Z 接近单位值时为负（倘若$\alpha<\rho$）。Z 随

T 和 T_0 的增加而增加。正如本章“贸易自由化效应”一节所阐述的那样，由于 T_0 的变化会影响到 G/w 的取值，所以 T_0 的变化会影响到 Z 的取值。这就意味着，减少内部或者对外贸易壁垒，就可以使经济通过对称均衡被打破的那一点，从而能使 $\mathrm{d}w/\mathrm{d}L$ 由负值变为正值。图 17—2 就给出了几种可能的情况。曲线 BB 给出了，当 L_0 取三个不同的值（$L_0=1$，2，10）时，T 和 T_0 在对称均衡的突变点的取值。对称均衡点在这些曲线的上方是稳定的，而在其下方则是不稳定的。我们看到，经济越开放（T_0 越低，L_0 越高），均衡点就越趋向于不稳定。当然，由本书第 15 章可知，即使经济体是封闭的，T 也总会有取值要低于其在对称均衡的突变点的值。

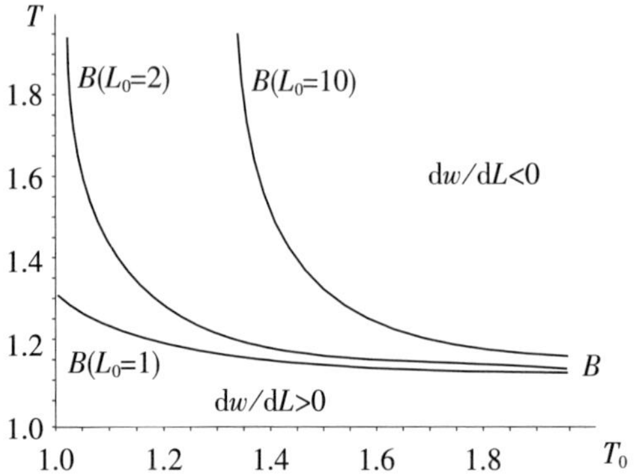

图 17—2 突变点

当对称均衡点不稳定时，就存在两个稳定均衡。此时，每个地区专门从事某一产业。这就与我们在第 15 章中所看到的情况完全一致了。[7]从我们目前这一角度看，当对外贸易自由化所产生的效果，与我们在第 15 章中研究的内部贸易成本减少的效果相似时，对称均衡的突变点就会出现。此时，厂商和消费者会变得更加外向化，但居主导地位的是消费者将会更少地依赖于当地厂商。这就使得对称均衡被打破，从而发生产业集聚。

产业结构与城市集中

现在，让我们把前面几节中讨论的问题放在一起，考虑当劳动力可以在两个产业之间（包括地区内部和地区之间）流动时，会有什么情况发生。对此，我们需要详细分析，劳动力在地区内部和地区之间的两个产业之间流动的动态变化。我们假设，劳动力根据各产业的工资水平与该地区平均工资水平的差异，在同一地区内部的两个产业间流动；同时，劳动力会根据每个地区的平均工资水平与整个经济体的平均工资水平的差异，在两个地区之间进行流动。

我们将定义 θ_i 为产业 1 在地区 i 所雇用的劳动力的份额，λ 表示地区 1 中的人口在总人口中所占的份额。于是，我们就得到：

$$L_1^1=\lambda\theta_1,\qquad L_1^2=\lambda(1-\theta_1),$$
$$L_2^1=(1-\lambda)\theta_2,\qquad L_2^2=(1-\lambda)(1-\theta_2)\tag{17.19}$$

劳动力在各地区的两个产业之间进行流动的动态变化，由下列微分方程组表示：

$$\dot{\theta}_1=\gamma_\theta(w_1^1-\overline{w}_1)\theta_1$$
$$\dot{\theta}_2=\gamma_\theta(w_1^2-\overline{w}_2)\theta_2{}^*\tag{17.20}$$

其中，γ_θ 是调节速度，而 $\overline{w}_i$ 是地区 i 的平均工资水平，且有：

$$\overline{w}_i\equiv\theta_i w_i^1+(1-\theta_i)w_i^2\tag{17.21}$$

劳动力在两个地区之间进行流动的动态变化，由下式表示：

$$\dot{\lambda}=\gamma_\lambda(\omega_1-\overline{\omega})\lambda\tag{17.22}$$

其中，γ_λ 是调节速度，ω_1 和 ω_2 分别是每个地区的实际工资的平均水平，而 $\overline{\omega}$ 是整个经济体的实际工资的平均水平，且有：

$$\omega_1\equiv\overline{w}_1(G_1^1G_1^2)^{-0.5}(1-\lambda)^\delta$$
$$\omega_2\equiv\overline{w}_2(G_2^1G_2^2)^{-0.5}\lambda^\delta$$
$$\overline{\omega}\equiv\lambda\omega_1+(1-\lambda)\omega_2\tag{17.23}$$

这样，方程(17.14)～方程(17.16) 和方程(17.19)～方程 (17.23) 将模型完整地描述了出来。如果 $\gamma_\lambda=0$，那么这个模型就变成了本章“产业集聚与对外贸易”一节中的模型；如果$\gamma_\theta=0$且 $\alpha=0$，则这一模型就简化成了本章“开放经济中的城市集中”一节中的模型。[8]

我们不去推导这个模型的解析解，而是用数值分析方法来说明对外

---

* 该式应为 $\dot{\theta}_2=\gamma_\theta$ ($w_2^1-\overline{w}_2$) θ_2。——译者注

开放程度的变化会怎样改变经济结构。与图 17—1 一样，图 17—3 以对外运输成本为横轴，劳动力雇佣水平为纵轴。与图 17—1 不同的是，该图并没有对所有的均衡点进行详尽的描述，而只是刻画了经济中一个特定的均衡点在对外贸易成本减少时的变动轨迹。

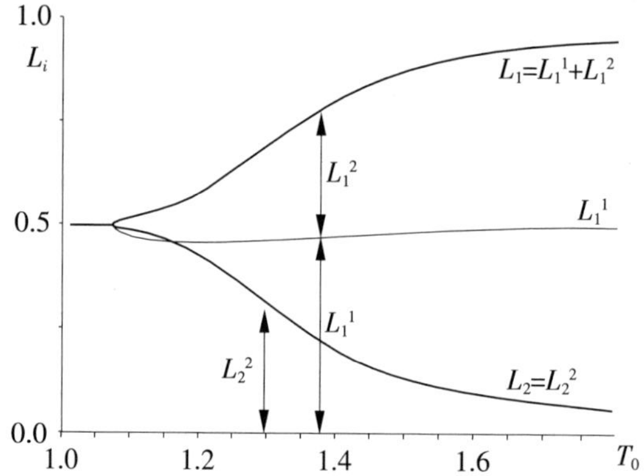

图 17—3　对外贸易与内部经济地理

以一个较高的 T_0 值为初始位置，在这一点上，其中一个地区（如地区 1）拥有经济体中的绝大部分人口，该地区的两种产业产值也占到了整个经济体的产值的绝大部分。L_1^1 是该地区的产业 1 所雇用的劳动力，L_1^2 是该地区的产业 2 所雇用的劳动力，两者之和等于 L_1。相对而言，另外一个地区的人口就非常少，而且都被其中的一个产业所雇用。因此，设 $L_2=L_2^2>0$，且$L_2^1=0$。所以，当规模较大的地区的两个产业都在雇用劳动力进行生产时，这就是一种人口集中而产业分散的情况。[9]这与我们在本书第 10 章中所看到的城市体系的层级结构相似。即人口较多的地区拥有两个产业，而与之共存的人口较少的地区则专门从事某一个产业。

现在考虑对外贸易壁垒减少的效应。当我们减少对外贸易壁垒时，就会发生两种变化：(1) 规模较大的地区的人口会流向规模较小的地区（$L_1=L_1^1+L_1^2$ 减少），如同我们在本章“贸易自由化效应”一节中看到的那样，当经济变得更加外向时，来自消费者支出的后向关联效应就会变弱，因此，由拥塞成本而引起的离心力会使人口变得更加分散；(2) 规模较大的地区（地区 1）中的产业 2 会逐渐转移到地区 2（L_1^2 减少，L_2^2 增加），这使规模较大的地区变得更加专业化。这是因为，此时对外贸易起到了平衡各地区各部门的产品供需关系的作用，这样就促进了由产业内关联引致的产业专业化。T_0 的进一步减少最终会使得经济到达这一点：在这点上，两个地区的人口相等，而且各自专门从事两个产业中的某一个产业。因此，对外贸易自由化会导致人口分散而产业集中。

图 17—3 所表达的分析结论是很有意义的，因为它不仅展示了对外贸易自由化是怎样改变内部经济地理的，也展示了相当复杂的内部经济地理是怎样发展起来的。两个产业和国内两个地区原本是对称的，但是随着 T_0 值在一个较大的范围内发生变化，经济体中就出现了区域层级结构。即一个地区拥有大部分人口，且会同时发展两个产业，而另一个地区则拥有较少的人口，并在某一个产业上进行专业化生产。

结　论

一般认为，进行国际贸易所获得的收益来自消费者所得和生产者所得。其中，后者是通过发挥比较优势，从而改变产业结构所带来的。当一个产业为了适应贸易方式的变化而重新组织其生产时，贸易理论和产业组织理论的有关文献，就会另外考虑贸易使竞争加剧后所产生的收益，以便对贸易所得进行深入分析。本章的分析表明，国际贸易也许还会通过一些更深一层的作用机制，来改变国内经济的福利水平。贸易可以导致内部经济地理的重新组织，它既在总体上促使制造业活动变得更加分散，同时又促使某些产业产生集聚。虽然我们没有直接解出一个解析解来表示这些变化对国内经济的福利水平所产生的影响，但是直觉告诉我们，贸易能带来许多收益（数据模拟的结果也支持这个结论）。拥塞成本会随着人口的增加而增加，而且函数图形是凸的。所以，更均匀的人口分布可能会提升经济福利水平。同时，正如我们在第 15 章中所看到的那样，产业集聚使厂商之间的联系变得更加紧密，它最终会带来真实收入的增加。

附录 1：对称均衡瓦解

本附录中的分析是以方程(17.14)～方程(17.16)和方程(17.19)～方程(17.23)所构成的一般模型为基础的。各地区的每一个产业所雇用的劳动在对称均衡点的取值为：$L_0^1=L_0^2=L_0/2$ 和 $L_1^1=L_1^2=L_2^1=L_2^2=$

1/4。根据假设可得，表示国外情况的变量在对称均衡点的取值为 $G_0 \equiv G_0^1 = G_0^2$，而表示国内情况的变量的取值为 $G \equiv G_1^1 = G_1^2 = G_2^1 = G_2^2$ 等。因此，各变量的对称均衡值就为：

$$
\begin{aligned}
G_0 &= \left[\frac{1}{2}(L_0 G_0^{-\sigma\alpha} + w^{1-\sigma(1-\alpha)} G^{-\sigma\alpha} T_0^{1-\sigma})\right]^{1/(1-\sigma)} \\
G &= \left\{\frac{1}{2}[L_0 G_0^{-\sigma\alpha} T_0^{1-\sigma} + w^{1-\sigma(1-\alpha)} G^{-\sigma\alpha}(1+T^{1-\sigma})/2]\right\}^{1/(1-\sigma)} \\
w^{1-\alpha} G^{\alpha} &= \beta[E_0 G_0^{\sigma-1} T_0^{1-\sigma} + E G^{\sigma-1}(1+T^{1-\sigma})]^{1/\sigma} \\
E &= \frac{w}{4(1-\alpha)} \\
E_0 &= \frac{L_0}{2(1-\alpha)}
\end{aligned}
\tag{17A.1}
$$

下面,我们要找出劳动力在地区间分布或部门间分布上的一个微小的变化所产生的影响。考虑劳动力配置上的一个微小变化 $\mathrm{d}L$,它对劳动力在各区域的配置的影响可以表示如下：

$$
\begin{aligned}
&\mathrm{d}L_1^1 = \mathrm{d}L, \quad \mathrm{d}L_1^2 = J\mathrm{d}L, \\
&\mathrm{d}L_2^1 = -\mathrm{d}L, \quad \mathrm{d}L_2^2 = -J\mathrm{d}L
\end{aligned}
\tag{17A.2}
$$

如果 $J=1$，那么一个大小为 $\mathrm{d}L$ 的变化会使地区 1 中的两个产业所雇用的劳动力都增加，而使地区 2 中的两个产业所雇用的劳动力都减少。我们用这个微小变动来检验本章第 2 节中的地区移民模型的稳定性。对这一模型而言，当 $\alpha=0$ 时，就无法建立起一个一般模型（当 $\alpha=0$ 时，在每个地区都有两个对称的产业，所生产出来的产品与只有一个产业时所生产出来的产品没有任何差别）。

如果 $J=-1$，那么在各地区和各产业劳动力的总雇佣量保持不变的情况下，劳动力配置上的一个微小的变化，就会使地区 1 中的产业 1 所雇用的劳动力增加。同时，比较一下方程（17A.2）和方程（15.18），就可以发现，我们可以用这个微小的变动来检验产业集聚模型的稳定性。

对均衡条件（17.14）式～（17.16）式进行全微分，并使用方程（17.18）所定义的 Z，就可以得到：

$$
(1-\sigma)\frac{\mathrm{d}G}{G} = Z\left[\frac{\mathrm{d}L}{L} - \alpha\sigma\frac{\mathrm{d}G}{G} + (1-\beta\sigma)\frac{\mathrm{d}w}{w}\right] \tag{17A.3}
$$

$$
\beta\sigma\frac{\mathrm{d}w}{w} + \alpha\sigma\frac{\mathrm{d}G}{G} = Z\left[\frac{\mathrm{d}E}{E} + (\sigma-1)\frac{\mathrm{d}G}{G}\right] \tag{17A.4}
$$

$$\frac{\mathrm{d}E}{E}=\left[\frac{\beta(1+J)}{2}+\alpha\right]\left[\frac{\mathrm{d}w}{w}+\frac{\mathrm{d}L}{L}\right] \tag{17A. 5}$$

消去 $\mathrm{d}E/E$，我们得到：

$$\begin{bmatrix}[\sigma(1-\alpha)-1]Z & 1-\sigma+\alpha\sigma Z\\ (1-\alpha)\sigma-ZB & \alpha\sigma+Z(1-\sigma)\end{bmatrix}\begin{bmatrix}\frac{\mathrm{d}w}{w}\\ \frac{\mathrm{d}G}{G}\end{bmatrix}\equiv\begin{bmatrix}Z\frac{\mathrm{d}L}{L}\\ ZB\frac{\mathrm{d}L}{L}\end{bmatrix} \tag{17A. 6}$$

其中，$B\equiv(1+\alpha)/2+J(1-\alpha)/2$。

如果 $J=1$ 且 $\alpha=0$，就有：

$$\frac{\mathrm{d}G}{G}\frac{L}{\mathrm{d}L}=-\frac{Z(1-Z)\sigma}{\Delta} \tag{17A. 7}$$

$$\frac{\mathrm{d}w}{w}\frac{L}{\mathrm{d}L}=\frac{Z(1-Z)(\sigma-1)}{\Delta} \tag{17A. 8}$$

其中，行列式 Δ 的值由下式给定：

$$\Delta=(1-Z)[\sigma+Z(\sigma-1)](\sigma-1) \tag{17A. 9}$$

实际工资的改变就是 $\mathrm{d}\omega/\omega=\mathrm{d}w/w-\mathrm{d}G/G-\delta\mathrm{d}L/L$，我们从中可以推出方程（17. 11）。

如果 $J=-1$，则有：

$$\frac{\mathrm{d}w}{w}\frac{L}{\mathrm{d}L}=\frac{Z}{\Delta}[(2\sigma-1)\alpha-Z(\sigma(1+\alpha^2)-1)] \tag{17A. 10}$$

$$\begin{aligned}\Delta=&(\sigma-1)\sigma(1-\alpha)+Z\alpha(1-2\sigma)\\&+Z^2\{\sigma\alpha^2+(\sigma-1)[1-\sigma(1-\alpha)]\}>0\end{aligned} \tag{17A. 11}$$

附录 2：模拟参数

图 17—1：$\sigma=5$，$L_0=2$，$T=1.25$，$\delta=0.1$

图 17—2：$\sigma=5$，$L_0=1$，2，10，$\alpha=0.05$

图 17—3：$\sigma=5$，$L_0=2$，$T=1.25$，$\delta=0.1$，$\alpha=0.05$

[注释]

[1] 例如，普嘎（Puga，1998）就建立了一个能综合考虑劳动力的流动和产业内关联效应的模型。

[2] 这里的专业化是指按两位数分类的产业的专业化，而不是按四位数分类的产业的专业化，参见汉森（1993）的论述。

[3] 克鲁格曼和利瓦斯（1996）对地租的影响做了明确的处理。然而，就目前的分析目的而言，最重要的事情是找到那些起离心作用的因素，因此，我们用最简单的方式来处理这个问题。

[4] 用收入的一部分 $1-(1-\lambda)^{\delta}$ 来表示地区 1 的拥塞成本，因此拥塞成本会随着人口的增加而增加，并且这一函数的曲线的形状是凸的。

[5] 正如本书第 15 章“多种要素：赫克歇尔-俄林世界中的产业集群”一节中所论述的那样，这还取决于模型的假设，它也可能来自固定要素的供给。

[6] 正式地，若 $k=j$，则 $T_{kj}^{i}=1$。若 $k\neq j$，且 k 或 j 中任何一个等于 0，则 $T_{kj}^{i}=T_{0}$。其他则 $T_{kj}^{i}=T$。

[7] 正如我们在第 15 章中看到的那样，此时分岔是战斧形的。

[8] 与本章“开放经济中的城市集中”一节不同的是，这里有两个产业。但是，如果它们是对称的，而且不存在内在关联（即 $\alpha=0$），则产业数目的多少并不会影响到模型结论的有效性。

[9] 只有在内部和外部的运输成本都很高时，我们才会发现，规模较小的地区会发展两个产业。

第18章 前进的方向

在本书中，我们阐述了两种十分简单的观念：第一种观念，在一个收益递增和运输成本都很重要的世界里，前后向关联效应可创造出一个集聚的循环逻辑，也就是说，在其他条件相同时，生产者希望将企业建立在它们的供应商和消费者的附近，这意味着它们希望相互之间离得很近；第二种观念是，某些资源（比如土地和许多情形中的劳动）的不可流动性起到了离心力的作用，与集聚的向心力方向相反。离心力和向心力之间的相互作用决定了经济的空间结构的演化。

大家已经看到，这两种观念使我们得以深窥一系列范围甚广的现象：从把一个国家的经济宽泛地分为制造业区域和农业区域，到等级严密的城市层级体系的自发产生，再到国际贸易中产品循环的动态变化。更重要的是，我们建立了用来分析很多不同问题的模型，结果发现这些模型都有相似的“深层结构”（deep structure）：虽然参数表达形式稍有不同，但相同的问题不断出现，模型中经济的定性行为通常会产生几个相同的表达式。这些表达式反映了向心力和离心力之间的相互作用。

总而言之，研究表明，本书所使用的基本方法的灵活性及其含义的潜在一致性都令人十分满意。然而，经济学总是这样：一个模型解决了一些问题，却又提出了其他的新问题。下一步就是，在这些新出现的领域中，我们该做些什么？

我们建议未来的工作应关注以下四个重要方向：扩大理论菜单（theoretical menu）；用经验证据来支持这种方法；从基于假定的计算到实际的量化；以及考虑整个分析的福利和政策含义。

理论菜单

在经济地理学中考虑模型的选择，一个有用的方法是：将可能的选项列成菜单形式。如下所示：

向心力	离心力
关联效应	不可流动的生产要素
厚市场	土地租金/运输成本
知识外溢和其他外部经济	拥塞和其他外部不经济

在上表的左边一栏，我们列出了马歇尔所说的三种形式的外部经济（这在本书导论中已经描述过了）。在表的右边一栏，我们列出了在某种程度上与之相对应的抵消集聚的三种力。毫无疑问，我们可以认为，所有这些力不但都在真实世界中起作用，而且几乎与所有真实世界的经济地理学问题都有一定的关系。然而，在我们的研究中并没有将所有这些力均加以考察。对于理论家来说，经济建模中自然且恰当的做法是：把问题简化，只把其中某些可能的情况作为关注的焦点。所以，在我们的模型中，一般只是将关联效应作为向心力，而将要素的不可流动性作为离心力。

当然，也有其他的选择。冯·杜能对土地的传统分析可以表述为，外部经济创造出一个城市中心，中心周围的地租梯度决定土地的使用；在城市体系理论文献中，亨德森及其追随者事实上选择了外部经济和外部不经济作为问题的焦点，得出了人口和效用之间的倒 U 形关系。我们则在某些地方采取了特殊的处理方法：第Ⅲ篇的城市模型与冯·杜能的分析有关，而第 17 章的贸易与城市化模型（trade-and-urbanization model）又将外部不经济视为离心力的一种来源。

然而我们依然认为，应当对我们的理论菜单的含义进行更加系统化的探索。这样，就可以考察模型在多种离心力和向心力同时发生作用时会有一些什么样的变化，同时还可以判断这些模型的预测是如何取决于这些力的相对重要性的。只有进行这样的探索，我们才能解释在下一步的经验研究中得到的结论。

经验研究

一般认为，存在收益递增和不完全竞争的经济模型是很难用于经验研究的。有人曾经这样评论产业组织理论的教科书：在 20 世纪 70 年代的理论革命之前，它们包含很多事实但没有什么理论；在此之后，它们包含很多理论，但除此之外就没有其他的内容了。经验研究的缺乏可能是因为，存在规模报酬递增和不完全竞争的经济模型具有典型的很强的非线性。这就对传统的经济计量学方法提出了一个重大的挑战。经验研究的另一个障碍可能是，为了提出理论上容易处理的模型，需要做一些简单假设，但是又很难放松这些简单假设。而要使用真实世界的数据，就需要修正这些假设。

尽管如此，实践证明，经验研究已经成为“新贸易”和“新增长”革命的重要组成部分。至少对一些似是而非的观点，经验研究有助于提供一些典型事例和约束条件。在这一方面，新经济地理学的一些重要著作做了许多工作：在城市地区间进行的跨区域研究（Glaeser，Scheinkman and Shleifer，1995）、国际比较（Ades and Glaeser，1997），甚至最近的一些对结构方程［例如，由新地理模型导出的“市场潜力函数”（Hanson，1998）］的估计。显然，我们需要更多的经验研究。这些研究要尽可能地与理论模型紧密相连。作为一种方法，经验研究可以用来判断，在哪些因素之间存在真正的相关关系；同时也可以用来指出，模型在哪些地方还需要进一步的拓展。

量　化

在经济学的一些领域，特别是在公共财政和国际贸易领域，量化模型（quantified model）是很重要的分析工具。我们所称的量化模型并不仅仅是指适合实际数据的模型；相反，我们指的是那种理论一致的模型，它的参数建立在数据和假设之融合的基础上，所以可以对这类模型进行模拟分析。一般而言，用于分析贸易政策的可计算一般均衡模型（computable general equilibrium model）就属于这一类；另外，对在不完全竞争情况下讨论贸易政策起到重要作用的调整模型（calibrated model）也属于这一类[例如，参见克鲁格曼和史密斯（Krugman and Smith，1993）的研究]。尽管无法直接检验这些模型，它们仍然非常有启发性：譬如，在纯理论文献中，世界贸易的可计算一般均衡模型使得政策分析者比以往更加重视贸易条件的影响；而在讨论战略性贸易政策时，调整模型表明，其实没有必要过多地关注租金的国际分配。

我们当然希望能在经济地理学这一领域进行类似的实践，譬如，建立可计算的地理均衡模型（computable geographical equilibrium model）。特别是，我们希望至少能结合实际情况对分岔图进行初步分析：在哪些条件下，经济体才能真正地自发演化为中心—外围模式？欧洲是否真的能够维持它的多中心产业地理？

建立这样的模型并不容易（在这方面，我们已经做了一些初步的工作，由于技术相当复杂而没有把它们放进这本书）。也许需要一些新的建模技巧来使模型与数据保持一致［就像贸易理论中的模型通常要依赖于“阿明顿假设”的一些变体（一个关于偏好的特殊假设）来与多边贸易的实际模式相匹配］。

然而，建立这样的模型将是重要的一步。这将使理论经济地理学真正成为一门预言性学科，能够衡量假设条件的冲击（包括政策的改变）对经济的空间结构产生的影响。

福利含义

有些读者可能已经注意到我们在与福利含义有关的问题上是寡言少语的。在某些情形中，结论是很显然的：例如，在本书第 13 章提出的国际专业化模型中，你宁愿你的国家成为工业化的高工资的中心，而不是低工资的外围。但是一般而言，我们倾向于强调地理经济的实证研究而不是规范研究。

至少有三个理由可以用来解释我们的这种缄默。第一点，我们觉得，经济学的方法应当在用于指导实际问题之前展现其解释现实的能力；在这一方面，我们的观点与马克思完全相反。换句话说，我们认为，重要的是解释世界，而不是改变世界。

第二点更加微妙。一般认为，在市场失灵时（尤其是存在正的或负的外部性时），政府应该对经济活动进行干预：我们认为政府应当促进技术外溢，限制环境污染。然而，在相当程度上，一个经济体的空间结构却是外部经济与外部不经济（孕育集聚的关联效应和信息溢出与拥塞以及其他阻碍集聚的不经济因素）相互作用的结果。哪种外部性的作用更大呢？例如，大城市是太大了（看看交通、空气污染、犯罪），还是太小了（想想如伦敦或纽约这样的大都市由于其城市体系中各单元之间的相互作用所带来的收益）？事实上，没有人知道。而且，在对此进行大量艰巨的经验研究之前，都不会有人知道。由定义就基本上可以看出，纯理论的推测无法回答这个问题。

最后，我们这么做也是出于一种策略性的考虑。在这之前，在尝试着将收益递增的概念引入经济学（特别是新贸易理论）的过程的前期，一些局外人抨击新贸易理论代表的是干涉主义政策的利益。随后，这些抨击的不成熟就显现出来了：新观点的政策含义在实践中比它们的理论源泉（最初的新重商主义）要微妙得多。显然，新经济地理将会导出重要的政策含义，但我们希望在它设想可能的干预之前，它应当有坚实的理论和经验的基础。总的来说，经济学的要点之一就是提供政策指导，我们希望并期盼这本书中的方法最终能引致一系列有益的政策建议，以指导与地区的、城市的、可能还有国际的贸易政策有关的问题。

我们的立足点

最后，研究经济地理的主要理由是，它是这个世界很显著也很重要的一部分。为什么区域经济学和城市经济学不如国际贸易那样受到关注？为什么生产区位不如主流经济学中的资本理论或收入分配那样受到重视？除了传统上的分析难以驾驭之理由外，我们找不到任何其他的理由。在本书中，我们揭示了如何通过一种特殊的途径来研究空间经济，以及它又怎样带出了各种各样有趣的故事。还会有其他的途径或其他的故事将更有启发性，更具诱惑力。而如今我们已经没有任何借口可以忽略经济生活的空间方面了。它永远是有趣的且重要的；现在，你可以尽可能严谨地研究它了。

人们可能会说，研究经济地理的时代已经到来。但是，显然，我们更愿意说，这门理论终于安得其所了。

参考文献

Ades, A. F. , and E. L. Glaeser(1997). "Trade and circuses: explaining urban giants."*Quarterly Journal of Economics* 110(1):195 – 227.

Alonso, W. (1964). *Location and Land Use*. Cambridge: Harvard University Press.

Amiti, M. (1997). "Specialization patterns in Europe. "Discussion paper no. 363, Centre for Economic Performance, London School of Economics.

Anderson, S. P. , A. de Palma, and J. -F. Thisse. (1992). *Discrete Choice Theory of Product Differentiation*. Cambridge, MA: MIT Press.

Armington, P. S. (1969). "The geographic pattern of trade and the effects of price changes." *IMF Staff Papers* 17 : 488 – 523.

Arthur, B. (1994). *Increasing Returns and Path Dependence in the Economy*. Ann Arbor: University of Michigan Press.

Bairoch, P. (1988). *Cities and Economic Development: From the Dawn of History to the Present*. Translated by C. Braider. Chicago: University of Chicago Press.

Baumol, W. J. , and R. E. Gomory. (1987). "Inefficient and locally stable trade equilibria under scale economies: Comparative advantage revisited." *Kyklos* 49 : 509 – 540.

Beckmann, M. , and J. -F. Thisse. (1986). "The location of production activities." In P. Nijkamp, ed. , *Handbook of Regional Economics*.

Amsterdam: North-Holland, pp. 21 – 95.

Blaug, M. (1997). *Economic Theory in Retrospect*. Cambridge: Cambridge University Press.

Borchert, J. R. (1967). "American metropolitan evolution." *Geographical Review* 57 : 301 – 332.

Brulhart, M., and J. Torstensson. (1996). "Regional integration, scale economies, and industry location in the European Union." Discussion paper no. 1435, Centre for Economic Policy Research, London.

Galmette, M.-F., and J. Le-Pottier. (1995). "Localisation des activites; un modele bisectoriel avec couts de transport." *Revue Economique* 46(3): 901 – 909.

Carroll, G. (1982). "National city size distributions: What do we know after 67 years of research?" Progress *in Human Geography* 6 : 1 – 43.

Chisholm, M. (1990). *Regions in Recession and Resurgence*. London: Hyman.

Christaller, W. (1933). *Central Places in Southern Germany*. Jena, Germany: Fischer(English translation by C. W. Baskin, London: Prentice Hall, 1966).

Cronon, W. (1991). *Nature's Metropolis: Chicago and the Great West*. New York: Norton.

Davis, D., and D. Weinstein. (1999). "Economic geography and regional production structure: An empirical investigation." *European Economic Review, February*.

Deaton, A., and J. Muellbauer. (1980). *Economics and Consumer Behaviour*. Cambridge: Cambridge University Press.

Dicken, P., and P. Lloyd. *Location in Space: Theoretical Perspectives in Economic Geography*. New York: Harper and Row.

Dixit, A. K., and J. E. Stiglitz. (1977), "Monopolistic competition and optimum product diversity." *American Economic Review* 67(3) : 297 – 308.

Dobkins, L. H., and Y. M. Ioannides. (1996). "Evolution of the U. S. city size distribution." Mimeograph, Tufts University, Medford, MA.

Ellison, G., and E. L. Glaeser. (1997). "Geographic concentration in U.S. manufacturing industries: A dartboard approach." *Journal of Political Economy* 105: 889–927.

Engel, C., and J. H. Rogers. (1996). "How wide is the border," *American Economic Review* 86(5): 1112–1125.

Ethier, W. J. (1982). "National and international returns to scale in the modern theory of international trade." *American Economic Review* 72: 389–405.

Fetter, F. A. (1924). "The economic law of market areas." *Quarterly Journal of Economics* 38: 520–529.

Fujita, M. (1988). "A monopolistic competition model of spatial agglomeration: Differentiated product approach." *Regional Science and Urban Economics* 18: 87–124.

Fujita, M. (1989). *Urban Economic Theory: Land Use and City Size*. Cambridge: Cambridge University Press.

Fujita, M., and P. Krugman. (1995). "When is the economy monocentric? von Thünen and Chamberlin unified," *Regional Science and Urban Economics* 25: 505–528.

Fujita, M., P. Krugman, and T. Mori. (1995). "On the evolution of hierarchical urban systems." Discussion paper no. 419, Institute of Economic Research, Kyoto University, Kyoto, Japan.

Fujita, M., and T. Mori. (1996). "The role of ports in the making of major cities: Selfagglomeration and hub-effect." *Journal of Development Economics* 49: 93–120.

Fujita, M., and T. Mori. (1997). "Structural stability and evolution of urban systems." *Regional Science and Urban Economics* 27: 399–442.

Fujita, M., and H. Ogawa. (1982). "Multiple equilibria and structural transition of nonmonocentric urban configuration." *Regional Science and Urban Economics* 12: 161–196.

Gabaix, X. (1997). "Zipf's law for cities: An explanation." Mimeograph, Harvard University, Cambridge, MA.

Garreau, J. (1991). *Edge City: Life on the New Frontier*. New York: Doubleday.

Glaeser, E. L., J. Scheinkman, and A. Sheleifer. (1995). "Economic growth in a cross-section of cities." *Journal of Monetary Economics* 36: 117 - 143.

Grandmont, J.-M. (1988). "Nonlinear difference equations, bifurcations and chaos: an introduction." Working paper no. 8811, Institute for Mathematical Studies in the Social Sciences, Stanford, CA.

Grossman, G., and E. Helpman. (1991). "*Innovation and Growth in the World Economy*."Cambridge;MIT Press.

Hanson, G. (1996). "Increasing returns, trade, and the regional structure of wages." Mimeograph, University of Texas, Austin.

Hanson, G. (1998). "Market potential, increasing returns, and geographic concentration." Mimeograph, University of Texas, Austin.

Harris, C. (1954). "The market as a factor in the localization of industry in the United States." *Annals of the Association of American Geographers* 64: 315 - 348.

Helliwell, J. (1997). "National borders, trade, and migration." Working paper no. 6 027, National Bureau of Economic Research, Cambridge, MA.

Helpman, E., and P. Krugman, (1985). "*Market Structure and Foreign Trade*."Cambridge: MIT Press.

Henderson, J. V. (1974)"The sizes and types of cities." *American Economic Review* 64, 640 - 656.

Henderson, J. V. (1980). "Community development: The effects of growth and uncertainty." *American Economic Review* 70: 894 - 910.

Henderson, J. V. (1988). *Urban development: Theory, Fact, and Illusion*. Oxford: Oxford University Press.

Hirschman, A. (1958). *The Strategy of Economic Development*. New Haven, CT: Yale University Press.

Hoover, E. M. (1948). *The Location of Economic Activity*. New York: McGraw-Hill.

Hoover, E. M., and R. Vernon. (1959). *Anatomy of a Metropolis: The Changing Distribution of People and Jobs within the New York Metropolitan Region*. Cambridge: Harvard University Press.

Hotelling, H. (1929). "Stability in competition." *Economic Journal* 39:

41 - 57.

Ijiri, Y. , and H. Simon. (1977). "*Skew Distributions and the Sizes of Business Firms*. "Amsterdam, North-Holland.

Isard, W. (1956). "*Location and Space-Economy*. "Cambridge: MIT Press.

Jones, R. (1971). "A three factor model in theory, trade and history." In J. Bhagwati, R. W. Jones, R. A. Mundell, and J. Vanek, eds. , *Trade, Balance of Payments, and Growth*. Amsterdam: North-Holland, pp. 3 - 21.

Karaska, G. , and D. Bramhall, eds. (1969). "*Locational Analysis for Manufacturing*. "Cambridge: MIT Press.

Kauffman, S. (1993). "*The Origins of Order*. "New York: Oxford University Press.

Keeble, D. E. , P. L. Owens, and C. Thompson. (1982). "*Regional accessibility and economic potential in the European Community*." *Regional Studies* 16 : 419 - 432.

Kenen, P. (1965). "*Nature, capital, and trade*." *Journal of Political Economy* 73 : 437 - 460.

Kim, S. (1995). "Expansion of markets and the geographic distribution of economic activities: the trends in U. S. regional manufacturing structure, 1860 - 1987." *Quarterly Journal of Economics* 110(4) : 881 - 908.

Krugman, P. R. (1980). "Scale economics, product differentiation, and the pattern of trade." *American Economic Review* 70 : 950 - 959.

Krugman, P. R. (1991a). "Increasing returns and economic geography." *Journal of Political Economy* 99 : 483 - 499.

Krugman, P. R. (1991b). *Geography and Trade*. Cambridge: MIT Press.

Krugman, P. R. (1993a). "On the number and location of cities." *European Economic Review* 37 : 293 - 298.

Krugman, P. R. (1993b). "First nature, second nature, and metropolitan location." *Journal of Regional Science* 33 : 129 - 144.

Krugman, P. R. (1997). "Zipf's law and city size." Mimeograph, Massachusetts Institute of Technology.

Krugman, P. R., and R. E. Livas. (1996). "Trade policy and the third world metropolis." *Journal of Development Economics* 49(1): 137-150.

Krugman, P. R., and A. Smith, eds. (1993). *Empirical Studies of Strategic Trade Policy*. Chicago: University of Chicago Press.

Krugman, P. R., and A. J. Venables. (1995). "Globalization and the inequality of nations." *Quarterly Journal of Economics* 110(4): 857-880.

Krugman, P. R., and A. J. Venables. (1997). "Integration, specialization and adjustment." *European Economic Review* 40: 959-968.

Krugman, P. R., and A. J. Vevables. (1997). "The seamless world: A spatial model of international specialization." Mimeograph, Massachusetts Institute of Technology, Cambridge: MA.

Launhardt, W. (1885). *Mathematische Begründung der Volkswirtschaftslehre*. Leipzig, Germany: B. G. Teubner.

Leamer, E., and J. Levinsohn. (1996). In "International trade theory: The evidence." G. Grossman and K. Rogoff, ed., *Handbook of International Economics*, 3, Elsevier, Amsterdam, pp. 1339-1394.

Lewin, R. (1992). *Complexity: Life at the Edge of Chaos*. New York: Macmillan.

Lorenz, E. (1994). *The Essence of Chaos*. Seattle; University of Washington Press.

Lösch, A. (1940). *The Economics of Location*. Jena, Germany: Fischer (English translation, New Haven, CT: Yale University Press, 1954).

Marshall, A. (1920). *Principles of Economics*. London: Macmillan (8th ed.).

Marshall, J. U. (1989). *The Structure of Urban Systems*. Toronto: University of Toronto Press.

McCallum, J. (1995). "National borders matter: Canada-U. S. regional trade patterns." *American Economic Review* 85: 615-623.

Mills, E. S. (1967). "An aggregative model of resource allocation in a metropolitan area." *American Economic Review* 57: 197-210.

Mori, T. (1997). "A modeling of megalopolis formation: the maturing of city systems." *Journal of Urban Economics* 42: 133-157.

Murphy, R. , A. Shleifer, and R. Vishny. (1989). "Industrialization and the big push." *Journal of Political Economy* 97(5): 1003 - 1026.

Myrdal, G. (1957). *Economic Theory and Under-developed Regions*. London: Duckworth.

Nerlove, M. L. , and E. Sadka. (1991). "The von Thünen model of the dual economy." *Journal of Economics* 54: 97 - 123.

Nicolis, G. , and I. Prigogine. (1989). *Exploring Complexity*. New York: W. H. Freeman. Ohlin, B. (1933). *Interregional and International Trade*. Cambridge: Harvard University Press.

Porter, M. E. (1990). *The Competitive Advantage of Nations*. New York: Macmillan.

Pred, A. (1966). *The Spatial Dynamics of U. S. Urban-Industrial Growth*. Cambridge: MIT Press.

Prigogine, I. , and I. Stengers. (1984). *Order out of Chaos*. New York: Bantam Books.

Puga, D. (1998). "The rise and fall of regional inequalities." *European Economic Review*, forthcoming.

Puga, D. , and A. J. Venables. (1996). "The spread of industry; spatial agglomeration and economic development." *Journal of the Japanese and International Economies* 10(4): 440 - 464.

Rauch, J. E. (1996). "Networks versus markets in international trade." Discussion paper no. 5 617, National Bureau of Economic Research, Cambridge, MA.

Reilly, W. J. (1931). *The Law of Retail Gravitation*. New York: Knickerbocker Press.

Rosen, K. T. , and M. Resnick. (1980). "The size distribution of cities: An examination of the Pareto law and primacy." *Journal of Urban Economics* 8(2);165 - 186.

Samuelson, P. A. (1952). "The transfer problem and transport costs: The terms of trade when impediments are absent." *Economic Journal* 62: 278 - 304.

Samuelson, P. A. (1971). "On the trail of conventional beliefs about the transfer problem." In J. Bhagwati, R. W. Jones, R. A. Mundell, J. Vanek, eds. , *Trade, Balance of Payments, and Growth*. Amsterdam: North-Holland.

Samuelson, P. A. (1983). "Thünen at two hundred." *Journal of Economic Literature* 21 : 1468 - 1488.

Simon, H. (1955). "On a class of skew distribution functions." *Biometrika* 42 : 425 - 440.

Smith, A., and A. J. Venables. (1988). "Completing the internal market in the European community: Some industry simulations." *European Economic Review* 32 : 1501 - 1525.

Tobin, J. (1955). "A dynamic aggregative model." *Journal of Political Economy* 63 : 103 - 115.

Turing, A. (1952). "The chemical basis of morphogenesis." *Philosophical Transactions of the Royal Society of London* 237 : 37 - 72.

Venables, A. J. (1996). "Equilibrium locations of vertically linked industries." *International Economic Review* 37 : 341 - 359.

Venables, A. J. (1998). "Geography and specialization: Industrial belts on a circular plain." In R. Baldwin, D. Cohen, A. Sapir, and A. J. Venables, eds., *Regional Integration*. Cambridge: Cambridge University Press, forthcoming.

von Thünen, J. H. (1826). *Der Isolierte Staat in Beziehung auf Landschaft und Nationalökonomie*. Hamburg(English translation by C. M. Wartenberg, *von Thünen's Isolated State*, Oxford: Pergamon Press, 1966).

Weber, A. (1909). *Urber den Standort der Industrien*. Tübingen, Germany: J. C. B. Mohr.

Weibull, J. W. (1995). *Evolutionary Game Theory*. Cambridge, MA: MIT Press.

Zipf, G. (1949). *Human Behavior and the Principle of Least Effort*. New York: Addison-Wesley.

术语表

A

集聚　agglomeration

　　存在农业运输成本的集聚　with agricultural transport costs

　　集聚的突变点和支撑点　break and sustain points of

　　导致集聚的情况　circumstances leading to

　　凹生产可能性边界经济中的集聚　in economies with concave PPFs

　　离心力和向心力对集聚的影响　effect of centrifugal and centripetal forces on

　　竞争性产业中轨道模型的集聚频率　frequency in racetrack model of competitive industries

　　两国模型中集聚的影响因素　influences in two-country model on

　　集聚的发生　occurrences

　　与劳动力流动性的关系　relation to labor mobility

　　关联在集聚中的作用　role of linkages in

　　对冯·杜能模型的补充　to supplement von Thünen model

　　两国两产业单要素(劳动)模型中的集聚　in two-country, two-industry model with labor

　　存在中间产品的两国模型中的集聚　in two-country model with intermediate goods

　　存在中间产品和增长的两国模型中的集聚　in two-country model with intermediate goods and growth

两部门中心—外围模型中的集聚　in two-sector core-periphery model

存在农产品贸易成本的两部门模型中的集聚　in two-sector model with agricultural trade costs

另见突变点/裂变点；支撑点（break point；sustain point）

集聚经济　agglomeration economies

集聚经济中的空间集中　spatial concentration in

农业部门　agricultural sector

存在差别农产品的农业部门　with differentiated agricultural products

迪克西特-斯蒂格利茨模型中的农业部门　in Dixit-Stiglitz model

存在分支的单中心经济中的农业部门　in mono-centric economy with branching

19 世纪美国的农业部门　in nineteenth-century United States

地区模型中的农业部门　in regional models

城市体系的空间模型中的农业部门　in spatial model of urban system

存在中间产品和增长的两国模型中的农业部门　in two-country model with intermediate goods and growth

两部门中心—外围模型中的农业部门　in two-sector core-periphery model

两部门单中心模型中的农业部门　in two-sector mono-centric model

三地区中心—外围模型中的农业部门　in three-region core-periphery model

多地区轨道模型中的农业部门　in multi-region racetrack model

农业部门的贸易成本　trade costs of

存在中间产品的两国模型中的农业部门　in two-country model with intermediate goods

存在多产业的两部门单中心模型中的农业部门　in two-sector mono-centric model with multiple industries

农业部门中自发的竞争　unplanned competition in

冯·杜能土地利用模型中的农业部门　in von Thünen model of land use

B

战斧式分岔的条件　conditions for

单中心经济体由战斧式分岔向三中心体系的转变　transforms mono-centric to tri-centric system

支点　branch point

单中心经济体中的支点　in mono-centric economy

作为城市区位的支点　as urban location

突变点　break point

集聚的突变点　of agglomeration

存在中间产品的两国模型中突变点的推导　derivation in two-country model with intermediate goods

突变点的解释　explained

两国两产业单要素(劳动)模型中的突变点　in two-country, two-industry with labor model

存在中间产品的两国模型中的突变点　in two-country model with intermediate goods

两部门中心—外围模型中的突变点　in two-sector core-periphery model

另见对称均衡;支撑点(equilibrium; symmetric; sustain point)

C

中心地区体系　central-place system

(克里斯托勒的)中心地区体系的层级　hierarchy of (Christaller)

中心地区体系的潜在层级　potential hierarchy of

近似中心地区体系的空间体系　spatial system approaching

中心地区理论　central-place theory

中心地区理论中的城市层级　hierarchy of cities in

中心地区理论的观点和逻辑　ideas and logic of

离心力　centrifugal forces

离心力的定义　defined

分岔讨论中的离心力　in discussion of bifurcation

离心力对集聚的影响　effect on agglomeration

离心力对经济空间结构的影响　effect on spatial structure of the economy

城市空间演变的可能模式中的城市　in possible pattern of urban spatial evolution
城市形成的模拟历史　simulated history of formation of
亨德森城市体系模型中的城市专业化　specialization in Henderson's urban system model
另见中心地区体系；城市规模；边界城市(central-place system; city size; frontier cities)
城市规模　city size
中心地方体系中的城市规模　in central place system
城市规模密度以及城市规模密度的弹性　density of and elasticity of density of
城市规模的不经济　diseconomies of
由城市规模决定的城市分布　distribution of cities by
与规模无关的吉布莱特增长法则　Gibrat's law of growth independent from size
亨德森城市体系模型中的城市规模　in Henderson's urban system model
城市规模分布的幂律　power law of distribution of
随机增长的城市规模　from random growth
经济活动的集聚　clusters of economic activity
另见产业集群(industrial clusters)
比较优势　comparative advantage
竞争　competition
自发竞争造成的产量分配　allocation of crops with unplanned
迪克西特-斯蒂格利茨的垄断竞争模型　Dixit-Stiglitz model of monopolistic competition
要素市场的竞争　in factors market
不完全竞争　imperfect
产品市场的竞争　in product market
自发的竞争　unplanned
冯·杜能土地利用模型中的竞争　in von Thünen model of land use
竞争优势概念　competitive advantage concept
集中　concentration
产业集中　industry

D

E

向心力和离心力对经济的影响　effect of centripetal and centrifugal forces on
单中心两部门经济模型　mono-centric，two-sector model of
轨道经济模型　racetrack economy model
经济中层级体系的自我组织　self-organization of hierarchical system in
迪克西特-斯蒂格利茨空间模型中的经济　in spatial Dixit-Stiglitz model
经济的空间演变　spatial evolution of
经济的空间不均衡　spatial unevenness of
冯·杜能模型中的经济　of von Thünen model
另见外部经济(external economies)
特征函数　eigenfunction
动态体系的特征函数　of dynamic system
存在竞争性产业的轨道模型中的特征函数　in racetrack model with competitive industries
特征值　eigenvalues
竞争性产业平地均衡的特征值　of flat earth equilibrium of competitive industries
与偏好、技术和运输相关的特征值　related to tastes，technology，and transportation
波动频率与特征值之间的关系　relationship between frequency of fluctuation and
轨道经济模型图灵方法中的特征值　in Turing approach to racetrack economy model
稳定均衡与不稳定均衡。**见**对称均衡　equilibria，stable and unstable. **见** equilibrium，symmetric.
均衡　equilibrium
中心—外围模型中均衡的决定因素　determinants in core-periphery model
冯·杜能土地利用模型中均衡的决定因素　determinants in von Thünen model of land use
与人口规模相关的均衡差异　equilibria differences related to size of population

two-country model

迪克西特-斯蒂格利茨模型中围绕对称均衡的差别化 differentiating in Dixit-Stiglitz model around

两国两产业单要素(劳动)模型中的双重对称 double symmetry in two-country, two-industry with labor model

非黑洞条件对于对称均衡的影响 effect of no-black-hole condition on

离心力和向心力对于对称均衡的影响 influence of centrifugal and centripetal forces on

两国模型中的支撑点和突变点 sustain and break points in two-country model

三地区中心—外围模型中的对称均衡 in three-region core-periphery model

两国两产业单要素(劳动)模型中的对称均衡 in two-country, two-industry model with labor

存在中间产品的两国模型中的对称均衡 in two-country model with intermediate goods

两部门中心—外围模型中的对称均衡 in two-sector core-periphery model

存在农产品贸易成本的两部门模型中的对称均衡 in two-sector model of agricultural trade costs

另见分岔;突变点;支撑点(bifurcation; break point; sustain point)

支出 expenditures

多国多产业模型中的支出 in multicountry, multi-industry model

两国两产业单要素(劳动)模型中的支出 in two-country, two-industry with labor model

存在中间产品和增长的两国模型中的支出 in two-country model with intermediate goods and growth

外部经济 external economies

外部经济的向心力和离心力 centripetal and centrifugal forces of

(马歇尔的)外部经济概念 concept of (Marshall)

亨德森城市体系模型中的外部经济 of Henderson's urban system model

F

存在分岔的边界城市的产生　creation with bifurcation

城市空间体系长期演变中的边界城市　in long-run evolution of urban spatial system

九城市均衡中边界城市的市场份额　market share in nine-city equilibrium

19 世纪美国的边界城市　in nineteenth-century United States

未来的工作　future work

实证工作　empirical work

资格认证　qualification

福利问题　welfare implications

吉布莱特法则　Gibrat's law

引力模型　gravity models

H

赫克歇尔-俄林模型　Heckscher-Ohlin model

(克里斯托勒的)层级原理　hierarchical principle (Christaller)

国内市场效应　home market effect

I

收入　income

中心—外围模型中的收入　in core-periphery model

迪克西特-斯蒂格利茨模型中的收入　in Dixit-Stiglitz model

冯·杜能土地利用扩展模型中的收入　in extension of von Thünen model of land use

存在农产品贸易成本的两部门模型中的收入　in two-sector model of agricultural trade costs

产业集聚　industrial clusters

产业集聚的证据　evidence for

对欧洲和美洲产业集聚的影响　influences on European and American

产业集聚中劳动力的流动性　labor force mobility among

运用产业专业化的两产业模型中的产业集聚　using two-sector model of industrial specialization

K

L

两地区中心—外围模型中的劳动力流动性　mobility in two-region core-periphery model
农产品贸易成本的两部分模型中的劳动力流动性　mobility in two-sector model of agricultural trade costs
单一城市经济模型中的劳动力　in model of single-city economy
城市体系的空间模型　spatial model of urban system
存在中间产品的两国模型中的劳动力供给　supply in two-country model with intermediate goods
存在增长和中间产品的两国模型中的技术效率　technical efficiency in two-country model with growth and intermediate goods
存在劳动力的两国两产业模型中的劳动力　in two-country, two industry model with labor
两部门单中心模型中的劳动力　in two-sector monocentric model
另见农业工资;制造业工资(wages, agriculture; wages, manufacturing)

劳动力市场　labor market
多产业城市模型中的劳动力市场出清　clearing in model of city with multiple industries
存在劳动力的两国两产业模型中的劳动力市场　in two-country, two-industry model with labor

作为离心力的土地　land as centrifugal force

地租　land rent
空间体系演进过程中存在循环变化的地租　with cyclical change in evolutionary process of spatial system
层级城市体系演进中的地租　in evolution of hierarchical urban system
存在人口增长且不断发展的空间体系中的地租　in evolving spatial system with population growth
冯·杜能土地利用模型中的地租　in von Thünen model of land use

土地利用　land use
城市经济学对土地利用的启示　insights of urban economics to
冯·杜能的土地利用模型　von Thünen model of

前向关联和后向关联　linkages, backward and forward
贸易自由化效应分析中的前后向关联　in analysis of trade liberal-

城市体系的空间模型　spatial model of urban system
迪克西特-斯蒂格利茨模型中的两区位　two locations in Dixit-Stiglitz model
另见距离;运输成本(distance; transport costs)
区位理论　location theory
另见中心地区理论(central-place theory)

M

制造业部门　manufacturing sector
迪克西特-斯蒂格利茨模型中的制造业部门　in Dixit-Stiglitz model
多区位制造业部门的演变　evolution with many locations
随机分配的 12 个区位制造业部门的演变　evolution with twelve locations allocated randomly
层级城市体系中的制造业部门　in hierarchical urban system
存在多产业的城市制造业部门模型　model of city with multiple industries
存在分岔的单中心经济中的制造业部门　in mono-centric economy with branching
多地区轨道模型中的制造业部门　in multi-region racetrack model
区域模型中的制造业部门　in regional models
制造业部门初级要素投入的份额　share of primary factor inputs
制造业部门的空间分析　spatial analysis
城市体系的空间模型中的制造业部门　in spatial model of urban system
三地区中心—外围模型中的制造业部门　in three-region core-periphery model
存在劳动力的两国两产业模型中的制造业部门　in two-country, two-industry model with labor
存在中间产品和增长的两国模型中的制造业部门　in two-country model with intermediate goods and growth
两地区中心—外围模型中的制造业部门　in two-region core-periphery model
两部门单中心模型中的制造业部门　in two-sector mono-centric

multi-industry model with growth
九城市均衡中的制造业市场份额　in nine-city equilibrium
存在中间产品和增长的两国模型中的制造业市场份额　in two-country model with intermediate goods and growth
阿尔弗雷德·马歇尔　Marshall Alfred
马歇尔的外部经济概念　external economies concept
马歇尔的知识溢出观点　idea of knowledge spillovers
可维持的单中心结构　mono-centric structure, sustainable

N

非黑洞条件　no-black-hole condition
非黑洞条件的假定　assumption of
非黑洞条件有效或失灵的影响　effect of hold or failure of
存在竞争性产业的轨道模型中的非黑洞条件　in racetrack model with competitive industries
维持单中心均衡状态中的非黑洞条件　in sustainability of mono-centric equilibrium
存在劳动力的两国两产业模型中的非黑洞条件　in two-country, two-industry with labor model
存在中间产品的两国模型中的非黑洞条件　in two-country model with intermediate goods
两部门中心—外围模型中的非黑洞条件　in two-sector core-periphery model
冯·杜能土地利用模型中的非黑洞条件　in von Thünen model of land use

P

渗透理论　percolation theory
人口　population
存在对外贸易的产业集聚分析中的人口　in analysis of industrial clustering with external trade
存在不同人口水平的分岔　bifurcation with different levels of
人口的分布　distribution of

with intermediate goods
制造业的价格指数　price index, manufacturing
冯·杜能土地利用扩展模型中的制造业价格指数　in extension of von Thünen model of land use
迪克西特-斯蒂格利茨模型空间形式的制造业价格指数　in spatial version of Dixit-Stiglitz model
冯·杜能土地利用模型中的制造业价格指数　in von Thünen model of land use
价格　prices
存在中间产品的两国模型中的价格弹性　elasticity in two-country model with intermediate goods
冯·杜能土地利用模型中制成品的价格弹性　of manufacturing goods in von Thünen model of land use
生产可能性边界上的价格比率　price ratio in production possibility frontier
农产品价格　prices, agricultural products
层级城市体系发展中的农产品价格　in evolution of hierarchical urban system
冯·杜能土地利用模型中的农产品价格　in von Thünen model of land use
生产　production
生产的地理结构　geographic structure of
生产的投入产出结构　input-output structure
生产函数　production function
存在中间产品的两国模型中的农业生产函数　of agriculture in two-country model with intermediate goods
两国模型中的制造业生产函数　of manufacturing in two-country model
生产可能性边界　production possibility frontier (PPF)
凹的生产可能性边界　concave
产生初级要素投入的生产可能性边界　for creation of primary factor inputs
从赫克歇尔-俄林模型推导出的生产可能性边界　derivation from

R

S

T

U

V

W

Z

译者后记

2004 年 3 月，当我第一次接到中国人民大学出版社闻洁老师的电话，请求我翻译这本书时，我因为有其他很多事情而婉言谢绝。闻洁老师却锲而不舍地再三来电，一再强调“这本书因为很难，找遍全国一年半都找不到合适的译者，如果你不翻译这本书，好不容易买到的版权就要过期了，中国人民几年内都读不到这本好书了”，尽管如此，我也只当是出版社的公关辞令而没有上心。直到 5 月初的一天，我在北京开会，闻洁老师等人闻讯连夜驱车穿越北京城，晚上 10 点赶到我住的宾馆，细细述说寻找译者的种种艰难和曲折，再三恳请我帮忙，两位老同学和同事也在旁边进言，竟使我一时感到情难却、责难推，以至于后来闻洁老师感慨地说：“我找这本书的译者真是不容易哪，你今后可要在译者后记中写下我们这段缘分啊。”

翻译的技巧我并不懂，但我知道，要翻译好原著首先必须理解原著。由于空间经济学在我国还是个崭新的领域，翻译这本书的确不容易。好在我几年之前做博士论文时就认真读过此书，近年来我一直跟踪保罗·克鲁格曼的工作，也在这一领域做了一些研究，这些均为翻译此书奠定了基础。我也愿意趁此翻译工作，指导我的研究生尽早地接触新学科，因此，当我答应承担这个任务后，就立即开始给我的研究生讲授空间经济学，几个月后正式组织翻译团队着手翻译。

我首先请余嘉同学译出索引和导论的初稿，然后我一一仔细校订，确定专业术语和关键词汇的翻译，以及语言的基本风格，再让大家学习和讨论，最后才进行分工。为了既保证速度又保证质量，每一章的初稿由两人负责，即初译后再初校一遍，我每周定期组织大家集中交流和讲解问题。

具体分工如下(按姓氏笔画排序):

王如玉负责第11、17、18章初译,刘向丽负责第2、9、12、15章的初译,杨帆负责第4、6、14章和后折口的初译,严银清负责第1、7、10章的初译,余嘉负责导论、索引、前折口和第5章的初译,武晓霞负责第3、8、13、16章的初译,马斌负责导论和第1~6、9、13~14章的初校,李鹏飞负责第7~8、10~12、15~18章的初校。他们中除王如玉同学就读于英国Warwick大学外,其余都是南京大学商学院硕士研究生。同学们都很努力,边学边干地完成了翻译初稿。

当初稿到达我手中后,我逐字逐句地进行校对与润色,前后整整花了我3个月的时间。我认为,如果一本书的内容是读者比较熟悉的,那么即使翻译得不好,读者也会明白个大致,而这本书的内容恰巧是我国读者很不熟悉的,作者原是为博士生而写的,本身就有一定的难度,如果翻译的意思欠准,或者翻译的语言晦涩,无疑会给我国读者带来更大的理解困难,所以,我必须仔细斟酌每一句话、每一个词,尽量既尊重原意,又以最通俗的中文表达,以便读者阅读。我是按这个标准来要求自己的。最近,我的博士生黄忠平又花了半个月时间认真校对了全部清样。

特别地,原著中的一些错误我们也逐一更正了,其中一些错误看似不起眼,却使读者难以理解上下文,甚至产生误解,我们认真地一一更正就可以节省读者很多的时间。我猜想,现在呈现在读者手中的这本译著,应该基本上能使读者满意了。通过本书的翻译,我的学生们学到了崭新的知识,而我个人则对翻译工作有了更深的理解:它的确是一种再创造活动,有时候,它向译者的智慧挑战。因此,我特别欢迎亲爱的读者不吝赐教,给我们指出错误和不足之处,以便我们今后改正。

最后,我不得不在这里提到我至亲至爱的父亲,他一直关心着本书的翻译,是我翻译本书的精神支柱,然而,他却未能完成帮我翻译和校稿的心愿而离我而去。几个月以来,我一直沉浸在失去父亲的无限悲痛之中,父亲的音容随时随地地浮现在我眼前。今天是农历七夕,后天我将飞回湖南,按家乡习俗为父亲扫墓。父亲的中文和英文功底都是我难以望其项背的,可如今再也没有人像父亲那样充满慈爱地仔细挑剔我的错误和不足了。本书的代译者序是我发表在《经济学季刊》(2005)第4卷第4期的文章,那是父亲离我而去之后我的第一篇文章,父亲的照片就在桌前,写作时就像父亲一直在旁边默默地看着我,常常禁不住泪如泉涌,两万余字的文章断断续续写了很长一段时间。我将这篇文章和我的翻译工作献给父亲,因而在文章后面附有一段记念父亲的文字。今天,我怀着"子欲养而亲不在”的悲伤，将这段文字照录于此：

作者后记：当我碍于情面，万难推辞地担纲 *Spatial Economy* 一书的主译时，我亲爱的父亲已染疾在身，可愚昧的我当时并没意识到情况有多么的严酷。父亲还说他来帮我译前言后语之类（后来才知道他只是在安慰我）。如今每每轻轻抚摸桌前父亲的照片，不禁潸然泪下。音容犹在，却阴阳相隔两重天！每每翻开父亲的笔记，读到“孩子总是很忙，我不想给孩子增添麻烦”的字眼，我心如刀绞痛哭失声！在父亲生命的最后一段时期，我蒙昧无知地只顾自己的工作而忽略了他的病情，没有日夜守护他、陪伴他，这是我一生最大的悔恨！永远无法原谅自己！在父亲生命弥留之际，我撕心裂肺地有生以来第一次也是最后一次当面告诉他“爸爸我爱您！”然而我却无法得知他当时是否还能听见我的话，这是我一生最大的遗憾！永远无法弥补！父亲万般牵挂地走了，我没有一日不想他！但生活和工作还得继续，我还得担当起照顾母亲和小家庭的责任，那无穷无尽的思念之情，则如涓涓细流将永远在我的生命中潺潺流淌……

治学通今古，傲骨才情，清风羽化道山路

叨陪隔阴阳，悲歌长啸，泣血遥思仙界人

谨以本文及日后五年的工作献给我最亲爱的父亲！

梁 琦

农历乙酉年七夕夜于南京

The Spatial Economy: Cities, Regions and International Trade by
Masahisa Fujita, Paul Krugman, Anthony J. Venables

ISBN: 978-0-262-56147-1

图书在版编目（CIP）数据

空间经济学/(日)藤田昌久,(美)克鲁格曼,(英)维纳布尔斯著；梁琦主译. —北京：中国人民大学出版社，2012.12
（诺贝尔经济学奖获得者丛书）
ISBN 978-7-300-16946-0

Ⅰ.①空…　Ⅱ.①藤…　②克…　③维…　④梁…　Ⅲ.①区位经济学　Ⅳ.①F061.5

中国版本图书馆CIP数据核字（2012）第306993号

诺贝尔经济学奖获得者丛书
空间经济学
——城市、区域与国际贸易
藤田昌久
保罗·R·克鲁格曼　　著
安东尼·J·维纳布尔斯
梁　琦　主译
Kongjian Jingjixue

出版发行	中国人民大学出版社		
社　　址	北京中关村大街31号	**邮政编码**	100080
电　　话	010－62511242（总编室）		010－62511770（质管部）
	010－82501766（邮购部）		010－62514148（门市部）
	010－62515195（发行公司）		010－62515275（盗版举报）
网　　址	http://www.crup.com.cn		
经　　销	新华书店		
印　　刷	涿州市星河印刷有限公司		
规　　格	160 mm×235 mm　16开本	**版　　次**	2013年1月第1版
印　　张	24　插页2	**印　　次**	2022年10月第8次印刷
字　　数	385 000	**定　　价**	79.00元